ŒUVRES

DE

CHATEAUBRIAND

Etudes historiques — Révolutions anciennes

TOME DIXIÈME

PARIS

DUFOUR, MULAT ET BOULANGER, LIBRAIRES-ÉDITEURS

6, RUE DE BEAUNE, PRÈS LE PONT-ROYAL

(Ancien hôtel de Nesle)

M DCCC LVII

ŒUVRES

DE

CHATEAUBRIAND

TOME X

LAGNY. — TYPOGRAPHIE DE VIALAT

Reville del et sc.

MIRABEAU

ŒUVRES

DE

CHATEAUBRIAND

Études historiques — Révolutions anciennes

TOME DIXIÈME

PARIS

DUFOUR, MULAT ET BOULANGER, ÉDITEURS

6, RUE DE BEAUNE, PRÈS LE PONT-ROYAL

(Ancien hôtel de Nesle)

M DCCC LVII

1858

ÉTUDES

ou

DISCOURS HISTORIQUES

SUR LA CHUTE

DE L'EMPIRE ROMAIN

LA NAISSANCE ET LES PROGRÈS

DU CHRISTIANISME ET L'INVASION DES BARBARES

ÉTUDE CINQUIÈME

(SUITE.)

SECONDE PARTIE.

SUITE DES MŒURS DES CHRÉTIENS. AGE PHILOSOPHIQUE. HÉRÉSIES.

Dans ce second âge du christianisme, la grandeur des mœurs publiques et la sublimité intellectuelle remplacent la vertu des mœurs privées et la beauté morale évangélique. Ce n'est plus l'Église militante, esclave, démocratique dans les cachots et dans le sang ; c'est l'Église triomphante, libre, royale, à la tribune et sur la pourpre. Les docteurs succèdent aux martyrs : ceux-ci n'avaient eu que leur foi ; ceux-là ont leur foi et leur génie. La partie choisie du monde païen, qui n'avait cédé ni à la simplicité apostolique ni à l'autorité des bûchers, écoute, s'étonne, et bientôt se rend, en retrouvant dans la bouche des Pères les systèmes des sages plus clairement et plus éloquemment expliqués.

Les hautes écoles chrétiennes ressemblaient aux écoles philosophiques ; les chaires comptaient une suite non interrompue de professeurs comme à Athènes. Rodon hérite de Tatien, et Maxime, successeur de Rodon, examine la question de l'origine du mal et de l'éternité de la matière [1]. Clément d'Alexandrie, qui remplace Pathénus, s'était nourri des ouvrages de Platon ; il cite, dans ses *Stromates*, les maîtres sous lesquels il avait étudié : un en Grèce, un en Italie, deux en Orient ; « Mon maître en Palestine, dit-il, était une abeille qui, suçant les fleurs de la prairie apostolique et prophétique, déposait dans l'esprit de ses auditeurs un doux et immortel trésor. »

Dans son traité du vrai *Gnostique* (celui qui connaît), Clément fait le portrait du sage même des philosophes : « Le gnostique n'est plus sujet aux passions ; rien dans cette vie n'est fâcheux pour lui : il a reçu la lumière inaccessible ; il ne fait pas sortir son corps volontairement de la vie parce que Dieu le lui défend, mais il retire son âme des passions [2]. Le gnostique use de toutes les connaissances humaines [3]. C'est faiblesse de craindre la philosophie des païens ; la foi qu'elle ébranlerait serait bien fragile [4]. Le gnostique se sert de la musique pour régler les mœurs ; il vit libre, ou, s'il est marié et s'il a des enfants, il regarde sa femme comme sa sœur, puisque sa femme ne sera plus pour lui qu'une sœur quand elle sera dans le ciel. Les sacrifices agréables à Dieu sont les vertus et l'humilité avec la science. »

La renommée d'Origène était répandue dans tout le monde romain, et les polythéistes même admiraient le docteur chrétien. Étant un jour entré dans l'école de Plotin, au moment où celui-ci faisait sa leçon, Plotin rougit, interrompit son discours, et ne le continua qu'à la sollicitation de son illustre auditeur, dont il fit un pompeux éloge en reprenant la parole [5].

Plotin, fondateur du néoplatonisme, n'en était pas l'inventeur ; c'était Ammonius Saccas, qui avait enseigné mystérieusement sa doctrine à Plotin et à Origène. Origène trahit le secret.

Ces Pères de l'Église, la plupart sortis des écoles philosophiques et nés de familles païennes, furent non-seulement des professeurs éloquents, mais encore des hommes politiques : alors brillèrent ces évêques qui bravaient la puissance des empereurs et la brutalité des rois barbares. Athanase livre ses combats contre les ariens : cité au concile de Tyr, déposé à celui de Jérusalem, il est exilé à Trèves par Constantin.

---

[1] Rodon... eruditus a Tatiano, libros quamplurimos et contra Marcionis hæresim scripsit. (EUSEB., *Hist.*, lib. v, cap. XIII.) — [2] Seipsum quidem a vita non educit, non est enim ei permissum, sed animam abducit a motibus et affectionibus. (CLEMENT. ALEXAND., *Stromatum* lib. VI, pag. 652 ; Lutetiæ Parisiorum, 1641.) — [3] Sive judaicas, sive philosophorum discit scripturas... communem facit veritatem. (*Id., ibid.*, pag. 941.) — [4] Multi autem, non secus ac picti larvas, timent græcam philosophiam, dum verentur ne eos abducat. Veritas enim est insuperabilis, dissolvitur autem falsa opinio. (*Id., ibid.*, pag. 655.) — [5] EUSEB., *Hist. eccl.*, lib. VI, cap. XIX.

Il revient ; les peuples accourent sur son passage ; il rentre en triomphe dans sa ville épiscopale. Quatre-vingt-dix évêques ariens, ayant à leur tête Eusèbe de Nicomédie, le condamnent de nouveau à Antioche ; cent évêques orthodoxes le déclarent innocent dans Alexandrie : le pape Jules confirme cette sentence à Rome. Le prélat remonte sur son siége ; il en est chassé par ordre de Constance, qui met à exécution les décrets ariens des conciles d'Arles et de Milan. Athanase célébrait une fête solennelle dans l'église de Saint-Théon à Alexandrie ; comme il chantait le psaume du triomphe d'Israël sur Pharaon, le peuple répétant à la fin de chaque verset : « La miséricorde du Seigneur est éternelle, » des soldats enfoncent les portes : le peuple fuit, Athanase reste à l'autel entouré des prêtres et des moines qui le dérobent à la perquisition des soldats. Il se réfugie dans les lieux écartés de l'Égypte ; les religieux qui lui donnent asile sont inquiétés : ce génie enthousiaste s'enfonce plus avant dans la solitude, comme un glaive ardent dans le fourreau. Un serviteur qui lui reste va chaque jour, au péril de sa vie, chercher la nourriture de son maître. Que fait Athanase parmi les sables ? Il écrit. Les sépulcres des princes de Tanis, les puits où dorment les momies des persécuteurs de Moïse, sont les bibliothèques de ce seul vivant ; c'est là qu'il trace les pages qui du fond du désert remuent les passions du monde. A la mort de Constance, Athanase reparaît au milieu de son peuple. Julien le force à rentrer dans la Thébaïde ; il revient quand Julien est passé. Valens le proscrit, et il se cache au tombeau de son père. Enfin il émerge une dernière fois de l'ombre, et, torrent calmé, achève paisiblement sa course. Sur les quarante-six années de l'épiscopat d'Athanase, vingt s'étaient écoulées dans l'exil.

Grégoire de Nazianze, nommé évêque orthodoxe de Constantinople, dont il ne fut d'abord que le missionnaire, eut à soutenir les outrages des ariens : Théodose, qui l'avait intronisé à main armée, l'abandonna. Grégoire, obligé de s'arracher à l'église de sa création et de son amour, lui fit ces adieux pathétiques qui ont retenti jusqu'à nous. Il passa la fin de ses jours dans sa retraite de Cappadoce, chantant, car il était poëte, l'inconstance des amitiés humaines, la fidélité du commerce de Dieu, et la beauté qui fait oublier toutes les autres, celle de la vertu.

Basile, archevêque de Césarée, mérita le surnom de Grand. Il donna des règles en Orient à la vie cénobitique. On a de lui plus de trois cent cinquante lettres, des homélies et un panégyrique des quarante martyrs. Ces ouvrages nous apprennent une infinité de choses ; ils sont écrits d'un grand style : saint Basile est peut-être, avec saint Éphrem, un des Pères qui s'éloignent le plus du génie antique et se rapprochent le plus du génie moderne. Il excelle dans les descriptions de la nature. Je ne citerai point, parce qu'elle est trop connue, sa lettre à Grégoire de Nazianze sur la solitude que lui, Basile, avait choisie dans le Pont [1] : ses neuf homélies sur l'*Hexaméron,* ou l'OEuvre des six jours, sont une espèce de cours d'histoire naturelle; il les prêchait pendant le jeûne du carême, le matin et le soir, et, lorsqu'il reprenait la parole, il renvoyait ses auditeurs à ce qu'il avait dit la veille. La physique de l'*Hexaméron* n'est pas bonne, mais les détails en sont charmants. L'orateur s'applique à faire sortir de l'histoire des plantes et des animaux les instructions de la morale. Un jour, parlant des reptiles et des quadrupèdes, il passait sous silence les oiseaux [2]; aussitôt la rustique assemblée de lui indiquer son oubli par des signes. Le naturaliste chrétien, naïvement interrompu, reconnaît son tort; il change de sujet, et décrit l'instinct des oiseaux avec un bonheur extraordinaire : il tire même un enseignement religieux d'une erreur : selon lui il est des oiseaux chastes qui se reproduisent sans s'unir : de là la virginité de Marie [3].

Valens voulut contraindre Basile à embrasser l'arianisme : il lui envoya Modeste, préfet d'Orient, avec l'ordre de l'effrayer par des menaces. Modeste s'étonna de la fermeté de Basile. « Apparemment, lui dit le saint, que vous n'avez jamais rencontré d'évêque. » Après sa mort, Basile fut en si grande renommée, qu'on cherchait à l'imiter jusque dans ses défauts : on affectait sa pâleur, sa barbe, sa démarche, sa lenteur à parler, car il était pensif et recueilli. On s'habillait comme lui, on se couchait comme lui; on se nourrissait de choses dont il aimait à se nourrir. Cet évêque universel a fondé les premiers hôpitaux de l'Asie.

Flavien et Jean Chrysostome furent encore plus mêlés que Basile à la politique. Dans la sédition d'Antioche, Chrysostome, alors simple prêtre, sema des consolations par ses discours, et Flavien, malgré son grand âge, se rendit à Constantinople. Arrivé au palais de l'empereur, introduit dans ses appartements, il se tint debout sans parler, baissant la tête, se cachant le visage comme s'il eût été seul coupable du crime de son peuple. Théodose s'approcha de lui, et lui reprocha l'ingratitude des Antiochiens. Alors l'évêque fondant en larmes : « Vous pouvez, en cette occasion, orner votre tête d'un diadème plus brillant que celui que vous portez. On a renversé vos statues, élevez-en de plus précieuses dans le cœur de vos sujets.

« Quelle gloire pour vous quand un jour on dira : Une grande ville

[1] *Voyez* encore les nouveaux *Mélanges historiques et littéraires* de M. Villemain, pag. 322 et suiv. Il en existe aussi deux autres traductions. — [2] Et sermo hujusmodi nobis cum avibus evolaverat. (S. Ambr., *Hexameron,* lib. v, pag. 90, tom. i; Parisiis, 1586.) — [3] Impossibile putatur in Dei matre quod in vulturibus possibile non negatur. Avis sine masculo parit, et nullus refellit, et quia virgo Maria peperit, pudori ejus quæstionem faciunt. (*Id., ibid.,* lib. v, cap. xx, pag. 97.)

était coupable; gouverneurs et juges épouvantés n'osaient ouvrir la bouche; un vieillard s'est montré, il a touché le prince. Je ne viens pas seulement de la part du peuple, je viens de la part de Dieu vous déclarer que si vous remettez aux hommes leurs fautes, votre père céleste vous remettra vos péchés. D'autres vous apportent de l'or, de l'argent, des présents ; moi je ne vous offre que les saintes lois, vous exhortant à imiter notre Maître; ce Maître nous comble de ses biens, quoique nous l'offensions tous les jours. Ne trompez pas mes espérances; si vous pardonnez à notre ville, j'y retournerai plein de joie ; si vous la condamnez, je n'y rentrerai jamais. »

En entendant ce discours, Théodose s'écria : « Serions-nous implacable envers les hommes, nous qui ne sommes que des hommes, lorsque le Maître des hommes a prié sur la croix pour ses bourreaux[1] ? » Le christianisme était à la fois un principe et un modèle : on ne saurait croire combien cet exemple du pardon du Christ, incessamment rappelé pendant les siècles de barbarie et de despotisme, a été salutaire à l'humanité.

Saint Chrysostome avait pratiqué quatre ans la vie ascétique sur les montagnes ; il passa deux années entières dans une caverne, sans se coucher et presque sans dormir : il avait fui, parce qu'on avait songé à le faire évêque. Si dans l'âge héroïque chrétien, quand il s'agissait d'être le premier martyr, ce n'était pas un léger fardeau que l'épiscopat, ce fardeau n'était pas moins pesant dans l'âge philosophique du christianisme : il fallait avoir le talent de la parole, la science de l'homme de lettres, l'habileté de l'homme d'État, la fermeté de l'homme de bien. Plus tard, lors de l'invasion des Barbares, toutes les tribulations des temps tombaient à la charge des prélats. Jean Bouche d'Or, devenu évêque de Constantinople, corrigea le clergé, gouverna par ses conseils les églises de la Thrace et de l'Asie, et résista aux entreprises du Goth Gaïnas. Quelquefois il était obligé de quitter l'autel, ayant l'esprit trop agité pour offrir le sacrifice. On conspira contre lui ; on l'accusa d'orgueil, d'injustice, de violence, d'amour des femmes : afin de se justifier de cette dernière faiblesse, il offrit d'exposer l'état où l'avaient réduit les austérités de sa jeunesse. Condamné au concile du Chêne, chassé de Constantinople, et bientôt rappelé, il osa braver Eudoxie, qui jura sa mort. Ce fut alors qu'il prononça le fameux discours où il disait : « Hérodiade est encore furieuse, elle danse encore, elle demande encore la tête de Jean. » Précipité, comme Démosthènes, de la tribune dont il était la gloire, enlevé de l'autel où il avait donné un asile à Eutrope,

---

[1] CHRYSOST., *Homel.*

Chrysostome reçoit l'ordre de quitter Constantinople. Il dit aux évêques, ses amis : « Venez, prions ; prenons congé de l'ange de cette église. » Il dit aux diaconesses : « Ma fin approche ; vous ne reverrez plus mon visage. » Il descendit par une route secrète aux rives du Bosphore pour éviter la foule, s'embarqua, et passa en Bithynie. Exilé à Cucuse, les peuples, les moines, les vierges, accouraient à lui ; tous s'écriaient : « Mieux vaudrait que le soleil perdît ses rayons, que Bouche d'Or ses paroles ! »

Tout banni qu'il était, les ennemis de Chrysostome le redoutaient encore, et sollicitèrent pour lui un exil plus lointain. Il fut enjoint au confesseur de se transporter à Pytionte, sur le bord du Pont-Euxin. Le voyage dura trois mois : les deux soldats qui conduisaient Chrysostome le contraignaient de marcher sous la pluie ou à l'ardeur du soleil, parce qu'il était chauve. Quand ils eurent passé Comane, ils s'arrêtèrent dans une église dédiée à saint Basilisque, martyr. Le saint se trouva mal ; il changea d'habits, se vêtit de blanc, communia (il était à jeun), distribua aux assistants ce qui lui restait, prononça ces mots qu'il avait ordinairement à la bouche : « Dieu soit loué de tout ! » puis, allongeant les pieds, il dit le dernier *amen* [1].

Rien de plus complet et de plus rempli que la vie des prélats du quatrième et du cinquième siècle. Un évêque baptisait, confessait, prêchait, ordonnait des pénitences privées ou publiques, lançait des anathèmes ou levait des excommunications, visitait les malades, assistait les mourants, enterrait les morts, rachetait les captifs, nourrissait les pauvres, les veuves, les orphelins, fondait des hospices et des maladreries, administrait les biens de son clergé, prononçait comme juge de paix dans des causes particulières, ou arbitrait des différends entre des villes ; il publiait en même temps des traités de morale, de discipline et de théologie, écrivait contre les hérésiarques et contre les philosophes, s'occupait de science et d'histoire, dictait des lettres pour les personnes qui le consultaient dans l'une et l'autre religion, correspondait avec les églises et les évêques, les moines et les ermites, siégeait à des conciles et à des synodes, était appelé aux conseils des empereurs, chargé de négociations, envoyé à des usurpateurs ou à des princes barbares pour les désarmer ou les contenir : les trois pouvoirs, religieux, politique et philosophique, s'étaient concentrés dans l'évêque. Saint Ambroise va en ambassade auprès de Maxime, fait sortir Théodose du sanctuaire,

---

[1] Candidas vestes requirit, exutisque prioribus eas sibi jejunus induit, omnibus ad calceamenta usque mutatis, atque reliquas præsentibus distribuit ; et cum dixisset more suo : *Gloria Dei propter omnia*, et ultimum *Amen* obsignasset, extendit pedes. (PALLAD., *Dialog. de vit. S. Chrysost.*, pag. 101.)

réclame les cendres de Gratien, ne peut sauver Valentinien II, et refuse de communiquer avec Eugène : au milieu de ses grandes occupations, il compose tous ces ouvrages qui nous restent, introduit la musique dans les églises d'Occident, et laisse des chants si renommés que, dans les siècles suivants, le mot *hymne* et le mot *Ambrosianum* devinrent synonymes.

Les travaux de saint Augustin ne sont point surpassés par ceux de saint Ambroise. Quatre-vingt-treize ouvrages en deux cent trente-deux livres, sans compter ses lettres, attestent la fécondité et la variété du génie du fils de Monique. « Si je pouvais, dit-il dans une lettre à Marcelin, vous rendre compte de mon temps et des ouvrages auxquels j'ai été obligé de mettre la main, vous seriez surpris et affligé de la quantité d'affaires qui m'accablent. . . . . Quand j'ai un peu de relâche de la part de ceux qui ont recours à moi, je ne manque pas d'autre travail ; j'ai toujours quelque chose à dicter qui me détourne de suivre ce qui serait plus de mon goût dans les courts intervalles de repos que m'accordent les besoins et les passions des autres [1]. » Augustin écrit contre les donatistes ; ceux-ci veulent le tuer ; il intercède pour eux : il a un démêlé avec saint Jérôme ; il s'occupe d'arbitrage ; il reçoit les fugitifs après le sac de Rome. Son amitié et ses liaisons avec le comte Boniface sont célèbres : la lettre qu'il écrivit à cet homme offensé, pour le rappeler à l'amour de la patrie, lui fait grand honneur. « Jugez vous-même : si l'empire romain vous a fait du bien, ne lui rendez pas le mal pour le bien ; si l'on vous a fait du mal, ne rendez pas le mal pour le mal. » Augustin était propre, mais simple dans ses vêtements. « Il faut, disait-il, que mes habits soient tels que je les puisse donner à mes frères s'ils n'en ont point ; il faut qu'ils conviennent par leur modestie à ma profession, à un corps cassé de vieillesse et à mes cheveux blancs [2]. » Il était chaussé, et disait à ceux qui allaient pieds nus : « J'aime votre courage ; souffrez ma faiblesse. » Aucune femme n'entrait dans sa maison, pas même sa sœur ; s'il était absolument obligé de communiquer avec des femmes, il ne leur parlait qu'en présence d'un prêtre : il se souvenait de sa chute. Il mourut, dans Hippone assiégée, sans faire de testament, car dans son extrême pauvreté il n'avait rien à laisser à personne.

---

[1] Si autem rationem omnium dierum et lucubrationum aliis necessitatibus impensarum tibi possem reddere, graviter contristatus mirareris quanta me distendant... Cum enim ab eorum hominum necessitatibus aliquantulum vaco, qui me sic angariant, non desunt quæ dictanda propono... Tales ergo mihi necessitates dictandi aliquid quod me ab eis dictationibus impediat quibus magis inardesco, deesse non possunt ; cum paululum spatii vix datur inter acervos occupationum, quibus nos alienæ vel cupiditates vel necessitates angariatæ trahunt. (Aug., *Epist.*, pag. 139.) — [2] Vestes ejus vel lectualia ex moderato et competenti habitu erant, nec nitida nimium nec abjecta plurimum. (Posid., *in Vit. Aug.*, cap. xxii.)

Saint Jérôme est une autre grande figure de ces temps, mais d'une
tout autre nature : orageux, passionné, solitaire, regrettant le monde
dans le désert, le désert dans le monde; voyageur qui cherche partout
un abri et qui se surcharge de travaux comme il se couvre de sable,
pour étouffer ce qu'il ne saurait étouffer : matelot naufragé, pèlerin
sauvage et nu qui apporte ses douleurs aux lieux des douleurs du Fils
de l'Homme, et qui, courbé sous le poids des jours, peut à peine rester
au pied de la croix.

Augustin et Jérôme appartiennent aux temps modernes; on reconn-
naît en eux un ordre d'idées, une manière de sentir, ignorés de l'antiquité. Le christianisme a fait vibrer dans ces cœurs une corde jusqu'alors muette; il a créé des hommes de rêverie, de tristesse, de
dégoût, d'inquiétude, de passion, qui n'ont de refuge que dans l'é-
ternité.

Le clergé régulier formait une partie considérable de l'organisation
chrétienne : dans le monde civilisé romain, les moines étaient des
hommes de la nature, comme il furent des hommes de la civilisation
dans le monde barbare. On distinguait trois sortes de religieux : les
reclus enfermés dans leurs cellules, les anachorètes dispersés dans les
déserts, les cénobites qui vivaient en communauté. Les règles de quelques ordres monastiques étaient des chefs-d'œuvre de législation. Trois
causes générales peuplèrent les cloîtres : la religion, la philosophie et
le malheur; on se mit à part de la société, quand elle eut perdu le
pouvoir de protéger. Les couvents devinrent par cela même une pé-
pinière d'hommes de talent et d'indépendance.

L'occupation manuelle des cénobites était de faire des cordes, des
paniers, des nattes, du papier; ils transcrivaient aussi des livres [1]; travaux dont saint Éphrem se plaît à tirer des leçons.

Paul ermite, Antoine, Pacôme, Hilarion, Macaire, Siméon Stylite,
sont des personnages inconnus à l'hellénisme : leurs vêtements, leurs
palmiers, leurs fontaines, leurs corbeaux, leurs lions, leurs montagnes,
leurs grottes, leurs vieux tombeaux, les ruines où les démons les ten-
taient, les colonnes qui leur élevaient dans les airs une autre solitude,
appartiennent à la puissance de l'imagination orientale chrétienne.

Les ascètes erraient en silence sur le Sinaï, comme les ombres du
peuple de Dieu. Ces aspirants du ciel exerçaient un grand pouvoir sur
la terre : les empereurs les envoyaient consulter. Constantin adresse
une lettre à saint Antoine et l'appelle son père; saint Antoine assemble

---

[1] Funiculos efficis...? In meute habeto [illos qui per mare navigant. Sportulas exiguas operaris?
Quæ nuncupatur mallaccia cogita..... Pulchre et eleganter scribis? Odiorum] fabricatores cogita.
(S. *Patris Ephræm. Syri Parænesis quadragesima septima,* pag. 337; Antuerpiæ, 1619.)

ses moines et leur dit : « Ne soyez pas surpris qu'un empereur nous écrive; ce n'est qu'un homme : étonnez-vous plutôt de ce que Dieu ait écrit une loi pour les hommes[1]. » Antoine se refuse à toute réponse; ses disciples le pressent; alors il mande à Constantin et à ses deux fils : « Méprisez le monde, songez au jugement dernier, souvenez-vous que Jésus-Christ est le seul roi véritable et éternel; pratiquez l'humanité et la justice[2]. »

Dans la sédition d'Antioche, les moines descendirent de leurs montagnes et s'établirent à la porte du palais, implorant la grâce des coupables.

Un d'entre eux, Macédonius, surnommé le Critophage, rencontre dans la ville deux commissaires de l'empereur; il en saisit un par le manteau, et leur ordonne à tous deux de descendre de cheval. La hardiesse de ce petit vieillard couvert de haillons indigne les commissaires; mais ayant appris qui il était, ils lui embrassent les genoux. « Amis, s'écrie l'ermite, intercédez pour le sang des coupables; dites à l'empereur que ses sujets sont aussi des hommes faits à l'image de Dieu; que s'il s'irrite pour des statues de bronze, une image vivante et raisonnable est bien préférable à ces statues. Quand celles-ci sont détruites, d'autres peuvent être faites : mais qui donnera un cheveu à l'homme qu'on a fait mourir[3]? » Ainsi renaissaient la liberté et la dignité de l'homme par le christianisme : ces ermites, exténués de jeûnes, retrouvaient dans l'indépendance et le mépris de la vie les droits que la société avait perdus dans le luxe et l'esclavage.

Les leçons n'étaient pas épargnées aux empereurs : Lucifer, de Cagliari, apostrophe Constance au sujet d'Athanase : « Si tu étais tombé entre les mains de Mathathias et de Phinées, ils t'auraient frappé du glaive; et moi, parce que je blesse de ma parole ton esprit trempé du sang chrétien, je te fais injure! Que ne te venges-tu d'un mendiant? Devons-nous respecter ton diadème, tes pendants d'oreilles, tes bracelets, tes riches habits, au mépris du Créateur? Tu m'accuses d'outrage : à qui t'en plaindras-tu? A Dieu, que tu ne connais pas? A toi-même, homme mortel qui ne peux rien contre les serviteurs de Dieu! Si tu nous fais mourir, nous arriverons à une meilleure vie. Nous te

[1] Ne miremini si ad nos scribat imperator, homo cum sit; sed miramini potius quod legem hominibus scripserit Deus. (*S. Anastasii archiepiscop., S. Antonii vita,* tom. II, pag. 856; Parisiis, 1698.) — [2] Sed potius diei judicii recordarentur, scirentque Christum solum et æternum esse imperatorem. Rogabat ut humanitati studerent ac curam justitiæ pauperumque gererent. (*Id., ibid.*) — [3] Ad principes ipsos accedentes cum fiducia loquebantur pro reis, et omnes sanguinem effundere parati erant, et capita deponere, ut captos ab exspectatis tribulationibus eriperent. . . . . Statuæ quidem defectæ rursum erectæ fuerunt; si autem vos Dei imaginem occideritis, quomodo rursum poteritis peremptum revocare? etc. (S. J. CHRYSOST., *Hom.*, XVII, p. 173, tom. II; Parisiis, 1718.)

J. — ÉT. HIST. 2

devons obéissance, mais seulement pour les bonnes œuvres, non pour les mauvaises et pour condamner un innocent [1]. »

Lucifer était légat du pape Libère : on voit déjà poindre l'esprit véhément et dominateur des futurs Grégoire VII.

Des vices s'étaient glissés à travers les vertus ; les passions privées se nourrissent dans le silence de la retraite, les passions publiques naissent au bruit du monde. Saint Grégoire de Nazianze, saint Chrysostome, saint Jérôme, saint Augustin, Salvien, plusieurs autres Pères, se plaignent de l'ambition des prélats, de la cupidité des prêtres et des mœurs des moines. Vous avez déjà vu des exemples à l'appui de ces reproches, et j'ai rappelé les lois qui s'opposent aux empiétements du clergé : que l'homme triomphe par les vertus ou par les armes, la victoire le corrompt. Ce fut surtout dans les sectes séparées de l'unité de l'Église qu'eurent lieu les plus grands désordres : les hérésies furent au christianisme ce que les systèmes philosophiques furent au paganisme, avec cette différence que les systèmes philosophiques étaient les vérités du culte païen, et les hérésies les erreurs de la religion chrétienne.

Les hérésies sortaient presque toutes des écoles de la sagesse humaine. Les philosophies des Hébreux, des Perses, des Indiens, des Égyptiens, des Grecs, s'étaient concentrées dans l'Asie sous la domination romaine : de ce foyer allumé par l'étincelle évangélique, jaillit une multitude d'hérésies aussi diverses que les mœurs des hérésiarques étaient dissemblables. On pourrait dresser un catalogue des systèmes philosophiques, et placer à côté de chaque système l'hérésie qui lui correspond. Tertullien l'avait reconnu : « La philosophie, dit-il, qui entreprend témérairement de sonder la nature de la Divinité et de ses décrets, a inspiré toutes les hérésies. De là viennent les *Éones* et je ne sais quelles formes bizarres, et la trinité humaine de Valentin, qui avait été platonicien ; de là le Dieu bon et indolent de Marcion, sorti des stoïciens ; les épicuriens enseignent que l'âme est mortelle. Toutes les écoles de philosophie s'accordent à nier la résurrection des corps. La doctrine qui confond la matière avec Dieu est la doctrine de Zénon. Parle-t-on d'un Dieu de feu, on suit Héraclite. Les philosophes et les hérétiques traitent les mêmes sujets, s'embarrassent dans les mêmes questions : *D'où vient le mal, et pourquoi est-il? D'où vient l'homme, et comment? Et ce que Valentin a proposé depuis peu : Quel*

---

[1] Subditos nos debere esse in bonis operibus, non in malis. An bonum est opus si eum quem innocentem scimus... interimamus?... (De non parcendo in Deum delinquentibus. — *Luciferi, episcopi Calaritani, ad Constantium. Constantini Magni Imp. Aug. Opuscula*, pag. 299 ; Parisiis, 1568.)

est le principe de Dieu? A l'entendre, c'est la pensée et un avorton[1]. »

Saint Augustin comptait de son temps quatre-vingt-huit hérésies, en commençant aux simoniens et finissant aux pélagiens, et il avoue qu'il ne les connaissait pas toutes. Comme l'esprit ne fait souvent que se répéter, il n'est pas inutile de remarquer que le mot *hérésie* signifie *choix*, et c'est aussi ce que veut dire le mot *éclectisme* si fort en vogue aujourd'hui : l'éclectisme est l'hérésie des hérésies, ou le choix des choix philosophiques.

Ainsi au moment de la destruction de l'empire romain en Occident, le christianisme marchait avec douze persécutions générales[2], les persécutions de Néron, de Domitien, de Trajan, de Marc-Aurèle, de Sévère, de Maximin, de Décius, de Valérien, d'Aurélien, de Dioclétien, de Constance (persécution arienne), de Julien ; avec trois schismes de l'Église romaine, les schismes des antipapes Novatien, Ursicin et Eulalius ; avec plus de cent hérésies. Par schisme il faut entendre, ce qu'on entendait alors, le dissentiment sur les personnes ; par hérésie, les différences dans les doctrines.

Les hérésies du premier siècle furent de trois sortes : les premières appartenaient à des fourbes qui prétendaient être le véritable Messie, ou tout au moins une intelligence divine ayant la vertu des miracles ; les secondes sortirent de ces esprits creux qui recouraient au système des émanations pour expliquer les prodiges des Apôtres ; les troisièmes furent les imaginations de certains rêveurs qui voyaient en Jésus-Christ un génie sous la forme d'un homme, ou un homme dirigé par un génie : ils disaient encore que Jésus-Christ avait enseigné deux doctrines, l'une publique, l'autre secrète ; ils mutilaient les livres du Nouveau Testament, composaient de faux évangiles et fabriquaient des lettres des Apôtres. Dans ces trois classes d'hérésiarques on trouve Simon, Dosithée, Ménandre, Théodote, Gorthée, Cléobule, Hyménée, Philète, Alexandre, Hermogènes, Cérinthe, les ébionistes et les nazaréens. Presque toutes les hérésies du premier siècle furent juives d'extraction.

Au second siècle les hérésies devinrent grecques et orientales. Plusieurs philosophes de l'Asie avaient embrassé le christianisme ; ils y apportèrent les idées spéculatives dont ils étaient nourris : la doctrine des deux principes, la croyance des génies, les émanations chaldéennes, en un mot tout l'abstrait de l'Orient modifié par la philosophie grecque, pétrie et repétrie dans l'école d'Alexandrie. Il y eut aussi des réforma-

[1] *Præscript. cont. hæret.* FLEURY. — [2] Les *Actes des Apôtres* démontrent qu'il y avait eu des persécutions particulières, même avant la persécution de Néron. S. Luc en fait foi, et les *Actes des Apôtres,* quoi qu'on en ait dit, sont authentiques.

teurs du christianisme qu'ils trouvaient déjà altéré : Montan, Praxéas, Marcion, Saturnin, Hermias, Artémon, Basilide, Hermogènes, Apelle, Tatien, Héracléon, Cerdon, Sévère, Bardesanes, Valentin, furent les plus célèbres hérétiques de cette époque.

Praxéas, de l'hérésie de Montan, soutenait que Dieu le père était le même que Jésus-Christ, et qu'en conséquence il avait souffert. Les disciples de Praxéas furent appelés *patropassiens*, parce qu'ils attribuaient au Père comme au Fils la Passion et la croix [1].

Valentin, suivant le génie grec qui personnifiait tout, transformait les *noms* en *personnes* : les siècles qui, dans l'Écriture, portent le nom d'Éones ou d'Aiones, devenaient des êtres ayant chacun leur nom. Le premier Éone se nommait *Proon*, préexistant, ou *Bythos*, profondeur : il avait vécu longtemps inconnu avec *Ennoia*, la pensée, ou *Charis*, la grâce, ou *Sigé*, le silence. *Bythos* engendra, avec *Sigé*, *Nous* ou l'intelligence, son fils unique. *Nous* devint le père de toutes choses. *Nous* enfanta deux autres Éones, *Logos* et *Zoé*, le verbe et la vie ; de *Logos* et de *Zoé* naquirent *Anthropos* et *Ecclesia*, l'homme et l'église. Enfin, après trente Éones, qui formaient le *Pleroma* ou la plénitude, se trouvait la vertu du *Pleroma*, *Horos* ou *Stauros*, le terme ou la croix [2].

Cette théologie s'étendait beaucoup plus loin ; mais l'esprit humain a des folies trop nombreuses pour les suivre dans toutes leurs modifications.

Au troisième siècle, la philosophie grecque continua ses ravages dans le christianisme : les hommes qui passaient incessamment des écoles d'Athènes et d'Alexandrie à la religion évangélique cherchaient à rendre celle-ci *naturelle*, c'est-à-dire qu'ils s'efforçaient d'expliquer les mystères, afin de répondre aux objections des païens. Cette fausse honte de l'esprit produisit les erreurs de Sabellius, de Noët, d'Hiérax, de Bérylle, de Paul de Samosate : on compte aussi celles des ophites, des caïnites, des sethiens et des melchisédéciens.

Manès, dont l'hérésie éclata vers l'an 277, était un esclave appelé Coubric, surnommé Manès, ce qui signifiait en persan l'art de la parole ; Manès y prétendait exceller. Il eut pour disciple Thomas, et rapporta de la Perse l'ancienne doctrine des deux principes : le bon principe est la lumière ; le mauvais principe, les ténèbres. Le monde était l'invasion du mauvais principe ou du principe ténébreux dans le bon principe ou le principe lumineux. Manès infiltrait sa doctrine dans le christianisme par l'histoire de la tentation de l'homme, produite de Satan, et par la

---

[1] *Append. ad Tertull. Præscript., in fin.* — [2] TERTULL. *Adv. Valent.*

mission de Jésus-Christ envoyé du bon principe, pour détruire l'action de Satan ou du mauvais principe [1].

Les hérétiques cherchaient assez souvent à rentrer dans le sein de l'Église; on ne s'y refusait pas, mais on différait sur les conditions de leur réintégration : autre source de schisme au troisième siècle; celui des novatiens est un des plus connus.

Le quatrième siècle se distingue par la grande hérésie d'Arius. Le monde philosophique à cette époque était devenu néoplatonicien ; le néoplatonisme ne trouvait plus de contradicteurs, et se rapprochait de la théologie chrétienne à laquelle il s'était assimilé. La puissance politique ayant passé du côté des chrétiens, les hérésies affectèrent le caractère de la domination et les mœurs du palais; elles voulurent régner, et montèrent en effet sur le trône avec Constance : elles servirent de marchepied au paganisme pour reprendre un moment la pourpre avec Julien. Constance ayant divisé la doctrine orthodoxe par l'arianisme, il parut tout simple que la religion changeât dans Julien, comme elle avait changé dans Constance, et que l'un forçât ses sujets d'adopter sa communion, ainsi que l'autre les y avait obligés.

Sabellius avait établi la distinction des personnes trinitaires; Marcion et Cerdon reconnaissaient trois substances incréées ; Arius voulut concilier ces opinions en faisant de la Trinité trois substances, mais posant en principe que le Père seul étant incréé, le Verbe devenait une créature : Macédonius nia depuis la divinité du Saint-Esprit. Le mot *consubstantiel* fut inventé pour écarter les subtilités des ariens ; mot latin qui ne traduisait pas exactement le fameux mot grec *homoousios* employé par les Pères de Nicée. Eusèbe et Théognis usèrent de supercherie en souscrivant le symbole [2] ; ils introduisirent un iota dans le mot *homoousios* et écrivirent *homoiousios, semblable en substance* au lieu de *même substance.* On chicana sur cet iota, qui causa bien des persécutions et fit couler beaucoup de sang. Saint Hilaire, avec la droiture et la raison des peuples occidentaux, admit les deux expressions, disant que rien ne pouvait être semblable selon la nature qui ne fût de même nature [3]. L'arianisme divisé en plusieurs branches, eusébien, demi-arien, etc., passa des Romains aux Goths; son caractère se mélangeait de faste, de violence et de cruauté. Arius, son fondateur, était pourtant un homme doux quoique obstiné : l'antagoniste d'Arius fut, vous le savez, le fameux Athanase.

Avec Arius, dans le quatrième siècle, vinrent aussi les réformateurs qui attaquèrent la discipline de l'Église et le culte de la Vierge : par

---

[1] BEAUSOBRE, *Histoire du Manich.*; HERBELOT, THEODOR. *Hæret. Acta disput. Arch. Monum. eccl.*, grec et lat., *ap. Vales. et D. Cel.* — [2] PHILOST., lib. I, cap. IX. — [3] SULP. SEV., lib. XIII.

l'austérité des mœurs, ils arrivaient à la dépravation. On compte Helvidius, Bonose, Audée, Collathe, Jovinien, Priscillius et plusieurs autres.

Le cinquième siècle vit les hérésies placées dans les prélats : celle du violent Nestorius, évêque de Constantinople, éclata. Il nia l'union hypostatique, admettant toutefois l'incarnation du Christ, mais disant qu'il n'était pas sorti du sein de la Vierge. L'Orient se divisa; il y eut conciles contre conciles, anathèmes contre anathèmes, persécutions, dépositions, exils. Après le concile d'Éphèse, le nestorianisme triompha ; bientôt Eutychès vint combattre Nestorius et remplacer une erreur par une erreur. Le nestorianisme supposait deux personnes dans Jésus-Christ; Eutychès, par un autre excès, prétendait que les deux natures de l'Homme-Dieu, la nature humaine et la nature divine, étaient tellement unies qu'elles n'en faisaient qu'une. Les moines avaient soutenu contre les nestoriens la maternité de la Vierge ; ils s'enrôlèrent presque tous sous les bannières d'Eutychès. L'empire d'Orient, berceau de toutes les hérésies, continua de s'engloutir dans ces subtilités déplorables. Les patriarches de Constantinople acquirent une puissance qui leur permettait de disposer de la pourpre. Après Eutychès, des moines scythes, dans le sixième siècle, posèrent en principe qu'une des personnes de la Trinité avait souffert. Dans le septième siècle, autres chimères; dans le huitième, Léon Isaurien donna naissance à la secte des iconoclastes ; et enfin, vers le milieu du neuvième siècle, s'établit le grand schisme des Grecs.

L'Occident, ravagé par les Barbares au cinquième siècle, enfanta des hérésies qui sentaient le malheur ; des chrétiens opprimés cherchèrent une cause aveugle à des souffrances en apparence non méritées : Pélage, moine breton qui avait beaucoup voyagé, fut l'auteur d'un nouveau système : il disait l'homme capable d'atteindre le plus haut degré de perfection par ses propres forces. De cette hauteur stoïque, il était aisé de glisser à cette rigueur de destin qui écrase le juste sans l'abattre. Entraîné de conséquences en conséquences, tout en ayant l'air d'admettre l'efficacité de la grâce, Pélage se voyait obligé de nier cette nécessité, de rejeter la contrainte du péché originel, laquelle aurait détruit la possibilité de la perfection sans la grâce. Julien, évêque d'Éclane, succéda à Pélage. Des semi-pélagiens engendrèrent la prédestination : ils soutenaient que la chute d'Adam a suspendu le libre arbitre, et que Jésus-Christ n'est pas mort pour tous : le résultat était la damnation éternelle et la salvation éternelle forcées par la prescience de Dieu [1].

---

[1] Norisc., *Hist. Pelag.*, lib. II; Duchesne, *Prædest.*; *Ann. Benedict.*, tom. II, an 829.

Cette hérésie dura ; elle parvint jusqu'à Gothescale, et même jusqu'à Jean Scot Érigène.

. Dans les sixième, septième, huitième et neuvième siècles, l'unité croissante de l'Église catholique et l'autorité de Charlemagne diminuèrent les hérésies dogmatiques ; mais il se forma des hérésies d'imagination : elles eurent leur source dans une nouvelle espèce de merveilleux né des faux miracles, des vies des saints, de la puissance des reliques, et du caractère crédule et guerrier prêt à procréer le moyen âge. La lumière classique jeta un rayon perdu à travers les ténèbres du neuvième siècle, et fit éclore une superstition, du moins excusable : un prêtre de Mayence prouva que Cicéron et Virgile étaient sauvés. L'étude de l'Écriture amena des discussions subtiles sur le nom de Jésus, sur le mot Chérubin, sur l'Apocalypse, sur les nombres arithmétiques, sur les couches de la Vierge. Tel fut ce long enchaînement de mensonges, de folies ou de puérilités.

Des doctrines passons aux hommes, du tableau des croyances à la peinture des mœurs, de l'hérésie à l'hérésiarque : il est rare que la fausseté de l'esprit ne fasse pas gauchir la droiture du cœur, et qu'une erreur n'engendre pas un vice.

Marc, disciple de Valentin, séduisait les femmes en prétendant leur donner le don de prophétie : il s'en faisait aimer passionnément ; elles le suivaient partout. Ses disciples [1] possédaient le même talisman, et des troupes de femmes s'attachaient à leurs pas dans les Gaules. Ils se nommaient *Parfaits;* ils se prétendaient arrivés à la vertu inénarrable. Selon eux le dieu Sabaoth avait pour fils un diable, lequel avait eu d'Ève Caïn et Abel.

Les docites maudissaient l'union des sexes, disant que le *fruit défendu* était le mariage, et les *habits de peau* la chair dont l'homme est vêtu [2].

Les carpocratiens, disciples de Carpocras, tenaient que l'âme était tout, que le corps n'était rien, et qu'on pouvait faire de ce corps ce qu'on voulait. Épiphane prêchait la même doctrine : de là pour ces hérésiarques le rétablissement de l'égalité et de la communauté naturelles. Ils priaient nus, comme une marque de liberté ; ils avaient le jeûne en horreur ; ils festinaient, se baignaient, se parfumaient. Les propriétés et les femmes appartenaient à tous : quand ils recevaient des hôtes, le mari offrait sa compagne à l'étranger. Après le repas ils éteignaient les lumières et se plongeaient aux débauches dont on calomniait les premiers chrétiens : mais ils arrêtaient autant que possible la généra-

---

[1] IREN., lib i, cap. viii et ix ; THEODOR., *Her.*, lib. i, cap. x et xi. — [2] CLEM. III, *Strom.*

tion, parce que le corps étant infâme il n'était pas bon de le reproduire[1].

Montan courait le monde avec deux prophétesses, Prisca et Maximilla. Il se disait le Saint-Esprit et le continuateur des prophètes. Les pratiques des montanistes étaient d'une rigueur excessive.

Paul de Samosate se créa une immense fortune par le débit de ses erreurs. Dans les assemblées ecclésiastiques, il s'asseyait sur un trône; en parlant au peuple il se frappait la cuisse de sa main, et l'on entonnait des cantiques à sa louange.

Au milieu des donatistes, en Afrique, se formèrent les circoncellions, furieux qui pillaient les cabanes des paysans, apparaissaient au milieu des bourgades et des marchés, mettaient en liberté les esclaves, et délivraient les prisonniers pour dettes. Ils assommaient les catholiques avec des bâtons qu'ils appelaient des *israélites*, et commençaient les massacres en chantant : *Louange à Dieu!* Comme certains disciples de Platon, saisis de la frénésie du suicide, ils se donnaient la mort ou se la faisaient donner à prix d'argent. Hommes, femmes, enfants s'élançaient dans des précipices ou dans des bûchers [2].

Plusieurs conciles, et entre autres celui de Nicée, prononcent des peines contre les eunuques volontaires. A l'imitation d'Origène, il s'était formé une secte entière de ces hommes dégradés ; on les nommait Valésiens : ils mutilaient non-seulement leurs disciples, mais leurs hôtes [3]; ils guettaient les étrangers sur les chemins pour les délivrer des périls de la volupté. Ils habitaient au delà du Jourdain, à l'entrée de l'Arabie [4].

Les gnostiques partageaient l'espèce humaine en trois classes : les hommes matériels ou hyliques, les hommes animaux ou psychiques, les hommes spirituels ou pneumatiques. Les gnostiques se subdivisaient eux-mêmes en une multitude de sectes : celle des ophites révérait le serpent comme ayant rendu le plus grand service à notre premier père, en lui apprenant à connaître l'arbre de la science du bien et du mal. Ils tenaient un serpent enfermé dans une cage; au jour présumé de la

---

[1] Nudi toto corpore precantur, tanquam per hujusmodi operationem inveniant discendi apud Deum libertatem ; corpora autem sua tum muliebria, tum virilia noctu ac diu curant unguentis, balneis, epulationibus, concubitibusque et ebrietatibus vocantes et detestantur jejunantem. Atque humanæ carnis esu peracto... Non ad generandum sobolem corruptio apud ipsos instituta est, sed voluptatis gratia, diabolo illudente talibus, et seductam errore Dei creaturam subsannante. (EPIPH., *episcop. Constantiæ contra hæreses*, pag. 71 ; Lutetiæ Parisiorum, 1612.)—[2] Altorum montium cacuminibus viles animas projicientes, se præcipites dabant. (OPTATI AFRI. *Nilevitami episcopi de schismate Donatistarum*, lib. III, pag. 59; Lutetiæ Parisiorum, 1700.) — [3] Non solum proprios hoc modo perficiunt, sed sæpe etiam peregrinos accidentes, et adhuc apud ipsos hospitio exceptos : abripiunt enim tales intus et vinculis illigatos per vim castrant, ut non amplius sint in voluptatis periculo impulsi. — [4] In Bacathis, regione Philadelphina ultra Jordanem. (EPIPH., *episcop. Const. adversus hæres.*, LVIII, pag. 407.)

seduction d'Ève et d'Adam, on ouvrait la porte au reptile qui glissait sur une table et s'entortillait au gâteau qu'on lui présentait : ce gâteau devenait l'eucharistie des ophites [1].

Des gnostiques d'une autre sorte croyaient que tout était des êtres sensibles, et ils se laissaient presque mourir de faim dans la crainte de blesser une créature de Dieu. Quand enfin ils étaient obligés de prendre un peu de nourriture, ils disaient au froment : « Ce n'est pas moi qui t'ai broyé ; ce n'est pas moi qui t'ai pétri ; ce n'est pas moi qui t'ai mis au four, qui t'ai fait cuire. » Ils priaient le pain de leur pardonner, et ils le mangeaient avec pitié et remords.

Les priscilliens, dont la doctrine était un mélange de celle des mani-chéens et des gnostiques, cassaient les mariages en haine de la géné-ration, parce que la chair n'était pas l'ouvrage de Dieu, mais des mau-vais anges ; il s'assemblaient la nuit ; hommes et femmes priaient nus comme les carpocratiens, et se livraient à mille désordres toujours justifiés par la vileté du corps [2]. L'Espagne infestée de cette secte de-vint une école d'impudicité.

L'Église faisait tête à toutes ces hérésies ; sa lutte perpétuelle donne la raison de ces conciles, de ces synodes, de ces assemblées de tous noms et de toutes sortes que l'on remarque dès la naissance du chris-tianisme. C'est une chose prodigieuse que l'infatigable activité de la communauté chrétienne : occupée à se défendre contre les édits des empereurs et contre les supplices, elle était encore obligée de com-battre ses enfants et ses ennemis domestiques. Il y allait, il est vrai, de l'existence même de la foi : si les hérésies n'avaient été continuelle-ment retranchées du sein de l'Église par des canons, dénoncées et stig-matisées dans les écrits, les peuples n'auraient plus su de quelle reli-gion ils étaient. Au milieu des sectes se propageant sans obstacles, se ramifiant à l'infini, le principe chrétien se fût épuisé dans ses dériva-tions nombreuses, comme un fleuve se perd dans la multitude de ses canaux.

Il résulte de cet aperçu que les hérésies s'imprégnèrent de l'esprit des siècles où elles se succédèrent. Leurs conséquences politiques furent énormes ; elles affaiblirent et divisèrent le monde romain : les moines ariens ouvrirent la Grèce aux Goths, les donatistes l'Afrique aux Vandales ; et, pour se dérober à l'oppression des ariens, les évêques catholiques livrèrent la Gaule aux Franks. Dans l'Orient le nestoria-nisme, refoulé sur la Perse, gagna les Indes, alla s'unir au culte du lama, et constituer sous un dieu étranger la hiérarchie et les ordres

---

[1] Orig., *Cont. Cels.* — [2] Sulp. Sev., lib. III ; Aug., *Hœres.*, LXX.

monastiques de l'Église chrétienne : il fit naître aussi l'espèce de puissance problématique et fantastique du prêtre Jean. D'un autre côté une foule de sectes variées que proscrivait le fanatisme grec, se réfugièrent pêle-mêle en Arabie : de la confusion de leurs doctrines, professées ensemble dans l'exil et travaillées par la verve orientale, sortit le mahométisme, hérésie judaïque-chrétienne, de qui la haine aveugle contre les adorateurs de la croix se compose des haines diverses de toutes les infidélités dont la religion du Coran s'est formée.

A voir les choses de plus haut dans leurs rapports avec la grande famille des nations, les hérésies ne furent que la vérité philosophique, ou l'indépendance de l'esprit de l'homme, refusant son adhésion à la chose adoptée. Prises dans ce sens, les hérésies produisirent des effets salutaires : elles exercèrent la pensée, elles prévinrent la complète barbarie, en tenant l'intelligence éveillée dans les siècles les plus rudes et les plus ignorants ; elles conservèrent un droit naturel et sacré, le droit de *choisir*. Toujours il y aura des hérésies, parce que l'homme né libre fera toujours des choix. Alors même que l'hérésie choque la raison, elle constate une de nos plus nobles facultés, celle de nous enquérir sans contrôle et d'agir sans entraves.

TROISIÈME PARTIE.

MŒURS DES PAÏENS.

Un long paganisme et des institutions contraires à la vérité humaine avaient porté la gangrène dans le cœur du monde romain. L'Évangile pouvait faire des saints isolés, des familles pieuses, charitables, héroïques ; mais il ne pouvait extirper subitement un mal enraciné par une civilisation antinaturelle. Le christianisme réforma les mœurs publiques avant d'épurer les mœurs privées ; il corrigea les lois, posa les dogmes de la morale universelle, avant d'agir efficacement sur la généralité des individus. Ainsi vous avez vu l'esclavage, la prostitution, l'exposition des enfants, les combats des gladiateurs, attaqués légalement par Constantin et ses successeurs (glorieux effet du christianisme au pouvoir) ; mais vous avez retrouvé aussi le même fond de corruption sur le trône. Les empereurs, il est vrai, ne se rendaient pas coupables de ces infamies effrontées dont s'étaient souillés, à la face du soleil, Tibère, Caligula, Néron, Domitien, Commode, Élagabale ; mais les crimes intérieurs du palais, une dépravation secrète, une vie d'intrigues, quelque chose qui ressemblait davantage aux cours modernes, commença : tout ce que le christianisme put faire d'abord, fut de contraindre les vices à se cacher.

La pourriture de l'empire romain vint de trois causes principales : du culte, des lois et des mœurs. Et comme cet empire renfermait dans son sein une foule de nations placées dans divers climats, à différents degrés de civilisation, toutes ces nations mêlaient leurs corruptions particulières à la corruption du peuple dominateur : ainsi l'Égypte donna à Rome ses superstitions, l'Asie sa mollesse, l'occident et le nord de l'Europe son mépris de l'humanité.

La société romaine parlait deux langues, était composée de deux génies : la langue latine et la langue grecque, le génie grec et le génie latin. La langue latine se renfermait dans une partie de l'Italie, dans quelques colonies africaines, illyriennes, daciques, gauloises, germaniques, bretonnes, tandis qu'Alexandre avait porté sa langue maternelle jusqu'aux confins de l'Éthiopie et des Indes : elle servait d'idiome intermédiaire entre les peuples qui ne s'entendaient pas ; elle était parlée à Rome, même par les esclaves et les marchandes d'herbes. Le génie grec communiqua aux Romains la corruption intellectuelle, les subtilités, le mensonge, la vaine philosophie, tout ce qui détériore la simplicité naturelle ; le génie latin voua ces mêmes Romains à la corruption matérielle, aux excès des sens, à la débauche, à la cruauté.

De ces généralités, si nous passons à l'examen particulier de la religion, des lois et des mœurs, nous trouvons l'idolâtrie merveilleusement calculée pour autoriser les vices : l'homme ne faisait qu'imiter les actions du dieu [1]. Jupiter a séduit une femme en se changeant en pluie d'or ; pourquoi moi, chétif mortel, n'en ferais-je pas autant [2]? Ovide (et l'autorité est singulière) ne veut pas que les jeunes filles aillent dans les temples, parce qu'elles y verraient combien Jupiter a fait de mères [3]. Les femmes se prostituaient publiquement dans le temple de Vénus à Babylone [4]. Dans l'Arménie, les familles les plus illustres consacraient leurs filles vierges encore à cette déesse [5]. Les femmes de Biblis qui ne consentaient pas à couper leurs cheveux au deuil d'Adonis, étaient contraintes, pour se laver de cette impiété, de se livrer un jour entier

---

[1] EURIP., *ap. Just.*

[2]
Ego homuncio, hoc non facerem ?
(TER , *Eun.*, act. III.)

[3]
Quam multas matres fecerit ille deus.
(*Trist.*, lib. II.)

[4] HERODOT., lib. I. — [5] STRAB., lib. XVI.

aux étrangers. L'argent qui provenait de cette sainte souillure était consacré à la déesse[1]. Les filles, dans l'île de Chypre, se rendaient au bord de la mer avant de se marier, et gagnaient avec le premier venu l'argent de leur dot[2].

Rien de plus célèbre que le temple de Corinthe ; il renfermait mille ou douze cents prostituées offertes à la mère des amours. Ces courtisanes étaient consultées et employées dans les affaires de la république comme des vestales[3].

Lucien, dans les *Dialogues des dieux*, flagelle en riant les turpitudes de la mythologie. Junon se plaint à Jupiter qu'il ne la caresse plus depuis qu'il a enlevé Ganymède ; Mercure se moque avec Apollon de l'aventure de Mars enchaîné par Vulcain dans les bras de Vénus ; Vénus invite Pâris à l'adultère : « Hélène n'est pas noire, puisqu'elle est née d'un cygne ; elle n'est pas grossière, puisqu'elle est éclose dans la coquille d'un œuf. J'ai deux fils : l'un rend aimable, l'autre amoureux ; je mettrai le premier dans tes yeux, le second dans le cœur d'Hélène, et je t'amènerai les Grâces pour compagnes, avec le Désir. » Mercure dit à Pan : « Tu caresses donc les chèvres ? »

Les voleurs, les homicides, et le reste, avaient leurs protecteurs dans le ciel : « Belle Laverne, donne-moi l'art de tromper, et qu'on me croie juste et saint[4]. »

Les mystères d'Adonis, de Cybèle, de Priape, de Flore, étaient représentés dans les temples et dans les jeux consacrés à ces divinités. On voyait à la lumière du soleil ce que l'on cache dans les ténèbres, et la sueur de la honte glaçait quelquefois l'infâme courage des acteurs[5].

L'ordre légal, conforme à l'ordre religieux, faisait de ces dérèglements des mœurs approuvées. La loi Scantinie pensait sans doute être rigoureuse, en n'exceptant de la prostitution publique que *les garçons de condition*. On versait au trésor le tribut que payaient les prostituées. Alexandre Sévère appliqua cet argent à la réparation du cirque et des théâtres[6].

Dans une société où moins de dix millions d'hommes disposaient de

---

[1] LUCIAN., *de Assyria, init.* — [2] Dotalem pecuniam quæsituras... pro reliqua pudicitia libamento Veneri soluturas. (JUST., lib. XVIII.) — [3] ATHEN., lib. XIII.

[4] . . . . Pulchra Laverna,
Da mihi fallere, da justum sanctumque videri.
(HORAT., *ep.* XVI, lib. I.).

[5] Exuuntur etiam vestibus populo flagitante meretrices, quæ tunc mimorum funguntur officio, et in conspectu populi usque ad satietatem impudicorum luminum cum pudendis motibus detinentur. (LACTANT., *de falsa Religione*, lib. I, pag. 64 ; Basileæ.) — [6] Lenonum vectigal et meretricum et exoletorum in sacrum ærarium inferri vetuit, sed sumptibus publicis ad instaurationem theatri, circi, amphitheatri et ærarii deputavit. (LAMPRID., *in Alex. Sev.*)

la liberté de plus de cent-vingt millions de leurs semblables, on conçoit la facilité que les diverses cupidités avaient à se satisfaire. L'esclavage était une source inépuisable de corruption ; la seule définition légale de l'esclavage disait tout : *Non tam vilis quam nullus;* moins vil que nul. Le maître avait le droit de vie et de mort sur l'esclave, et l'esclave ne pouvait acquérir qu'au profit du maître. Vous lisez au livre vingt et unième du titre premier de l'édit *Édiles*, au sujet de la vente des esclaves : « Ceux qui vendent des esclaves doivent déclarer aux acheteurs leurs maladies et défauts ; s'ils sont sujets à la fuite ou au vagabondage ; s'ils n'ont point commis quelques délits ou dommages.

. . . .

« Si, depuis la vente, l'esclave a perdu de sa valeur; si au contraire il a acquis quelque chose, comme une femme qui aurait eu un enfant;......... si l'esclave s'est rendu coupable d'un délit qui mérite la peine capitale; s'il a voulu se donner la mort; s'il a été employé à combattre contre les bêtes dans l'arène, etc. »

Immédiatement après ce titre vient un article sur la vente des chevaux et autre bétail, commençant de la même manière que celui sur la vente des esclaves : « Ceux qui vendent des chevaux doivent déclarer leurs défauts, leurs vices ou leurs maladies, etc. »

Toutes les misères humaines sont renfermées dans ces textes que les légistes romains énonçaient, sans se douter de l'abomination d'un tel ordre social.

Les cruautés exercées sur les esclaves font frémir : un vase était-il brisé, ordre aussitôt de jeter dans les viviers le serviteur maladroit, dont le corps allait engraisser les murènes favorites ornées d'anneaux et de colliers. Un maître fait tuer un esclave pour avoir percé un sanglier avec un épieu, sorte d'armes défendues à la servitude [1]. Les esclaves malades étaient abandonnés ou assommés; les esclaves laboureurs passaient la nuit enchaînés dans des souterrains : on leur distribuait un peu de sel, et ils ne recevaient l'air que par une étroite lucarne. Le possesseur d'un serf le pouvait condamner aux bêtes, le vendre aux gladiateurs, le forcer à des actions infâmes. Les Romaines livraient aux traitements les plus cruels, pour la faute la plus légère, les femmes attachées à leur personne. Si un esclave tuait son maître, on faisait périr avec le coupable tous ses compagnons innocents. La loi *Petronia*, l'édit de l'empereur Claude, les efforts d'Antonin le Pieux, d'Adrien et de Constantin, furent sans succès pour remédier à ces abus que le christianisme extirpa.

---

[1] CICER., *in Verr.*, V, cap. III.

L'instinct de la cruauté romaine se retrouvait dans les peines applicables aux crimes et aux délits. La loi prescrivait la croix (à laquelle fut substituée la potence [1]), le feu, la décollation, la précipitation, l'étranglement dans la prison, la fustigation jusqu'à la mort, la livraison aux bêtes, la condamnation aux mines, la déportation dans une île et la perte de la liberté.

Dans les premiers temps on pendait le coupable, la tête enveloppée d'un voile, à des arbres appelés *malheureux*, et maudits par la religion, tels que le peuplier [2], l'aune et l'orme, réputés stériles. On ne pouvait faire mourir qu'avec le glaive, non avec la hache, l'épée, le poignard et le bâton. La mort par le poison ou par la privation d'aliments, d'abord permise, fut ensuite prohibée.

Étaient exemptés de la question les militaires, les personnes illustres ou distinguées par leur vertu : celles-ci transmettaient ce privilége à leur postérité jusqu'à la troisième génération. Étaient encore soustraits à la question les hommes libres de race non plébéienne, excepté le cas d'accusation de crime de lèse-majesté au premier chef; or, la frayeur des tyrans et la bassesse des juges faisaient survenir cette accusation dans toutes les causes.

Les supplices de la question étaient : le chevalet, lequel étendait les membres et détachait les os du corps; les lames de fer rouge, les crocs à traîner [5], les griffes à déchirer. Le même homme pouvait être mis plusieurs fois à la torture. Si nombre de gens étaient prévenus du même crime, on commençait la question par le plus timide ou le plus jeune [4].

Ces épouvantables inventions de l'inhumanité ne suffisaient pas, et les bornes des tourments étaient laissées à la discrétion du juge [5]. De là cet arbitraire des supplices dont je vous ai parlé.

Avant de mettre les esclaves à la question, l'accusateur en déposait le prix : le gouvernement confisquait les esclaves qui survivaient, lorsqu'ils avaient déposé contre leurs maîtres [6].

De ce récit succinct de la corruption de Rome païenne par la religion et les lois, passons à la peinture de la corruption dans les mœurs.

Le seul peuple qui ait jamais fait un spectacle de l'homicide est le peuple romain : tantôt c'étaient des gladiateurs, et même des *gladiatrices* de famille noble [7], qui s'entre-tuaient pour le divertissement de

---

[1] Callistratus scripserat crucem ; Tribonianus furcam substituit, quia Constantinus supplicium crucis abrogaverat. (*Pandect.*, lib. XLVIII, tit. IX, *de pœn.*) — [2] Erant autem *infelices arbores*, damnatæque religione, quæ nec seruntur nec fructum ferunt : quales populus, alnus, ulmus. (PLIN., *Hist. nat.*, lib. XXVI; *Pandect.*, loc. cit.) — [3] Unco trahebantur. (PLIN.; SENEC.) — [4] Ut ab eo primum incipiatur qui timidior est, vel teneræ ætatis videtur. (*Pandect.*, lib. XLVIII, tit. XVIII.) — [5] Quæstionis modum magis et judices arbitrari oportere. (*Id., ibid.*) — [6] *Voyez* tout l'effroyable titre *de Quæstionibus*. L'esprit de cette dernière loi est logique dans sa cruauté. — [7] Per id tempus factum est

la populace la plus abjecte, comme pour le plaisir de la société la plus raffinée ; tantôt c'étaient des prisonniers de guerre que l'on armait les uns contre les autres, et qui se massacraient au milieu des fêtes, la nuit, aux flambeaux, en présence de courtisanes toutes nues : on forçait des pères, des fils, des frères, de s'égorger mutuellement afin de désennuyer un Néron, et mieux encore un Vespasien et un Titus.

Les panthères, les tigres, les ours, étaient appelés à ces jeux des hommes par une juste égalité et fraternité. La mort se voulut montrer un jour au milieu de l'arène dans toute son opulence ; elle y fit paraître à la fois une multitude de lions : tant de bouches affamées auraient manqué de pâture, si les martyrs ne s'étaient heureusement trouvés pour fournir du sang et de la chair à ces armées du désert. Onze mille animaux de différentes sortes furent immolés après le triomphe de Trajan sur les Daces, et dix mille gladiateurs succombèrent dans les jeux qui durèrent cent vingt-trois jours.

La loi romaine étendait ses soins maternels sur les bêtes de meurtre ; elle défendait de les tuer en Afrique, comme on défend de tuer les brebis, mères des troupeaux. Le retentissement des glaives, les rugissements des animaux, les gémissements des victimes dont les entrailles étaient traînées sur un sable parfumé d'essence de safran ou d'eaux de senteur [1], ravissaient la foule : au sortir de l'amphithéâtre elle courait se plonger dans les bains, ou dans les lieux dont les enseignes brillaient sous les voûtes qui ont donné leur nom à la transgression de la chasteté. Ces impitoyables spectateurs de la mort, qui la regardaient sans pouvoir apprendre à mourir, accordaient rarement la vie : si le gladiateur criait merci, les Délie, les Lesbie, les Cynthie, les Lydie, toutes ces femmes des Tibulle, des Catulle, des Properce, des Horace, donnaient le signe du trépas de la même main dont les Muses avaient chanté les molles caresses [2].

Les festins particuliers étaient rehaussés par ce plaisir du sang :

mulierum certamen... Cum crudele pugnavissent, essentque ob eam causam cæteras nobilissimas feminas conviciis consectatæ, cautum est ne quæ mulier usquam in reliquum tempus muneribus gladiatoris fungeretur. (DION., *Hist. Rom.*, lib. LXXVI, pag. 858 ; Hanoviæ, 1806.)

[1] Croco diluto aut aliis fragrantibus liquoribus. (MARTIAL., v. 126, et *de Spect.*, III. — [2] Pollicem vertebant. (JUVENAL., *sat.* III, v. 36.)

> Quis nescit? vel quis non vidit vulnera pali?
> Quem cavat assiduis sudibus, scutoque lacessit,
> Atque omnes implet numeros, dignissima prorsus
> Florali matrona tuba; nisi si quid in illo,
> Pectore plus agitat, veræque paratur arenæ.
> Quem præstare potest mulier galeata pudorem.
> Quæ fugit a sexu?

(JUV., *sat.* VI, v. 247 et seq.)

quand on s'était bien repu et qu'on approchait de l'ivresse, on appelait des gladiateurs ; la salle retentissait d'applaudissements, lorsqu'un des deux assaillants était tué. Un Romain avait ordonné, par testament, de faire combattre ainsi de belles femmes qu'il avait achetées ; et un autre, de jeunes esclaves qu'il avait aimés [1].

Le luxe des édifices à Rome passe ce qu'on en saurait dire : la maison d'un riche était une ville entière ; on y trouvait des forums, des cirques, des portiques, des bains publics, des bibliothèques. Les maîtres y vivaient, pendant le jour, dans des salles ornées de peintures que la lumière du soleil n'éclairait point : on ne les peut encore voir qu'à la lueur des torches, aujourd'hui que la nuit des siècles et les ténèbres des ruines ont ajouté leur obscurité à celle de ces voûtes. Un ouvrage, faussement attribué à Lucien, fait l'éloge d'un *appartement ;* cette demeure est représentée comme une femme modeste dont la parure est à ses charmes *ce que la pourpre est à un vêtement.* Et cependant l'habitation qui paraissait si simple à l'auteur de cette pièce de rhétorique, a des murs peints à fresque, des plafonds encadrés d'or, et tout ce qui en ferait pour nous un palais de la plus grande magnificence.

Descendant de la cruauté à la débauche, qui ne sait la *spintriæ* de Tibère et les incestes de Caligula ? Qui n'a entendu parler de Messaline et du lit où elle rapportait l'odeur de ses souillures ? Néron se mariait publiquement à des hommes [2]. Par la blessure qu'il fit à Sporus, il inventa une femme nouvelle. Je ne redirai plus rien des Vitellius et des Domitien.

Le luxe des repas et des fêtes épuisait les trésors de l'État et la fortune des familles ; il fallait aller chercher les oiseaux et les poissons les plus rares, dans les pays et sur les côtes les plus éloignés. On engraissait toutes sortes de bêtes pour la table, jusqu'à des rats. Des truies on ne mangeait que les mamelles ; le reste était livré aux esclaves.

Athénée consacre onze livres de son *Banquet* à décrire tous les poissons, tous les coquillages, tous les quadrupèdes, tous les oiseaux, tous les insectes, tous les fruits, tous les végétaux, tous les vins dont les anciens usaient dans leurs repas. Il se donne la peine d'instruire la postérité que les cuisiniers étaient des personnages importants, familiarisés avec la langue d'Homère, et à qui l'on faisait apprendre par cœur

---

[1] Quidam testamento formosissimas mulieres quas emerat, eo pugnæ genere confligere inter se ; alius, impuberes pueros quos vivus in deliciis habebat. (ATHEN., lib. IV, pag. 154, edit. 1598.) — —[2] Nero tanto Sabinæ desiderio teneri cœpit ut puerum libertum (Sporus nominabatur) exsecari jusserit quod Sabinæ simillimus erat, eoque in cæteris rebus pro uxore usus sit, quin etiam progrediente tempore eum in uxorem duxit, quanquam ipse nuptus Pythagoræ liberto. (DION., lib. LXII, pag. 715.)

les dialogues de Platon. Ils mettaient les plats sur la table, comptant : *Un, deux, trois* [1], et répétant ainsi le commencement du *Timée*. Ils avaient trouvé le moyen de servir un cochon entier, rôti d'un côté, et bouilli de l'autre [2]. Ils pilaient ensemble des cervelles de volailles et de porcs, des jaunes d'œufs, des feuilles de rose, et formaient du tout une pâte odoriférante, cuite à un feu doux, avec de l'huile, du garum, du poivre et du vin [3]. Avant le repas on mangeait des cigales pour se donner de l'appétit [4].

Je vous ai parlé de cet Élagabale à qui ses compagnons avaient donné le surnom de *Variüs*, parce qu'ils le disaient fils d'une femme publique et de plusieurs pères. Il nourrissait les officiers de son palais d'entrailles de barbot, de cervelles de faisans et de grives, d'œufs de perdrix et de têtes de perroquets [5]. Il donnait à ses chiens des foies de canards, à ses chevaux des raisins d'Apamène, à ses lions des perroquets et des faisans [6]. Il avait, lui, pour sa part, des talons de chameau, des crêtes arrachées à des coqs vivants, des tétines et des vulves de laies, des langues de paons et de rossignols; des pois brouillés avec des grains d'or, des lentilles avec des pierres de foudre, des fèves fricassées avec des morceaux d'ambre, et du riz mêlé avec des perles [7] : c'était encore avec des perles, au lieu de poivre blanc, qu'il saupoudrait les truffes et les poissons. Fabricateur de mets et de breuvages, il mêlait le mastic au vin de rose. Un jour il avait promis à ses parasites un phénix, ou, à son défaut, mille livres d'or [8].

En été il donnait des repas dont les ornements changeaient chaque jour de couleur : sur les réchauds, les marmites, les vases d'argent du poids de cent livres, étaient ciselées des figures du dessin le plus impudique [9]. De vieux sycophantes, assis auprès du maître du banquet, le caressaient en mangeant.

Les lits de table, d'argent massif, étaient parsemés de roses, de violettes, d'hyacinthes et de narcisses. Des lambris tournants lan-

---

[1] ATHEN., lib. IX, cap. VII. — [2] *Id., ibid.,* cap. VI, ad fin. — [3] Fragrantissimis rosis in mortario tritis, adeo gallinarum et porcorum elixa cerebra, deinde oleum, garum, piper, vinum, omnia curiose trita in ollam novam effundens, subjecta igni blando et continuo. (*Id., Deipnosoph.,* lib, IX, pag. 406.) — [4] Lib. IV, cap. VI. — [5] Exhibuit palatinis ingentes dapes extis mullorum refertas, et cerebellis phœnicopterum, et perdicum ovis, et cerebellis turdorum, et capitibus psittacorum et phasianorum et pavonum. (ÆLII LAMPRID. *Hist. aug., vit. Heliogab.,* pag. 108; Parisiis, 1620.) — [6] Canes jecoribus anserum pavit. Misit et uvas apamenas in præsepia equis suis. Et psittacis atque phasianis leones pavit. (*Id., ibid.*) —[7] Comedit calcanea camelorum et cristas vivis gallinaceis demptas; linguas pavonum et luscioiarum, pisum cum aureis, lentem cum cerauniis, fabam cum electris et orizam cum albis. (*Id., ibid.*) — [8] Fertur et promisisse phœnicem conviviis, vel pro ea libras auri mille. (*Id., ibid.,* pag. 109.) — [9] Deinde æstiva convivia coloribus exhibuit... Semper varie per dies omnes æstivos... Vasa centenaria argentea sculpta, et nonnulla schematibus libidinosis inquinata. (*Id., ibid.,* pag. 107.)

çaient des fleurs avec une telle profusion, que les convives en étaient presque étouffés [1]. Le nard et des parfums précieux alimentaient les lampes de ces festins, qui comptaient quelquefois vingt-deux services. Entre chaque service on se lavait, et l'on passait dans les bras d'une nouvelle femme [2].

Jamais Élagabale ne mangeait de poisson auprès de la mer ; mais, lorsqu'il en était très-éloigné, il faisait distribuer à ses gens des laitances de lamproies et de loups marins. On jetait au peuple des pierres fines avec des fruits et des fleurs ; on l'envoyait boire aux piscines et aux bains remplis de vin de rose et d'absinthe [3].

J'ai déjà touché quelque chose des impuretés et des noces d'Élagabale. Il aimait particulièrement à représenter l'histoire de Pâris : ses vêtements tombaient tout à coup ; il paraissait nu, tenant d'une main une de ses mamelles, de l'autre, se voilant comme la Vénus de Praxitèle ; il s'agenouillait et se présentait aux ministres de ses voluptés [4]. Il avait quitté Zoticus le cocher, et s'était donné en mariage à Hiéroclès ; il porta la passion pour celui-ci à un tel degré d'obscénité, qu'on ne le saurait dire ; il prétendait célébrer ainsi les jeux sacrés de Flore [5]. En bon Romain, il mêlait l'immolation des victimes humaines à la débauche ; il les choisissait parmi les enfants des meilleures familles, prenant soin qu'ils eussent père et mère vivants, afin qu'il y eût plus de douleur [6].

Élagabale était vêtu de robes de soie brodées de perles. Il ne portait jamais deux fois la même chaussure, la même bague, la même tunique [7] ; il ne connut jamais deux fois la même femme [8]. Les coussins sur lesquels il se couchait étaient enflés d'un duvet cueilli sous les ailes des perdrix [9]. A des chars d'or incrustés de pierres précieuses (Élagabale dédaignait les chars d'argent et d'ivoire) il enchaînait deux, trois et quatre belles femmes, le sein découvert, et il se faisait traîner sur le quadrige. Quelquefois il était nu ainsi que son élégant attelage,

[1] Oppressit in tricliniis versatilibus parasitos suos violis et floribus, sic ut animam aliqui efflaverint, quum erepere ad summum non possent. (*Hist. aug.*, *vit. Heliogab.*, pag. 108.) — [2] Idem in lucernis balsamum exhibuit. Exhibuit et aliquando tale convivium ut haberet viginti et duo fercula ingentium epularum, sed per singula lavaret, et mulieribus uterentur ipse et amici cum jurejurando quod voluptatem efficerent. (*Id.*, *ibid.*, pag. 111.) — [3] Ad mare piscem nunquam comedit : in longissimis a mari locis omnia marina semper exhibuit : muraenarum lactibus et luporum in locis mediterraneis pavit, et rosis piscinas exhibuit, et bibit cum omnibus suis caldaria, miscuit gemmas pomis ac floribus ; jecit et per fenestram cibos. (*Id.*, *ibid.*) — [4] Posterioribus eminentibus in subactorem rejectis et oppositis. (*Id.*, pag. 109.) — [5] Ut eidem inguina oscularetur. (*Id.*, *ibid.*) — [6] Credo ut major esset utrique parenti dolor. (*Id.*, *ibid.*) — [7] Calceamentum nunquam iteravit ; annulos etiam negatur iterasse, pretiosas vestes saepe conscidit. (*Id.*, *ibid.*, pag. 112.) — [8] Idem mulierem nunquam iteravit praeter uxorem. (*Id.*, pag. 109.) — [9] Nec cubuit in accubitu facile, nisi iis qui pilum leporinum haberent, aut plumas perdiccum, sub alares culcitras, saepe permutans. (*Id.*, pag. 108.)

et il roulait sous des portiques semés de paillettes d'or[1], comme le Soleil conduit par les Heures.

Si ces iniquités et ces folies n'appartenaient qu'à un seul homme, il n'en faudrait rien conclure des mœurs d'un peuple ; mais Élagabale n'avait fait que réunir dans sa personne ce qu'on avait vu avant lui, depuis Auguste jusqu'à Commode. Se faut-il étonner qu'il y eût alors dans les catacombes de Rome, dans les sables de la Thébaïde, un autre peuple qui, par des austérités et des larmes, appelât la création d'un autre univers? Ces cochers du cirque, ces prostituées des temples de Cybèle, qui faisaient rougir la lune [2] de leurs affreux débordements, ces poursuivants de testaments, ces empoisonneurs, ces Trimalcions, toute cette engeance de l'amphithéâtre, toute cette race jugée et condamnée devait disparaître de la terre.

L'impureté n'était pas le fruit particulier de l'éducation des tyrans, un privilége de palais, une bonne grâce de cour ; elle était le vice dominant de la terre païenne, grecque et latine. La pudeur comme vertu, non comme instinct, est née du christianisme : si quelque chose pouvait excuser les anciens, c'est que, ne remontant pas plus haut que le penchant animal, ils n'avaient pas de la chasteté l'idée que nous en avons.

Des savants, dans Athénée, examinent doctement quand l'amour pour les jeunes garçons commença. Les uns le font remonter à Jupiter, et les autres à Minos, qui devint amoureux de Thésée ; les autres à Laïus, qui enleva Chrysippe, fils de Pélops son hôte. Hiéronyme, le péripatéticien, loue cet amour, et fait l'éloge de la légion de Thèbes ; Agnon, l'académicien, rapporte que chez les Spartiates il était licite à la jeunesse des deux sexes de se prostituer légalement avant le mariage.

Dans le dialogue des *Amours*, qui n'est vraisemblablement pas de Lucien, l'auteur introduit sur la scène deux personnages, Chariclès et Callicratidas; ils plaident dans un bois du temple de Cnide, l'un l'amour des femmes, l'autre l'amour des garçons : Lycinus et Théomneste sont juges du débat.

Chariclès, attaquant son adversaire après avoir fait l'éloge des femmes, lui dit : « Ta victime souffre, et pleure dans tes odieuses

[1] Habuit et gemmata vehicula et aurata, contempsit argentatis et eboratis et æratis. Junxit et quaternas mulieres pulcherrimas et binas ad papillam, vel ternas et amplius, et sic vectatus est ; sed plerumque nudas, cum nudum illæ traherent. (LAMPRID., *vit. Heliog.*, pag. 111.) Scobe auri porticum stavit. . . . . ut fit de anrosa arena. (*Id.*, pag. 112.)

[2] Inque vices equitant, ac, luna teste, moventur.

(Juv., *sat.* VI.)

caresses [1] ; si l'on permet de tels désordres parmi les hommes, il faut laisser aux Lesbiennes leur stérile volupté [2]. »

Callicratidas prend la parole ; il repousse quelques-uns des arguments de Chariclès : « Les lions n'épousent pas les lions, dis-tu ? c'est que les lions ne philosophent pas [3]. » Callicratidas fait ensuite une peinture satirique de la femme : « Le matin, au sortir du lit, la femme ressemble à un singe ; des vieilles et des servantes, rangées à la file comme dans une procession, lui apportent les instruments et les drogues de sa toilette : un bassin d'argent, une aiguière, un miroir, des fers à friser, des fards, des pots remplis d'opiats et d'onguents pour nettoyer les dents, noircir les sourcils, teindre et parfumer les cheveux ; on croirait voir le laboratoire d'un pharmacien. Elle couvre à moitié son front sous les anneaux de sa chevelure, tandis qu'une autre partie de cette chevelure flotte sur ses épaules. Les bandelettes de sa chaussure sont si serrées qu'elles entrent dans sa chair ; elle est moins vêtue qu'enfermée sous un tissu transparent qui laisse voir ce qu'il est censé cacher. Elle attache des perles précieuses à ses oreilles, des bracelets en forme de serpents d'or à ses poignets et à ses bras ; une couronne de diamants et de pierreries des Indes repose sur sa tête ; de longs colliers pendent à son cou ; des talons d'or ornent sa chaussure de pourpre ; elle rougit ses joues impudentes afin de dissimuler sa pâleur. Ainsi parée, elle sort pour adorer des déesses inconnues et fatales à son mari. Ces adorations sont suivies d'initiations mal famées et de mystères suspects [4]. Elle rentre, et passe d'un bain prolongé à une table somptueuse ; elle se gorge d'aliments, elle goûte à tous les mets du bout du doigt. Un lit voluptueux l'attend ; elle s'y livre à un sommeil inexplicable, si c'est un sommeil ; et quand on sort de cette couche moelleuse, il faut vite courir aux thermes voisins [5]. »

De cette satire, Callicratidas passe à l'éloge du jeune homme : « Il se lève avant l'aurore, se plonge dans une eau pure, étudie les maximes

---

[1] Principio quidem dolores ac lacrymæ oboriuntur, ubi per tempus dolor aliquid remisit, nihil quicquam, ut aiunt, modeste feceris, voluptas autem ne ulla quidem. (LUCIANI *Amores*, pag. 572 ; Lutetiæ Parisiorum, an. 1615.) — [2] Congrediantur et illæ inter se mutuo. Tribadum obscœnitatis istius passim ac libere vagetur. (*Id.*, *ibid.*) — [3] Non amant sese leones, nec enim philosophantur.

Οὐκ ἐρῶσι λέοντες, οὐδὲ γὰρ φιλοσοφοῦσιν.

(*Id.*, *ibid.*, pag. 576.)

[4] Etiam corona caput circumcirca ambit, lapillis Indicis stellata, pretiosa autem de cervicibus monilia dependent. Impudentes etiam genas rubefaciunt illitis fucis. . . . . Nempe statim e domo egressæ, sacrificia faciunt arcana et absque viris suspecta mysteria. (*Id.*, *ibid.*, pag. 579.) — [5] Domi statim prolixa balnea ac sumptuosa quidem ac lauta mensa. Posteaquam enim nimis quam repletæ fuerint sua ipsarum gulositate, summis digitis velut inscribentes appositorum unumquodque degustant. Et diversorum corporum somnos et muliebritate lectum refertum, ex quo surgens statim lavacro opus habet. (*Id.*, *ibid.*) Ce latin ne rend pas le texte grec.

de la sagesse, joue de la lyre, dompte sa vigueur sur des coursiers de Thessalie, et lance le javelot ; c'est Mercure, Apollon, Castor. Qui ne serait l'ami d'un pareil jeune homme [1] ? L'amour était le médiateur de l'amitié entre Oreste et Pylade ; ils voguaient ensemble sur le même vaisseau de la vie [2] : il est beau de s'exciter aux actions héroïques par une triple communauté de plaisirs, de périls et de gloire. L'âme de ceux qui aiment de cet amour céleste habite les régions divines, et *deux amants de cette sorte reçoivent, après la vie, le prix immortel de la vertu* [3]. » Callicratidas exprime ici l'opinion de Platon et de Socrate, déclaré le plus sage des hommes !

Licinius juge le procès : il laisse les femmes aux hommes vulgaires, et les petits garçons aux philosophes. Théomneste rit de la prétendue pureté de l'amour philosophique, et finit par la peinture d'une séduction dont les nudités sont à peine supportables sous le voile de la langue grecque ou latine.

Les plus grands personnages de la Grèce et les plus hautes renommées passèrent sous le joug de ces dégradantes passions. Alexandre fit rougir ses soldats de sa familiarité avec l'eunuque Bagoas. Périclès vivait publiquement avec la femme de son fils [4] ; il défendit devant les tribunaux Cimon accusé d'inceste avec sa sœur Elpinice, et Elpinice devint le prix de l'éloquence tarée du triomphant orateur [5]. Sophocle sort d'Athènes avec un jeune garçon qui lui dérobe son manteau ; Euripide se raille de Sophocle, et lui déclare qu'il a possédé pour rien la même créature [6]. Sophocle lui répond en vers : « Euripide, ce fut le soleil et non un jeune garçon qui me dépouilla en me faisant éprouver sa chaleur ; pour toi, c'est Borée qui t'a glacé dans les bras d'une femme adultère [7]. » Le sale Diogène dansait avec l'élégante Laïs qui se livrait à lui ; et le voluptueux Aristippe, amant de Laïs, approuvait

---

[1] Mane surgens ex lecto, postquam residentem in oculis somnum reliquum aqua simplici abstersit. Illi apta atque sonora lyra. Thessali equi illi curæ sunt, ac breviter juventutem domant ac subjugant, in pace meditatur res bellicas, evibrando jacula. . . . . . . Quomodo vero, non amaret illum in palæstris quidem Mercurium, inter lyras autem Apollinem, equitatorem vero Castorem? (LUCIANI *Amores*, pag. 579.) — [2] Amor Orestem et Pyladem conjunxit : atque in uno eædemque vitæ navigio simul navigarunt. — [3] Etiam æther post terram excipit eos qui hæc sectantur : illi autem meliori fato morientes, virtutis præmium hoc incorruptibile consequuntur. (*Id.*, pag. 585.) — [4] ATHEN., lib. XIII, cap. V. — [5] *Id.*, *ibid.* — [6] Sophoclem venustum puerum extra mœnia civitatis duxisse ut cum eo coiret, eumque Sophoclis penula direpta discessisse. Euripides cachinnans per ludibrium dixit illo se aliquando puero usum fuisse, verum sibi furto nihil amissum. (*Id.*, p. 604.) [7] Hoc ubi Sophocles audiit, in Euripidem epigramma scripsit hujusmodi :

Sol quidem, o Euripides, non puer, cum me tepefaceret
Veste nudavit : tibi vero alienam uxorem osculanti
Inæssit Boreas, etc.

Ἥλιος ἦν, οὐ παῖς, Εὐρίπιδη, ὅς μὲ χλιαίνων, etc.

(*Id.*, *Deipnosoph.*, pag. 604.)

le partage. Sur le tombeau de Dioclès, de jeunes garçons célébraient chaque année la fête des baisers : le plus lascif obtenait la couronne [1] : Dioclès avait été un infâme. Athénée nous apprend encore le rôle que jouaient les courtisanes, et Lucien, les leçons qu'elles se donnaient entre elles : Aspasie, Phryné, Laïs, Glycère, Flora, Gnathène, Gnathénion, Manie et tant d'autres, sont devenues des personnages mêlés aux plus graves comme aux plus beaux souvenirs de l'histoire, des arts et du génie.

Un trait particulier distingue le dialogue des *Courtisanes* dans Lucien. L'auteur met souvent en scène une mère et une fille : c'est la mère qui corrompt la fille ; qui cherche à lui enlever tout remords, toute pudeur ; qui l'instruit au libertinage, au mensonge, au vol ; qui lui conseille de se prostituer au plus rustre, au plus laid, au plus infâme, pourvu qu'il paye bien et qu'on le puisse dépouiller. Quant aux jeunes courtisanes, elles éprouvent presque toujours une passion sincère et naïve ; elles ont recours à des enchantements, comme la magicienne de Théocrite, pour rappeler des amants volages ; on les voit occupées à les arracher non-seulement à leurs rivales, mais encore à leurs *rivaux*, les philosophes. Chélidonion propose à Drosé d'écrire avec du charbon sur la muraille du Céramique : *Aristenet corrompt Clinias*. Cet Aristenet était un philosophe qui avait enlevé Clinias à Drosé. Enfin l'on trouve, parmi les Dialogues de Lucien, celui de Clonarion et de Léæna, consacré à la peinture des désordres entre les femmes ; ils y sont peints comme les désordres entre les hommes. Léæna est aimée d'une riche femme de Lesbos, Mégille, déjà liée avec Démonasse, femme de Corinthe. Ces deux saphiennes invitent Léæna à partager leur commune couche. Mégille jette au loin sa fausse chevelure, paraît nue, et la tête rase comme un athlète [2]. Léæna entre dans des détails assez étendus avec Clonarion, et refuse de lui donner les derniers [3].

Vous auriez une fausse idée de ces ouvrages, si vous vous les représentiez comme ces mauvais livres destinés parmi nous à la dépravation de la jeunesse, mais qui ne peignent point l'état général de la société. Les Pères de l'Église s'expriment comme Lucien, et comme Athénée : Clément d'Alexandrie indique des choses de la même nature que celles rappelées aux dialogues des *Amours*, et il cite ailleurs des faits racontés

---

[1]   Quique labra labris dulcius applicaverit,
       Is coronis oneratus ad suam matrem revertitur.
                              (THEOC., *Idyll.* XII.)

[2] Megilla comam ut illam fictitiam habebat a capite rejecit, ipsa autem jacebat omnino similis atque æquiparanda gladiatori, alicui vehementer virili atque robusto ad vivum usque cute detonsa. — [3] Ne quære accuratius omnia, turpia enim sunt. (LUCIANI *dialogi meretricii, Clonarion et Leæna*, ad finem, pag. 970.)

par Lucien lui-même [1] ; il parle de la Vénus de Cnide souillée dans son temple, et de Philœnis, « à qui, dit Fleury, on attribuait un écrit touchant les impudicités les plus criminelles dont les femmes soient capables. » Saint Justin, dans son *Apologie*, assure que l'ouvrage de Philœnis était dans les mains de tout le monde [2].

Chez plusieurs nations, un prix était décerné au plus impudique. [3] Il y avait des villes entières consacrées à la prostitution : des inscriptions écrites à la porte des lieux de libertinage, et la multitude des simulacres obscènes trouvés à Pompéi ont fait penser que cette ville jouissait de ce privilége. Des philosophes méditaient pourtant sur la nature de Dieu et de l'homme dans cette Sodome ; leurs livres déterrés ont moins résisté aux cendres du Vésuve que les images d'airain du musée secret de Portici. Caton le Censeur louait les jeunes gens abandonnés au vice que chantaient les poëtes [4]. Après les repas, on voyait sur les lits du festin de malheureux enfants qui attendaient les outrages [5].

Ammien Marcellin a peint les descendants des Cincinnatus et des Publicola au quatrième siècle [6]. « Ils se distinguent par de hauts chars ; ils suent sous le poids de leur manteau, si léger pourtant que le moindre vent le soulève. Ils le secouent fréquemment du côté gauche pour en étaler les franges et laisser voir leur tunique où sont brodées diverses figures d'animaux. Étrangers, allez les voir, ils vous accableront de caresses et de questions. Retournez-y, il semble qu'ils ne vous aient jamais vus. Ils parcourent les rues avec leurs esclaves et leurs bouffons... Devant ces familles oisives, marchent d'abord des cuisiniers enfumés, ensuite des esclaves avec les parasites. Le cortége est fermé par des eunuques, vieux et jeunes, pâles, livides, affreux.

« Envoie-t-on savoir des nouvelles d'un malade, le serviteur n'oserait rentrer au logis avant de s'être lavé de la tête aux pieds. La populace n'a d'autre abri pendant la nuit que les tavernes ou les toiles tendues sur les théâtres : elle joue aux dés avec fureur, ou s'amuse à faire un bruit ignoble avec les narines [7].

---

[1] *In Pædagog.*, lib. II, cap. x; *in Protreptico*, p. 24 et 38. — [2] Un auteur italien trop célèbre a reproduit l'ouvrage de Philœnis. Avant lui, un grave et religieux savant du onzième siècle avait écrit un livre de même nature; Brantôme a renouvelé les mêmes histoires; mais le véritable auteur de l'ouvrage grec n'était point la courtisane Philœnis, c'était un sophiste nommé Polycrate, comme nous l'apprend Athénée. — [3] Impios infamia turpissima. . . . . (Philo, *de Præmiis et Pœnis*, pag. 586, in-fol.; Parisiis, 1552..) — [4] Horat., *Satir.*, lib. I. — [5] Transeo puerorum infelicium greges quos post transacta convivia aliæ cubiculi contumeliæ exspectant. (Senec., *epist.* 95.) — [6] Les Romains, sous le règne de Trajan, d'Antonin le Pieux et de Marc-Aurèle, ressemblaient déjà beaucoup aux Romains dont parle Ammien Marcellin. Lucien, qui vivait sous ces empereurs, nous a laissé dans le *Nigrinus* un tableau des mœurs romaines dont l'historien semble avoir emprunté plusieurs traits : le premier s'étend seulement davantage sur le goût pour les chevaux, sur le luxe, les funérailles, les testaments, etc. — [7] Amm. Marcell., lib. xlv.

« Ceux qui s'enorgueillissent de porter les noms des Reburri, des Faburri, des Pagoni, des Geri, des Dali, des Tarrasci, des Perrasi, vont aux bains, couverts de soie et accompagnés de cinquante esclaves. A peine entrés dans la piscine, ils s'écrient : « Où sont mes servi- « teurs?» S'il se trouve quelque créature jadis usée au service du pu- blic, quelque vieille qui a trafiqué de son corps, ils courent à elle et lui prodiguent de sales caresses. Et voilà les hommes dont les ancêtres admonestaient un sénateur pour avoir donné un baiser à sa femme devant sa fille ! Les prétendez-vous saluer, tels que des taureaux qui vont frapper de la corne, ils baissent la tête de côté, et ne laissent que leur genou ou leur main au baiser de l'humble client.....

« Au milieu des festins, on fait apporter des balances pour peser les poissons, les loirs et les oiseaux. Trente secrétaires, les tablettes à la main, font l'énumération des services. Si un esclave apporte trop tard de l'eau tiède, on lui administre trois cents coups de fouet. Mais si un vil favori a commis un meurtre : « Que voulez-vous ? dit le maître ; « c'est un misérable ! Je punirai le premier de mes gens qui se con- « duira ainsi. »

« Ces illustres patrices vont-ils voir une maison de campagne ou une chasse que les autres exécutent devant eux ; se font-ils transporter dans des barques peintes, par un temps un peu chaud, de Putéoles à Cajète, ils comparent leurs voyages à ceux de César et d'Alexandre. Une mouche qui se pose sur les franges de leur éventail doré, un rayon de soleil qui passe à travers quelque trou de leur parasol, les désolent ; ils voudraient être nés parmi les Cimmériens [1].

« Cincinnatus eût perdu la gloire de la pauvreté si, après sa dicta- ture, il eût cultivé des champs aussi vastes que l'espace occupé par un seul des palais de ses descendants [2]. Le peuple ne vaut pas mieux que les sénateurs ; il n'a pas de sandales aux pieds, et il se fait donner des noms retentissants ; il boit, joue et se plonge dans la débauche ; le grand cirque est son temple, sa demeure, son forum. Les plus vieux jurent par leurs rides et leurs cheveux gris que la république est perdue, si tel cocher ne part le premier et ne rase habilement la borne. Attirés par l'odeur des viandes, ces maîtres du monde suivent des femmes qui crient comme des paons affamés, et se glissent dans la salle à manger des patrons [3]. »

---

[1] Ubi si inter aurata flabella laciniis sericis insederint muscæ, vel per foramen umbraculi pensilis radiolus irruperit solis, quernntur quod non sunt apud Cimmerios nati. (AMM. MARCELL., lib. XXVIII, cap. IV, pag. 411 ; Lugduni Batavorum, 1693.) — [2] Quorum mensuram si in agris consul Quintius possedisset, amisisset etiam post dictaturam gloriam paupertatis. (Id., lib. XXII, cap. IV.) — [3] Id., lib. XXVIII, cap. IV.

La mollesse du peuple passa à l'armée : le soldat préférait la chanson obscène au cri de guerre ; une pierre, comme autrefois, ne lui servait plus d'oreiller sur un lit armé, et il buvait dans des coupes plus pesantes que son épée [1] ; il connaissait le prix de l'or et des pierreries ; le temps n'était plus où un légionnaire ayant trouvé dans le camp d'un roi de Perse un petit sac de peau rempli de perles, les jeta, sans savoir ce que c'était, et n'emporta que le sac [2].

Le soldat romain quitta la cuirasse, abandonna le pilum et la courte épée : alors, nu comme le Barbare et inférieur en force, il fut aisément vaincu. Végèce attribue les défaites successives des légions à l'abandon des anciennes armes [3].

Les désordres de la police de Rome étaient extrêmes : on en jugera par un événement arrivé sous le règne de Théodose Ier.

Les empereurs avaient bâti de grands édifices où se trouvaient les moulins et les fours qui servaient à moudre la farine et à cuire le pain distribué au peuple. Plusieurs cabarets s'étaient élevés auprès de ces maisons ; des femmes publiques attiraient les passants dans ces cabarets ; ils n'y étaient pas plus tôt entrés qu'ils tombaient par des trappes, dans des souterrains. Là ils demeuraient prisonniers le reste de leur vie, contraints à tourner la meule, sans que jamais leurs parents pussent savoir ce qu'ils étaient devenus. Un soldat de Théodose, pris à ce piége, s'arma de son poignard, tua ses détenteurs, et s'échappa. Théodose fit raser les édifices qui couvraient ces repaires ; il fit également disparaître les maisons de prostitution où étaient reléguées les femmes adultères [4].

L'anarchie dans les provinces égalait celle qui régnait dans la capitale : Salvien déclare qu'il n'y a point de châtiment que ne méritassent les Romains ; il les compare aux Barbares, et les trouve inférieurs à ceux-ci en charité, sincérité, chasteté, générosité, courage. Il fait la description de la Septimanie : « Vignes, prairies émaillées de fleurs, vergers, campagnes cultivées, forêts, arbres fruitiers, fleuves et ruisseaux, tout s'y trouve. Les habitants de cette province ne devraient-ils pas remplir leurs devoirs envers un Dieu si libéral pour eux ? Eh bien ! le peuple le plus heureux des Gaules en est aussi le plus déréglé [5]. La gourmandise et l'impureté dominent partout. Les riches méprisent la religion et la bienséance ; la foi du mariage n'est plus un frein, la

---

[1] Cum miles cantilenas meditaretur pro jubilo molliores : et non saxum erat ut antehac armato cubile. . . . . et graviora gladiis pocula, testa enim bibere jam pudebat. (AMM., lib. XXII, cap. IV.) — [2] *Id.*, *ibid.* — [3] *De Re milit.*, cap. X. — [4] SOCRAT., lib. V, cap. XVIII. — [5] In omnibus quippe Gallis sicut divitiis primi fuere, sic vitiis. (SALV., *de Gubern. Dei*, lib. XII, pag. 230.)

femme légitime se trouve confondue avec les concubines. Les maîtres se servent de leur autorité pour contraindre leurs esclaves à se rendre à leurs désirs. L'abomination règne dans les lieux où des filles n'ont plus la liberté d'être chastes. On trouve des Romains qui se livrent à tous les désordres, non dans leurs maisons, mais au milieu des ennemis et dans les fers des Barbares.

« Les villes sont remplies de lieux infâmes, et ces lieux ne sont pas moins fréquentés par les femmes de qualité que par celles d'une basse condition : elles regardent ce libertinage comme un des priviléges de leur naissance, et ne se piquent pas moins de surpasser les autres femmes en impureté qu'en noblesse[1].

« Il n'y a plus personne, continue le nouveau Jérémie, pour qui la prospérité d'autrui ne soit un supplice. Les citoyens se proscrivent les uns les autres : les villes et les bourgs sont en proie à une foule de petits tyrans, juges et publicains. Les pauvres sont dépouillés, les veuves et les orphelins, opprimés. Des Romains vont chercher chez les Barbares une humanité et un abri qu'ils ne trouvent plus chez les Romains ; d'autres, réduits au désespoir, se soulèvent et vivent de vols et de brigandage ; on leur donne le nom de Bagaudes[2] ; on leur fait un crime de leur malheur ; et pourtant ne sont-ce pas les proscriptions, les rapines, les concussions des magistrats, qui ont plongé ces infortunés dans un pareil désordre? Les petits propriétaires, qui n'ont pas fui, se jettent entre les bras des riches pour en être secourus, et leur livrent leurs héritages. Heureux ceux qui peuvent reprendre à ferme les biens qu'ils ont donnés! Mais ils n'y tiennent pas longtemps : de malheur en malheur, de l'état de colon où ils se sont réduits volontairement, ils deviennent bientôt esclaves[3]. »

Ce passage de Salvien est un des documents les plus importants de l'histoire ; il nous apprend comment l'état des propriétés et des personnes changea au sixième siècle, comment le petit propriétaire livra son bien et ensuite sa personne au grand propriétaire pour en recevoir protection. Cet effet violent de la nécessité se convertit en usage, et bientôt en loi : on donna son *aleu* au Barbare, qui le rendit en *fief*, moyennant service, et ainsi s'établit la mouvance et la propriété féodale.

---

[1] Apud Aquitanicas vero quæ civitas in locupletissima ac nobilissima sui parte, non quasi lupanar fuit? quis potentum ac divitum non in luto libidinis vixit? Quis non se barathro sordidissimæ colluvionis immersit? Haud multum matrona abest a vilitate ancillarum. (SALV., *de Gubern. Dei*, lib. vii, pag. 232.) — [2] Quos compulimus esse criminosos, imputatur his infelicitas sua : quibus enim aliis rebus Bagaudæ facti sunt nisi iniquitatibus nostris, nisi eorum proscriptionibus et rapinis qui exactionis publicæ in quæstus proprii emolumenta vertunt? (*Id., ibid*; lib. v, p. 159.) — [3] Coloni divitum fiunt... in hanc necessitatem redacti ut et jus libertatis amittant. (*Id., ibid*, l. x, c. v, pag. 469)

Il faut joindre aux causes de la destruction des lois et des mœurs païennes une dernière cause, puissante dans les hauts rangs de la société : la philosophie.

Je vous ai déjà fait observer que les sectes philosophiques étaient au paganisme ce que les hérésies étaient au christianisme, dans le rapport inverse de la vérité à l'erreur. La vérité philosophique ne fut dans son origine que la vérité religieuse, ou, pour parler plus correctement, la philosophie, qui prit naissance dans les temples, fut d'abord cultivée en secret par les prêtres. La vérité philosophique (indépendance de l'esprit de l'homme dans la triple science des choses intellectuelles, morales et naturelles) se dut trouver altérée, selon le temps et les lieux. Les hommes placés au berceau du monde cherchèrent et crurent découvrir les lois mystérieuses de la nature dans la cause la plus agissante sous leurs yeux.

Ainsi les prêtres de la Chaldée regardèrent la lumière dont ils étaient inondés dans leur beau climat, comme une émanation de l'âme universelle; bientôt ils attribuèrent aux astres qu'ils observaient une influence toute particulière sur l'homme et sur la nature. La lumière, diminuant de force en s'éloignant de son foyer, créait, sur son chemin du ciel à la terre, des êtres dont l'intelligence variait selon le degré de fécondité qui restait au rayon créateur. Le système des prêtres chaldéens donna naissance à la théorie des génies : les usages et les mœurs s'enchaînèrent à la marche des saisons.

Les mages, ne considérant dans la lumière que la chaleur, firent du feu le principe de tout. Et comme il y avait, selon les mages, une matière brute qui résistait à l'action du feu, de là les deux principes : l'esprit et la matière, le bien et le mal. Par le feu ou la chaleur se reproduisaient l'âme humaine et les génies de la religion secrète des Chaldéens.

Les prêtres d'Égypte se persuadèrent, au bord du Nil, que l'eau était l'agent d'une âme universelle pour la reproduction des corps. Ayant remarqué qu'il y a dans l'homme un esprit, et dans l'animal un instinct, ils en conclurent une intelligence qui tend à s'unir à la matière, cette intelligence voulant toujours produire des choses parfaites, et la matière s'opposant toujours à la perfection. Mais il paraît qu'ils regardaient le bon et le mauvais principe comme également matériels, ce qui faisait une doctrine d'athéisme et de matérialisme chez le peuple le plus superstitieux de la terre.

Aujourd'hui que les Indes nous sont mieux connues, que leurs langues sacrées sont dévoilées aux savants de l'Europe, nous trouvons dans ces immenses régions des systèmes métaphysiques de toutes les sortes,

des cultes de toutes les formes, même de la forme chrétienne ; nous
trouvons trois principes excellents, bien que mêlés de choses extravagantes : l'existence d'un Dieu suprême, l'immortalité de l'âme, et la
nécessité morale de faire le bien.

Mais cette nécessité morale de la philosophie indienne eut une conséquence aussi inattendue que désastreuse : d'après la nécessité du
bien, l'âme de l'homme devait retourner au sein de Dieu, si elle prati-
quait la vertu, ou s'emprisonner dans d'autres corps sur la terre, si
elle s'était abandonnée aux vices. Ce cercle inévitable de la société religieuse rendit la société politique stationnaire ; tout s'incrusta dans des
castes qui ne remuaient pas plus que ces bonzes fixés des jours entiers dans la même attitude, par esprit de sacrifice et de perfection.
Ce que le matérialisme opéra en Chine et la superstition en Égypte, la
philosophie l'accomplit aux Indes : elle ligatura l'homme dans son berceau et dans sa tombe.

La haute science fut donc captive dans les colléges sacerdotaux de
la Chaldée, de la Perse, des Indes et de l'Égypte. Rendons justice aux
Grecs ; ils tirèrent la philosophie du fond des temples, comme le christianisme la fit sortir des écoles philosophiques. Ainsi la philosophie
fut pratiquée secrètement par les prêtres, c'est son premier pas ; elle
fut étudiée par quelques hommes supérieurs de la Grèce hors des sanc-
tuaires, c'est son second pas ; elle fut livrée à la foule par les chrétiens,
c'est son troisième et dernier pas.

Les Grecs, qui dérobèrent les premiers la philosophie aux initiations,
furent des poëtes et des législateurs, tels que Linus, Orphée, Musée,
Eumolpe, Mélampe. Ensuite vinrent, dans une société plus avancée,
Thalès, Pythagore, Phérécyde. Voyageurs aux Indes, en Perse, en
Chaldée, en Égypte, ils pénétrèrent leurs systèmes des doctrines qu'ils
avaient étudiées chez les prêtres de ces contrées. Thalès, comme les
Égyptiens, admit l'eau pour élément général, et devint le chef de la
philosophie expérimentale ; une des branches de son école donna naissance à la philosophie morale personnifiée dans Socrate. Pythagore
engendra la philosophie intellectuelle que divinisa Platon. Aristote,
esprit positif et universel, supposa une matière universelle, et des
formes mathématiques invariables renfermées dans cette matière. Le
monde finit par se partager entre les deux écoles de Platon et d'Aristote, entre le système des formes et celui des idées.

Les conquêtes d'Alexandre répandirent la philosophie grecque sur
le globe, où elle s'enrichit de nouvelles connaissances.

« Alexandre commanda à tous les hommes vivants d'estimer la terre
habitable estre leur pays, et son camp en estre le chasteau et le don-

jon; tous les gens de bien, parents les uns des autres, et les méchants seuls étrangers : au demeurant, que le Grec et le Barbare ne seroient point distingués par le manteau, ni à la façon de la targe, ou au cimeterre, ou par le haut chapeau ; mais remarqués et discernés, le Grec à la vertu et le Barbare au vice, en réputant tous les vertueux Grecs, et tous les vicieux Barbares. Quel plaisir de voir ces belles et saintes espousailles, quand il comprit dans une mesme tente cent espousées persiennes, mariées à cent espoux macédoniens et grecs, lui-mesme estant couronné de chapeaux de fleurs, et entonnant le premier le chant nuptial d'Hyménéus, comme un cantique d'amitié générale [1] ! »

Amyot, qui introduit ici, sans le savoir, la langue et le reflet des mœurs de son siècle dans la peinture de l'âge philosophique et poli de la Grèce, n'ôte rien à la vérité des faits, et leur ajoute un charme étranger. Il n'est point de mon sujet d'entrer dans le détail des sectes philosophiques [2]; mais je dois rappeler que la philosophie de Platon, mêlée aux dogmes chaldéens et aux traditions juives, s'établit à Alexandrie sous les Ptolémées : tous les systèmes, toutes les opinions convergèrent à ce centre de lumières et de ténèbres dont le christianisme débrouilla le chaos.

La philosophie des Grecs, introduite à Rome, ébranla le culte national dans la ville la plus religieuse de la terre. Le poëte satirique Lucile, l'ami de Scipion, s'était moqué des dieux de Numa, et Lucrèce essaya de les remplacer par le voluptueux néant d'Épicure. César avait déclaré en plein sénat qu'après la mort rien n'était ; et Cicéron, qui, cherchant la cause de la supériorité de Rome, ne la trouvait que dans sa piété, disait, contradictoirement, qu'à la tombe finit tout l'homme. L'épicurisme régna chez les Romains durant la majeure partie du premier siècle de l'ère chrétienne; Pline, Sénèque, les poëtes et les historiens l'attestent par leurs écrits, leurs maximes et leurs vers. Le stoïcisme prit le dessus quand la vertu fut élevée à la pourpre.

Ces diverses philosophies, qui ne descendaient point dans le peuple, décomposaient la société ; elles ne guérissaient point la superstition des esclaves, et ôtaient la crainte des dieux aux maîtres. Les arts magiques, plus ou moins mêlés aux dogmes scolastiques, la théurgie et la goétie, ramenaient des erreurs tout aussi déplorables que les mensonges de la mythologie.

[1] PLUTARQ , de la Fortune d'Alexandre, trad. d'Amyot. — [2] L'Essai historique sur les révolutions contient un aperçu rapide de ces sectes; on peut consulter dans cet ouvrage le tableau synoptique que j'en ai dressé. On le pourra corriger à l'aide du Manuel de l'histoire de la philosophie de Tenneman, traduit excellemment par M. Cousin.

Les philosophes, tantôt chassés de Rome, tantôt rappelés, devenaient des personnages importants ou ridicules qui se prêtaient complaisamment aux idolâtries, aux mœurs et aux crimes de leurs siècles. On en remarque auprès de tous les tyrans ; on en trouve au milieu des débauches d'Élagabale : il est vrai que, pour l'honneur de la vertu, ceux-ci se voilaient la tête comme Agamemnon se couvrit le visage au sacrifice de sa fille [1] : Plotin même assistait aux désordres de Gratien.

Ces sages s'attribuaient des dons surnaturels : depuis Apollonius, qui se transportait par l'air où il voulait, jusqu'à Proclus, qui conversait avec Pan, Esculape et Minerve, il n'y a pas de miracles dont ils ne fussent capables. L'affectation des allures de leur vie rendait suspect le naturel de leurs principes. Ménédus de Lampsaque paraissait en public vêtu d'une robe noire, coiffé d'un chapeau d'écorce où se voyaient gravés les douze signes du zodiaque ; une longue barbe lui descendait à la ceinture ; et, monté sur le cothurne, il tenait un bâton de frêne à la main ; il se prétendait un esprit revenu des enfers pour prêcher la sagesse aux hommes [2].

Anaxarque, maître de Pyrrhon, étant tombé dans une ravine, Pyrrhon refusa de l'en retirer, parce que toute chose est indifférente de soi, et qu'autant valait demeurer dans un trou que sur la terre [3].

Lorsque Zénon marchait dans les villes, ses amis l'accompagnaient de peur qu'il ne fût écrasé par les chars : il ne se donnait pas la peine d'échapper à la fatalité [4]. Diogène faisait le chien dans un tonneau ; Démocrite s'enfermait dans un sépulcre [5] ; Héraclite broutait l'herbe de la montagne [6] : Empédocle, voulant passer pour une divinité, se précipita dans l'Etna : le volcan rejeta les sandales d'airain de l'impie, et la fourbe fut découverte [7].

Ces sophistes, de même que les hérésiarques, se livraient à toutes sortes de folies ; des platoniciens se tuaient comme les circoncellions, et des cyniques bravaient la pudeur comme les priscilliens. Dans les écoles d'Athènes et d'Alexandrie, les maîtres mêlaient le peuple à leurs factions ; leurs disciples couraient au-devant des nouveaux venus pour les attirer à leur doctrine, criant, sautant, frappant, à l'instar des furieux.

Lucien représente Ménippe affublé d'une massue, d'une lyre et d'une peau de lion, et s'écriant : « Je te salue, portique superbe, entrée de mon palais ! » Ensuite Ménippe raconte à Philonide que, fatigué de l'in-

---

[1] Erant amici improbi, et senes quidam et specie philosophi, qui caput reticulo componerent. (LAMPRID., *in vit. Elag.*, pag. 102.) — [2] SUID.; ATHEN., lib. IV, pag. 162. — [3] LAERT., lib. *in Pyrrhon.* — [4] *Id.*, lib. VII. — [5] *Id.*, lib. IX, *in Dem.* — [6] *Id.*, *in Heracl.* — [7] *Id.*, lib. VIII; LUCIAN.; STRAB., lib. VI.

certitude des doctrines, il s'adressa à un disciple de Zoroastre. Ce magicien par excellence, appelé Mithrobarzanes, avait de longs cheveux et une longue barbe. Il prit Ménippe, le lava trois mois entiers dans l'Euphrate, en suivant le cours de la lune et marmottant une longue prière ; il lui cracha trois fois au nez, le plongea de l'Euphrate dans le Tigre, le purifia avec de l'oignon marin, le ramena chez lui à reculons, l'arma de la massue, de la lyre, de la peau du lion, et lui recommanda de se nommer à tout venant, Ulysse, Hercule ou Orphée. L'initiation achevée, Ménippe descendit aux enfers conduit par Mithrobarzanes. Là, Tirésias lui conseilla de quitter les chimères philosophiques, en lui disant : « La meilleure vie est la plus commune. »

Les Sectes à l'encan offrent le tableau complet des diverses sectes. Jupiter fait préparer des siéges ; Mercure, investi de la charge d'huissier, appelle les marchands pour acheter toutes sortes de vies philosophiques ; on fera crédit pendant une année, moyennant caution. Jupiter ordonne de commencer par la secte italique.

MERCURE.

Holà, Pythagore! descends et fais le tour de la place. Voici une vie céleste : qui l'achètera? qui veut être plus grand que l'homme? qui veut connaître l'harmonie des sphères et revivre après sa mort?

UN MARCHAND.

D'où es-tu?

PYTHAGORE.

De Samos.

LE MARCHAND.

Où as-tu étudié?

PYTHAGORE.

En Égypte, chez les sages.

LE MARCHAND.

Si je t'achète, que m'apprendras-tu?

PYTHAGORE.

Je te ferai souvenir de ce que tu sus autrefois.

LE MARCHAND.

Comment cela?

PYTHAGORE.

En purifiant ton âme.

LE MARCHAND.

Comment l'instruiras-tu?

PYTHAGORE.

Par le silence. Tu seras cinq ans sans parler.

LE MARCHAND.

Après ?

PYTHAGORE.

Je t'enseignerai la géométrie, la musique et l'arithmétique.

LE MARCHAND.

Je sais celle-ci.

PYTHAGORE.

Comment comptes-tu ?

LE MARCHAND.

Un, deux, trois, quatre.

PYTHAGORE.

Tu te trompes : quatre est dix, le triangle parfait et le serment, etc.

(On déshabille Pythagore, et l'on découvre qu'il a une cuisse d'or. Trois cents marchands l'achètent dix mines. — On appelle Diogène.)

UN MARCHAND.

Que pourrai-je faire de cet animal, sinon un fossoyeur ou un porteur d'eau ?

MERCURE.

Non pas, mais un portier : il aboie, et il se nomme lui-même un chien.

LE MARCHAND.

Je crains qu'il ne me morde ; il grince les dents et me regarde de travers.

MERCURE.

Ne crains rien, il est apprivoisé.

LE MARCHAND.

Ami, de quel pays es-tu ?

DIOGÈNE.

De tout pays.

LE MARCHAND.

Quelle est ta profession ?

DIOGÈNE.

Médecin de l'âme, héraut de la liberté et de la vérité.

LE MARCHAND.

Maître, si je t'achète, que m'apprendras-tu ?

DIOGÈNE.

Je t'enfermerai avec la misère ; tu ne te soucieras ni de parents ni de patrie ; tu quitteras la maison de ton père ; tu habiteras quelque masure, quelque sépulcre, ou, comme moi, un tonneau. Ton revenu

sera dans ta besace pleine de rogatons et de vieux bouquins : tu dis-
puteras de félicité avec Jupiter ; si l'on te fouette, tu n'en feras que rire.

LE MARCHAND.

Il faudrait que ma peau fût une écaille d'huître ou de tortue.

DIOGÈNE.

Voici ma doctrine : trouver à redire à tout, avoir la voix rude
comme un chien, la mine barbare, l'allure farouche et sauvage, vivre
au milieu de la foule comme s'il n'y avait personne, être seul au milieu
de tous, préférer la Vénus ridicule, et se livrer en public à ce que les
autres rougissent de faire en secret. Si tu t'ennuies, tu prendras un
peu de ciguë et tu t'en iras de ce monde : voilà le bonheur; en
veux-tu ?

Après Diogène, pour lequel on donne deux oboles, Mercure fait venir
Aristippe ; il est ivre, et ne peut répondre. Mercure explique sa doctrine : ne se soucier de rien, se servir de tout, chercher la volupté n'importe où.

Héraclite et Démocrite, abrégé de la sagesse et de la folie, succèdent
à Aristippe : l'un rit, l'autre pleure. Démocrite rit parce que tout est
vanité, et que l'homme n'est qu'un concours d'atomes produits du
hasard. Héraclite pleure parce que le plaisir est douleur ; le savoir,
ignorance ; la grandeur, bassesse ; la santé, infirmité ; le monde, un
enfant qui joue aux osselets, et se tourmente pour un songe. Héraclite
regrette le passé, s'ennuie du présent, et s'épouvante de l'avenir.

Jupiter fait semondre Socrate.

UN MARCHAND.

Qu'es-tu ?

SOCRATE.

Amateur de petits garçons et maître ès arts d'aimer [1].

LE MARCHAND.

Dans ce cas, mon fils est trop beau pour que je te confie son éducation.

SOCRATE.

Je ne suis pas amoureux du corps, mais de l'esprit : quand je dor-
mirais avec ton fils, il ne se passerait rien de déshonnête.

LE MARCHAND.

Cela m'est fort suspect...

---

[1] Le texte est plus net :

Παιδεραστής εἰμι, καὶ σοφὸς τὰ ἐρωτικά.

(Luc., *Vitar. Auct.*, pag. 193.)

SOCRATE.

Je le jure par le chien et le platane.

LE MARCHAND.

Quelle est ta doctrine ?

SOCRATE.

J'ai inventé une république, et je me gouverne d'après ses lois.

LE MARCHAND.

Que fait-on dans ta république ?

SOCRATE.

Les femmes n'y appartiennent pas à un seul mari ; chaque homme peut avoir commerce avec elles toutes.

LE MARCHAND.

Les lois contre l'adultère sont-elles donc abrogées ?

SOCRATE.

Niaiseries.

LE MARCHAND,

Et qu'as-tu statué pour les beaux et jeunes garçons ?

SOCRATE.

Ils deviendront le prix de la vertu, et leur amour sera la récompense du courage.

Socrate est vendu deux talents.

Épicure vient après Socrate : C'est, dit Mercure, le disciple du grand rieur Démocrite, et du grand débauché Aristippe ; il aime les choses douces et emmiellées.

Chrysippe le stoïcien, à la barbe longue et aux cheveux courts, est présenté aux criées comme la vertu même, et le censeur du genre humain. Chrysippe est le seul sage, le seul riche, le seul éloquent, le seul beau, le seul juste ; il explique au marchand ébahi qu'il y a des choses principales et des choses moins principales, des accidents et des accidents d'accidents ; il lui prétend enseigner les syllogismes : *Le moissonneur, le dominant, l'électra, le masqué* ; il lui prouve que lui marchand ne connaît pas son père, qu'il est une pierre ou un animal, un animal ou une pierre [1].

Le péripatéticien succède au stoïcien : il sait combien de temps vit un moucheron ; à quelle profondeur les rayons du soleil pénètrent dans

---

[1] Lapis est corpus : nonne et animal corpus est? Tu vero lapis et animal. (LUCIAN., *Vitar. Auct.*, pag. 197.)

la mer, et quelle est l'âme des huîtres [1]. Le dialogue se termine à Pyrrhias (pour Pyrrhon),

LE MARCHAND.

Que sais-tu, Pyrrhias?

LE PHILOSOPHE.

Rien [2].

LE MARCHAND.

Comment rien?

LE PHILOSOPHE.

Parce que je ne sais pas s'il y a quelque chose.

LE MARCHAND.

Est-ce que nous n'existons pas?

LE PHILOSOPHE.

Je ne sais [3].

LE MARCHAND.

Et toi, n'existes-tu pas?

LE PHILOSOPHE.

Je le sais encore moins [4].

LE MARCHAND.

Je viens de t'acheter : n'es-tu pas à moi?

LE PHILOSOPHE.

Je m'abstiens et je considère [5].

LE MARCHAND.

Suis-moi, tu es mon esclave.

LE PHILOSOPHE.

Qui le sait?

LE MARCHAND.

Ceux qui sont ici.

LE PHILOSOPHE.

Est-ce qu'il y a quelqu'un ici?

LE MARCHAND.

Je te prouve que je suis ton maître. (*Il le bat.*)

LE PHILOSOPHE.

Je m'abstiens et je considère.

---

[1]   Quàm profunde sol radios emittat in mare :
        Denique qualem animam habeant ostra,
                        (LUCIAN., pag. 498.)

[2] Οὐδέν. (*Id.*, *ibid.*) — [3] Οὐδὲ τοῦτο οἶδα. (*Id.*, p. 108.) — [4] Πολὺ μᾶλλον ἔτι τοῦτ' ἀγνοῶ. (*Id.*, *ibid.*) — [5] *Id.*, *ibid.*

Lucien, dans l'*Hermotine* ou les *Sectes*, achève de ruiner l'échafaudage de l'orgueil de l'homme.

Ainsi se montraient, flétris et vaincus du temps, ces philosophes jadis l'honneur de l'humanité, ces sages qui, au milieu des nations souillées et matérialisées, avaient conservé les vérités de la science, de la morale et de la religion naturelle, jusqu'à ce qu'ils se corrompissent avec la foule, et par l'infirmité même de la sagesse.

Voilà la société romaine : ses générations étaient mûres; les Barbares se présentaient comme les faucheurs qui nous viennent des provinces éloignées pour abattre nos foins et nos blés; les chrétiens et les païens allaient tomber sur les sillons, selon le poids de leur valeur respective. L'homme attaché aux joies de la vie ne voyait approcher le Frank, le Goth, le Vandale, qu'avec les terreurs de la mort, tandis que l'anachorète, le prêtre, l'évêque, cherchaient comment ils adouciraient les vainqueurs, et comment ils feraient des calamités publiques un moyen d'enrôler de nouveaux soldats sous l'étendard du Christ.

ÉTUDE SIXIÈME

PREMIÈRE PARTIE.

MOEURS DES BARBARES.

Tout ce qui se peut rencontrer de plus varié, de plus extraordinaire, de plus féroce dans les coutumes des Sauvages, s'offrit aux yeux de Rome : elle vit, d'abord successivement, et ensuite tout à la fois, dans le cœur et dans les provinces de son empire, de petits hommes maigres et basanés ou des espèces de géants aux yeux verts [1], à la chevelure blonde lavée dans l'eau de chaux, frottée de beurre aigre ou de cendres de frêne [2]; les uns nus, ornés de colliers, d'an-

---

[1]
. . . . Tum lumine glauco
Albet aquosa acies . . . .
(APOLLIN., *in Paneg. Major.*)

[2] Calcis enim lixivia frequenter capillos lavant. (DIOD., lib. v.)
Infundens acido comam butyro....
(APOLLIN., *Carm.*, XII.)

neaux de fer, de bracelets d'or ; les autres couverts de peaux, de
sayons, de larges braies, de tuniques étroites et bigarrées [1] ; d'autres
encore la tête chargée de casques faits en guise de mufles de bêtes
féroces [2] ; d'autres encore le menton et l'occiput rasés [3], ou portant
longues barbes et moustaches. Ceux-ci s'escrimaient à pied avec des
massues, des maillets, des marteaux, des framées, des angons à deux
crochets, des haches à deux tranchants [4], des frondes, des flèches
armées d'os pointu [5], des filets et des lanières de cuir [6], de courtes et
de longues épées ; ceux-là enfourchaient de hauts destriers bardés de
fer [7], ou de laides et chétives cavales, mais rapides comme des aigles [8].
En plaine, ces hommes hostoyaient éparpillés [9], ou formés en coin [10],
ou roulés en masse ; parmi les bois ils montaient sur les arbres, objets
de leur culte, et combattaient [11] portés sur les épaules et dans les bras
de leurs dieux.

Des volumes suffiraient à peine au tableau des mœurs et des usages
de tant de peuples.

Les Agathyrses, comme les Pictes, se tachetaient le corps et les che-

[1]
> Strictius assuetæ vestes procera coercent.
> (*Franci.*)
> Membra virum, patet his altato tegmine poples.
> (*Ibid.*)

Coloratis sagulis pube tenus amictu. (AMM., lib. xiv, cap. iv.) — [2] Tous les cavaliers cimbres
avaient des casques en forme de gueules ouvertes et de mufles de toutes sortes de bêtes étranges
et épouvantables, et, les rehaussant par des panaches faits comme des ailes, et d'une hauteur prodigieuse, ils paraissaient encore plus grands. Ils étaient armés de cuirasses de fer très-brillantes,
et couverts de boucliers tout blancs. (PLUT., *in. Mar.*)

[3]
> Ad frontem coma tracta jacet, nudata cervix
> Setarum per summa nitet.
> (APOLLIN., *in Paneg. Major.*)

[4] Ancipitibus securibus et angonibus præcipue rem gerunt (Franci); sunt vero angones hastæ quædam neque admodum parvæ, neque admodum magnæ, ad jactu feriendum, sic ubi opus fuerit, et
ubi cominus collato pede confligendum est, impetusque faciendus, accommodatæ. Hæ pleraque sui
parti ferro sunt obductæ, ita ut perparum ligni a laminis ferrei nudum conspiciatur, atque adeo vix
totæ imæ hastæ cuspis. (AGATH., *Hist.*, lib. ii.) — [5] Sola in sagittis spes, quas inopia ferri ossibus
asperant. (TAC., *de Mor. Germ.*) Missilibus telis acutis ossibus arte mira coagmentatis. (AMM.,
lib. xxxi, cap. ii.) — [6] Contortis laciniis illigant, ut laqueatis resistentium membris equitandi vel gra-
vandi adimant facultatem. (AMM., lib. xxxi, cap. ii.) Laqueis interceperunt hostes, trahendo confi-
cere. (POMP. MEL., lib. i, cap. ult.) — [7] Ceux-là enfourchaient de hauts destriers bardés de fer.
(*Panegyr. veter.*, vi, vii, p. 138, 166, 167.) On voit ici que l'armure complète de fer, empruntée
des Perses par les Romains, était connue bien avant la chevalerie. Il en est ainsi d'une foule d'autres
usages qu'on a placés trop bas dans les siècles. — [8] Equis. . . . . . . duris. . . . . . . sed deformibus. (AMM., lib. xxxi, cap. ii.) — [9] Et his artibus Hunni Gothis superiores evasere, partim enim
circumequitando, partim excurrendo et opportune retrocedendo, jaculantes ex equis maximam
Gothorum cædem fecere. (Teste ZOSIMO, pag. 747 ; VALES., *Annot. in Amm.*, lib. xxxi, cap. ii,
pag. 475.) — [10] Acies per cuneos componitur. (TAC., *de Mor. Germ.*, cap. vi.) — [11] Molientibus
hostium rari apparuere, qui conjunctis arborum truncis.... velut e fastigiis turrium, sagittas tor-
mentorum ritu effudere. (GREG. TUR., lib. ii, cap. ix ; HERODIAN., lib. vii, cap. v.)

veux d'une couleur bleue; les gens d'une moindre espèce portaient leurs
mouchetures rares et petites ; les nobles les avaient larges et rappro-
chées [1].

Les Alains ne cultivaient point la terre ; ils se nourrissaient de lait
et de la chair des troupeaux ; ils erraient avec leurs chariots d'écorce
de déserts en déserts. Quand leurs bêtes avaient consommé tous les
herbages, ils remettaient leurs villes sur leurs chariots, et les allaient
planter ailleurs [2]. Le lieu où ils s'arrêtaient devenait leur patrie [3]. Les
Alains étaient grands et beaux; ils avaient la chevelure presque
blonde, et quelque chose de terrible et de doux dans le regard [4].
L'esclavage était inconnu chez eux ; ils sortaient tous d'une source
libre [5].

Les Goths, comme les Alains, de race scandinave, leur ressemblaient; mais ils avaient moins contracté les habitudes slaves, et ils inclinaient plus à la civilisation. Apollinaire a peint un conseil de vieillards goths. « Selon leur ancien usage, leurs vieillards se réunissent au
lever du soleil; sous les glaces de l'âge, ils ont le feu de la jeunesse.
On ne peut voir sans dégoût la toile qui couvre leur corps décharné ;
les peaux dont ils sont vêtus leur descendent à peine au-dessous du
genou. Ils portent des bottines de cuir de cheval, qu'ils attachent par
un simple nœud au milieu de la jambe, dont la partie supérieure reste
découverte [6]. » Et pourquoi ces Goths étaient-ils assemblés? pour s'in-
digner de la prise de Rome par un Vandale, et pour élire un empereur
romain !

Le Sarrasin, ainsi que l'Alain, était nomade : monté sur son droma-
daire, vaguant dans des solitudes sans bornes, changeant à chaque
instant de terre et de ciel, sa vie n'était qu'une fuite [7].

Les Huns parurent effroyables aux Barbares eux-mêmes ; ils consi-
déraient avec horreur ces cavaliers au cou épais, aux joues déchique-
tées, au visage noir, aplati et sans barbe, à la tête en forme de boule
d'os et de chair, ayant dans cette tête des trous plutôt que des yeux [8],
ces cavaliers dont la voix était grêle et le geste sauvage. La renommée

---

[1] Agathyrsi interstincti colore cæruleo corpora simul et crines, et humiles quidem minutis
atque raris, nobiles vero latis, fucatis et densioribus notis. (AMM. MARC., lib. XXXI, cap. II.) —
[2] Velut carpentis civitates impositas veliunt. (Id., lib XIII, cap. II.) — [3] Quocumque ierint illic ge-
nuinum existimant larem. (Id., ibid.) — [4] Crinibus mediocriter flavis, oculorum temperata torvi-
tate, terribiles. (Id., ibid.) — [5] Le latin dit plus : Omnes generoso semine procreati. (Id., ibid.)
— [6] APOLL., in Avit. — [7] Errant semper per spatia longe, lateque distenta... Nec idem perferunt
diutius cœlum, aut tractus unius soli illis unquam placet. Vita est illis semper in fuga. (AMM.
MARC., lib. XIV, cap. V.) —[8] Eo quod erat eis species pavenda nigredine, sed velut quædam (si dici
fas est) deformis offa, non facies, habensque magis puncta quam lumina. . . . . . nam maribus
ferro genas secant. . . . . . hinc imberbes senescunt. (JORNAND., de Reb. Get., cap. XXIV.) Ubi
quoniam ab ipsis nascendi primitiis inhautum ferro sulcantur altius genæ. (AMM. MARCELL.)

les représentait aux Romains comme des bêtes marchant sur deux pieds, ou comme ces effigies difformes que l'antiquité plaçait sur les ponts [1]. On leur donnait une origine digne de la terreur qu'ils inspiraient : on les faisait descendre de certaines sorcières appelées, *Aliorumna*, qui, bannies de la société par le roi des Goths Félimer, s'étaient accouplées dans les déserts avec les démons [2].

Différents en tout des autres hommes, les Huns n'usaient ni de feu, ni de mets apprêtés ; ils se nourrissaient d'herbes sauvages et de viandes demi-crues, couvées un moment entre leurs cuisses ou échauffées entre leur siége et le dos de leurs chevaux [3]. Leurs tuniques, de toile colorée et de peaux de rats des champs, étaient nouées autour de leur cou ; ils ne les abandonnaient que lorsqu'elles tombaient en lambeaux [4]. Ils enfonçaient leurs têtes dans des bonnets de peaux arrondis, et leurs jambes velues, dans des tuyaux de cuir de chèvre [5]. On eût dit qu'ils étaient cloués sur leurs chevaux, petits et mal formés, mais infatigables. Souvent ils s'y tenaient assis comme les femmes ; ils y traitaient d'affaires, délibérant, vendant, achetant, buvant, mangeant, dormant sur le cou étroit de leur bête, s'y livrant dans un profond sommeil à toutes sortes de songes [6].

Sans demeure fixe, sans foyer, sans loi, sans habitudes domestiques, les Huns erraient avec les chariots qu'ils habitaient. Dans ces huttes mobiles, les femmes façonnaient leurs vêtements, s'abandonnaient à leurs maris, accouchaient, allaitaient leurs nourrissons jusqu'à l'âge de puberté. Nul, chez ces générations, ne pouvait dire d'où il venait, car il avait été conçu loin du lieu où il était né, et élevé plus loin en-

---

[1] Prodigiosæ formæ et pandi, ut bipedes existimes bestias, vel quales in commarginandis pontibus effigiati stipites dolantur incompte. (AMM., lib. XXXI, cap. II.) — [2] Sicut a nobis dictum est, reperit in populo suo (Felimer, rex Gothorum) quasdam magas mulieres quas patrio sermone *Aliorumnas* is ipse cognominat, easque habens suspectas de medio sui proturbat, longeque ab exercitu suo fugatas in solitudinem coegit terræ. Quas spiritus immundi per eremum vagantes dum vidissent, et earum se complexibus in coitu miscuissent, genus hoc ferocissimum edidere. (JORNAND., cap. XXIV.) — [3] In hominum autem figura licet insuavi ita viri sunt asperi, ut neque igni, neque saporatis indigeant cibis, sed radicibus herbarum agrestium et semicruda cujusvis pecoris carne vescantur, quam inter femora sua et equorum terga subsertam, fotu calefaciunt brevi. (AMM., lib. XXXI, cap. II.) — [4] Indumentis operiuntur linteis, vel ex pellibus silvestrium murium consarcinatis. . . . . Sed semel obsoleti coloris tunica collo inserta non ante deponitur aut mutatur, quam diuturna carie in pannulos defluxerit defrustata. (*Id., ibid.*) — [5] Galeris incurvis capita tegunt, hirsuta crura coriis munientes hædinis. (*Id., ibid.*) Saint Jérôme appelle ces bonnets des tiares, *tiaras galeis.* (*In epitaph. Nepot.*) — [6] Verum equis prope affixi duris quidem, sed deformibus, et muliebriter iisdem nonnunquam insidentes funguntur muneribus consuetis. Ex ipsis quivis in hac natione pernox et per dies emit et vendit, cibumque sumit et potum, et inclinatus cervici angustæ jumenti, in altum soporem adusque varietatem effunditur somniorum. *Id., ibid.*)

Nec plus nubigenas duplex natura biformes
Cognatis aptavit equis. . . . . .

(CLAUDIAN., *in Ruf., de Hunn.*, lib. I.)

core[1]. Cette manière de vivre dans des voitures roulantes était en usage chez beaucoup de peuples, et notamment parmi les Franks. Majorien surprit un parti de cette nation : « Le coteau voisin retentissait du bruit d'une noce ; les ennemis célébraient en dansant, à la manière des Scythes, l'hymen d'un époux à la blonde chevelure. Après la défaite, on trouva les préparatifs de la fête errante, les marmites, les mets des convives, tout le régal prisonnier et les odorantes couronnes de fleurs. . . . . Le vainqueur enleva le chariot de la mariée [2]. »

Sidoine est un témoin considérable des mœurs des Barbares, dont il voyait l'invasion. « Je suis, dit-il, au milieu des peuples chevelus, obligé d'entendre le langage du Germain, d'applaudir, avec un visage contraint, au chant du Bourguignon ivre, les cheveux graissés avec du beurre acide... Heureux vos yeux, heureuses vos oreilles, qui ne les voient et ne les entendent point! heureux votre nez, qui ne respire pas dix fois le matin l'odeur empestée de l'ail et de l'oignon [3] ! »

Tous les Barbares n'étaient pas aussi brutaux. Les Franks, mêlés depuis longtemps aux Romains, avaient pris quelque chose de leur propreté et de leur élégance. « Le jeune chef marchait à pied au milieu des siens ; son vêtement d'écarlate et de soie blanche était enrichi d'or ; sa chevelure et son teint avaient l'éclat de sa parure. Ses compagnons portaient pour chaussure des peaux de bêtes garnies de tous leurs poils : leurs jambes et leurs genoux étaient nus ; les casaques bi-

---

[1] Omnes enim sine sedibus fixis, absque lare vel lege aut ritu stabili dispalantur, semper fugientium similes cum carpentis in quibus habitant : ubi conjuges tetra illis vestimenta contexunt, et coeunt cum maritis, et pariunt et adusque pubertatem nutriunt pueros. Nullusque apud eos interrogatus respondere unde oritur potest, alibi conceptus, natusque procul, et longius educatus. (Amm., lib. xxvi, cap. ii.)

[2] . . . . Fors ripæ colle propinquo
Barbaricus resonabat hymen, scythicisque choreis
Erudebat flavo similis nova nupta marito.

. . . .
Barbarici vaga festa tori convictaque passim
Fercula captivasque dapes, cirroque madente
Ferre coronatos redolentia serta lebetes,
. . . . rapit esseda victor
Nubentemque nurum. . . . .
(Apollin., in Panegyr. Major.)

[3] Inter crinigenas situm catervas,
Et germanica verba sustinentem,
Laudantem tetro subinde vultu,
Quos Burgundio cantat esculentus,
Infundens acido comam butyro.
Felices oculos tuos et aures,
Felicemque libet vocare nasum,
Cui non allia sordidæque cepæ
Ructant mane novo decem apparatus!
(Apollin., Carm., xii.)

garrées de ces guerriers montaient très-haut, serraient les hanches et descendaient à peine au jarret ; les manches de ces casaques ne dépassaient pas le coude. Par-dessous ce premier vêtement se voyait une saie de couleur verte bordée d'écarlate, puis une rhénone fourrée, retenue par une agrafe [1]. Les épées de ces guerriers se suspendaient à un étroit ceinturon, et leurs armes leur servaient autant d'ornement que de défense : ils tenaient dans la main droite des piques à deux crochets ou des haches à lancer ; leur bras gauche était caché par un bouclier aux limbes d'argent et à la bosse dorée [2]. » Tels étaient nos pères.

Sidoine arrive à Bordeaux, et trouve auprès d'Euric, roi des Visigoths, divers Barbares qui subissaient le joug de la conquête. « Ici se présente le Saxon aux yeux d'azur ; ferme sur les flots, il chancelle sur la terre. Ici l'ancien Sicambre, à l'occiput tondu, tire en arrière, depuis qu'il est vaincu, ses cheveux renaissants sur son cou vieilli ; ici vagabonde l'Hérule aux joues verdâtres, qui laboure le fond de l'Océan, et dispute de couleur avec les algues ; ici le Bourguignon, haut de sept pieds, mendie la paix en fléchissant le genou [3]. »

Une coutume assez générale chez tous les Barbares, était de boire la cervoise (la bière), l'eau, le lait et le vin dans le crâne des ennemis. Étaient-ils vainqueurs, ils se livraient à mille actes de férocité ; les têtes des Romains entourèrent le camp de Varus, et les centurions furent égorgés sur les autels de la divinité de la guerre [4]. Étaient-ils vaincus, ils tournaient leur fureur contre eux-mêmes. Les compagnons de la première ligue des Cimbres que défit Marius, furent trouvés sur le champ de bataille attachés les uns aux autres ; ils avaient voulu impossibilité de reculer et nécessité de mourir. Leurs femmes s'armèrent

---

[1] Sorte de manteau en usage chez les peuples des bords du Rhin.

[2] APOLLIN., lib. IV, *epist. ad Domnit.*

[3]
       Istic Saxona cærulum videmus,
       Assuetum ante salo, solum timere.
       Hic tonso occipiti, senex Sicamber.
       Postquam victus est, elicit retrorsum
       Cervicem ad veterum novos capillos :
       Hic glaucis Herulus genis vagatur,
       Imos Oceani colens recessus,
       Algoso prope concolor profundo.
       Hic Burgundio septipes frequenter
       Flexo poplite supplicat quietem.
         (APOLLIN., lib. VIII, *epist.* IX.)

[4] Medio campi albentia ossa, ut fugerant, ut restiterant, disjecta vel aggerata. Adjacebant fragmina telorum, equorumque artus, simul truncis arborum antefixa ora ; lucis propinquis barbaræ aræ, apud quas tribunos, ac primorum ordinum centuriones maclaverant et cladis ejus superstites, pugnam aut vincula elapsi, referebant hic cecidisse legatos, illic raptas aquilas. (TACIT., *Ann.* 1, 61.)

d'épées et de haches; hurlant, grinçant des dents de rage et de douleur, elles frappaient et Cimbres et Romains, les premiers comme des
lâches, les seconds comme des ennemis; au fort de la mêlée, elles sai-
sissaient avec leurs mains nues les épées tranchantes des légionnaires,
leur arrachaient leurs boucliers, et se faisaient massacrer. Sanglantes,
échevelées, vêtues de noir, on les vit, montées sur les chariots, tuer
leurs maris, leurs frères, leurs pères, leurs fils, étouffer leurs nouveau-
nés, les jeter sous les pieds des chevaux, et se poignarder. Une d'entre
elles se pendit au bout du timon de son chariot, après avoir attaché
par la gorge deux de ses enfants à chacun de ses pieds. Faute d'arbres
pour se procurer le même supplice, le Cimbre vaincu se passait au cou
un lacs coulant, nouait le bout de la corde de ce lacs aux jambes ou
aux cornes de ses bœufs : ce laboureur d'une espèce nouvelle, pressant
l'attelage avec l'aiguillon, ouvrait sa tombe [1].

On retrouvait ces mœurs terribles parmi les Barbares du cinquième
siècle. Leur cri de guerre faisait palpiter le cœur du plus intrépide Romain : les Germains poussaient ce cri sur le bord de leurs boucliers
appliqués contre leurs bouches [2]. Le bruit de la corne des Goths était
célèbre ; j'en ai parlé.

Avec des ressemblances et des différences de coutumes, ces peuples
se distinguaient les uns des autres par des nuances de caractères :
« Les Goths sont fourbes, mais chastes, dit Salvien ; les Allamans, im-
pudiques, mais sincères ; les Franks, menteurs, mais hospitaliers ; les
Saxons, cruels, mais ennemis des voluptés [3]. » Le même auteur fait
aussi l'éloge de la pudicité des Goths, et surtout de celle des Vandales.
Les Taïfales, peuplade de la Dacie, péchaient par le vice contraire.
Chez eux, les jeunes garçons étaient forcés de se marier par contrat
avec des hommes : la fleur de leur jeunesse se consumait dans ces exécrables unions ; ils ne pouvaient être délivrés de ces incestes qu'après
avoir tué un sanglier ou un ours [4].

Les Huns, perfides dans les trèves, étaient dévorés de la soif de l'or.
Abandonnés à l'instinct des brutes, ils ignoraient l'honnête et le déshonnête. Obscurs dans leur langage, libres de toute religion et de toute
superstition, aucun respect divin ne les enchaînait. Colères et capri-

---

[1] PLUT., in Vit. Marii. — [2] Nec tam voces illæ quam virtutis concentus videntur. Adfectatur
præcipue asperitas soni, et fractum murmur objectis ad os scutis, quo plenior et gravior vox reper-
cussu intumescat. (TACIT., de Mor. Germ., III.) — [3] Gothorum gens perfida, sed pudica est ; Ala-
manorum impudica, sed minus perfida ; Frauci mendaces, sed hospitales ; Saxones crudelitate ef-
feri, sed castitate mirandi. (SALVIAN., de Gubern. Dei, lib. VII, pag. 256; Parisiis, 1608.) — [4] Ut
apud eos nefandi concubitus fœdere copulentur maribus puberes ; ætatis viriditatem in eorum pol-
lutis usibus consumpturi. Porro si quis jam adultus aprum exceperit solus, vel interemerit ursum
immanem, colluvione liberatur incesti. (AMM., lib. XXXI, cap. IX.)

cieux, dans un même jour ils se séparaient de leurs amis sans qu'on eût rien dit pour les irriter, et leur revenaient sans qu'on eût rien fait pour les adoucir [1].

Quelques-unes de ces races étaient anthropophages. Un Sarrasin tout velu et nu jusqu'à la ceinture, poussant un cri rauque et lugubre, se précipite, le glaive au poing, parmi les Goths arrivés sous les murs de Constantinople après la défaite de Valens; il colle ses lèvres au gosier de l'ennemi qu'il avait blessé, et en suce le sang aux regards épouvantés des spectateurs [2]. Les Scythes de l'Europe montraient ce même instinct du furet et de la hyène [3] : saint Jérôme avait vu dans les Gaules les Atticotes, horde bretonne, qui se nourrissaient de chair humaine : quand ils rencontraient dans les bois des troupeaux de porcs et d'autre bétail, ils coupaient les mamelles des bergères et les parties les plus succulentes des pâtres, délicieux festin pour eux [4]. Les Alains arrachaient la tête de l'ennemi abattu, et de la peau de son cadavre ils caparaçonnaient leurs chevaux [5]. Les Budins et les Gelons se faisaient aussi des vêtements et des couvertures de cheval avec la peau des vaincus [6], dont ils se réservaient la tête [7]. Ces mêmes Gelons se découpaient les joues; un visage taillé, des blessures qui présentaient des écailles livides surmontées d'une crête rouge, étaient le suprême honneur [8].

L'indépendance était tout le fond d'un Barbare, comme la patrie était tout le fond d'un Romain, selon l'expression de Bossuet. Être vaincu ou enchaîné paraissait à ces hommes de batailles et de solitudes chose plus insupportable que la mort : rire en expirant était la marque distinctive du héros. Saxon le Grammairien dit d'un guerrier : « Il tomba, rit et mourut [9]. » Il y avait un nom particulier dans les langues germaniques pour désigner ces enthousiastes de la mort : le monde devait être la conquête de tels hommes.

---

[1] AMM. MARCELL., lib. XXXI, cap. II. — [2] Ex ea enim crinitus quidam, nudus omnia præter pubem, subraucum et lugubre strepens, educto pugione agmini se medio Gothorum inseruit, et interfecti hostis jugulo labra admovit, effusumque cruorem exsuxit. (Id., lib. XXXI, cap. XVI.) — [3] Ipsis ex vulneribus ebibere. (POMP. MELA, de Scyth. Europ., lib. II, cap. I.) — [4] Quid loquar de cæteris nationibus, quum ipse adolescentulus in Gallia viderim Atticotos, gentem britannicam, humanis vesci carnibus; et quum per silvas porcorum greges et armentorum pecudumque reperiant, pastorum *nates* et feminarum *papillas* solere abscindere, et has solas ciborum delicias arbitrari? (S. HIERON., t. IV, pag. 201; ad. Jovin., l. II.) — [5] Interfectorum avulsis capitibus detractus pelles pro phaleris jumentis accommodant bellatoriis. (AMM. MARC., lib. XXI, cap. II.) — [6] Budini sunt et Geloni perquam feri, qui detractis cutibus hostium indumenta sibi, equisque tegmina conficiunt. (Id., ibid.) — [7] Illos, reliqui corporis; se, capitum..... (POMP. MELA, lib. IX, cap. IV.)

[8]
Illustri jam tum donatur celsus honore,
Squameus et rutilis etiamnum livida crestis
Ora gerens. . . . .
(APOLLIN., in Paneg. Avit., v. 241.)

[9] MALLET, Introd. à l'Hist. du Danem., cap. XIX; SAX. GRAMM.

Les nations entières, dans leur âge héroïque, sont poëtes : les Barbares avaient la passion de la musique et des vers; leur muse s'éveillait aux combats, aux festins et aux funérailles. Les Germains exaltaient leur dieu Tuiston [1] dans de vieux cantiques : lorsqu'ils s'ébranlaient pour la charge, ils entonnaient en chœur le Bardit; et de la manière plus ou moins vigoureuse dont cet hymne retentissait, ils présageaient le destin futur du combat [2].

Chez les Gaulois, les bardes étaient chargés de transmettre le souvenir des choses dignes de louanges [3].

Jornandès raconte qu'à l'époque où il écrivait, on entendait encore les Goths répéter les vers consacrés à leur législateur [4]. Au banquet royal d'Attila, deux Gépides célébrèrent les exploits des anciens guerriers : ces chansons de la gloire attablée animaient d'un attendrissement martial le visage des convives. Les cavaliers qui exécutaient autour du cercueil du héros tartare une espèce de tournoi funèbre, chantaient : « C'est ici Attila, roi des Huns, engendré par son père Mundzuch. Vainqueur des plus fières nations, il réunit sous sa puissance la Scythie et la Germanie, ce que nul n'avait fait avant lui. L'une et l'autre capitale de l'empire romain chancelaient à son nom : apaisé par leur soumission, il se contenta de les rendre tributaires. Attila, aimé jusqu'au bout du destin, a fini ses jours, non par le fer de l'ennemi, non par la trahison domestique, mais sans douleur, au milieu de la joie. Est-il une plus douce mort que celle qui n'appelle aucune vengeance [5] ? »

Un manuscrit originaire de l'abbaye de Fulde, maintenant à Cassel [6], a par hasard sauvé de la destruction le fragment d'un poëme teutonique qui réunit les noms d'Hildebrand, de Théodoric, d'Hermanric, d'Odoacre et d'Attila. Hildebrand, que son fils ne veut pas reconnaître, s'écrie : « Quelle destinée est la mienne! J'ai erré hors de mon pays soixante hivers et soixante étés, et maintenant il faut que mon propre enfant m'étende mort avec sa hache, ou que je sois son meurtrier. »

L'Edda (l'aïeule), recueil de la mythologie scandinave, les Sagga ou les traditions historiques des mêmes pays, les chants des Scaldes rap-

---

[1] Celebrant carminibus antiquis Tuistonem deum. — [2] Sunt illis hæc quoque carmina quorum relatu, quem *Barditum* vocant, accendunt animos, futuræque pugnæ fortunam ipso cantu augurantur. (Tac., *de Mor. Germ.*, iii.) — [3] Bardi qui de laudationibus rebusque poeticis student. (Strab., lib. vi.) — [4] Jornand., lib. viii. — [5] Præcipuus Hunnorum rex Attila, patre genitus Mundzucco, fortissimarum gentium dominus, qui inaudita ante se potentia solus scythica et germanica regna possedit; nec non utraque romanæ urbis imperia captis civitatibus terruit, et ne præda reliqua subderent, placatus precibus, annuum vectigal accepit. Quumque hæc omnia proventu felicitatis egerit, non vulnere hostium, non fraude suorum, sed gente incolumi inter gaudia lætus, sine sensu doloris occubuit. Quis ergo hunc dicat exitum, quem nullus æstimat vindicandum? (*Id.*, cap. xlv.) — [6] *Voyez* ci-après la note i.

pelés par Saxon le Grammairien, ou conservés par Olaüs Wormius, dans sa *Littérature runique*, offrent une multitude d'exemples de ces poésies. J'ai donné ailleurs une imitation du poëme lyrique de Lodbrog, guerrier scalde et pirate. « Nous avons combattu avec l'épée. . . . . Les aigles et les oiseaux aux pieds jaunes poussaient des cris de joie. . . . . Les vierges ont pleuré longtemps. . . . . Les heures de la vie s'écoulent : nous sourirons quand il faudra mourir[1]. » Un autre chant tiré de l'Edda reproduit la même énergie et la même férocité.

Hogni et Gunar, deux héros de la race des Nifflungs, sont prisonniers d'Attila. On demande à Gunar de révéler où est le trésor des Nifflungs, et d'acheter sa vie pour de l'or.

Le héros répond :

« Je veux tenir dans ma main le cœur d'Hogni, tiré sanglant de la poitrine du vaillant héros, arraché avec un poignard émoussé du sein de ce fils de roi.

« Ils arrachèrent le cœur d'un lâche qui s'appelait Hialli ; ils le posèrent tout sanglant sur un plat et l'apportèrent à Gunar.

« Alors Gunar, ce chef du peuple, chanta : « Ici je vois le cœur san- « glant d'Hialli ; il n'est pas comme le cœur d'Hogni le brave ; il « tremble sur le plat où il est placé ; il tremblait la moitié davantage « quand il était dans le sein du lâche. »

« Quand on arracha le cœur d'Hogni de son sein, il rit ; le guerrier vaillant ne songea pas à gémir. On posa son cœur sanglant sur un plat, et on le porta à Gunar.

« Alors ce noble héros, de la race des Nifflungs, chanta : « Ici je « vois le cœur d'Hogni le brave ; il ne ressemble pas au cœur d'Hialli « le lâche ; il tremble peu sur le plat où on l'a placé ; il tremblait la « moitié moins quand il était dans la poitrine du brave.

« Que n'es-tu, ô Atli (Attila), aussi loin de mes yeux que tu le seras « toujours de nos trésors ! En ma puissance est désormais le trésor « caché des Nifflungs ; car Hogni ne vit plus.

« J'étais toujours inquiet quand nous vivions tous les deux ; main- « tenant je ne crains rien ; je suis seul[2]. »

---

[1] *Martyrs*, liv. VI.

Pugnavimus ensibus. . . . .
. . . .
Vitæ elapsæ sunt horæ ;
Ridens moriar.

Le texte scandinave de cette ode a été publié en lettres runiques par Wormius, *Litt. run.*, pag. 197, et transporté dans le recueil de Biörner : elle a vingt-neuf strophes. — [2] Je dois ce chant, tiré de l'Edda, et le fragment du poëme épique du manuscrit de Fulde, à M. Ampère,

Ce dernier trait est d'une tendresse sublime.

Ce caractère de la poésie héroïque primitive est le même parmi tous les peuples barbares; il se retrouve chez l'Iroquois qui précéda la société dans les forêts du Canada, comme chez le Grec redevenu sauvage, qui survit à la société sur ces montagnes du Pinde où il n'est resté

dont j'ai parlé dans la préface de ces *Études*. On sera bien aise d'entendre ce jeune littérateur, plein de savoir et de talent, sur un genre d'étude qu'il a approfondi, et qui manquait à la France. Mon travail aurait paru moins aride aux lecteurs, si j'avais toujours pu l'enrichir de morceaux pareils à celui qui va terminer cette note. « La grande famille des nations germaniques (c'est M. Ampère qui parle) peut se diviser en trois branches, la branche gothique, la branche teutonique et la branche scandinave. Il ne reste d'autre monument des langues gothiques que la traduction de la Bible par Ulphilas. Un plus ancien monument des langues teutoniques est un fragment épique conservé dans un manuscrit contenant le livre de la Sagesse et quelques autres traités religieux. Ce manuscrit, originaire de l'abbaye de Fulde, est maintenant à Cassel, où je l'ai vu. Dans l'intérieur de la couverture, une main inconnue avait tracé le fragment dont je parle, le tout du huitième siècle ou de la première moitié du neuvième *. Les personnages qui paraissent tous dans ce court morceau, ceux dont on parle, leur situation respective, et les événements auxquels il est fait allusion, tout cela appartient à ce grand cycle épique de l'ancienne poésie allemande, dont les *Niebelungen* et le *Livre des Héros* sont des refontes plus modernes. Cette page du manuscrit de Cassel est donc le plus ancien et le plus curieux débris de ce cycle. Il nous intéresse à double titre, car ce monument germanique est pour nous un monument national. La langue dans laquelle il est écrit est le haut allemand, dont l'idiome des Franks était un dialecte. Ce morceau faisait probablement partie de ces poëmes *barbares et déjà très-anciens* au commencement du neuvième siècle, que Charlemagne avait fait recueillir, et transcrits de sa propre main **. Ce fragment contient le récit d'une rencontre entre deux guerriers du cycle dont j'ai parlé : le vieil Hildebrand et son fils Hadebrand. Hildebrand est l'ami, le mentor du héros par excellence, de Théodoric. Selon la légende, et non pas selon l'histoire, Théodoric avait été forcé de laisser son royaume aux mains d'Hermanric, qui, à l'instigation d'Odoacre, s'en était emparé. Le héros fugitif avait trouvé un asile chez le roi des Huns, Attila. Ainsi s'était groupé, d'une manière fabuleuse, le souvenir de ces quatre noms historiques restés confusément dans la mémoire des peuples. L'usurpateur étant mort, Théodoric revenait dans ses États avec le vieil Hildebrand, quand celui-ci rencontre son fils Hadebrand, qui était resté à *Bern* (Vérone). Ils ne se connaissaient ni l'un ni l'autre. Ici commence le fragment dont le grand style rappelle l'école homérique. — « J'ai ouï dire que se provoquèrent dans une « rencontre Hildebrand et Hadebrand, le père et le fils. Alors les héros arrangèrent leur sarrau *** « de guerre, se couvrirent de leur vêtement de bataille, et par-dessus ceignirent leurs glaives. « Comme ils lançaient les chevaux pour le combat, Hildebrand, fils d'Herebrand, parla : c'était un « homme noble, d'un esprit prudent. Il demanda brièvement qui était son père parmi la race des « hommes, ou : « De quelle famille es-tu? Si tu me l'apprends, je te donnerai un vêtement de guerre « à triple fil; car je connais, ô guerrier! toute la race des hommes. » Hadebrand, fils d'Hildebrand, « répondit : « Des hommes vieux et sages dans mon pays, qui maintenant sont morts, m'ont dit que « mon père s'appelait Hildebrand : je m'appelle Hadebrand. Un jour il s'en alla vers l'est; il fuyait « la haine d'Odoacre (Othachr); il était avec Théodoric (Theothrich) et un grand nombre de ses « héros. Il laissa seuls, dans son pays, sa jeune épouse, son fils encore petit, ses armes qui n'a- « vaient plus de maître; il s'en alla du côté de l'est. Depuis, quand commencèrent les malheurs de « mon cousin Théodoric, quand il fut un homme sans amis, mon père ne voulut plus rester avec « Odoacre. Mon père était connu des guerriers vaillants; ce héros intrépide combattait toujours à

* GRIMM *die beyden œltesten deutschen Gedichte*; Cassel, 1812, pag. 35. — ** L'opinion si souvent énoncée que Charlemagne ne savait pas écrire pourrait bien être une fable. Voici ce que dit de lui un contemporain : *Item barbara et antiquissima carmina quibus veterum actus et bella cantabantur scripsit memoriæque mandavit.* (EGINH., *Vita Car. Magni*, cap. XXIX.) — *** Ce mot est d'origine germanique : il est ici employé dans le texte (*saro*). Je l'ai conservé, ne sachant comment le remplacer.

que la muse armée. « Je ne crains pas la mort, disait l'Iroquois ; je me ris des tourments. Que ne puis-je dévorer le cœur de mes ennemis! » « Mange, oiseau (c'est une tête qui parle à un aigle dans l'énergique traduction de M. Fauriel) ; mange, oiseau, mange ma jeunesse ; repais-toi de ma bravoure ; ton aile en deviendra grande d'une aune, et ta serre d'un empan [1]. »

« la tête de l'armée ; il aimait trop à combattre, je ne pense pas qu'il soit encore en vie. — Seigneur « des hommes, dit Hildebrand, jamais du haut du ciel tu ne permettras un combat semblable entre « hommes du même sang. » Alors il ôta un précieux bracelet d'or, qui entourait son bras, et que le « roi des Huns lui avait donné. « Prends-le, dit-il à son fils, je te le donne en présent. » Hadebrand, « fils d'Hildebrand, répondit : « C'est la lance à la main, pointe contre pointe, qu'on doit recevoir « de semblables présents. Vieux Hun! tu es un mauvais compagnon ; espion rusé, tu veux me trom-« per par tes paroles, et moi je veux te jeter bas avec ma lance. Si vieux, peux-tu forger de tels men-« songes? Des hommes de mer, qui avaient navigué sur la mer des Vendes, m'ont parlé d'un com-« bat dans lequel a été tué Hildebrand, fils d'Herebrand. » Hildebrand, fils d'Herebrand, dit : « Je « vois bien à ton armure que tu ne sers aucun chef illustre, et que dans ce royaume tu n'as rien « fait de vaillant. Hélas! hélas! Dieu puissant, quelle destinée est la mienne! J'ai erré hors de mon « pays soixante hivers et soixante étés. On me plaçait toujours à la tête des combattants ; dans au-« cun fort on ne m'a mis les chaînes aux pieds, et maintenant il faut que mon propre enfant me « pourfende avec son glaive, m'étende mort avec sa hache, ou que je sois son meurtrier. Il peut « t'arriver facilement, si ton bras te sert bien, que tu ravisses à un homme de cœur son armure, « que tu pilles son cadavre ; fais-le si tu crois en avoir le droit, et que celui-là soit le plus infâme « des hommes de l'Est qui te détournerait de ce combat dont tu as un si grand désir. Bons com-« pagnons qui nous regardez, jugez dans votre courage qui de nous deux aujourd'hui peut se vanter « de mieux lancer un trait, qui saura se rendre maître de deux armures. » Alors ils firent voler « leurs javelots à pointes tranchantes, qui s'arrêtèrent dans leurs boucliers ; puis ils s'élancèrent « l'un sur l'autre. Les haches de pierre résonnaient,..... Ils frappaient pesamment sur leurs blancs « boucliers ; leurs armures étaient ébranlées, mais leurs corps demeuraient immobiles........ »

« Ici s'arrête le fragment. Je cite les premiers vers du texte pour donner idée de l'allemand d'alors ; on verra qu'il était beaucoup plus sonore que l'allemand d'aujourd'hui :

Ik gihorta that seggen, that sih urhettun anon muotin
Hildibrant enti Hathubrant untar heriuntuem.
Sunu fatar ungo. Iro saro rithun,
Garutun se iro guthamun, gurtur sih iro suert ana,
Helidos, uber ringa do si to dero hiltu ritum.

« Comme exemple de l'ancienne poésie scandinave, je citerai le trait suivant, tiré de l'Edda. Ici nous trouverons autant de grandeur, mais moins de calme ; plus de violence et de férocité, mais une férocité sublime. » (Ici M. Ampère donne le chant de Gunar tel que je l'ai transporté dans mon récit, pag. 53.) « Voici, continue le savant traducteur, un échantillon de la langue scandinave ancienne, dans laquelle existe ce morceau remarquable, comme en général tous ceux de l'Edda, par un caractère sombre et grand :

Hiarta skal mér Havgna
i hendi liggja
Blòthugt ôr briòsti
Scorit bald-ritha
Saxi slithr-beito
Syni thiò thaus.
Skaro their hiarta
Hjalla ôr briòsti
Blothuct that a bjoth langtho
Ok baro for Gunar. »

[1] Chants populaires de la Grèce.

Les lois même étaient du domaine de la poésie. Un homme d'un rare talent dans l'histoire, M. Thierry, a fort ingénieusement remarqué que les *premières lignes du prologue* de la loi salique semblent être le texte littéral d'une ancienne chanson; il les rend ainsi d'un style ferme et noble :

« La nation des Franks, illustre, ayant Dieu pour fondateur, forte sous les armes, ferme dans les traités de paix, profonde en conseil, noble et saine de corps, d'une blancheur et d'une beauté singulières, hardie, agile et rude au combat, depuis peu convertie à la foi catholique, libre d'hérésie ; lorsqu'elle était encore sous une croyance barbare, avec l'inspiration de Dieu, recherchant la clef de la science, selon la nature de ses qualités ; désirant la justice, gardant sa piété ; la *loi salique* fut dictée par les chefs de cette nation, qui en ce temps commandaient chez elle. . . . .

« Vive le Christ qui aime les Franks ! Qu'il regarde leur royaume... Cette nation est celle qui, petite en nombre, mais brave et forte, secoua de sa tête le dur joug des Romains. »

La métaphore abondait dans les chants des scaldes : les fleuves sont la *sueur de la terre* et le *sang des vallées*, les flèches sont les *filles de l'infortune*, la hache est la *main de l'homicide*, l'herbe est la *chevelure de la terre*, la terre est le *vaisseau qui flotte sur les âges*, la mer est le *champ des pirates*, un vaisseau est leur *patin* ou le *coursier des flots*.

Les Scandinaves avaient de plus quelques poésies mythologiques. « Les déesses qui président aux combats, les belles Walkyries, étaient à cheval, couvertes de leur casque et de leur bouclier. Allons, disent-elles, poussons nos chevaux au travers de ces mondes tapissés de verdure, qui sont la demeure des dieux. »

Les premiers préceptes moraux étaient aussi confiés en vers à la mémoire :

« L'hôte qui vient chez vous a les genoux froids, donnez-lui du feu. Il n'y a rien de plus inutile que de trop boire de bière : l'oiseau de l'oubli chante devant ceux qui s'enivrent, et leur dérobe leur âme. Le gourmand mange sa mort. Quand un homme allume du feu, la mort entre chez lui avant que ce feu soit éteint. Louez la beauté du jour quand il sera fini. Ne vous fiez ni à la glace d'une nuit, ni au serpent qui dort, ni au tronçon de l'épée, ni au champ nouvellement semé. »

Enfin les Barbares connaissaient aussi les chants d'amour :

« Je me battis dans ma jeunesse avec les peuples de Devonstheim, je tuai leur jeune roi ; cependant une fille de Russie me méprise. »

« Je sais faire huit exercices : je me tiens ferme à cheval, je nage, je glisse sur des patins, je lance le javelot, je manie la rame ; cependant une fille de Russie me méprise [1]. »

Plusieurs siècles après la conquête de l'empire romain, l'usage des hymnes guerriers continua : les défaites amenaient des complaintes latines dont l'air est quelquefois noté dans les vieux manuscrits : Angelbert gémit sur la bataille de Fontenay et sur la mort de Hugues, bâtard de Charlemagne. La fureur de la poésie était telle, qu'on trouve des vers de toutes mesures jusque dans les diplômes du huitième, du neuvième et du dixième siècle [2]. Un chant teutonique conserve le souvenir d'une victoire remportée sur les Normands, l'an 881, par Louis, fils de Louis le Bègue. « J'ai connu un roi appelé le seigneur Louis, qui servait Dieu de bon cœur, parce que Dieu le récompensait... Il saisit la lance et le bouclier, monta promptement à cheval, et vola pour tirer vengeance de ses ennemis [3]. » Personne n'ignore que Charlemagne avait fait recueillir les anciennes chansons des Germains.

La chronique saxonne donne en vers le récit d'une victoire remportée par les Anglais sur les Danois, et l'Histoire de Norvége, l'apothéose d'un pirate du Danemark, tué avec cinq autres chefs de corsaires sur les côtes d'Albion [4].

Les nautoniers normands célébraient eux-mêmes leurs courses ; un d'entre eux disait : « Je suis né dans le haut pays de Norvége, chez des peuples habiles à manier l'arc ; mais j'ai préféré hisser ma voile, l'effroi des laboureurs du rivage. J'ai aussi lancé ma barque parmi les écueils, *loin du séjour des hommes.* » Et ce scalde des mers avait raison, puisque les *Danes* ont découvert le Vineland ou l'Amérique.

Ces rhythmes militaires se viennent terminer à la chanson de Roland, qui fut comme le dernier chant de l'Europe barbare. « A la bataille d'Hastings, » dit admirablement le grand peintre d'histoire que je viens de citer, « un Normand appelé Taillefer poussa son cheval en avant du front de la bataille, et entonna le chant des exploits, fameux dans toute la Gaule, de Charlemagne et de Roland. En chantant il jouait de son épée, la lançait en l'air avec force, et la recevait dans sa main droite : les Normands répétaient ses refrains ou criaient : « Dieu « aide ! Dieu aide [5] ! »

Wace nous a conservé le même fait dans une autre langue :

Taillefer, qui moult bien chantoit,
Sur un cheval qui tost alloit,

---

[1] *Les deux Edda, les Sagga;* WORM., *Litt. runic.;* MALLET, *Hist. de Danem.* — [2] *Voyez* entre autres une charte de l'an 835. — [3] *Rerum Gall. et Franc. script.,* tom. IX, pag. 99. — [4] *Voyez* ces chants dans l'*Histoire de la conquête de l'Angleterre par les Normands,* de M. A. Thierry, tom. I, pag. 131, de la 3ᵉ édit. — [5] THIERRY, *Hist. de la conquête de l'Angleterre par les Normands,* tom. I, pag. 213.

Devant eus alloit chantant
De Karlemagne et de Rollant,
Et d'Olivier et des vassaux
Qui moururent à Rainschevaux.

Cette ballade héroïque, qui se devrait retrouver dans le roman de Rolland et d'Olivier, de la bibliothèque des rois Charles V, VI et VII [1], fut encore chantée à la bataille de Poitiers.

Les poésies nationales des Barbares étaient accompagnées du son du fifre, du tambour et de la musette. Les Scythes, dans la joie des festins, faisaient résonner la corde de leur arc [2]. La cithare ou la guitare était en usage dans les Gaules [3], et la harpe dans l'île des Bretons : il y avait trois choses qu'on ne pouvait saisir pour dettes chez un homme libre du pays de Galles : son cheval, son épée et sa harpe.

Dans quelles langues tous ces poëmes étaient-ils écrits où chantés? Les principales étaient la langue celtique, la langue slave, les langues teutonique et scandinave : il est difficile de savoir à quelle racine appartenait l'idiome des Huns. L'oreille dédaigneuse des Grecs et des Romains n'entendait dans les entretiens des Franks et des Tartares que des croassements de corbeaux [4] ou des sons non articulés, sans aucun rapport avec la voix humaine [5] ; mais quand les Barbares triomphèrent, force fut de comprendre les ordres que le maître donnait à l'esclave. Sidoine Apollinaire félicite Syagrius de s'exprimer avec pureté dans la langue des Germains : « Je ris, dit le littérateur puéril, en voyant un *Barbare* craindre devant vous de faire un *barbarisme* dans sa langue [6]. » Le quatrième canon du concile de Tours ordonne que chaque évêque traduira ses sermons latins en langue romane et tudesque [7]. Louis le Débonnaire fit mettre la *Bible* en vers teutons. Nous savons par Loup de Ferrières, que, sous Charles le Chauve, on envoyait les moines de Ferrières à Pruym pour se familiariser avec la langue germanique [8]. On fit connaître à la même époque les caractères dont les Normands se servaient pour garder la mémoire de leurs chansons ; ces caractères s'appelaient *runstabath ;* ce sont des lettres runiques : on y joignit celles qu'Éthicus avait inventées auparavant, et dont saint Jérôme avait donné les signes.

La parole usitée dans les forêts est dès sa naissance une parole complète pour la poésie : sous le rapport des passions et des images, elle dégénère en se perfectionnant. L'homme perd en imagination ce qu'il

[1] Du Cange, voce *Cantilena Rollandi; Mém. de l'Acad. des inscript.,* tom. I, part. I, pag. 347; *Hist. litt. de la France,* tom. VII, Avertiss., pag. 73. — [2] Diod. Sic. — [3] Plut. *in Demetr.* — [4] Julian *Op.* — [5] Nec alia voce notum, nisi quæ humani sermonis imaginem assignabat. (Jornand, cap. xxiv, *de Reb. Get.*) — [6] Æstimari minime potest, quanto mihi cæterisque sit risui, quoties audio quod te præsenti formidet facere linguæ suæ Barbarus barbarismum. (*Rer. Gall. et Franc. script.,* tom. I, pag. 794.) — [7] *Concil. Gall.* — [8] Lup. Fer., *ep.* lxx et xci.

gagne en intelligence ; enchaîné dans la sociabilité, l'esprit s'effraye d'une expression indépendante, et dépouille sa libre et fière allure. Il n'y a rien d'aussi vivant que le grec d'Homère, depuis longtemps passé avec Ulysse et Achille ; ce ne sont pas les langues primitives qui sont mortes, c'est le génie qui n'est plus là pour les parler et les entendre.'

Quelques monuments des langues de nos ancêtres nous restent ; on est obligé d'avouer qu'elles étaient plus douces et plus harmonieuses dans leur âge héroïque qu'elles ne le sont aujourd'hui dans leur âge humain. L'évêque des Goths, Ulphilas, traduisit dans son idiome paternel, au quatrième siècle, les Évangiles : conservés jusqu'à nos jours, ils ont été imprimés avec des glossaires et de savantes recherches [1]. Si vous comparez le teutonique d'Ulphilas avec le teutonique du serment de Charles et de Louis, tel que Nithard [2] nous l'a transmis, et avec le teutonique du chant de victoire de Louis, fils de Louis le Bègue [3], vous reconnaîtrez qu'à mesure que l'on descend vers l'allemand moderne, la prononciation devient plus rude et plus difficile. Les mots de l'idiome d'Ulphilas se terminent très-souvent par des voyelles, et surtout par la voyelle a : *wisandona* (existence), *Gotha* (Dieu), *waldufuja* (puissance), *godamma* (bon), etc. Ce gothique a beaucoup de rapport avec le scandinave du fragment manuscrit de Fulde et du chant de Gunar, tiré de l'*Edda* [4]. On ne voit pas même, dans le *fac-simile* du texte d'Ulphilas, les lettres qu'il fut, dit-on, obligé d'inventer pour rendre la prononciation de ses compatriotes ; on y remarque seulement quelques ligatures grecques mêlées aux caractères latins, mais ne présentant pas dans leur agrégation le même pouvoir labial, lingual et guttural qu'elles expriment dans le grec.

D'après un passage d'Hérodote, un système assez plausible assigne aux peuples de la Finlande et de la Gothie une origine asiatique ; on les fait descendre d'une colonie des Mèdes, et l'on a trouvé des analogies entre la langue des Perses et celle des Suédois et des Danois. Des noms propres surtout ont paru les mêmes dans les deux idiomes : le *Gustaff* ou *Gustaw* des Suédois répond au *Gustapse* ou *Hystaspe* des Perses ; *Oten*, *Olstanus*, *Ostanus*, rois de Suède, portent les noms persans d'*Otanus*, *Olstanes* et *Ostanes*. Gibert [5], à l'appui de son système (aujourd'hui étendu et reproduit), aurait pu remarquer que l'*Edda* mentionne un peuple conquérant venu de l'Asie dans les régions septentrionales de la Baltique. Le savant Robert Henri, ministre de la com-

---

[1] ULPHILAS, *Gothische Bibel übersetzung*. (Édit. de Jean Christ. Zahn; Weissenfels, 1805.) — [2] NITHARDI *Hist.*, lib. III, pag. 227; *in Rer. Gall. script.*, tom. VII. — [3] *Rer. Gall. script.*, t. IX, pag. 99. — [4] *Voyez plus haut*, pag. 53 et 54, note 2, ce chant et ce fragment. — [5] *Mémoires pour servir à l'Histoire des Gaules*, pag. 241.

munion calviniste à Édimbourg, a enrichi son *Histoire d'Angleterre* de différents *specimen* des dialectes bretons et anglo-saxons à différentes époques : le tableau placé à la fin de ce volume vous donnera une idée des langues que parlaient les destructeurs du monde romain.

Passons à la religion des Barbares. Les historiens nous disent que les Huns n'en avaient aucune [1] : nous voyons seulement qu'ils croyaient, comme les Turcs, à une certaine fatalité. Les Alains, comme les peuples d'origine celtique, révéraient une épée nue fichée en terre [2]. Les Gaulois avaient leur terrible *Dis*, père de la Nuit, auquel ils immolaient des vieillards sur le *dolmen*, ou la pierre druidique [3] ; les Germains adoraient la secrète horreur des forêts [4]. Autant la religion de ceux-ci était simple, autant celle des Scandinaves était compliquée.

Le géant Ymer fut tué par les trois fils de Bore : Odin, Vil et Ve. La chair de Ymer forma la terre, son sang la mer, son crâne le ciel [5]. Le soleil ne savait pas alors où était son palais, la lune ignorait ses forces, et les étoiles ne connaissaient point la place qu'elles devaient occuper.

Un autre géant appelé Norv fut le père de la Nuit. La Nuit, mariée à un enfant de la famille des dieux, enfanta le Jour. Le Jour et la Nuit furent placés dans le ciel, sur deux chars conduits par deux chevaux ; Hrim-Fax (crinière gelée) conduit la Nuit ; les gouttes de ses sueurs font la rosée : Skin-Fax (crinière lumineuse) mène le Jour [6]. Sous

---

[1] Sine lare, vel lege aut ritu stabili. (AMM. MARC.) — [2] Gladius barbarico ritu humi figitur nudus. (*Id.*, lib. XXXI, cap. IX.) — [3] TERTULL. et AUGUST. — [4] TACIT., *de Mor. Germ.* — [5] Texte scandinave :

> Or ymis holdi
> Var iörp vm skavpvd,
> En or sveia sær;
> . . . .
> En or hausi himin.

Traduction latine :

> Ex Ymeris carne
> Terra creata est;
> Ex sanguine autem mare;
> . . . .
> Ex cranio autem cœlum.

(*Edda sœmundar hinns froda*, 88; Hafniæ, 1787.)

[6] Skin-Faxi (juba splendens) vocatur
Qui serenum trahit
Diem super humanum genus.

. . . .

Hrim-Faxi (juba pruinosus) vocatur
Qui singulas trahit
Noctes super benefica numina.
De lupatis stillare facit guttas
Quovis mane,
Inde venit ros in convalles.

(*Edda*, pag. 8 et 9.)

Portier sc.

Imp. Gilquin et Dupain, r. de l'Abbaye 16 Paris.   Publié par . . . .

chaque cheval se trouve une outre pleine d'air : c'est ce qui produit la fraîcheur du matin.

Un chemin ou un pont conduit de la terre au firmament : il est de trois couleurs, et s'appelle l'arc-en-ciel. Il sera rompu quand les mauvais génies, après avoir traversé les fleuves des enfers, passeront à cheval sur ce pont.

La cité des dieux est placée sous le chêne Ygg-Drasill[1] qui ombrage le monde. Plusieurs villes existent dans le ciel.

Le dieu Thor est fils aîné d'Odin ; Tyr est la divinité des victoires. Heindall aux dents d'or a été engendré par neuf vierges. Loke est l'artisan des tromperies. Le loup Fenris est fils de Loke[2] ; enchaîné avec difficulté par les dieux, il sort de sa bouche une écume qui devient la source du fleuve Vam (les vices).

Frigga est la principale des déesses guerrières, qui sont au nombre de douze ; elles se nomment Walkyries : Gadur, Rosta et Skulda (l'avenir), la plus jeune des douze fées, vont tous les jours à cheval choisir les morts[3].

Il y a dans le ciel une grande salle, le Walhalla, où les braves sont reçus après leur vie. Cette salle a cinq cent quarante portes ; par chacune de ces portes sortent huit cents guerriers morts pour se battre contre le loup[4]. Ces vaillants squelettes s'amusent à se briser les os, et viennent ensuite dîner ensemble : ils boivent le lait de la chèvre Heidruna qui broute les feuilles de l'arbre Lœrada[5]. Ce lait est de

---

[1]
Subtus ab arbore Ygg-Drasilli.
. . . .
Qui currit
Per æsculum Ygg-Drasilli.

[2] Snor. Edda, fab. xxix. — [3] Id., ibid.

[4]
Quingenta ostiorum
Et ultra quadraginta,
Ita puto in Walhalla esse :
Octingenti Einheriorum
Exeunt simul per unum ostium,
Cum contra lupum pugnatum eunt.
          (Edda sœmundar hinns froda, pag. 53.)

[5]
Heidruna vocatur capra
Quæ stat supra aulam Odini
Et pabulum sibi carpit ex Lœradi ramis :
Craterem illa (quotidie) implebit
Linquidi illius melonis.
Non potis est iste potus deficere.
          (Id., ibid.)

Voyez aussi Mallet, Introd. à l'Histoire de Danemark, et les Monuments de la mythologie des anciens Scandinaves, pour servir de preuve à cette introduction, par le même auteur, in-4° ; Copenhague, 1766.)

l'hydromel : on en remplit tous les jours une cruche assez large pour
enivrer les héros décédés. Le monde finira par un embrasement.

Des magiciens ou des fées, des prophétesses, des dieux défigurés
empruntés de la mythologie grecque, se retrouvaient dans le culte de
certains Barbares. Le surnaturel est le naturel même de l'esprit de
l'homme : est-il rien de plus étonnant que de voir des Esquimaux
assemblés autour d'un *sorcier* sur leur mer solide, à l'entrée même de
ce passage si longtemps cherché, qu'une éternelle barrière de glace fermait au vaisseau de l'intrépide capitaine Parry[1] ?

De la religion des Barbares descendons à leurs gouvernements.

Ces gouvernements paraissent avoir été en général des espèces de
républiques militaires dont les chefs étaient électifs, ou passagèrement
héréditaires par l'effet de la tendresse, de la gloire, ou de la tyrannie
paternelle. Toute l'antiquité européenne du paganisme et de la barbarie n'a connu que la souveraineté élective : la souveraineté héréditaire fut l'ouvrage du christianisme ; souveraineté même qui ne s'é-
tablit qu'au moyen d'une sorte de surprise, laissant dormir le droit à
côté du fait.

La société naturelle présente les variétés de gouvernement de la
société civilisée : le despotisme, la monarchie absolue, la monarchie
tempérée, la république aristocratique ou démocratique[2]. Souvent
même les nations sauvages ont imaginé des formes politiques d'une
complication et d'une finesse prodigieuses, comme le prouvait le gouvernement des Hurons. Quelques tribus germaniques, par l'élection du
roi et du chef de guerre, créaient deux autorités souveraines indépendantes l'une de l'autre : combinaison extraordinaire.

Les peuples sortis de l'orient de l'Asie différaient en constitutions
des peuples venus du nord de l'Europe : la cour d'Attila offrait le spectacle du sérail de Stamboul ou des palais de Pékin, mais avec une différence notable ; les femmes paraissaient publiquement chez les Huns ;
Maximin fut présenté à Cerca, principale reine ou sultane favorite d'Attila ; elle était couchée sur un divan ; ses suivantes brodaient assises
en rond sur les tapis qui couvraient le plancher. La veuve de Bléda
avait envoyé en présents aux ambassadeurs de belles esclaves.

Les Barbares, qui en raison de quelques usages particuliers ressemblaient aux Sauvages que j'ai vus au Nouveau-Monde, différaient d'eux
essentiellement sous d'autres rapports. Une centaine de Hurons, dont
le chef tout nu portait un chapeau bordé à trois cornes, servaient

---

[1] Second voyage du capitaine Parry pour découvrir le passage au nord-ouest de l'Amérique. —
[2] *Voyez*, dans le tom. 1er de cette édition, le *Voyage en Amérique*, gouvernement des Sauvages.

autrefois le gouverneur français du Canada : les pourrait-on comparer à ces troupes de race slave ou germanique, auxiliaires des troupes romaines? Les Iroquois, au temps de leur plus grande prospérité, n'armaient pas plus de dix mille guerriers : les seuls Goths mettaient, comme un excédant de leur conscription militaire, un corps de cinquante mille hommes à la solde des empereurs ; dans le quatrième et dans le cinquième siècle les légions entières étaient composées de Barbares. Attila réunissait sous ses drapeaux sept cent mille combattants, ce qu'à peine serait en état de fournir aujourd'hui la nation la plus populeuse de l'Europe. On voit aussi dans les charges du palais et de l'empire, des Franks, des Goths, des Suèves, des Vandales : nourrir, vêtir, équiper tant d'hommes, est le fait d'une société déjà poussée loin dans les arts industriels ; prendre part aux affaires de la civilisation grecque et romaine, suppose un développement considérable de l'intelligence. La bizarrerie des coutumes et des mœurs n'infirme pas cette assertion : l'état politique peut être très-avancé chez un peuple, et les individus de ce peuple conserver les habitudes de l'état de nature.

L'esclavage était connu chez toutes ces hordes ameutées contre le Capitole. Cet affreux droit, émané de la conquête, est pourtant le premier pas de la civilisation : l'homme entièrement sauvage tue et mange ses prisonniers ; ce n'est qu'en prenant une idée de l'ordre social, qu'il leur laisse la vie afin de les employer à ses travaux.

La noblesse était connue des Barbares comme l'esclavage ; c'est pour avoir confondu l'espèce d'égalité militaire, qui naît de la fraternité d'armes, avec l'égalité des rangs, que l'on a pu douter d'un fait avéré. L'histoire prouve invinciblement que différentes classes sociales existaient dans les deux grandes divisions du sang scandinave et caucasien. Les Goths avaient leurs *Ases* ou demi-dieux : deux familles dominaient toutes les autres, les Amali et les Baltes.

Le droit d'aînesse était ignoré de la plupart des Barbares ; ce fut avec beaucoup de peine que la loi canonique parvint à le leur faire adopter. Non-seulement le partage égal subsistait chez eux, mais quelquefois le dernier né d'entre les enfants, étant réputé le plus faible, obtenait un avantage dans la succession. « Lorsque les frères ont partagé le bien de leur père, dit la loi gallique, le plus jeune a la meilleure maison, les instruments de labourage, la chaudière de son père, son couteau et sa cognée [1]. » Loin que l'esprit de ce qu'on appelle la *loi salique* fût en vigueur dans la véritable loi salique, la ligne maternelle était appelée avant la ligne paternelle dans les héritages et les

---

[1] *Leg. Wall.*, lib. ii, cap. xvii.

affaires résultant d'iceux. On va bientôt en voir un exemple à propos de la peine d'homicide [1].

Le gouvernement suivait la règle de la famille ; un roi, en mourant, partageait sa succession entre ses enfants, sauf le consentement ou la ratification populaire : la loi politique n'était dans sa simplicité que la loi domestique.

Chez plusieurs tribus germaniques la possession était annale ; propriétaire de ce qu'on avait cultivé, le fonds, après la moisson, retournait à la communauté [2]. Les Gaulois étendaient le pouvoir paternel jusque sur la vie de l'enfant ; les Germains ne disposaient que de sa liberté [3]. Au pays de Galles, le Pencénedlt ou chef du clan gouvernait toutes les familles [4].

Les lois des Barbares, en les séparant de ce que le christianisme et le code romain y ont introduit, se réduisent à des lois pénales pour la défense des personnes et des choses. La loi salique s'occupe du vol des porcs, des bestiaux, des brebis, des chèvres et des chiens, depuis le cochon de lait jusqu'à la truie qui marche à la tête d'un troupeau, depuis le veau de lait jusqu'au taureau, depuis l'agneau de lait jusqu'au mouton, depuis le chevreau jusqu'au bouc, depuis le chien conducteur de meutes jusqu'au chien de berger. La loi gallique défend de jeter une pierre au bœuf attaché à la charrue, et de lui trop serrer le joug [5].

Le cheval est particulièrement protégé : celui qui a monté un cheval ou une jument sans la permission du maître est mis à l'amende de quinze ou de trente sous d'or. Le vol du cheval de guerre d'un Frank, d'un cheval hongre, d'un cheval entier et de ses cavales, entraîne une forte composition [6]. La chasse et la pêche ont leurs garants : il y a rétribution pour une tourterelle ou un petit oiseau dérobés aux lacs où ils s'étaient pris, pour un faucon happé sur un arbre, pour le meurtre d'un cerf privé qui servait à embaucher les cerfs sauvages, pour l'enlèvement d'un sanglier forcé par un autre chasseur, pour le déterrement du gibier ou du poisson cachés, pour le larcin d'une barque ou d'un filet à anguilles. Toutes les espèces d'arbres sont mises à l'abri par des dispositions spéciales ; veiller à la vie des forêts [7], c'était faire des lois pour la patrie.

L'association militaire, ou la responsabilité de la tribu et la solidarité

---

[1] On trouve une très-bonne note sur la succession de la *Terre salique*, art. v du titre LXII, dans la nouvelle traduction des lois des Franks, par M. J. F. A. Peyré. J'aime à rendre d'autant plus de justice à cet estimable auteur, qu'on a peu ou point parlé de son travail, auquel M. Isambert a joint une préface. On ne saurait trop encourager ces études sérieuses, qui coûtent tant de peine et rapportent si peu de gloire. — [2] *Arva per annos mutant.* (TACIT., *de Mor. Germ.*, cap. XXVI. — [3] CÆSAR., *de Bell. Gall.*, lib. VI, cap. XIX. — [4] *Leg. Wall.*, pag. 164. — [5] *Ibid.*, lib. III, cap. IX — [6] *Lex Salic.*, tit. XXV ; *Lex Rip.*, tit. XLII. — [7] *Lex Salic.*, tit. VIII ; *Lex Rip.*, tit. LXVIII.

de la famille se retrouvent dans l'institution des cojurants ou compurgateurs : qu'un homme soit accusé d'un délit ou d'un crime, il peut,
selon la loi allemande et plusieurs autres, échapper à la pénalité, s'il
trouve un certain nombre de ses *pairs* pour jurer avec lui qu'il est innocent. Si l'accusé était une femme, les compurgateurs devaient être
femmes [1].

Le courage étant la première qualité du Barbare, toute injure qui en
suppose le défaut est punie ; ainsi, appeler un homme LEPUS, *lièvre*, ou
CONCACATUS, *embrené*, amène une composition de trois ou de six sous
d'or [2] ; même tarif pour le reproche fait à un guerrier d'avoir jeté son
bouclier en présence de l'ennemi.

La barbarie se montre tout entière dans la législation des blessures ;
la loi saxonne est la plus détaillée à cet égard : quatre dents cassées au
devant de la bouche ne valent que six schillings ; mais une seule dent
cassée auprès de ces quatre dents doit être payée quatre schillings ;
l'ongle du pouce est estimé trois schillings, et une des membranes du
nez le même prix [3].

La loi ripuaire s'exprime plus noblement : elle demande trente-six
sous d'or pour la mutilation du doigt qui sert à décocher les flèches [4] :
elle veut qu'un ingénu paye dix-huit sous d'or pour la blessure d'un
autre ingénu dont le sang aura coulé jusqu'à terre [5]. Une blessure à la
tête, ou ailleurs, sera compensée par trente-six sous d'or s'il est sorti
de cette blessure un os d'une grosseur telle, qu'il rende un son en étant
jeté sur un bouclier placé à douze pieds de distance [6]. L'animal domestique qui tue un homme est donné aux parents du mort avec une
composition ; il en est ainsi de la pièce de bois tombée sur un passant.
Les Hébreux avaient des règlements semblables.

Et néanmoins ces lois, si violentes dans les choses qu'elles peignent,
sont beaucoup plus douces en réalité que nos lois : la peine de mort
n'est prononcée que cinq fois dans la loi salique et six fois dans la loi
ripuaire ; et, chose infiniment remarquable ! ce n'est jamais, un seul
cas excepté, pour châtiment du meurtre : l'homicide n'entraîne point
la peine capitale, tandis que le rapt, la prévarication, le renversement

---

[1] *Leg. Wall.* — [2] *Lex Salic.*, tit. XXXII.

> Renart se pense qu'il fera,
> Et comment le chunchiera.
> (*Roman du Renart* apud Cang. gloss., voce *Conca.*)

[3] *Lex anglo-saxonic.*, pag. 7. — [4] Si secundus digitus, unde sagittatur. (*Lex Ripuar.*, lib. v,
art. XII.)— [5] Ut sanguis exeat, terram tangat. (*Lex Ripuar.*, tit. II, art. XII.) — [6] Os exinde exie-
rit, quod, super viam duodecim pedum in scuto jactum, sonaverit. (*Ibid.*, tit. LXX, art. I.)

J. — ÉT. HIST. 9

d'une charte, sont punis du dernier supplice; encore, pour tous ces crimes ou délits, y a-t-il la ressource des cojurants.

La procédure relative au seul cas de mort en réparation d'homicide est un tableau de mœurs. Quiconque a tué un homme et n'a pas de quoi payer la composition, doit présenter douze cojurants, lesquels déclarent que le délinquant n'a rien ni dans la terre, ni hors la terre, au delà de ce qu'il offre pour la composition. Ensuite l'accusé entre chez lui, et prend de la terre aux quatre coins de sa maison; il revient à la porte, se tient debout sur le seuil, le visage tourné vers l'intérieur du logis; de la main gauche, il jette la terre par-dessus ses épaules sur son plus proche parent. Si son père, sa mère et ses frères ont fait l'abandon de tout ce qu'ils avaient, il lance la terre sur la sœur de sa mère ou sur les fils de cette sœur, ou sur les trois plus proches parents de la ligne maternelle[1]. Cela fait, déchaussé et en chemise, il saute à l'aide d'une perche par-dessus la haie dont sa maison est entourée; alors les trois parents de la ligne maternelle se trouvent chargés d'acquitter ce qui manque à la composition. Au défaut de parents maternels, les parents paternels sont appelés. Le parent pauvre qui ne peut payer jette à son tour la terre recueillie aux quatre coins de la maison, sur un parent plus riche. Si ce parent ne peut achever le montant de la composition, le demandeur oblige le défendeur meurtrier à comparaître à quatre audiences successives; et enfin, si aucun des parents de ce dernier ne le veut rédimer, il est mis à mort : *de vita componat.*

De ces précautions multipliées pour sauver les jours d'un coupable, il résulte que les Barbares traitaient la loi en tyrans et se prémunissaient contre elle; ne faisant aucun cas de leur vie ni de celle des autres, ils regardaient comme un droit naturel de tuer ou d'être tués. Un roi même, dans la loi des Saxons, pouvait être occis; on en était quitte pour payer sept cent vingt livres pesant d'argent. Le Germain ne concevait pas qu'un être abstrait, qu'une loi pût verser son sang. Ainsi, dans la société commençante, l'instinct de l'homme repoussait la peine de mort, comme dans la société achevée la raison de l'homme l'abolira : cette peine n'aura donc été établie qu'entre l'état purement sauvage et l'état complet de civilisation, alors que la société n'avait plus l'indépendance du premier état, et n'avait pas encore la perfection du second.

[1] Voilà l'exemple de la préférence dans la ligne maternelle.

SECONDE PARTIE.

SUITE DES MOEURS DES BARBARES.

Les conducteurs des nations barbares avaient quelque chose d'extraordinaire comme elles. Au milieu de l'ébranlement social, Attila semblait né pour l'effroi du monde ; il s'attachait à sa destinée je ne sais quelle terreur, et le vulgaire se faisait de lui une opinion formidable. Sa démarche était superbe, sa puissance apparaissait dans les mouvements de son corps, et dans le roulement de ses regards. Amateur de la guerre, mais sachant contenir son ardeur, il était sage au conseil, exorable aux suppliants, propice à ceux dont il avait reçu la foi. Sa courte stature, sa large poitrine, sa tête plus large encore, ses petits yeux, sa barbe rare, ses cheveux grisonnants, son nez camus, son teint basané, annonçaient son origine [1].

Sa capitale était un camp ou grande bergerie de bois, dans les pacages du Danube : les rois qu'il avait soumis veillaient tour à tour à la porte de sa baraque ; ses femmes habitaient d'autres loges autour de lui. Couvrant sa table de plats de bois et de mets grossiers, il laissait les vases d'or et d'argent, trophée de la victoire et chefs-d'œuvre des arts de la Grèce, aux mains de ses compagnons [2]. C'est là qu'assis sur une escabelle, le Tartare recevait les ambassadeurs de Rome et de Constantinople. A ses côtés siégeaient, non les ambassadeurs, mais des Barbares inconnus, ses généraux et capitaines : il buvait à leur santé, finissant, dans la munificence du vin, par accorder grâce aux maîtres du monde [3]. Lorsque Attila s'achemina vers la Gaule, il menait une meute de princes tributaires qui attendaient, avec crainte et tremblement, un signe du commandeur des monarques, pour exécuter ce qui leur serait ordonné [4].

---

[1] Vir in concussionem gentis natus in mundo, terrarum omnium metus : qui nescio qua sorte terrebat cuncta, formidabili de se opinione vulgata. Erat namque superbus incessu, huc atque illuc circumferens oculos, ut elati potentia ipso quoque motu corporis appareret. Bellorum quidem amator, sed ipse manu temperans, consilio validissimus, supplicantibus exorabilis, propitius in fide semel receptis. Forma brevis, lato pectore, capite grandiori, minutis oculis, rarus barba, canis aspersus, simo naso, teter colore, originis suæ signa restituens. (JORNAND., cap. XXXV, *de Reb. Get.*) — [2] Attilæ in quadra lignea, et nihil præter carnes. Conviviis aurea et argentea pocula quibus bibebant suppeditabantur. Attilæ poculum erat ligneum. (*Ex Prisc. rhetore gothicæ historiæ excerpta, Carolo Cantoclaro interprete,* pag. 60 ; Parisiis, 1606.) — [3] Tum convivarum primum ordinem, ad Attilæ dextram sedere constituerunt, secundum ad lævam : in quo nos et Berichus, vir apud Scythas nobilis, sed Berichus superiore loco. (*Id.,* pag. 48) Sedentes ordines salutavit. Reliquis deinceps ad hunc modum honore affectis, Attila nos, ex Thracum instituto, ad parium poculorum certamen provocavit. (*Id.,* pag. 49.) — [4] Turba regum, diversarumque nationum ductores ac

Peuples et chefs remplissaient une mission qu'ils ne se pouvaient eux-mêmes expliquer : ils abordaient de tous côtés aux rivages de la désolation, les uns à pied, les autres à cheval ou en chariots, les autres traînés par des cerfs [1] ou des rennes, ceux-ci portés sur des chameaux, ceux-là flottant sur des boucliers [2] ou sur des barques de cuir et d'écorce [3]. Navigateurs intrépides parmi les glaces du Nord et les tempêtes du Midi, ils semblaient avoir vu le fond de l'Océan à découvert [4]. Les Vandales qui passèrent en Afrique avouaient céder moins à leur volonté qu'à une impulsion irrésistible [5].

Ces conscrits du Dieu des armées n'étaient que les aveugles exécuteurs d'un dessein éternel : de là cette fureur de détruire, cette soif de sang qu'ils ne pouvaient éteindre ; de là cette combinaison de toutes choses pour leurs succès, bassesse des hommes, absence de courage, de vertu, de talents, de génie. Genséric était un prince sombre, sujet aux accès d'une noire mélancolie ; au milieu du bouleversement du monde, il paraissait grand parce qu'il était monté sur des débris. Dans une de ses expéditions maritimes, tout était prêt, lui-même embarqué : où allait-il ? il ne le savait pas. « Maître, lui dit le pilote, à quels peuples veux-tu porter la guerre ? — A ceux-là, répond le vieux Vandale, contre qui Dieu est irrité [6]. »

Alaric marchait vers Rome : un ermite barre le chemin au conquérant ; il l'avertit [7] que le ciel venge les malheurs de la terre : « Je ne puis m'arrêter, dit Alaric ; quelqu'un me presse et me pousse à saccager Rome. » Trois fois il assiége la ville éternelle avant de s'en emparer : Jean et Basilius, qu'on lui député lors du premier siége pour

---

si satellites, absque aliqua murmuratione cum timore et tremore unusquisque adstabat, aut certe quod jussus fuerat exsequebatur. (JORNAND., cap. XXXVIII, de Reb. Get.)

[1] Fuit alius currus quatuor cervis junctus, qui fuisse dicitur regis Gothorum. (VOPISC., in Vit. Aurelian.) — [2] Enatantes super parma positi amnem, in ulteriorem egressi sunt ripam. (GREG. TUR., lib. III, pag. 15.)

[3]				Quin et Armoricus piratum Saxona tractus
				Superabat, cui pelle salum sulcare Britannum
				Ludus, et aperto glaucum mare findere lembo.
						(APOLL., in Panegyr. Avit.)

[4] Imos Oceani colens recessus. (Id., lib. VIII, epist. IX.) — [5] Cœlestis manus ad punienda Hispanorum flagitia, etiam ad vastandam Africam transire cogebat. Ipsi denique fatebantur non suum esse quod facerent, agi enim se divino jussu ac perurgeri. (SALVIAN., de Gubernat. Dei, lib. VII, p. 250.) — [6] Cum e Carthaginis portu velis passis soluturus esset, interrogatus a nauclero, quo tendere populabundus vellet, respondisse : Quo Deus impulerit. (ZOSIM., de Bello Vandalico, lib. I, p. 188.) Narrant cum e Carthaginis portu solvens a nauta interrogaretur quo bellum inferre vellet, respondisse : In eos quibus iratus est Deus. (PROCOP., Hist. Vand., lib. I.) — [7] Probus, aliquis monachus ex his qui in Italia erant, Romam festinanti Alarico consuluisse ut urbi parceret, nec se tantorum malorum auctorem constitueret. Alaricus respondisse dicitur, se non volentem hoc tentare, sed esse quemdam qui se obtundendo urgeat, ac præcipiat ut Romam evertat. (SOZOM., lib. IX, cap. VI, pag. 481.)

l'engager à se retirer, lui représentent que, s'il persiste dans son entreprise, il lui faudra combattre une multitude au désespoir. « L'herbe serrée, » repart l'abatteur d'hommes, « se fauche mieux[1]. » Néanmoins il se laisse fléchir, et se contente d'exiger des suppliants tout l'or, tout l'argent, tous les ameublements de prix, tous les esclaves d'origine barbare : « Roi, s'écrient les envoyés du sénat, que restera-t-il donc aux Romains? — La vie[2]. »

Je vous ai déjà dit ailleurs qu'on dépouilla les images des dieux, et que l'on fondit les statues d'or du Courage et de la Vertu. Alaric reçut cinq mille livres pesant d'or, trente mille pesant d'argent, quatre mille tuniques de soie, trois mille peaux teintes en écarlate, et trois mille livres de poivre[3]. C'était avec du fer que Camille avait racheté des Gaulois les anciens Romains.

Ataulphe, successeur d'Alaric, disait : « J'ai eu la passion d'effacer le nom romain de la terre, et de substituer à l'empire des Césars l'empire des Goths, sous le nom de Gothie. L'expérience m'ayant démontré l'impossibilité où sont mes compatriotes de supporter le joug des lois, j'ai changé de résolution ; alors, j'ai voulu devenir le restaurateur de l'empire romain, au lieu d'en être le destructeur. » C'est un prêtre nommé Jérôme qui raconte en 416, dans sa grotte de Bethléem, à un prêtre nommé Orose, cette nouvelle du monde[4] : autre merveille.

Une biche ouvre le chemin aux Huns à travers les Palus-Méotides, et disparaît[5]. La génisse d'un pâtre se blesse au pied dans un pâturage; ce pâtre découvre une épée cachée sous l'herbe; il la porte au prince tartare : Attila saisit le glaive, et sur cette épée, qu'il appelle l'épée de Mars[6], il jure ses droits à la domination du monde. Il disait :

---

[1] Ipsius, inquit, fœnum rariore facilius resecatur. (ZOSIM., lib. v, pag. 106.) — [2] Aiebat enim non aliter se finem obsidionis facturum nisi aurum omne, quod in urbe fore, et argentum accepisset, præterea quidquid supellectilis in urbe reperiret : itemque mancipia barbara. Huic cum dixisset alter legatorum si quidem hæc abstulisset quid eis tandem relinqueret in urbe qui essent? Animas, respondit. (Id., ibid.) — [3] Quinquies mille libras auri, et præter has tricies mille libras argenti, quater mille tunicas sericas, et ter mille pelles coccineas, et piperis pondus quod ter mille libras æquaret. (Id., ibid., pag. 107.) — [4] Nam ego quoque ipse virum quemdam Narbonensem, illustris sub Theodosio militiæ, etiam religiosum prudentemque et gravem apud Bethleem oppidum Palestinæ, beatissimo Hieronymo presbytero referente, audivi se familiarissimum Ataulpho apud Narbonam fuisse : ac de eo sæpe sub testificatione didicisse quod ille, quum esset animo, viribus ingenioque nimius, referre solitus esset se in primis ardenter inhiasse, ut obliterato romano nomine romanum omne solum Gothorum imperium et faceret et vocaret : essetque, ut vulgariter loquar, Gothia quod Romania fuisset. . . . . At ubi multa experientia probavisset, neque Gothos ullo modo parere legibus posse propter effrenatam barbariem, neque reipublicæ interdici leges oportere, elegisse se saltem, ut gloriam sibi et restituendo in integrum augendoque romano nomine, Gothorum viribus, quæreret, haberetque apud posteros romanæ restitutionis auctor, postquam esse non poterat immutator. (OROS., lib. VII.) — [5] Mox quoque ut Scythica terra ignotis apparuit, cerva disparuit. (JORNAND., de Reb. Get. cap. XXIV.) — [6] Quum pastor quidam gregis unam buculam conspiceret claudicantem, nec causam

« L'étoile tombe, la terre tremble ; je suis le marteau de l'univers. »
Il mit lui-même parmi ses titres le nom de *Fléau de Dieu*, que lui donnait la terre [1].

C'était cet homme que la vanité des Romains traitait de *général au
service de l'Empire*; le tribut qu'ils lui payaient était à leurs yeux ses
appointements : ils en usaient de même avec les chefs des Goths et
des Burgondes. Le Hun disait à ce propos : « Les généraux des empereurs sont des valets, les généraux d'Attila des empereurs [2]. »

Il vit à Milan un tableau où des Goths et des Huns étaient représentés
prosternés devant des empereurs; il commanda de le peindre, lui Attila, assis sur un trône, et les empereurs portant sur leurs épaules des
sacs d'or qu'ils répandaient à ses pieds [3].

« Croyez-vous, demandait-il aux ambassadeurs de Théodose II,
qu'il puisse exister une forteresse ou une ville, s'il me plaît de la faire
disparaître du sol [4] ? »

Après avoir tué son frère Bléda, il envoya deux Goths, l'un à Théodose, l'autre à Valentinien porter ce message : « Attila, mon maître et
le vôtre, vous ordonne de lui préparer un palais [5]. »

« L'herbe ne croît plus, disait encore cet exterminateur, partout
où le cheval d'Attila a passé. »

L'instinct d'une vie mystérieuse poursuivait jusque dans la mort ces
mandataires de la Providence. Alaric ne survécut que peu de temps à
son triomphe : les Goths détournèrent les eaux du Busentum, près
Cozence; ils creusèrent une fosse au milieu de son lit desséché; ils y
déposèrent le corps de leur chef avec une grande quantité d'argent et
d'étoffes précieuses; puis ils remirent le Busentum dans son lit, et un
courant rapide passa sur le tombeau d'un conquérant [6]. Les esclaves em-

---

tanti vulneris inveniret, sollicitus vestigia cruoris insequitur : tandemque venit ad gladium, quem
depascens herbas bucula incaute calcaverat, effossumque protinus ad Attilam defert. Quo ille mu-
nere gratulatus, ut erat magnanimus, arbitratur se totius mundi principem constitutum, et per Mar-
tis gladium potestatem sibi concessam esse bellorum. (PRISC., *ap. Jornand.*, cap. XXXV.)

[1] *Stella cadit ; tellus tremit; en ego malleus orbis.* Seque, juxta eremitæ dictum , *Flagellum
Dei* jussit appellari. (*Rerum Hungarum scriptores varii;* Francofurti, 1660.) — [2] Jam tum enim
cum irascebatur dicebat exercituum duces, suos esse servos : qui quidem Attilæ, non tamen impe-
ratoribus romanis, erant honore et dignitate pares. (*Ex Prisc. rhet. Gothic. hist. excerpt.*, p. 46.)
— [3] Cum autem in pictura vidisset Romanorum quidem reges, in aureis thronis sedentes, Scythas
vero cæsos et ante pedes ipsorum jacentes, pictorem accersitum jussit se pingere sedentem in solio :
Romanorum vero reges ferentes saccos in humeris, et ante ipsius pedes aurum effundentes. (SUID.,
in voc. Μεδιόλανον, p. 517.) — [4] Quæ enim urbs, quæ arx qua late patet Romanorum imperium,
salva et incolumis evadere potuit quam evertere aut diruere apud se constitutum habuerit. (*Excerpta
ex historia Gothica Prisci rhetoris de legationibus, in corpore historiæ Byzant.*, p. 43.) —
[5] Imperat tibi per me dominus meus et dominus tuus Attila, uti sibi palatium seu regiam Romæ
egregie adornes. (*Chronicon Alexandrinum*, p. 734.) — [6] Hujus ergo in medio alveo, collecto
captivorum agmine, sepulturæ locum effodiunt. In cujus fodiæ gremio Alaricum multis opibus

ployés à cet ouvrage furent égorgés, afin qu'aucun témoin ne pût dire où reposait celui qui avait pris Rome, comme si l'on eût craint que ses cendres ne fussent recherchées pour cette gloire ou pour ce crime.

Attila, expiré sur le sein d'une femme, est d'abord exposé dans son camp entre deux longs rangs de tentes de soie. Les Huns s'arrachent les cheveux et se découpent les joues pour pleurer Attila, non avec des larmes de femme, mais avec du sang d'homme[1]. Des cavaliers tournent autour du catafalque en chantant les louanges du héros. Cette cérémonie achevée, on dresse une table sur le tombeau préparé, et les assistants s'asseyent à un festin mêlé de joie et de douleur. Après le festin, le cadavre est confié à la terre dans le secret de la nuit; il était enfermé en un triple cercueil d'or, d'argent et de fer. On met avec le cercueil des armes enlevées aux ennemis, des carquois enrichis de pierreries, des ornements militaires et des drapeaux. Pour dérober à jamais aux hommes la connaissance de ces richesses, les ensevelisseurs sont jetés avec l'enseveli[2].

Au rapport de Priscus, la nuit même où le Tartare mourut, l'empereur Marcien vit en songe, à Constantinople, l'arc rompu d'Attila[3]. Ce même Attila, après sa défaite par Aétius, avait formé le projet de se brûler vivant sur un bûcher composé des selles et des harnais de ses chevaux, pour que personne ne pût se vanter d'avoir pris ou tué le maître de tant de victoires[4]; il eût disparu dans les flammes comme Alaric dans un torrent : images de la grandeur et des ruines dont ils avaient rempli leur vie et couvert la terre.

Les fils d'Attila, qui formaient à eux seuls un peuple[5], se divisèrent. Les nations que cet homme avait réunies sous son glaive se donnèrent rendez-vous dans la Pannonie, au bord du fleuve Netad, pour s'affran-

---

obruunt : rursusque aquas in suum alveum reducentes, ne a quoquam quandoque locus cognosceretur, fossores omnes interemerunt. (JORNAND., *de Reb. Get.*, cap. xxx.)

[1] Ut praeliator eximius non femineis lamentationibus et lacrymis, sed sanguine lugeretur virili. (JORNAND., cap. XLIX.) — [2] Nam de tota gente Hunnorum electissimi equites in eo loco quo erat positus; in modum circensium cursibus ambientes, facta ejus cantu-funereo tali ordine referebant. . . . . Postquam talibus lamentis est defletus, stravam super tumulum ejus, quam appellant ipsi, ingenti comessatione concelebrant, et contraria invicem sibi copulantes, luctum funereum mixto gaudio explicabant, noctuque secreto cadaver est terra reconditum. Cujus fercula primum auro, secundo argento, tertio ferri rigore communiunt. . . . . Addunt arma hostium caedibus acquisita, phaleras vario gemmarum fulgore pretiosas, et diversi generis insignia, quibus colitur aulicum decus. Et ut tot tantis divitiis humana curiositas arceretur, operi deputatos detestabili mercede trucidarunt, emersitque momentanea mors sepelientibus cum sepulto. (*Id., ibid.*) — [3] Arcum Attilae in eadem nocte fractum ostenderet. (PRISC., *in Jornand.*, cap. XL.) — [4] Equinis sellis construxisse pyram, seseque, si adversarii irrumperent, flammis injicere voluisse; ne aut aliquis ejus vulnere laetaretur, aut in potestatem hostium tantorum gentium dominus perveniret. . . . . Multarum victoriarum dominus. (JORNAND., *de Reb. Get.*, cap. XL-XLIII.) — [5] Filii Attilae, quorum per licentiam libidinis pene populus fuit. (*Id.*, cap. L.)

chir et se déchirer. Une multitude de soldats sans chef [1], le Goth frappant de l'épée, le Gépide balançant le javelot, le Hun jetant la flèche,
le Suève à pied, l'Alain et l'Hérule, l'un pesamment, l'autre légèrement
armés [2], se massacrèrent à l'envi : trente mille Huns restèrent sur la
place, sans compter leurs alliés et leurs ennemis. Ellac, fils chéri d'Attila, fut tué de la main d'Aric, chef des Gépides. L'héritage du monde
qu'avait laissé le roi des Huns n'avait rien de réel; ce n'était qu'une
sorte de fiction ou d'enchantement produit par son épée : le talisman
de la gloire brisé, tout s'évanouit. Les peuples passèrent avec le tourbillon qui les avait apportés. Le règne d'Attila ne fut qu'une invasion.

L'imagination populaire, fortement ébranlée par des scènes répétées
de carnage, avait inventé une histoire qui semble être l'allégorie de
toutes ces fureurs et de toutes ces exterminations. Dans un fragment
de Damascius, on lit qu'Attila livra une bataille aux Romains, aux
portes de Rome : tout périt des deux côtés, excepté les généraux et
quelques soldats. Quand les corps furent tombés, les âmes restèrent
debout, et continuèrent l'action pendant trois jours et trois nuits : ces
guerriers ne combattirent pas avec moins d'ardeur morts que vivants [3].

Mais, si d'un côté les Barbares étaient poussés à détruire, d'un autre
ils étaient retenus : le monde ancien, qui touchait à sa perte, ne devait
pas entièrement disparaître dans la partie où commençait la société
nouvelle. Quand Alaric eut pris la ville éternelle, il assigna l'église de
Saint-Paul et celle de Saint-Pierre pour retraite à ceux qui s'y voudraient renfermer. Sur quoi saint Augustin fait cette belle remarque :
Que si le fondateur de Rome avait ouvert dans sa ville naissante un
asile, le Christ y en établit un autre plus glorieux que celui de Romulus [4].

Dans les horreurs d'une cité mise à sac, dans une capitale tombée
pour la première fois et pour jamais du rang de dominatrice et de maîtresse de la terre, on vit des soldats (et quels soldats!) protéger la

[1] Committitur iu Pannonia juxta flumen cui nomen est *Netad*. Illic concursus factus est gentium
variarum, quas in sua Attila tenuerat ditione. Dividuntur regna cum populis, fiuntque ex uno corpore membra diversa, nec quæ unius passioni compaterentur, sed quæ exciso capite invicem insa-
nirent : quæ nunquam contra se pares invenerant, nisi ipsi mutuis se vulneribus sauciantes, se ipsos
discerperent fortissimæ nationes. (Jornand., cap. L.) — [2] Pugnantem Gothum ense furentem, Ge-
pidam in vulnere suorum cuncta tela frangentem, Suevum pede, Hunnum sagitta præsumere,
Alanum gravi, Herulum levi armatura aciem instruere. (*Id.*, *ibid.*) — [3] Commissa pugna contra
Scythas ante conspectum urbis Romæ, tanta utrinque facta est cædes, ut nemo pugnantium ab
utraque parte servaretur, præter quam duces paucique satellites eorum : cum cecidisset pugnantes,
corpore defatigati, animo adhuc erecti, pugnabant tres integras noctes et dies, nihil viventibus
pugnando inferiores, neque manibus neque animo. (Phot., *Bibl.*, pag. 1039.) — [4] Romulus et
Remus asylum constituisse perhibentur quærentes creandæ multitudinem civitatis ; mirandum in
honorem Christi præcessit exemplum. Hoc constituerunt eversores urbis quod instituerant antea
conditores. (Aug., *Civ.*, lib. 1, cap. xxxiv, pag. 22; Basileæ.)

translation des trésors de l'autel. Les vases sacrés étaient portés un à
un et à découvert; des deux côtés marchaient des Goths l'épée à la
main; les Romains et les Barbares chantaient ensemble des hymnes à
la louange du Christ[1].

Ce qui fut épargné par Alaric n'aurait point échappé à la main d'Attila : il marchait à Rome; saint Léon vient au-devant de lui; le fléau
de Dieu est arrêté par le prêtre de Dieu[2], et le prodige des arts a fait
vivre le miracle de l'histoire dans le nouveau Capitole, qui tombe à
son tour.

Devenus chrétiens, les Barbares mêlaient à leur rudesse les austérités de l'anachorète : Théodoric, avant d'attaquer le camp de Litorius,
passa la nuit vêtu d'une haire[3], et ne la quitta que pour reprendre le
sayon de peau.

Si les Romains l'emportaient sur leurs vainqueurs par la civilisation,
ceux-ci leur étaient supérieurs en vertus. « Lorsque nous voulons insulter un ennemi, dit Luitprand, nous l'appelons *Romain :* ce nom signifie bassesse, lâcheté, avarice, débauche, mensonge; il renferme
seul tous les vices[4]. » Les Barbares rejetaient l'étude des lettres, disant : « L'enfant qui tremble sous la verge ne pourra regarder une épée
sans trembler[5]. » Dans la loi salique le meurtre d'un Frank est estimé
deux cents sous d'or; celui d'un Romain propriétaire, cent sous, la
moitié d'un homme[6].

Dignités, âge, profession, religion, n'arrêtèrent point les fureurs de
la débauche, au milieu des provinces en flamme; on ne se pouvait arracher aux jeux du cirque et du théâtre : Rome est saccagée, et les
Romains fugitifs viennent étaler leur dépravation aux yeux de Carthage
encore romaine pour quelques jours[7]. Quatre fois Trèves est envahie,

<hr/>

[1] Super capita elata palam, aurea atque argentea vasa portantur, exsertis undique ad defensio-
nem gladiis pia pompa munitur. Hymnis Deo, Romanis Barbarisque concinentibus, canitur. Perso-
nat late in excidio urbis salutis tuba.... (Oros., *Historiar.*, lib. vii, cap. xxxix, pag. 574; Lugduni
Batavorum, 1767.) — [2] Occurrente sibi (Attila) extra portas sancto Leone episcopo, cujus suppli-
catio ita eum Deo agente lenivit, ut cum omnia in potestate ipsius essent, tradita sibi civitate, ab
igne tamen et cæde atque suppliciis abstineret. (Prosp. *Chronic.*) — [3] Indutus cilicio pernoctavit.
(Salvian., *de Gubern. Dei*, p. 165.) — [4] Vocamus Romanum, hoc solo, id est quidquid luxuriæ,
quidquid mendacii, imo quidquid vitiorum est comprehendentes. (Luitprand. *legat. apud. Mu-
rat.*, *Scriptor. Ital.*, vol. ii, part. i, pag. 481.) — [5] Eos nunquam hastam aut gladium despec-
turos mente intrepida, si scuticam tremuissent. (Procop., *de Bell. Gothico*, lib. i, p. 342.) —
[6] Si quis ingenuus Francum, aut hominem barbarum, occiderit, qui lege salica vivit, viii denariis,
qui faciunt solidos cc, culpabilis judicetur. (Tit. xliii, art. i) Si romanus homo possessor occisus
fuerit, iv denariis, qui faciunt solidos c, culpabilis judicetur. (Tit. xliii, art. vii.) — [7] Quæ (pestilentia dæmonum) animos miserorum adeo obcæcavit tenebris, tanta deformitate fœdavit ut etiam
modo, romana urbe vastata fugientes, Carthaginem venire potuerunt, in theatris quotidie certatim
pro histrionibus delirarent. . . . .
Vos nec contriti ab hoste luxuriam repressistis : perdidistis utilitatem calamitatis et miserrimi facti
estis, et pessimi permansistis. (Aug., *de Civ. Dei*, lib. i, cap. xxxii.)

et le reste de ses citoyens s'assied, au milieu du sang et des ruines, sur les gradins déserts de son amphithéâtre.

« Fugitifs de la ville de Trèves, s'écrie Salvien, vous vous adressez aux empereurs afin d'obtenir la permission de rouvrir le théâtre et le cirque : mais où est la ville, où est le peuple pour qui vous présentez cette requête[1] ? »

Cologne succombe au moment d'une orgie générale ; les principaux citoyens n'étaient pas en état de sortir de table, lorsque l'ennemi, maître des remparts, se précipitait dans la ville[2].

Presque toutes les maisons de Carthage étaient des maisons de prostitution : des hommes erraient dans les rues, couronnés de fleurs, répandant au loin l'odeur des parfums, habillés comme des femmes, la tête voilée comme elles, et vendant aux passants leurs abominables faveurs[3].

Genséric arrive : au dehors le fracas des armes, au dedans le bruit des jeux ; la voix des mourants, la voix d'une populace ivre, se confondent ; à peine le cri des victimes de la guerre se peut-il distinguer des acclamations de la foule au cirque[4].

Souvenez-vous, pour ne pas perdre de vue le train du monde, qu'à cette époque Rutilius mettait en vers son voyage de Rome en Étrurie, comme Horace, aux beaux jours d'Auguste, son voyage de Rome à Brindes ; que Sidoine Apollinaire chantait ses délicieux jardins, dans l'Auvergne envahie par les Visigoths ; que les disciples d'Hypatia ne respiraient que pour elle, dans les douces relations de la science et de l'amour ; que Damascius, à Athènes, attachait plus d'importance à quelque rêverie philosophique qu'au bouleversement de la terre ; qu'Orose et saint Augustin étaient plus occupés du schisme de Pélage que de la désolation de l'Afrique et des Gaules ; que les eunuques du palais se disputaient des places qu'ils ne devaient posséder qu'une heure ; qu'enfin il y avait des historiens qui fouillaient comme moi les archives du passé au milieu des ruines du présent, qui écrivaient les annales des anciennes révolutions au bruit des révolutions nouvelles ; eux

---

[1] Theatra igitur quæritis, circum a principibus postulatis : quæso cui statui, cui populo, cui civitati? (SALVIAN., de Gubern. Dei, lib. VI, p. 217.) — [2] Ad gressum nutabundi (p. 213). Barbaris pene in conspectu omnium sitis, nullus metus erat hominum, non custodia civitatum. (Id., ibid., p. 214.) — [3] Adeo omnia pene compita, omnes vias, quasi foveæ libidinum.... Fœtebant, ut ita dixerim, cuncti urbis illius cives cœno libidinis spurcum sibimetipsis mutuo impudiciiæ nidorem inhalantes (p. 260). Indicia sibi quædam monstruosæ impuritatis innectebant ut femineis tegminum illigamentis capita velarent atque publice in civitate (pag. 266). Latrono quodam modo excubias videret (pag. 269). (Id., ibid., lib. VII.) — [4] Fragor, ut ita dixerim, extra muros et intra muros, præliorum et ludicrorum confundebantur : vox morientium voxque bacchantium : ac vix discerni forsitan poterat plebis ejulatio quæ cadebat in bello, et sonus populi qui clamabat in circo. (Id., ibid., lib. VI, pag. 210.)

et moi prenant pour table, dans l'édifice croulant, la pierre tombée à nos pieds, en attendant celle qui devait écraser nos têtes.

On ne se peut faire aujourd'hui qu'une faible idée du spectacle que présentait le monde romain après les incursions des Barbares : le tiers (peut-être la moitié) de la population de l'Europe et d'une partie de l'Afrique et de l'Asie fut moissonné par la guerre, la peste et la famine.

La réunion de tribus germaniques, pendant le règne de Marc-Aurèle, laissa sur les bords du Danube des traces bientôt effacées; mais lorsque les Goths parurent au temps de Philippe et de Dèce, la désolation s'étendit et dura. Valérien et Gallien occupaient la pourpre quand les Franks et les Allamans ravagèrent les Gaules et passèrent jusqu'en Espagne.

Dans leur première expédition navale, les Goths saccagèrent le Pont; dans la seconde, ils retombèrent sur l'Asie Mineure; dans la troisième, la Grèce fut mise en cendres. Ces invasions amenèrent une famine et une peste qui dura quinze ans; cette peste parcourut toutes les provinces et toutes les villes : cinq mille personnes mouraient dans un seul jour[1]. On reconnut, par le registre des citoyens qui recevaient une rétribution de blé à Alexandrie, que cette cité avait perdu la moitié de ses habitants[2].

Une invasion de trois cent vingt mille Goths, sous le règne de Claude, couvrit la Grèce; en Italie, du temps de Probus, d'autres Barbares multiplièrent les mêmes malheurs. Quand Julien passa en Gaule, quarante-cinq cités venaient d'être détruites par les Allamans : les habitants avaient abandonné les villes ouvertes, et ne cultivaient plus que les terres encloses dans les murs des villes fortifiées. L'an 412, les Barbares parcoururent les dix-sept provinces des Gaules, chassant devant eux, comme un troupeau, sénateurs et matrones, maîtres et esclaves, hommes et femmes, filles et garçons. Un captif qui cheminait à pied au milieu des chariots et des armes n'avait d'autre consolation que d'être auprès de son évêque, comme lui prisonnier : poëte et chrétien, ce captif prenait pour sujet de ses chants les malheurs dont il était témoin et victime. « Quand l'Océan aurait inondé les Gaules, il n'y aurait point fait de si horribles dégâts que cette guerre. Si l'on nous a pris nos bestiaux, nos fruits et nos grains; si l'on a détruit nos vignes et nos oliviers; si nos maisons à la campagne ont été ruinées par le

---

[1] Nam et pestilentia tanta existebat vel Romæ, vel in Achaïcis urbibus, ut uno die quinque millia hominum pari morbo perirent. (*Hist. Aug.*, pag. 177.) — [2] Quærunt etiam quamobrem civitas ista maxima, non amplius tantam habitatorum multitudinem ferat, quantam senum.... quorum nomina in tabulas publicas pro divisione frumenti factitatas. (EUSEB., *Hist. eccl.*, lib. VII, cap. XXI.)

feu ou par l'eau; et si, ce qui est encore plus triste à voir, le peu qui
en reste demeure désert et abandonné, tout cela n'est que la moindre
partie de nos maux. Mais, hélas! depuis dix ans, les Goths et les Vandales font de nous une horrible boucherie. Les châteaux bâtis sur les
rochers, les bourgades situées sur les plus hautes montagnes, les villes
environnées de rivières, n'ont pu garantir les habitants de la fureur de
ces barbares, et l'on a été partout exposé aux dernières extrémités. Si
je ne puis me plaindre du carnage que l'on a fait sans discernement,
soit de tant de peuples, soit de tant de personnes considérables par leur
rang, qui peuvent n'avoir reçu que la juste punition des crimes qu'ils
avaient commis, ne puis-je au moins demander ce qu'ont fait tant
de jeunes enfants enveloppés dans le même carnage, eux dont l'âge
était incapable de pécher? Pourquoi Dieu a-t-il laissé consumer ses
temples [1] ? »

L'invasion d'Attila couronna ces destructions; il n'y eut que deux
villes de sauvées au nord de la Loire, Troyes et Paris. A Metz, les Huns
égorgèrent tout, jusqu'aux enfants que l'évêque s'était hâté de bap-
tiser; la ville fut livrée aux flammes : longtemps après on ne recon-
naissait la place où elle avait été, qu'à un oratoire échappé seul à l'incendie [2]. Salvien avait vu des cités remplies de corps morts; des chiens
et des oiseaux de proie, gorgés de la viande infecte des cadavres,
étaient les seuls êtres vivants dans ces charniers [3].

Les Thuringes qui servaient dans l'armée d'Attila exercèrent, en se
retirant à travers le pays des Franks, des cruautés inouïes que Théodoric, fils de Khlovigh, rappelait quatre-vingts ans après pour exciter
les Franks à la vengeance. « Se ruant sur nos pères, ils leur ravirent
tout. Ils suspendirent leurs enfants aux arbres par le nerf de la cuisse.
Ils firent mourir plus de deux cents jeunes filles d'une mort cruelle :
les unes furent attachées par les bras au cou des chevaux qui, pressés
d'un aiguillon acéré, les mirent en pièces; les autres furent étendues
sur les ornières des chemins, et clouées en terre avec des pieux : des
charrettes chargées passèrent sur elles; leurs os furent brisés, et on les
donna en pâture aux corbeaux et aux chiens [4]. »

---

[1]   Si totus Gallos sese effudisset in agros
          Oceanus, vastis plus superesset aquis, etc.
                    (*De Provid. div.*, trad. de TILLEMONT, *Hist. des emp.*)

[2] Nec remansit in ea locus inustus, præter oratorium beati Stephani, primi martyris ac levitæ.
(GREG. TUR., lib. II, cap. VI.) — [3] Jacebant si quidem passim, quod ipse vidi atque sustinui, utrius-
que sexus cadavera nuda, lacerata, urbis oculos incestantia, avibus canibusque laniata. (SALV., *de
Gubern. Dei.*, lib. VI, p. 246.) — [4] Irruentes super parentes nostros omnem substantiam abstule-
runt, pueros per nervum femoris ad arbores appendentes, puellas amplius ducentas crudeli nece in-
terfecerunt: ita ut ligatis brachiis super equorum cervicibus, ipsique acerrimo moti stimulo per

Les plus anciennes chartes de concessions de terrains à des monastères déclarent que ces terrains sont soustraits des forêts [1], qu'ils sont déserts, *eremi,* ou plus énergiquement, qu'ils sont pris du désert [2], *ab eremo.* Les canons du concile d'Angers (4 octobre 453) ordonnent aux clercs de se munir de lettres épiscopales pour voyager; ils leur défendent de porter des armes; ils leur interdisent les violences et les mutilations, et excommunient quiconque aurait livré des villes : ces prohibitions témoignent des désordres et des malheurs de la Gaule.

Le titre quarante-septième de la loi salique : *De celui qui s'est établi dans une propriété qui ne lui appartient point, et de celui qui la tient depuis douze mois,* montre l'incertitude de la propriété et le grand nombre de propriétés sans maîtres. « Quiconque aura été s'établir dans une propriété étrangère, et y sera demeuré douze mois sans contestation légale, y pourra demeurer en sûreté comme les autres habitants [3]. »

Si sortant des Gaules vous vous portez dans l'est de l'Europe, un spectacle non moins triste frappera vos yeux. Après la défaite de Valens, rien ne resta dans les contrées qui s'étendent des murs de Constantinople au pied des Alpes Juliennes; les deux Thraces offraient au loin une solitude verte, bigarrée d'ossements blanchis. L'an 448, des ambassadeurs romains furent envoyés à Attila : treize jours de marche les conduisirent à Sardique incendiée, et de Sardique à Naïsse : la ville natale de Constantin n'était plus qu'un monceau informe de pierres; quelques malades languissaient dans les décombres des églises, et la campagne alentour était jonchée de squelettes [4]. « Les cités furent dévastées, les hommes égorgés, dit saint Jérôme; les quadrupèdes, les oiseaux et les poissons même disparurent; le sol se couvrit de ronces et d'épaisses forêts [5]. »

L'Espagne eut sa part de ces calamités. Du temps d'Orose, Taragone et Lérida étaient dans l'état de désolation où les avaient laissées les Suèves et les Franks; on apercevait quelques huttes plantées dans l'en-

diversa petentes, diversas in partes feminas diviserunt. Aliis vero super orbitas viarum extensis, sudibusque in terram confixis, plaustra desuper onerata transire fecerunt, confractisque ossibus, canibus, avibusque eas in cibaria dederunt. (Greg. Tur., lib. iii, cap. vii.)

[1] *Act. S. Sever.* — [2] *S. Bernard. Vit.* — [3] Si autem quis migraverit in villam alienam, et ei aliquid infra duodecim menses secundum legem contestatum non fuerit, securus ibidem consistat sicut et alii vicini. (Art. iv.) — [4] Venimus Naïssum quæ ab hostibus fuerat eversa et solo æquata; itaque eam desertam hominibus ostendimus, præter quam quod in ruinis sacrarum ædium erant quidam ægroti. Omnia enim circa ripam erant plena ossibus eorum qui bello ceciderant. (*Excerpta e legationibus ex Hist. Goth. Prisci rhetoris, in corp. Byz. Histor.,* pag. 59; Parisiis, e typographia regia, 1660.) — [5] Vastatis urbibus, hominibusque interfectis, solitudinem et raritatem bestiarum quoque fieri, et volatilium pisciumque. . . . crescentes vepres et condensa sylvarum cuncta perierunt. (Hier., *ad Sophon.*)

ceinte des métropoles renversées. Les Vandales et les Goths glanèrent
ces ruines; la famine et la peste achevèrent la destruction. Dans les
campagnes, les bêtes, alléchées par les cadavres gisants, se ruaient sur
les hommes qui respiraient encore; dans les villes, les populations en-
tassées, après s'être nourries d'excréments, se dévoraient entre elles;
une femme avait quatre enfants : elle les tua et les mangea tous [1].

Les Pictes, les Calédoniens, ensuite les Anglo-Saxons exterminèrent
les Bretons, sauf les familles qui se réfugièrent dans le pays de Galles
ou dans l'Armorique. Les insulaires adressèrent à Aétius une lettre ainsi
suscrite : « *Le gémissement de la Bretagne à Aétius, trois fois consul.* »
Ils disaient : « Les Barbares nous chassent vers la mer, et la mer nous
repousse vers les Barbares ; il ne nous reste que le genre de mort à
choisir, le glaive ou les flots [2]. »

Gildas achève le tableau : « D'une mer à l'autre, la main sacrilége
des Barbares venus de l'Orient promena l'incendie : ce ne fut qu'après
avoir brûlé les villes et les champs sur presque toute la surface de l'île,
et l'avoir balayée comme d'une langue rouge, jusqu'à l'Océan occi-
dental, que la flamme s'arrêta. Toutes les colonnes croulèrent au choc
du bélier ; tous les habitants des campagnes, avec les gardiens des
temples, les prêtres et le peuple, périrent par le fer ou par le feu.
Une tour vénérable à voir s'élève au milieu des places publiques ; elle
tombe : les fragments de murs, les pierres, les sacrés autels, les tron-
çons de cadavres pétris et mêlés avec du sang, ressemblaient à du
marc écrasé sous un horrible pressoir.

« Quelques malheureux échappés à ces désastres étaient atteints et
égorgés dans les montagnes ; d'autres, poussés par la faim, revenaient
et se livraient à l'ennemi pour subir une éternelle servitude, ce qui passait pour une grâce signalée ; d'autres gagnaient les contrées d'outre-
mer, et, pendant la traversée, chantaient avec de grands gémissements, sous les voiles : *Tu nous as, ô Dieu! livrés comme des brebis
pour un festin ; tu nous as dispersés parmi les nations* [3]. »

---

[1] Fames dira grassatur, adeo ut humanæ carnes ab humano genere vi famis fuerint devoratæ,
matres quoque necatis vel coctis per se natorum suorum sint pastæ corporibus. Bestiæ occisorum
gladio, fame, pestilentia, cadaveribus adsuetæ, quousque hominum fortiores interimunt. (Idatii
episcop. *Chronicon.*, pag. 11; Lutetiæ Parisiorum, 1619.) — [2] « *Aetio ter consuli gemitus Bri-
tannorum.* » Et in processu epistolæ ita calamitates suas explicant : Repellunt Barbari ad mare,
mare ad Barbaros. Inter hæc oriuntur duo genera funerum, aut jugulamur aut mergimur. (Bedæ
presbyt., *Hist. eccl. gentis Anglorum*, cap. xiii; Coloniæ, anno 1612.) — [3] De mari usque ad mare,
ignis orientali sacrilegorum manu exageratus, et finitimas quasque civitates agrosque populans,
qui non quievit accensus donec cunctam pene exurens insulæ superficiem rubra occidentalem
trucique Oceanum lingua delamberet. Ita ut cunctæ columnæ crebro impetu, crebris arietibus,
omnesque coloni cum præpositis ecclesiæ, cum sacerdotibus ac populo, mucronibus undique mican-
tibus, ac flammis crepitantibus, simul solo sternerentur; et venerabili visu, in medio platearum

La misère de la Grande-Bretagne est peinte tout entière dans une des lois galliques ; cette loi déclare qu'aucune compensation ne sera reçue pour le larcin du lait d'une jument, d'une chienne ou d'une chatte [1].

L'Afrique dans ses terres fécondes fut écorchée par les Vandales, comme elle l'est dans ses sables stériles par le soleil [2]. « Cette dévastation, dit Posidonius, témoin oculaire, rendit très-amer à saint Augustin le dernier temps de sa vie ; il voyait les villes ruinées, et à la campagne les bâtiments abattus, les habitants tués ou mis en fuite, les églises dénuées de prêtres, les vierges et les religieux dispersés. Les uns avaient succombé aux tourments, les autres péri par le glaive ; les autres, encore réduits en captivité, ayant perdu l'intégrité du corps, de l'esprit et de la foi, servaient des ennemis durs et brutaux..... Ceux qui s'enfuyaient dans les bois, dans les cavernes et les rochers, ou dans les forteresses, étaient pris et tués, ou mouraient de faim. De ce grand nombre d'églises d'Afrique, à peine en restait-il trois, Carthage, Hippone et Cirthe, qui ne fussent pas ruinées, et dont les villes subsistassent [3]. »

Les Vandales arrachèrent les vignes, les arbres à fruit, et particulièrement les oliviers, pour que l'habitant retiré dans les montagnes ne pût trouver de nourriture [4]. Ils rasèrent les édifices publics échappés aux flammes : dans quelques cités, il ne resta pas un seul homme vivant. Inventeurs d'un nouveau moyen de prendre les villes fortifiées, ils égorgeaient les prisonniers autour des remparts ; l'infection de ces voiries sous un soleil brûlant se répandait dans l'air, et les Barbares laissaient au vent le soin de porter la mort dans des murs qu'ils n'avaient pu franchir [5].

Enfin l'Italie vit tour à tour rouler sur elle les torrents des Allamans, des Goths, des Huns et des Lombards ; c'était comme si les fleuves

---

una turrium, edito carmine evulsarum, murorumque celsorum, saxa, sacra altaria, cadaverum frusta, crustis ac gelantibus purpurei cruoris tecta velut in quodam horrendo torculari mixta viderentur. Itaque nonnulli miserarum reliquiarum in montibus deprehensi acervatim jugulabantur ; alii, fame confecti accedentes, manus hostibus dabant in ævum servituri. . . . . quod altissimæ gratiæ stabat in loco. Alii transmarinas petebant regiones cum ululatu magno, hoc modo sub velarum sinibus cantantes : *Dedisti nos tanquam oves escarum, et in gentibus dispersisti nos Deus.* (*Histor. Gildæ, liber querulus de excidio Britanniæ,* p. 8 ; *in Hist. Brit. et Angl. script.,* tom. II.)

[1] *Leges Wallicæ,* lib. III, cap. III, pag. 207-260. — [2] BUFFON, *Hist. natur.* — [3] Traduct. de Fleury, *Hist. ecclés.* — [4] Sed nec arbustis fructiferis parcebant ne forte quos antra montium occultaverant, post eorum transitum, illis pabulis nutrirentur ; ab eorum contagione nullus remansit locus immunis. (VICTOR, *Vitensis episc.,* lib I, *de Persecutione africana,* pag. 2 ; Divione, 1664.) — [5] Ubi vero munitiones aliquæ videbantur, quas hostilitas barbarici furoris oppugnare nequiret, congregatis in circuitu castrorum innumerabilibus turbis, gladiis feralibus cruciabant, ut putrefactis cadaveribus, quos adire non poterant arcente murorum defensione, corporum liquescentium enecarent fœtore. (*Id., ibid,* pag. 3.)

qui descendent des Alpes, et se dirigent vers les mers opposées, avaient soudain, détournant leur cours, fondu à flots communs sur l'Italie. Rome, quatre fois assiégée et prise deux fois, subit les maux qu'elle avait infligés à la terre. « Les femmes, selon saint Jérôme, ne pardonnèrent pas même aux enfants qui pendaient à leurs mamelles, et firent rentrer dans leur sein le fruit qui ne venait que d'en sortir [1]. Rome devint le tombeau des peuples dont elle avait été la mère.... La lumière des nations fut éteinte ; en coupant la tête de l'empire romain, on abattit celle du monde [2]. » — « D'horribles nouvelles se sont répandues, s'écriait saint Augustin du haut de la chaire, en parlant du sac de Rome : carnage, incendie, rapine, extermination ! Nous gémissons, nous pleurons, et nous ne sommes point consolés [3]. »

On fit des règlements pour soulager du tribut les provinces de la Péninsule, notamment la Campanie, la Toscane, le Picenum, le Samnium, l'Apulie, la Calabre, le Brutium et la Lucanie ; on donna aux étrangers qui consentaient à les cultiver les terres restées en friche [4]. Majorien [5] et Théodoric s'occupèrent de réparer les édifices de Rome, dont pas un seul n'était resté entier, si nous en croyons Procope [6]. La ruine alla toujours croissant avec les nouveaux temps, les nouveaux siéges, le fanatisme des chrétiens et les guerres intestines : Rome vit renaître ses conflits avec Albe et Tibur ; elle se battait à ses portes ; les espaces vides que renfermait son enceinte devinrent le champ de ces batailles qu'elle livrait autrefois aux extrémités de la terre. Sa population tomba de trois millions d'habitants au-dessous de quatre-vingt mille [7]. Vers le commencement du huitième siècle, des forêts et des marais couvraient l'Italie ; les loups et d'autres animaux sauvages hantaient ces amphithéâtres qui furent bâtis pour eux ; mais il n'y avait plus d'hommes à dévorer.

[1] Ad. . . . .; dum mater non parcit lactenti infantiæ, et suo recipit utero quem paulo ante effuderat. (HIERON., *ep.* XVI, pag. 121. *Epistolæ tribus prioribus contentæ in eodem volumine*, tom. II, pag. 486 ; Parisiis, 1579.) — [2] Quis credat ut totius orbis exstructa victoriis Roma corrueret, ut ipsa suis populis et mater fieret et sepulchrum. . . . . Postquam vero clarissimum terrarum omnium lumen extinctum est, imo romani imperii truncatum caput, et, ut verius dicam, in una urbe totus orbis interiret. . . . . obmutui. (*Id., in Ezech.*) — [3] Horrenda nobis nuntiata sunt : strages facta, incendia, rapinæ, interfectiones, excruciationes hominum.... Omnia gemuimus, sæpe flevimus, vix consolati sumus. (AUG., *de Urb. excidio*, tom. VI, pag. 624.) — [4] *Cod. Theodos.*, lib. XI, XIII, XV. — [5] Antiquarum ædium dissipatur speciosa constructio, et, ut aliquid reparetur, magna diruuntur, etc. (NOV. MAJORIAN., tit. VI, pag. 35.) — [6] . . . . Omnique direpta, magna Romanorum cæde edita, pergunt alio. (PROCOP., *Hist. Vand.*) La Chronique de Marcellin ajoute : *Partem urbis Romæ cremavit* ; et Philostorge va bien au delà. — [7] Brottier et Gibbon ne portent cette population qu'à douze cent mille, évaluation visiblement trop faible, comme celle de Juste-Lipse et de Vossius est trop forte ; il s'agirait, d'après ces derniers auteurs, de quatre, de huit et de quatorze millions. Un critique moderne italien a rassemblé avec beaucoup de sagacité les divers recensements de l'ancienne Rome.

Les dépouilles de l'Empire passèrent aux Barbares ; les chariots des Goths et des Huns, les barques des Saxons et des Vandales, étaient chargés de tout ce que les arts de la Grèce et le luxe de Rome avaient accumulé pendant tant de siècles ; on déménageait le monde comme une maison que l'on quitte. Genséric ordonna aux citoyens de Carthage de lui livrer, sous peine de mort, les richesses dont ils étaient en possession : il partagea les terres de la province proconsulaire entre ses compagnons ; il garda pour lui-même le territoire de Byzance, et des terres fertiles en Numidie et en Gétulie [1]. Ce même prince dépouilla Rome et le Capitole, dans la guerre que Sidoine appelle la quatrième guerre Punique [2] : il composa d'une masse de cuivre, d'airain, d'or et d'argent, une somme qui s'élevait à plusieurs millions de talents [3].

Le trésor des Goths était célèbre : il consistait dans les cent bassins remplis d'or, de perles et de diamants offerts par Ataulphe à Placidie ; dans soixante calices, quinze patènes et vingt coffres précieux pour renfermer l'Évangile [4]. Le *Missorium*, partie de ces richesses, était un plat d'or de cinq cents livres de poids, élégamment ciselé. Un roi goth, Sisenand, l'engagea à Dagobert pour un secours de troupes ; le Goth le fit voler sur la route, puis il apaisa le Frank par une somme de deux cent mille sous d'or, prix jugé fort inférieur à la valeur du plat [5]. Mais la plus grande merveille de ce trésor était une table formée d'une seule émeraude : trois rangs de perles l'entouraient ; elle se soutenait sur soixante-cinq pieds d'or massif incrustés de pierreries ; on l'estimait cinq cent mille pièces d'or ; elle passa des Visigoths aux Arabes [6] : conquête digne de leur imagination.

L'histoire, en nous faisant la peinture générale des désastres de l'espèce humaine à cette époque, a laissé dans l'oubli les calamités particulières, insuffisante qu'elle était à redire tant de malheurs. Nous apprenons seulement par les apôtres chrétiens quelque chose des larmes qu'ils essuyaient en secret. La société, bouleversée dans ses fondements, ôta

---

[1] PROCOP., *de Bell. Vand.*, lib. I, cap. V; VICTOR. VITENS., *de Persecut. Vandal.*, lib. I, cap. IV. — [2] SID. APOLL., *Paneg. Avit.* — [3] Ne æs quidem, aut quicquam aliud unde pretium fieri posset in palatio reliquerat. Diripuerat et Capitolium, Jovis templum, tegularumque partem abstulerat alteram, quæ ex ære purissimo factæ, auroque largiter oblitæ, magnificam plane mirandamque speciem præbebant. (PROCOP., *Hist. Vand.*, l. I.) — [4] Nam sexaginta calices, quindecim patenas, viginti Evangeliorum capsas detulit, omnia ex auro puro, ac gemmis pretiosis ornata. Sed non est passus ea confringi. (GREG. TURON., lib. III, cap. X.) *Les Gestes des Franks*, p. 557, répètent le même fait — [5] In hujus beneficii repensionem Missorium aureum nobilissimum ex thesauris Gothorum....Dagoberto dare promisit, pensantem auri pondus quingentos..... Quumque a Sisenando rege Missorius ille legatariis fuisset traditus, a Gothis per vim tollitur, nec eum exinde exhibere permiserunt. Postea discurrentibus legatis ducenta millia solidorum Missorii hujus pretii Dagobertus a Sisenando accipiens, ipsumque pensavit. (FREDEG., *Chron.*, cap. LXXIII.) Le troisième fragment de Frédégaire et les *Gestes* de Dagobert, chapitre XXIX, redisent cette anecdote. — [6] *Histoire de l'Afrique et de l'Espagne sous la domination des Arabes*, par M. Cardonne.

même à la chaumière l'inviolabilité de son indigence; elle ne fut pas plus à l'abri que le palais : à cette époque, chaque tombeau renferma un misérable.

Le concile de Brague, en Lusitanie, souscrit par dix évêques, donne une idée naïve de ce que l'on faisait et de ce que l'on souffrait pendant les invasions. L'évêque Pancratien prit la parole : « Vous voyez, mes frères, dit-il, comme l'Espagne est ravagée par les Barbares. Ils ruinent les églises, tuent les serviteurs de Dieu, profanent la mémoire des saints, leurs os, leurs sépulcres, les cimetières. . . . . Mettez devant les yeux de votre troupeau l'exemple de notre constance, en souffrant pour Jésus-Christ quelque partie des tourments qu'il a soufferts pour nous [1] . . . . » Alors Pancratien fit la profession de foi de l'Église catholique, et à chaque article, les évêques répondaient : *Nous le croyons* [2]. « Ainsi, que ferons-nous maintenant des reliques des saints ? » dit Pancratien. Clipand de Coïmbre dit : « Que chacun fasse selon l'occasion ; les Barbares sont chez nous et pressent Lisbonne ; ils tiennent Mérida et Astracan ; au premier jour ils viendront sur nous ; que chacun s'en aille chez soi, qu'il console les fidèles ; qu'il cache doucement les corps des saints, et nous envoie la relation des lieux ou des cavernes où on les aura mis, de peur qu'il ne les oublie avec le temps. » Pancratien dit : « Allez en paix. Notre frère Pontamius demeurera seulement, à cause de la destruction de son église d'Éminie, que les Barbares ravagent. » Pontamius dit : « Que j'aille aussi consoler mon troupeau et souffrir avec lui pour Jésus-Christ. Je n'ai pas reçu la charge d'évêque pour être dans la prospérité, mais dans le travail. » Pancratien dit : « C'est très-bien dit. Dieu vous conserve ! » Tous les évêques dirent : « Dieu vous conserve ! » Tous ensemble : « Allons en paix à Jésus-Christ [3] ! »

Lorsque Attila parut dans les Gaules, la terreur se répandit devant lui : Geneviève de Nanterre rassura les habitants de Paris ; elle exhortait les femmes à prier réunies dans le Baptistère, et leur promettait le salut de la ville : les hommes qui ne croyaient point aux prophéties

[1] Notum vobis est, et fratres socii mei, quomodo barbaræ gentes devastant universam Hispaniam : templa evertunt, servos Christi occidunt in ore gladii, et memorias sanctorum, ossa, sepulchra, cœmeteria profanant. (*Lab., Concil.*, pag. 1508.) — [2] Similiter et nos credimus. (*Id., ibid.*) — [3] *Pancratianus dixit* : Abite in pace omnes, solus remaneat frater noster propter destructionem ecclesiæ suæ quam Barbari vexant. — *Pontamius dixit* : Abeam et ego ut confortem oves meas, et simul cum eis pro nomine Christi patiar labores et anxietates; non enim suscepi munus episcopi in prosperitate, sed in labore. — *Pancrat.* : Optimum verbum, justum consilium : profertum approbo. Deus te conservet. — *Omnes episcopi* : Servet te Deus. — *Omnes simul* : Abeamus in pace Jesu Christi. (*Conc.*, tom. II, pag. 1509.)

de la bergère s'excitaient à la lapider ou à la noyer [1]. L'archidiacre d'Auxerre les détourna de ce mauvais dessein, en les assurant que saint Germain publiait les vertus de Geneviève : les Huns ne passèrent point sur les terres des Parisii [2]. Troyes fut épargnée, à la recommandation de saint Loup. Dans sa retraite, le Fléau de Dieu se fit escorter par le saint [3] : saint Loup, esclave et prisonnier protégeant Attila, est un grand trait de l'histoire de ces temps.

Saint Agnan, évêque d'Orléans, était renfermé dans sa ville que les Huns assiégeaient; il envoie sur les murailles attendre et découvrir des libérateurs : rien ne paraissait. « Priez, dit le saint, priez avec foi; » et il envoie de nouveau sur les murailles. Rien ne paraît encore. «Priez, dit le saint, priez avec foi; » et il envoie une troisième fois regarder du haut des tours. On apercevait comme un petit nuage qui s'élevait de terre. « C'est le secours du Seigneur ! » s'écrie l'évêque [4].

Genséric emmena de Rome en captivité Eudoxie et ses deux filles, seuls restes de la famille de Théodose [5]. Des milliers de Romains furent entassés sur les vaisseaux du vainqueur : par un raffinement de barbarie, on sépara les femmes de leurs maris, les pères de leurs enfants [6]. Deogratias, évêque de Carthage, consacra les vases saints au rachat des prisonniers. Il convertit deux églises en hôpitaux, et, quoiqu'il fût d'un grand âge, il soignait les malades qu'il visitait jour et nuit. Il mourut, et ceux qu'il avait délivrés crurent retomber en esclavage [7].

Lorsque Alaric entra dans Rome, Proba, veuve du préfet Pétronius,

---

[1] Dies aliquot in Baptisterio vigilias exercentes jejuniis et orationibus ac vigiliis insistèrent ut suaserat Genovefa, Deo vacarunt. Viris quoque suadebat ne bona sua a Parisio auferrent. Urbem Parisium fore incontaminatam ab inimicis. Insurrexerunt in eam cives, dicentes pseudoprophetissam : tractaverunt ut Genovefam, aut lapidibus obrutam, aut vasto gurgite submersam punirent. (BOLL., III, pag. 139.) — [2] Interea adveniente Autissiodorensi urbe archidiacono, qui olim audierat sanctum Germanum magnificum testimonium de Genovefa dedisse.... dixit : Nolite tantum admittere facinus..... Prædictum exercitum ne Parisium circumdaret procul abegit. (Vita S. Genov. ap. Boll., 3 janv.) — [3] Redux in Gallias, Lupus urbem suam ab Attilæ Hunnorum regis furore servavit, an. 451, qui post vastas romani imperii plurimas provincias, Thraciam, Illyriam, etc., Galliam quoque invaserat, ubi Remos Cameracum, Lingonas Autissiodorum aliasque urbes ferro flammisque vastarat. Attilam Rhenum usque comitatus Lupus, inde reversus tum ut se arctius vocationibus divinis implicaret. (Gal. Christ., t. XII, p. 485; Vit. S. Lup. ap. Suri., pag. 348.) — [4] Adspicite de muro civitatis, si Dei miseratio jam succurrat....... Adspicientes autem de muro, neminem viderunt. Et ille : Orate, inquit, fideliter.... Orantibus autem illis, ait : Adspicite iterum. Et cum adspexissent, neminem viderunt qui ferret auxilium. Ait eis tertio : Si fideliter petitis, Dominus velociter adest. Exacta quoque oratione, tertio juxta senis imperium adspicientes de muro, viderunt a longe quasi nebulam de terra consurgere. Quod renuntiantes, ait sacerdos : Domini auxilium est. (GREG. TUR., lib. II, pag. 161.) Du récit des guerriers combattant après leur mort, et de l'histoire de saint Agnan à Orléans, on peut conclure que des poëmes et des contes, devenus populaires dans le dernier siècle, ont leur origine, pour le fond ou pour la forme, dans les chroniques du cinquième au quinzième siècle. — [5] At Eudoxiam Gizerichus filiasque ejus ex Valentiniano duas, Eudociam et Placidiam, captivas abduxit. (PROCOP., Hist. Vand., lib. I.) — [6] VICTOR. VITNES., lib. I, cap. VIII. — [7] Id., ibid.; FLEURY, Hist. eccl., tom. VI, pag. 491.

chef de la puissante famille Anicienne, se sauva dans un bateau sur le Tibre [1]; sa fille Læta, et sa petite-fille Démétriade, l'accompagnèrent : ces trois femmes virent de leur barque fugitive les flammes qui consumaient la ville éternelle. Proba possédait de grands biens en Afrique; elle les vendit pour soulager ses compagnons d'exil et de malheur [2].

Fuyant les Barbares de l'Europe, les Romains se réfugiaient en Afrique et en Asie; mais, dans ces provinces éloignées, ils rencontraient d'autres Barbares : chassés du cœur de l'Empire aux extrémités, rejetés des frontières au centre, la terre était devenue un parc où ils étaient traqués dans un cercle de chasseurs.

Saint Jérôme reçut quelques débris de tant de grandeurs dans cette grotte où le Roi des rois était né pauvre et nu. Quel spectacle et quelle leçon que ces descendants des Scipions et des Gracques réfugiés au pied du Calvaire! Saint Jérôme commentait alors Ézéchiel; il appliquait à Rome les paroles du prophète sur la ruine de Tyr et de Jérusalem : « Je ferai monter contre vous plusieurs peuples, comme la mer fait monter ses flots. Ils détruiront les murs jusqu'à la poussière..... Je mettrai sur les enfants de Juda le poids de leurs crimes..... Ils verront venir épouvante sur épouvante [3]. » Mais lorsque lisant ces mots, *ils passeront d'un pays à un autre et seront emmenés captifs,* le solitaire jetait les yeux sur ses hôtes, il fondait en larmes.

Et pourtant la grotte de Bethléem n'était pas un asile assuré; d'autres ravageurs dépouillaient la Phénicie, la Syrie et l'Égypte [4]. Le désert, comme entraîné par les Barbares et changeant de place avec eux, s'étendait sur la face des provinces jadis les plus fertiles; dans les contrées qu'avaient animées des peuples innombrables, il ne restait que la terre et le ciel [5]. Les sables mêmes de l'Arabie, qui faisaient suite à ces champs dévastés, étaient frappés de la plaie commune; saint Jérôme avait à peine échappé aux mains des tribus errantes, et les religieux du Sinaï venaient d'être égorgés : Rome manquait au monde, et la Thébaïde aux solitaires.

Quand la poussière qui s'élevait sous les pieds de tant d'armées, qui sortait de l'écroulement de tant de monuments, fut tombée; quand les tourbillons de fumée qui s'échappaient de tant de villes en flammes furent dissipés; quand la mort eut fait taire les gémissements de tant de victimes; quand le bruit de la chute du colosse romain eut cessé,

---

[1] Probam fuisse matronam inter senatorias fama ac divitiis insignem..... Jam et portum et amnem, potito hoste, familiæ suæ præcepisse, ut noctu portam panderent. (PROCOP., *Hist. Vand.,* lib. I.) — [2] HIER., *epist.* VIII, *ad Demet.,* t. I, p. 62-73; SULP., XXIX, n. ult.; TILL., *Vie de saint Augustin.*) — [3] Cap. VII, v. 26; cap. XII, v. 11. — [4] Invasis excisisque civitatibus atque castellis..... (AMM. MARCELL.) — [5] ...... Ubi præter cœlum et terram..... cuncta perierunt. (HIERON., *ad Sophon.*)

alors on aperçut une croix, et au pied de cette croix un monde nouveau. Quelques prêtres, l'Évangile à la main, assis sur des ruines, res-
suscitaient la société au milieu des tombeaux, comme Jésus-Christ
rendit la vie aux enfants de ceux qui avaient cru en lui.

ÉCLAIRCISSEMENTS

SUR ATTILA.

Le nom d'Etzel n'est évidemment que la forme teutonique du nom caucasien Attila. Les imprimés et les manuscrits ne varient point sur ce nom, trop connu des
Romains pour qu'ils pussent l'altérer, et dont la composition et l'euphonie n'a-
vaient rien d'étranger à leur oreille. Vous les voyez au contraire varier sans cesse
dans les noms que leur ouïe saisissait mal, et pour lesquels leur alphabet n'offrait
pas de lettres composées. Ainsi ils écrivaient Gaiseric, Geiseric, Gizeric, Genze-
ric, etc. Le nom même de *Hun* s'altère; on le trouve souvent écrit *Chun* : les partisans de l'origine chinoise des Huns pourront en tirer une de ces inductions empruntées des langues, dont on fait aujourd'hui trop de cas. La science étymologique
peut sans doute jeter quelque jour sur l'histoire, mais elle a aussi ses systèmes,
souvent plus propres à brouiller les origines qu'à les démêler. Le philologue Bri-
gant démontrait doctement que tous les idiomes de la terre dérivaient du bas-bre-
ton; il lui paraissait très-probable qu'Adam et Ève parlaient dans le paradis ter-
restre la langue qu'on parle à Quimper-Corentin; seulement il ne savait pas au
juste si c'était avant ou après leur péché.

Pour revenir au nom d'Attila, la syllabe *la* n'est pas dans ce nom une adjonction
latine : je ferai voir que les anciennes langues barbares avaient une foule de mots
terminés par la voyelle *a*. Etzel est si peu le nom primitif d'Attila, que même,
dans un chant de l'*Edda*, il est écrit *Attil*, en omettant la voyelle finale; je citerai
ce chant quand je parlerai de la poésie des peuples septentrionaux.

Quoi qu'il en soit, on lira avec un extrême plaisir les notes suivantes sur le
poëme des *Niebelüngen*; je les dois à la politesse et à l'obligeance de S. E. M. Bunsen,
digne et savant ami de M. Niebuhr, ministre de S. M. le roi de Prusse à Rome, et
dont une triste prévoyance de l'avenir m'a fait cesser trop tôt d'être le collègue.

NOTES

COMMUNIQUÉES PAR SON EXCELLENCE M. BUNSEN.

Le poëme épique germanique connu sous le titre de *Der Niebelunge Not*, c'est-à-dire « la fin tragique (ou les malheurs) des Nibelongs, » doit sa forme actuelle à un des premiers poëtes de la fin du douzième ou du commencement du treizième siècle : il n'est pas sûr que ce poëte fût *Wolfram von Eschenbach*, selon l'opinion générale, ou *Heinrich von Ofterdingen*, comme le croit M. Auguste Guillaume de Schlegel.

Le nom de *Niebelüngen* est absolument ignoré. Le pays des *Niebelüngen* (ce qui paraît signifier pays des brouillards) pourrait bien être la Norvége; mais, dans le poëme, les héros de la Bourgogne sont eux-mêmes appelés les *Niebelüngen*.

Les personnages historiques qui se trouvent dans le poëme sont les suivants :

I. — CINQUIÈME ET SIXIÈME SIÈCLES.

1. *Etzel :* c'était le nom original d'Attila (545) comme l'a déjà remarqué Jean Müller dans son *Histoire de la Suisse* (I, 7, note 30). Ce nom signifie peut-être le prince de la Wolga, car ce fleuve est appelé *Etzel* par les Tartares. Entre les vassaux d'Etzel paraît le grand roi des Ostrogoths, Théodoric (527), appelé dans le poëme *Dietrich* de Bern (Vérone). D'après l'histoire, il ne naquit que quatre ans avant la mort d'Attila. Le poëme connaît encore *Irenfrid*, probablement *Hermenfrid*, roi de Thuringe, qui avait pour épouse la nièce de Théodoric; et le roi des Ostrogoths, Vitiges, appelé *Wittich* (542).

2. A côté de ces personnages des cinquième et sixième siècles se trouve le margrave Rudiger de Pechlarn, personnage historique vivant vers la moitié du dixième siècle. Il était margrave du pays au-dessous de l'Ens (en Autriche).

Le poëme nomme *Blodel*, frère du roi des Huns, que l'histoire appelle *Bleda*.

3. *Gunther*, roi des Bourguignons, résidant à Worms, frère de Chriembild, épouse de Sigfrid : Prosper Aquitanus a écrit ce qui suit en 431 :

« Gundicarium Burgundionum regem, intra Gallias habitantem, Aetius bello obtinuit, pacemque ei supplicanti dedit; qua non diu potitus est, siquidem illum Huni *cum populo suo ac stirpe* deleverunt. »

Le nom du frère *Giselher* se trouve dans un document du roi Gundobald, de l'an 517, parmi les rois de Bourgogne. Parmi les chevaliers de sa cour, *Volcher* rappelle le nom de *Talco*, qui assassina (en 577) Chilperich par ordre de Brunhild, sa belle-sœur.

4. *Sigfrid*, l'Achille du poëme, invulnérable comme le héros grec, à l'exception d'un seul endroit : Sigfrid, vainqueur des Nibelongs, d'un dragon et de la reine d'Ijenland, l'amazone Brunhild, qui devint épouse du roi Gunther et reine de Bourgogne. Son père, nommé *Sigmunt*, est roi des Pays-Bas (*Niderlant*), et réside à Santen, sur le Bas-Rhin.

Il est remarquable que le monument sépulcral du roi Siegbert (qui n'est qu'une autre manière d'écrire le même nom), élevé à Soissons, dans l'église de Saint-Médard, que ce prince avait bâtie, montre le dragon sous les pieds du roi. La vie de ce malheureux prince offre encore une ressemblance avec celle du héros du poëme en ce qu'il vainquit, comme Sigfrid, les Saxons et les Danois, et qu'il fut assassiné (en 575) à l'instigation de sa belle-sœur Frédégonde, comme Sigfrid, par les suggestions de Brunhild. Siegbert était roi d'Austrasie, dans laquelle se trouve *Santen*. *Guntran*, qui paraît être le même nom que Gunther ou *Gundar*, était son frère, Enfin la femme de Siegbert s'appelle *Brunehild*, fille du roi des Visigoths, Atanahild d'Espagne, qui fut assassinée en 613. La version de l'histoire du poëme, dans l'*Edda*, nomme Sigurd (Sigfrid) le premier époux de Brunehild.

Voilà tous les personnages du poëme : quelques-uns rappellent des noms, d'autres la vie et les faits d'hommes illustres chez les Bourguignons, les Franks et les Goths des cinquième et sixième siècles, à l'exception du margrave Rudiger, qui appartient à un cercle postérieur du neuvième et du dixième siècle : je citerai maintenant les principaux noms historiques de ces deux derniers siècles.

II. — NEUVIÈME ET DIXIÈME SIÈCLES.

Le poëme nomme les *Russes*, qui paraissent sur la scène en 862, les Hongrois et les Huns qui s'y montrent, d'après l'opinion ancienne, en 900. Entre les personnages qui accueillent les Bourguignons lorsqu'ils se rendent par la Bavière et l'Autriche chez Attila, en Hongrie, se trouve l'évêque *Piligrin* ou *Pilgerin de Passau* (en Bavière). C'est le grand apôtre des Hongrois. Il fut évêque d'une partie de la Hongrie et de l'Autriche, depuis 971 jusqu'à 991. Les Bourguignons le trouvent à Passau : il y reçoit *Chriemhild* comme sa nièce.

III. — ONZIÈME ET DOUZIÈME SIÈCLES.

Au onzième siècle seulement peut appartenir la mention des Polonais, et au douzième celle de la ville de *Vienne*, bâtie en 1162.

Le grand génie de ce douzième siècle, qui sut réunir ces éléments épiques, tels qu'ils s'étaient formés dans le cours de l'histoire des peuples germaniques, en attachant les héros de plusieurs époques au principal événement de l'histoire des Bourguignons, la défaite du roi Gunther par les Huns ; ce grand génie, dis-je, a donné à son récit la couleur de moyen âge féodal et chevaleresque. Le poëme n'est donc historique, à proprement parler, que pour ce temps même, et ne présente des époques antérieures que l'image transmise par la tradition populaire. Ainsi la cour de Gunther est celle d'un prince du douzième siècle ; l'armure des héros, et toute la vie sociale, est celle du même temps : les Huns du cinquième siècle vivent comme les Hongrois du onzième.

Les notices détaillées sur l'origine et l'histoire de ce poëme épique (auquel on peut, avec beaucoup de probabilité, rapporter le passage célèbre de la vie de Charlemagne, « Item barbara et antiquissima carmina, quibus veterum regum actus et bella canebantur, scripsit memoriæque mandavit ») ont été recueillies par les savants *frères Grimm*, dans leur journal, le *Deutsche Walder*. La meilleure dissertation sur son importance nationale et sa beauté épique est de M. Aug. G. Schlegel, dans le Musée germanique (*Deutsches Museum*), publié par M. Frédéric Schlegel.

La première édition, faite en 1757 par Bodmer, fut dédiée à Frédéric le Grand, au génie duquel n'échappa point la grandeur de la conception de ce poëme, qui ne fut cependant apprécié par la nation qu'au commencement de notre siècle. Publié successivement par Hagen et Zeume, il a été dernièrement imprimé, d'après le manuscrit le plus ancien, avec un talent de critique éminent, par le célèbre philologue de Berlin, M. Lachmann.

Une traduction française de ce poëme, que les Goëthe et les Schlegel ont trouvé digne du nom d'Iliade germanique, une traduction faite dans le style simple et naïf des chroniques, et précédée d'une notice historique et d'une analyse qui ferait ressortir la sublimité de la conception et les beautés de détail de cette épopée, obtiendrait un succès général. Elle demanderait cependant un homme très-versé dans la littérature allemande ancienne, pour bien comprendre la langue dans laquelle le poëme original est écrit.

EXTRAIT

DU POËME DES NIEBELUNGEN,

ÉCRIT EN 4316 STROPHES DE QUATRE VERS RIMÉS (ESPÈCES D'ALEXANDRINS), DIVISÉ EN QUARANTE AVENTURES.

Gunther fils de Danckart et d'Ute, roi de Bourgogne, résidant à Worms, avait deux frères, *Gernot* et *Giselher*, et une sœur, objet de leurs soins, nommée *Chriemhild;* leur cour était la première de ce temps, et les plus célèbres chevaliers y servaient : la jeune princesse était également célèbre dans tout le monde par sa beauté et la noblesse de son cœur. Elle eut un songe : elle rêva que, tenant dans ses mains un faucon, deux aigles se précipitaient sur lui et le tuaient. Sa mère lui expliqua ce songe : le faucon signifiait un noble chevalier qu'elle aurait pour époux, et qu'elle perdrait par une mort violente.

En ce temps-là, il y avait à Santen un héros qui, par sa beauté et sa bravoure, surpassait tous les chevaliers: *Sigfrid*, fils de *Sigmunt* et de *Sigelint*. Après avoir tué un dragon, dont le sang le rendait invulnérable, à l'exception d'un endroit entre les deux épaules; après avoir vaincu les frères Nibelong et Schilbong, propriétaires d'un trésor, il alla à la cour de Worms pour demander la main de Chriemhild. *Hagen*, le premier des chevaliers du roi, s'y opposait; mais Sigfrid ayant rendu deux grands services au roi, le roi lui promit de lui donner sa fille en mariage.

Le premier service fut de combattre les puissants ennemis de Gunther, les Saxons et les Danois; le second fut de l'aider à vaincre la célèbre amazone *Brunehild*, reine d'Isenlant; elle obligeait tous ceux qui venaient demander sa main, de combattre trois fois avec elle : ils perdaient la tête s'ils étaient vaincus; ils obtenaient la reine pour épouse, s'ils réussissaient à la vaincre. Jusqu'ici tous avaient péri : Gunther aurait eu le même sort, si Sigfrid ne l'avait assisté invisiblement : un habit magique, qu'il avait enlevé à un nain, *Albrich*, gardien du trésor des Nibelongs, lui procura cet avantage.

Brunehild, vaincue, fut emmenée à Worms, où l'on célébra les noces de Gunther et de Sigfrid. La fière Brunehild ne permit pas à Gunther d'user de ses droits : lorsqu'il s'approcha d'elle, elle le lia, et lui fit promettre de n'attenter jamais à sa virginité. Mais Sigfrid aida encore son beau-frère à vaincre la belle amazone : ils attachèrent une nuit Brunehild sans qu'elle s'en aperçût; elle cria merci, et devint dès lors épouse obéissante de Gunther.

Dans la lutte avec Brunehild, Sigfrid lui enleva sa ceinture et l'emporta : cette ceinture fut la première cause de son malheur et de la chute de toute la maison de Bourgogne.

Chriemhild, ayant découvert cette ceinture, tourmenta son mari par sa jalousie, jusqu'à ce que celui-ci, dans un moment de faiblesse, et contre la parole donnée à Gunther, trahit le mystère : il donna la ceinture de Brunehild à sa femme, qui, de son côté, lui promit de la garder secrètement.

Quelque temps après, les deux princesses se rendirent à l'église; Brunehild ne voulut pas permettre à l'épouse de Sigfrid, qui avait été présentée comme vassale de Gunther, d'entrer à côté d'elle. Chriemhild, offensée, lui montra la ceinture, et l'appela concubine de son mari. Brunehild jura de tirer vengeance de cet affront; elle accusa Sigfrid de s'être vanté d'avoir joui des faveurs de la reine : celui-ci prouva son innocence par un serment public. Le roi était satisfait, mais la reine appela Hagen, qui lui promit de la venger par la mort de Sigfrid. Il communiqua son dessein aux princes et au roi, qui céda aux insinuations du traître et aux larmes de sa femme. Hagen feignit la plus tendre amitié pour Sigfrid, et, voyant Chriemhild, qui n'oubliait point son rêve, inquiète sur le sort de son mari, il lui promit de ne s'éloigner jamais de lui, en ajoutant toutefois que cela paraissait assez inutile, puisque le héros était invulnérable. Alors Chriemhild révéla à Hagen le point vulnérable, et marqua, par une croix rouge, l'endroit entre les épaules où le sang du dragon n'avait pas pénétré.

Le succès de la trahison étant assuré, on arrangea une chasse sur une île du Rhin, et, lorsque le héros alla se désaltérer à une fontaine dans la forêt, Hagen le perça : il fit placer le corps inanimé de Sigfrid devant la porte de Chriemhild, qui, le lendemain, fut épouvantée de ce spectacle lorsqu'elle sortit de ses appartements.

La première partie du poème se termine ici. Chriemhild vécut dans le deuil le plus profond pendant treize années, pleurant la perte de son mari et le trésor des Nibelongs, qu'on lui avait enlevé.

Etzel, roi des Huns, ayant entendu parler de la gloire de Sigfrid et de la beauté de sa veuve, résolut, après la mort de sa première femme, *Helche*, de demander la main de Brunehild. L'idée de se remarier, et surtout à un païen, effraya Chriemhild : elle ne céda que lorsqu'un des vassaux allemands d'Etzel, le margrave Rudiger, lui promit de ne l'abandonner jamais, de l'aider à venger l'assassinat de son premier mari et l'enlèvement du trésor des Nibelongs.

Chriemhild épousa le roi des Huns, qui la reçut à Vienne.

Sa douleur continua, et sa soif de vengeance contre Hagen s'accrut. Elle feignit de mourir du désir de revoir ses parents. Etzel, pour la consoler, lui promit d'inviter toute la cour des Bourguignons à venir la voir. Gunther fut ainsi invité : Hagen lui conseilla de ne pas y aller, mais le roi partit avec mille soixante chevaliers et neuf mille de ses gens.

Arrivés au Danube, Hagen se fit prédire l'issue du voyage par les nymphes du fleuve, auxquelles il enleva leurs habits : elles lui déclarèrent que tous devaient périr dans cette expédition, hors le chapelain du roi. Hagen, pour faire mentir la destinée, précipita le prêtre dans le fleuve : mais celui-ci fut sauvé miraculeusement. Alors Hagen brisa le seul vaisseau sur lequel ils avaient traversé le Danube, et annonça à ses compagnons qu'ils ne retourneraient plus chez eux.

Etzel reçut ses hôtes avec cordialité, mais la reine ne cacha pas sa fureur contre Hagen. Elle tenta de le faire tuer lui seul; n'ayant pu réussir, elle résolut de les

faire périr tous. Tandis que les héros de Bourgogne étaient assis à un banquet, le
maréchal du roi arriva, tout ensanglanté, avec la nouvelle que ses neuf mille soldats avaient été massacrés par Blodel, frère d'Etzel, qu'il venait de tuer, Hagen se
lève, abat la tête du jeune prince, fils d'Etzel et de Chriemhild, assis à table, et se
retire avec les autres Bourguignons au château qui leur avait été assigné pour demeure. Les Huns envoyés par la reine, ne pouvant y pénétrer, mirent le feu aux
quatre coins de la forteresse : les chevaliers de Bourgogne étouffèrent l'incendie sous
les cadavres ennemis, et ranimèrent leurs forces épuisées en buvant du sang, d'a-
près le conseil de Hagen, ce qui leur donna une rage et un courage invincibles.

Le lendemain, Rudiger et Théodoric cherchèrent en vain à obtenir le libre retour
des Bourguignons : Chriemhild voulut la tête de Hagen, mais le roi refusa fortement de le livrer à sa vengeance. Rudiger, dont la fille devait épouser le prince
Giselher de Bourgogne, fut forcé, comme vassal d'Etzel, de renouveler l'attaque :
après une scène attendrissante entre ce prince et Hagen, auquel il donna son bouclier (touché de l'héroïsme de son ennemi, qui lui demanda ce dernier signe de son
estime), il attaqua les héros de Bourgogne : le prince Gernot tomba entre ses mains;
enfin, lui et Giselher périrent au même moment en combattant corps à corps l'un
contre l'autre.

Les gens de Rudiger furent tous tués. Lorsque les vassaux de Dietrich, roi des
Amelongs (Ostrogoths), apprirent cette nouvelle, ils demandèrent la permission
d'enlever le corps du margrave. Le roi Gunther était disposé à le leur donner, mais
Wolkner et Hagen exigèrent d'eux de venir le reconnaître parmi les autres morts.
Ainsi commença une querelle qui eut pour suite un nouveau combat, où tous les
hommes de Dietrich, envoyés par les Bourguignons, restèrent sur la place.

Le grand prince des Amelongs s'avança alors vers Hildebrandt, le plus brave de
ses compagnons. Il pria le roi de se livrer à lui avec le peu de héros qui vivaient
encore : sous cette condition il promit de sauver leur vie.

Les fiers Bourguignons refusèrent de se rendre : le héros des Ostrogoths vainquit
le roi et Hagen, l'un après l'autre, et les emmena liés devant Chriemhild, en
l'exhortant à respecter leur vie. Chriemhild parla d'abord à Hagen seul, en lui promettant la vie sauve, s'il voulait lui dire ce qu'était devenu le trésor des Nibelongs.
Hagen refusa de trahir le secret tant que son roi vivrait. Chriemhild lui fit montrer aussitôt la tête de Gunther. En la voyant, Hagen lui dit qu'il avait prévu sa
cruauté, et qu'il avait voulu la pousser jusqu'au meurtre de son propre frère : il
lui déclara qu'elle ne saurait jamais le secret, que maintenant lui seul possédait,
après la mort de tous les princes de Bourgogne.

A ces mots, Chriemhild saisit un glaive, et fit voler la tête du héros. Hildebrandt,
compagnon de Dietrich, à qui la garde de Hagen était confiée, saisi d'horreur, as-
somma la reine. Ainsi périrent les Bourguignons, et Etzel resta seul avec Dietrich
pour pleurer les morts.

J'ajouterai à ces notes, communiquées par S. Exc. M. Bunsen, que les Allemands
ont une tragédie d'Attila, de Warner. Il existe une Vie d'Attila écrite dans le
douzième siècle par Juvencus Cæcilius Calanus Dalmaticus, et une autre Vie écrite
dans le seizième par Olaüs, archevêque d'Upsal. Il a paru dernièrement en Allemagne une Histoire des Huns.

FIN DES ÉTUDES HISTORIQUES.

ESSAI HISTORIQUE

POLITIQUE ET MORAL

SUR

LES RÉVOLUTIONS

ANCIENNES ET MODERNES

CONSIDÉRÉES DANS LEURS RAPPORTS

AVEC LA RÉVOLUTION FRANÇAISE

DÉDIÉ A TOUS LES PARTIS

Experti invicem sumus ego ac fortuna
TACITE.

AVERTISSEMENT

POUR L'ÉDITION DE 1826.

J'ai promis de réimprimer l'*Essai* sans y changer un seul mot : à cet égard j'ai poussé le scrupule si loin, que je n'ai voulu ni corriger les fautes de langue, ni faire disparaître les hellénismes, latinismes et anglicismes qui fourmillent dans l'*Essai*. On a demandé cet ouvrage; on l'aura avec tous ses défauts. Il y a une omission dans le chiffre romain du millésime de l'édition de Londres : je l'ai maintenue, me contentant de la faire remarquer.

L'*Essai historique* n'a jamais été publié par moi qu'une seule fois : il fut imprimé à Londres en 1796, par Baylis, et vendu chez de Boffe en 1797. Le titre et l'épigraphe étaient exactement ceux qu'il porte dans la présente édition. L'*Essai* formait un seul volume de 684 pages grand in-8°, sans compter l'avis, la notice, la table des chapitres et l'errata; mais, comme je le faisais observer dans l'ancien *Avis*, c'était réellement deux volumes réunis en un. J'ai été obligé de diviser en deux cette énorme production dans la présente édition, parce que, avec les notes critiques [1] et la préface nouvelle, l'*Essai*, en un seul volume, aurait dépassé huit cents pages.

---

[1] Ces notes se distingueront des anciennes notes par ces lettres initiales N. ÉD., NOUVELLE ÉDITION : les anciennes notes sont indiquées par des *chiffres*, les nouvelles par des *lettres*; les notes sur les notes ont pour renvoi un *astérisque*.

Dans l'intérêt de mon amour-propre, j'aurais mieux aimé donner l'*Essai* en un seul tome, et subir à la fois ma sentence, que me faire attacher deux fois au char de triomphe de ceux qui n'ont jamais failli; mais je ne saurais trop souffrir pour avoir écrit l'*Essai*.

On a réimprimé cet ouvrage en Allemagne et en Angleterre. La contrefaçon anglaise n'est qu'un abrégé fait sans doute dans une intention bienveillante, puisqu'on a supprimé ce qu'il y a de plus blâmable dans l'*Essai* : la contrefaçon allemande est calquée sur la contrefaçon anglaise. Ces omissions ne tournent jamais au profit d'un auteur : on pourrait dire, en faisant allusion au passage de Tacite, qu'à ces funérailles d'un mauvais livre, les morceaux retranchés paraissent d'autant plus qu'on ne les y voit pas. L'*Essai* complet n'existe donc que dans l'édition de Londres faite par moi, en 1797, et dans l'édition que je donne aujourd'hui d'après cette première édition.

PRÉFACE

(ÉDITION DE 1826.)

Voici l'ouvrage que, depuis longtemps, j'avais promis de réimprimer; promesse que des âmes charitables avaient regardée comme un moyen de gagner du temps et d'imposer silence à mes ennemis, bien résolu que j'étais intérieurement, disait-on, de ne jamais tenir ma parole. Avant de porter un jugement sur l'*Essai*, commençons par faire l'histoire de cet ouvrage.

J'avais traversé l'Atlantique avec le dessein d'entreprendre un voyage dans l'intérieur du Canada, pour découvrir, s'il était possible, le passage au nord-ouest du continent américain [a]. Par le plus grand hasard j'appris, au milieu de mes courses, la fuite de Louis XVI, l'arrestation de ce monarque à Varennes, et la retraite au delà de la Meuse, de la Moselle et du Rhin, de presque tout le corps des officiers français d'infanterie et de cavalerie.

Louis XVI n'était plus qu'un prisonnier entre les mains d'une faction; le drapeau de la monarchie avait été transporté par les princes de l'autre côté de la frontière : je n'approuvais point l'émigration en principe, mais je crus qu'il était de mon honneur d'en partager l'imprudence, puisque cette imprudence avait des dangers. Je pensai que, portant l'uniforme français, je ne devais pas me promener dans les forêts du Nouveau Monde quand mes camarades allaient se battre [b].

J'abandonnai donc, quoique à regret, mes projets, qui n'étaient pas eux-mêmes sans périls. Je revins en France ; j'émigrai avec mon frère, et je fis la campagne de 1792.

Atteint, dans la retraite, de cette dyssenterie qu'on appelait *la maladie des Prussiens*, une affreuse petite vérole vint compliquer mes maux. On me crut mort;

---

[a] J'ai dit cela cent fois dans mes ouvrages, et notamment dans l'*Essai*.

[b] Je servais dans le régiment de Navarre, infanterie, avec rang de capitaine de cavalerie : c'était un abus de ce temps ; j'avais obtenu les honneurs de la cour; or, comme on ne pouvait monter dans les carrosses du roi que l'on n'eût au moins le grade de capitaine, il avait fallu, par une fiction, qu'un sous-lieutenant d'infanterie devînt un capitaine de cavalerie.

on m'abandonna dans un fossé, où, donnant encore quelques signes de vie, je fus secouru par la compassion des gens du prince de Ligne, qui me jetèrent dans un fourgon. Ils me mirent à terre sous les remparts de Namur, et je traversai la ville en me traînant sur les mains de porte en porte. Repris par d'autres fourgons, je retrouvai à Bruxelles mon frère, qui rentrait en France pour monter sur l'échafaud. On osait à peine panser une blessure que j'avais à la cuisse, à cause de la contagion de ma double maladie.

Je voulais cependant, dans cet état, me rendre à Jersey, afin de rejoindre les royalistes de la Bretagne. Au prix d'un peu d'argent que j'empruntai, je me fis porter à Ostende : j'y rencontrai plusieurs Bretons, mes compatriotes et mes compagnons d'armes, qui avaient formé le même projet que moi. Nous nolisâmes une petite barque pour Jersey, et l'on nous entassa dans la cale de cette barque. Le gros temps, le défaut d'air et d'espace, le mouvement de la mer, achevèrent d'épuiser mes forces; le vent et la marée nous obligèrent de relâcher à Guernesey.

Comme j'étais près d'expirer, on me descendit à terre, et on m'assit contre un mur, le visage tourné vers le soleil, pour rendre le dernier soupir. La femme d'un marinier vint à passer; elle eut pitié de moi; elle appela son mari, qui, aidé de deux ou trois autres matelots anglais, me transporta dans une maison de pêcheurs, où je fus mis dans un bon lit; c'est vraisemblablement à cet acte de charité que je dois la vie. Le lendemain on me rembarqua sur le sloop d'Ostende. Quand nous ancrâmes à Jersey, j'étais dans un complet délire. Je fus recueilli par mon oncle maternel, le comte de Bédée, et je demeurai plusieurs mois entre la vie et la mort.

Au printemps de 1793, me croyant assez fort pour reprendre les armes, je passai en Angleterre, où j'espérais trouver une direction des princes; mais ma santé, au lieu de se rétablir, continua de décliner : ma poitrine s'entreprit; je respirais avec peine. D'habiles médecins consultés me déclarèrent que je traînerais ainsi quelques mois, peut-être même une ou deux années, mais que je devais renoncer à toute fatigue, et ne pas compter sur une longue carrière.

Que faire de ce temps de grâce qu'on m'accordait? Hors d'état de tenir l'épée pour le roi, je pris la plume. C'est donc sous le coup d'un arrêt de mort, et pour ainsi dire entre la sentence et l'exécution, que j'ai écrit l'*Essai historique*. Ce n'était pas tout de connaître la borne rapprochée de ma vie, j'avais de plus à supporter la détresse de l'émigration. Je travaillais le jour à des traductions, mais ce travail ne suffisait pas à mon existence; et l'on peut voir, dans la première préface d'*Atala*, à quel point j'ai souffert, même sous ce rapport. Ces sacrifices, au reste, portaient en eux leur récompense : j'accomplissais les devoirs de la fidélité envers mes princes; d'autant plus heureux dans l'accomplissement de ces devoirs, que je ne me faisais aucune illusion, comme on le remarquera dans l'*Essai*, sur les fautes du parti auquel je m'étais dévoué.

Ces détails étaient nécessaires pour expliquer un passage de la *Notice* placée à la tête de l'*Essai*, et cet autre passage de l'*Essai* même : « Attaqué d'une maladie qui me laisse peu d'espoir, je vois les objets d'un œil tranquille. L'air calme de la tombe se fait sentir au voyageur qui n'en est plus qu'à quelques journées. » J'étais encore obligé de raconter ces faits personnels, pour qu'ils servissent d'excuse au ton de misanthropie répandu dans l'*Essai* : l'amertume de certaines réflexions n'étonnera plus. Un écrivain qui croyait toucher au terme de la vie, et qui, dans le dénûment de son exil, n'avait pour table que la pierre de son tombeau, ne pouvait guère promener des regards riants sur le monde. Il faut lui pardonner de s'être abandonné quelquefois aux préjugés du malheur, car ce malheur a ses injustices, comme le bonheur a sa dureté et ses ingratitudes. En se plaçant donc dans la position où j'étais lorsque je composai l'*Essai*, un lecteur impartial·me passera bien des choses.

Cet ouvrage, si peu répandu en France, ne fut pas cependant tout à fait ignoré en Angleterre et en Allemagne; il fut même question de le traduire dans ces deux pays, ainsi qu'on l'apprend par la *Notice*. Ces traductions commencées n'ont point paru. Le libraire de Boffe, éditeur de l'*Essai*, en Angleterre, avait aussi résolu d'en donner une édition en France : les circonstances du temps firent avorter ce projet. Quelques exemplaires de l'édition de Londres parvinrent à Paris. Je les avais adressés à MM. de La Harpe, Ginguené et de Sales, que j'avais connus avant mon émigration. Voici ce que m'écrivait à ce sujet un neveu du poëte Lemierre :

« Paris, ce 15 juillet 1797.

. . . .

« D'après vos instructions, j'ai fait remettre, par M. Say, directeur de la *Décade philosophique et littéraire* ª, à M. Ginguené, propriétaire lui-même de ce journal, la lettre et l'exemplaire qui lui étaient destinés. . . . . J'ai été moi-même chez M. de La Harpe : il m'a parfaitement reçu, a été vivement affecté à la lecture de votre lettre, et m'a promis de rendre compte de l'ouvrage avec tout l'intérêt et toute l'attention dont l'auteur lui-même paraissait digne; mais, sur la demande que je lui ai faite d'une lettre pour vous, il m'a répondu que, pour des raisons particulières, il ne pouvait écrire dans l'étranger.

« M. de Sales a été enchanté de votre ouvrage; il me charge de toutes ses civilités pour vous. Le *Républicain français* n'a pas été moins satisfait du livre, et il en a fait un éloge complet. Plusieurs gens de lettres ont dit que c'était un très-bon supplément à l'*Anacharsis*; enfin, à quelques critiques près qui tombent sur quelques citations peut-être oiseuses, et sur un ou deux rapprochements qui ont paru forcés, votre *Essai* a eu le plus grand succès. »

Malgré ce *grand succès*, dont on flattait ma vanité d'auteur, il est certain que si l'*Essai* fut un moment connu en France, il fut presque aussitôt oublié.

La mort de ma mère fixa mes opinions religieuses. Je commençai à écrire, en expiation de l'*Essai*, le *Génie du Christianisme*. Rentré en France en 1800, je publiai ce dernier ouvrage, et je plaçai dans la Préface la confession suivante : « Mes sentiments religieux n'ont pas toujours été ce qu'ils sont aujourd'hui. Tout en avouant la nécessité d'une religion, et en admirant le christianisme, j'en ai cependant méconnu plusieurs rapports. Frappé des abus de quelques institutions et des vices de quelques hommes, je suis tombé jadis dans les déclamations et les sophismes. Je pourrais en rejeter la faute sur ma jeunesse, sur le délire des temps, sur les sociétés que je fréquentais; mais j'aime mieux me condamner : je ne sais point excuser ce qui n'est point excusable. Je dirai seulement les moyens dont la Providence s'est servie pour me rappeler à mes devoirs.

« Ma mère, après avoir été jetée, à soixante-douze ans, dans les cachots, où elle vit périr une partie de ses enfants, expira sur un grabat, où ses malheurs l'avaient réléguée. Le souvenir de mes égarements répandit sur ses derniers jours une grande amertume. Elle chargea, en mourant, une de mes sœurs de me rappeler à cette religion dans laquelle j'avais été élevé. Ma sœur me manda les derniers vœux de ma mère. Quand la lettre me parvint au delà des mers, ma sœur elle-même n'existait plus; elle était morte aussi des suites de son emprisonnement. Ces deux voix, sor-

_____

ª Journal du temps.

ties du tombeau, cette mort, qui servait d'interprète à la mort, m'ont frappé; je suis devenu chrétien : je n'ai point cédé, j'en conviens, à de grandes lumières surnaturelles; ma conviction est sortie du cœur : j'ai pleuré et j'ai cru. »

Ce n'était point là une histoire inventée pour me mettre à l'abri du reproche de variations quand l'*Essai* parviendrait à la connaissance du public. J'ai conservé la lettre de ma sœur.

Madame de Farcy, après avoir été connue à Paris par son talent pour la poésie, avait renoncé aux muses; devenue une véritable sainte, ses austérités l'ont conduite au tombeau. J'en puis parler ainsi, car le philanthrope abbé Carron a écrit et publié la vie de ma sœur. Voici ce qu'elle me mandait dans la lettre que la préface du *Génie du Christianisme* a mentionnée :

Saint-Servan, 1er juillet 1798.

« Mon ami, nous venons de perdre la meilleure des mères : je t'annonce à regret ce coup funeste (ici quelques détails de famille). . . . . quand tu cesseras d'être l'objet de nos sollicitudes, nous aurons cessé de vivre. *Si tu savais combien de pleurs tes erreurs ont fait répandre à notre respectable mère*, combien elles paraissent déplorables à tout ce qui pense et fait profession non-seulement de piété, mais de raison; si tu le savais, peut-être cela contribuerait-il à t'ouvrir les yeux, à te faire renoncer à écrire; et si le ciel, touché de nos vœux, permettait notre réunion, tu trouverais au milieu de nous tout le bonheur qu'on peut goûter sur la terre; tu nous donnerais ce bonheur, car il n'en est point pour nous tandis que tu nous manques, et que nous avons lieu d'être inquiètes de ton sort. »

Voilà la lettre qui me ramena à la foi par la piété filiale.

Tout alla bien pendant quelques années : mon second ouvrage avait réussi au delà de mes espérances. N'ayant jamais manqué de sincérité, n'ayant jamais parlé que d'après ma conscience, n'ayant jamais raconté de moi que des choses vraies, je me croyais en sûreté par les aveux mêmes de la Préface du *Génie du Christianisme;* et l'*Essai* était également oublié de moi et du public.

Mais Buonaparte, qui s'était brouillé avec la cour de Rome, ne favorisait plus les idées religieuses : le *Génie du Christianisme* avait fait trop de bruit, et commençait à l'importuner. L'affaire de l'Institut survint; une querelle littéraire s'alluma, et l'on déterra l'*Essai*. La police de ce temps-là fut charmée de la découverte; et, comme elle n'était pas arrivée à la perfection de la police de ce temps-ci, comme elle se piquait sottement d'une espèce d'impartialité, elle permit à des gens de lettres de me prêter leur secours. Toutefois elle ne voulait pas, comme je le dirai à l'instant, que ma défense se changeât en triomphe; ce qui était bien naturel de sa part.

Je ne nommerai point l'adversaire qui me jeta le gant le premier, parce qu'au moment de la restauration, lorsqu'on exhuma de nouveau l'*Essai*, il me prévint loyalement des libelles qui allaient paraître, afin que j'avisasse au moyen de les faire supprimer. N'ayant rien à cacher, et ami sincère de la liberté de la presse, je ne fis aucune démarche : je trouvai très-bon qu'on écrivît contre moi tout ce qu'on croyait devoir écrire.

Un jeune homme, appelé *Damaze de Raymond*, qui fut tué en duel quelque temps après, se fit mon champion sous l'empire, et la censure laissa paraître son écrit; mais le gouvernement fut moins facile, quand, pour toute réponse à des *extraits* de l'*Essai*, je lui demandai la permission de réimprimer l'ouvrage *entier*.

Voici ma lettre au général baron de Pommereul, conseiller d'État, directeur général de l'imprimerie et de la librairie.

« Monsieur le baron,

« On s'est permis de publier des morceaux d'un ouvrage dont je suis l'auteur. Je juge d'après cela que vous ne verrez aucun inconvénient à laisser paraître l'ouvrage tout entier.

« Je vous demande donc, monsieur le baron, l'autorisation nécessaire pour mettre sous presse, chez Le Normant, mon ouvrage intitulé : *Essai historique, politique et moral sur les Révolutions anciennes et modernes, considérées dans leurs rapports avec la Révolution française.* Je n'y changerai pas un seul mot; j'y ajouterai pour toute préface celle du *Génie du Christianisme.*

« J'ai l'honneur d'être, etc. »

Paris, ce 17 novembre 1812.

Dès le lendemain, M. de Pommereul me répondit la lettre suivante, écrite tout entière de sa main. En ce temps d'usurpation, on se piquait de politesse, même avec un homme en disgrâce, même avec un émigré. M. de Pommereul refuse la permission que je lui demande; mais comparez le ton de sa lettre avec celui des lettres qui sortent aujourd'hui des bureaux d'un directeur général, ou même d'un ministre.

Paris, ce 18 novembre 1812.

A Monsieur de Chateaubriand.

« Je mettrai mardi prochain, Monsieur, votre demande sous les yeux du ministre de l'intérieur; mais votre ouvrage, fait en 1797, est bien peu convenable au temps présent, et s'il devait paraître aujourd'hui pour la première fois, je doute que ce pût être avec l'assentiment de l'autorité. On vous attaque sur cette production : nous ne ressemblons point aux journalistes qui admettent l'attaque et repoussent la défense, et la vôtre ne trouvera, pour paraître, aucun obstacle à la direction de la librairie. J'aurai soin, Monsieur, de vous informer de la décision du ministre sur votre demande de réimpression.

« Agréez, je vous prie, Monsieur, la haute considération avec laquelle j'ai l'honneur d'être, etc.

« *Signé* baron de Pommereul. »

Le 24 novembre, je reçus de M. de Pommereul cette autre lettre :

Paris, ce 24 novembre 1812.

A Monsieur de Chateaubriand.

« J'ai mis aujourd'hui, Monsieur, sous les yeux du ministre de l'intérieur la lettre que vous m'avez fait l'honneur de m'écrire le 17 courant, et la réponse que je vous ai faite le 18. Son Excellence a décidé que l'ouvrage que vous demandez à réimprimer, puisqu'il n'a point été publié en France, doit être assujetti aux formalités prescrites par les décrets impériaux concernant la librairie. En conséquence, Monsieur, vous devez, vous ou votre imprimeur, faire à la direction générale de l'imprimerie la déclaration de vouloir l'imprimer, et y déposer en même temps l'édition dont vous demandez la réimpression, afin qu'elle puisse passer à la censure.

« Agréez, Monsieur, etc.

« *Signé* baron de Pommereul. »

M. de Pommereul reconnaît dans sa première lettre, que mon ouvrage, *fait en 1797, est bien peu convenable au temps présent* (l'empire), *et que, s'il devait paraître aujourd'hui* (sous Buonaparte) *pour la première fois, il doute que ce pût être avec l'assentiment de l'autorité.* Quelle justification de l'*Essai!*

Dans sa seconde lettre, M. le directeur de la librairie m'ordonne de me soumettre à la *censure,* si je veux réimprimer mon ouvrage. Il était clair que la censure m'aurait enlevé ce que je disais en éloge de Louis XVI, des Bourbons, de la vieille monarchie, et toutes mes réclamations en faveur de la liberté ; il était clair que l'*Essai,* ainsi dépouillé de ce qui servait de contre-poids à ses erreurs, se serait réduit à un extrait à peu près semblable à ceux dont je me plaignais. Force était donc à moi de renoncer à le réimprimer, puisqu'il aurait fallu le livrer aux mutilations de la censure.

Après tout, le gouvernement impérial avait grandement raison : l'*Essai* n'était, ni sous le rapport des libertés publiques, ni sous celui de la monarchie légitime, un livre qu'on pût publier sous le despotisme et l'usurpation. La police se donnait un air d'impartialité, en laissant dire quelque chose en ma faveur, et riait secrètement de m'empêcher de faire la seule chose qui pût réellement me défendre.

Enfin, le roi fut rendu à ses peuples : je parus jouir d'abord de la faveur que l'on croit, mal à propos, devoir suivre des services qui souvent ne méritent pas la peine qu'on y pense; mais enfin, en proclamant le retour de la légitimité, j'avais contribué à entraîner l'opinion publique, par conséquent j'avais choqué des passions et blessé des intérêts : je devais donc avoir des ennemis. Pour m'enlever l'influence qu'on craignait de me voir prendre sur un gouvernement religieux, on crut expédient de réchauffer la vieille querelle de l'*Essai*. On annonça avec bruit un *Chateaubriantana*, une brochure du *Sacerdoce*, etc. C'étaient toujours des compilations de l'*Essai* ᵃ. Il y avait dans ces nouvelles poursuites quelque chose qui n'était guère plus généreux que dans les premières; j'étais en disgrâce sous le roi, comme je l'étais sous Buonaparte, au moment où ces courageux critiques se déchaînaient contre moi. Pourquoi m'ont-ils laissé tranquille lorsque j'étais ministre? C'était là une belle occasion de montrer leur indépendance.

Je n'ai répondu à ces personnes bienveillantes que par cette note de la préface de mes *Mélanges politiques*.

« Si je n'ai jamais varié dans mes principes politiques, je n'ai pas toujours embrassé le christianisme dans tous ses rapports, d'une manière aussi complète que je le fais aujourd'hui. Dans ma première jeunesse, à une époque où la génération était nourrie de la lecture de Voltaire et de J.-J. Rousseau, je me suis cru un petit philosophe, et j'ai fait un mauvais livre. Ce livre, je l'ai condamné aussi durement que personne dans la Préface du *Génie du Christianisme*. Il est bizarre qu'on ait voulu me faire un crime d'avoir été un esprit fort à vingt ans et un chrétien à quarante.

« A-t-on jamais reproché à un homme de s'être corrigé? L'écrivain vraiment coupable est celui qui, ayant bien commencé, finit mal, et non pas celui qui, ayant mal commencé, finit bien. Quoi qu'il en soit, si je pouvais anéantir l'*Essai historique*, je le ferais, parce qu'il renferme, sous le rapport de la religion, des pages qui peuvent blesser quelques points de discipline; mais, puisque je ne puis l'anéantir, puisqu'on en extrait tous les jours un peu de poison, sans donner le contre-poison qui se trouve à grandes doses dans le même ouvrage; puisqu'on l'a réimprimé par fragments, je suis bien aise d'annoncer à mes ennemis que je vais le faire réimprimer tout entier. Je n'y changerai pas un mot.

« Je prédis à ceux qui ont voulu transformer l'*Essai historique* en quelque chose d'épouvantable, qu'ils seront très-fâchés de cette publication; elle sera tout entière en ma faveur (car je n'attache de véritable importance qu'à mon caractère); mon

---

ᵃ Je ne sais ni les titres, ni le nombre de toutes ces brochures; je n'en ai jamais lu que ce que j'en ai vu par hasard dans les journaux; mais il y avait encore : *Esprit, maximes et principes* de M. de Chateaubriand, *Itinéraire de Pantin au Mont-Calvaire, M. de La Maison-Terne, les Persécuteurs*, etc., et deux ou trois journaux ministériels pour la presse périodique.

amour-propre seul en souffrira. Littérairement parlant, ce livre est détestable, et parfaitement ridicule ; c'est un chaos où se rencontrent les Jacobins et les Spartiates, la Marseillaise et les Chants de Tyrtée, un Voyage aux Açores et le Périple d'Hannon, l'Éloge de Jésus-Christ et la Critique des Moines, les Vers Dorés de Pythagore et les Fables de M. de Nivernois, Louis XVI, Agis, Charles Ier, des Promenades solitaires, des Vues de la nature, du Malheur, de la Mélancolie, du Suicide, de la Politique, un petit commencement d'*Atala*, Robespierre, la Convention, et des Discussions sur Zénon, Épicure et Aristote ; le tout en style sauvage et boursouflé, plein de fautes de langue, d'idiotismes étrangers et de barbarismes. Mais on y trouvera aussi un jeune homme exalté plutôt qu'abattu par le malheur, et dont le cœur est tout à son roi, à l'honneur et à la patrie. »

C'est cet engagement solennel de publier moi-même l'*Essai* que je viens remplir aujourd'hui.

Telle est l'histoire complète de cet ouvrage, de son origine, de la position où j'étais en l'écrivant, et des tracasseries qu'il m'a suscitées. Il faut maintenant examiner l'ouvrage en lui-même et les critiques de mes aristarques.

Qu'ai-je prétendu prouver dans l'*Essai* ? *Qu'il n'y a rien de nouveau sous le soleil*, et qu'on retrouve dans les révolutions anciennes et modernes les personnages et les principaux traits de la révolution française.

On sent combien cette idée, poussée trop loin, a dû produire de rapprochements forcés, ridicules ou bizarres.

Je commençai à écrire l'*Essai* en 1794, et il parut en 1797. Souvent il fallait effacer la nuit le tableau que j'avais esquissé le jour : les événements couraient plus vite que ma plume : il survenait une révolution qui mettait toutes mes comparaisons en défaut : j'écrivais sur un vaisseau pendant une tempête, et je prétendais peindre comme des objets fixes les rives fugitives qui passaient et s'abîmaient le long du bord ! Jeune et malheureux, mes opinions n'étaient arrêtées sur rien ; je ne savais que penser en littérature, en philosophie, en morale, en religion. Je n'étais décidé qu'en matière politique : sur ce seul point je n'ai jamais varié.

L'éducation chrétienne que j'avais reçue avait laissé des traces profondes dans mon cœur, mais ma tête était troublée par les livres que j'avais lus, les sociétés que j'avais fréquentées. Je ressemblais à presque tous les hommes de cette époque : j'étais né de mon siècle.

Si l'on m'a trouvé une imagination vive dans un âge plus mûr, qu'on juge de ce qu'elle devait être dans ma première jeunesse, lorsque demi-sauvage, sans patrie, sans famille, sans fortune, sans amis, je ne connaissais la société que par les maux dont elle m'avait frappé.

Avant d'imprimer des extraits de l'*Essai*, on colporta l'ouvrage entier mystérieusement, en répandant des bruits étranges. Pourquoi se donnait-on tant de peine ? Loin d'enfouir l'*Essai*, je l'exposais au grand jour, et je le prêtais à quiconque le voulait lire. On prétendait que j'en rachetais partout les exemplaires au plus haut prix [b]. Et où aurais-je trouvé les trésors que ces rachats m'auraient sup-

---

[a] Qu'il me soit permis d'être juste envers moi comme envers tout le monde : cette critique du style de l'*Essai* est outrée. C'est un jugement que j'avais prononcé, *ab irato*, sur l'ouvrage avant de l'avoir relu. On va voir bientôt que j'ai modifié ce jugement, et que je l'ai rendu, je crois, plus impartial.

[b] On vint un jour me proposer de racheter à une vente un exemplaire de l'*Essai* pour 300 francs. Je répondis que j'en avais deux exemplaires que je donnerais pour cent sous.

posés? J'avais voulu réimprimer l'*Essai* sous Buonaparte, comme on vient de le voir : je n'en faisais donc pas un secret.

Quoi qu'il en soit, les mains officieuses qui firent d'abord circuler l'*Essai historique* perdirent leur travail : on s'aperçut que l'ouvrage lu de suite produisait un effet contraire à celui qu'on en espérait. Il fallut en venir au parti moins loyal, mais plus sûr, de ne le donner que par lambeaux, c'est-à-dire d'en montrer le mal, et d'en cacher le bien.

On résolut d'ouvrir l'attaque du côté religieux, d'opposer quelques pages de l'*Essai* à quelques pages du *Génie du Christianisme*; mais une chose déconcertait ce plan : c'était la Préface du dernier ouvrage. Que pouvait-on opposer à un homme qui s'était condamné lui-même avec tant de franchise?

Arrêté par cette préface, il vint alors en pensée de détruire l'autorité de mes aveux au moyen d'une calomnie : on sema le bruit que ma mère était morte avant la publication de l'*Essai*, et qu'ainsi la Préface du *Génie du Christianisme* reposait sur une fable.

Ceux qui disaient ces choses étaient-ils mes amis, mes proches? avaient-ils vécu avec moi à Londres, reçu mes lettres, pénétré mes secrets? pouvaient-ils, par leur témoignage, déterminer l'instant où j'avais répandu des pleurs? S'ils étaient étrangers à toute ma vie; s'ils avaient ignoré mon existence jusqu'au jour où le public la leur avait révélée; s'ils étaient en France, lorsque je languissais dans la terre de l'exil, comment osaient-ils fonder une lâche accusation sur un fait qu'ils ne pouvaient ni savoir ni prouver? Ah! loin de moi la pensée que des hommes qui prétendaient fixer l'époque de mes malheurs, avaient des raisons particulières de la connaître!

J'ai cité le texte même de la lettre de ma sœur que j'ai entre les mains. Cette lettre est du 1er juillet 1798. Voici un autre document dont on ne niera pas l'authenticité :

« Extrait du registre des décès de la ville de Saint-Servan, 1er arrondissement du département d'Ille-et-Vilaine, pour l'an VI de la république, fo 35 ro, où est écrit ce qui suit :

« Le douze prairial an VI de la république française, devant moi Jacques Bourdasse, officier municipal de la commune de Saint-Servan, élu officier le 4 floréal dernier, sont comparus Jean Baslé, jardinier, Joseph Boulin, journalier, majeurs d'âge, et demeurant séparément en cette commune; lesquels m'ont déclaré que Apolline-Jeanne-Suzanne de Bédée, née en la commune de Bourseuil, le 7 avril mil sept cent vingt-six, fille de feu Ange-Annibal de Bédée, et de Bénigne-Jean-Marie de Ravenel, veuve de René-Auguste de Chateaubriand, est décédée au domicile de la citoyenne Gouyon, situé à la Ballue, en cette commune, ce jour, à une heure après midi : d'après cette déclaration, dont je me suis assuré de la vérité, j'ai rédigé le présent acte, que Jean Baslé a seul signé avec moi, Joseph Boulin ayant déclaré ne le savoir faire, de ce interpellé.

« Fait en la maison commune, lesdits jour et an. *Signé* : Jean Baslé et Bourdasse.

« Certifié conforme au registre, par nous maire de Saint-Servan, ce 31 octobre 1812. *Signé* : Tresvaux-Réselaye, adjoint.

« Vu pour légalisation de la signature du sieur Tresvaux-Réselaye, adjoint, par nous juge du tribunal civil séant à Saint-Malo (le président empêché). A Saint-Malo, le trente et un octobre 1812. *Signé* : Robiou [a]. »

La date de la mort de madame de Chateaubriand est du 12 prairial an VI de la

---

[a] Je prie le lecteur de remarquer mon exactitude. J'avais dit dans la Préface du *Génie du Christianisme*, en 1802, que ma mère, après avoir été jetée dans les cachots et vu périr une partie de ses enfants, expira sur un grabat où ses malheurs l'avaient reléguée. La voici qui meurt dans une campagne isolée où deux ouvriers, dont l'un ne sait pas écrire, témoignent seuls de sa mort.

république, c'est-à-dire du 31 mai 1798. La publication de l'*Essai* est des premiers mois de 1797; elle avait dû même avoir lieu plus tôt, comme on le voit par le *Prospectus*, qui l'annonçait pour la fin de 1796 [a]. Quelle critique que celle qui force un honnête homme à entrer dans de pareils détails, qui oblige un fils à produire l'extrait mortuaire de sa mère !

Battu par les faits, repoussé par les dates, on n'eut plus que la ressource banale de tronquer des passages pour dénaturer un texte. C'était avec des brochures d'une quarantaine de pages que l'on prétendait faire connaître un livre de près de 700 pages, grand in-8°. Des fragments qui ne tenaient à rien de ce qui les précédait ou de ce qui les suivait dans le corps de l'ouvrage pouvaient-ils donner une idée juste de cet ouvrage? On transcrivait quelques phrases hasardées sur le culte, mais on ne disait pas que, dans un chapitre adressé aux infortunés, on trouvait cet éloge de l'Évangile : « Un livre vraiment utile au misérable, parce qu'on y trouve la pitié, la tolérance, la douce indulgence, l'espérance plus douce encore, qui composent le seul baume des blessures de l'âme, ce sont les Évangiles. Leur divin auteur ne s'arrête point à prêcher vainement les infortunés : il fait plus, il bénit leurs larmes et boit avec eux le calice jusqu'à la lie. »

Cela, ce me semble, n'était pourtant pas trop incrédule.

Encore un passage de ce livre qui scandalisait si fort ces chrétiens de circonstance, lesquels ne croient peut-être pas en Dieu, et ces hypocrites qui font de la haine, de l'or et des places avec la charité, la pauvreté et l'humilité de la religion : « Si la morale la plus pure et le cœur le plus tendre, si une vie passée à combattre l'erreur et à soulager les maux des hommes, sont les attributs de la Divinité, qui peut nier celle de Jésus-Christ? Modèle de toutes les vertus, l'amitié le voit endormi dans le sein de Jean, ou léguant sa mère à ce disciple chéri; la tolérance l'admire avec attendrissement dans le jugement de la femme adultère : partout la pitié le trouve bénissant les pleurs de l'infortuné; dans son amour pour les enfants, son innocence et sa candeur se décèlent; la force de son âme brille au milieu des tourments de la croix, et son dernier soupir dans les angoisses de la mort est un soupir de miséricorde. » *Essai historique*, page 578 de l'édition de Londres.

Quoi ! c'est là ce que je disais quand je n'étais pas *chrétien!* Cet *Essai* doit être un livre bien étrange! Il ne sera pas inutile de faire remarquer que j'ai transporté ce portrait de Jésus-Christ dans le *Génie du Christianisme*, ainsi que quelques autres chapitres de l'*Essai*, et qu'ils n'y forment aucune disparate.

Telle phrase amphigourique pouvait faire croire que dans l'*Essai* l'existence de Dieu est mise en doute : on la saisissait; mais on taisait le chapitre sur l'*Histoire du polythéisme*, qui commence ainsi : « Il est un Dieu : les herbes de la vallée et les cèdres du Liban le bénissent, etc. L'homme seul a dit : il n'y a point de Dieu. Il n'a donc jamais, celui-là, dans ses infortunes, levé les yeux vers le ciel, etc. »

Je rassemble ailleurs, dans l'*Essai*, les objections que l'on a faites en tout temps contre le christianisme [b]; on croit que je vais conclure comme les esprits forts, et tout à coup on lit ce passage : « Moi, qui suis très-peu versé dans ces matières, je répéterai seulement aux incrédules, en ne me servant que de ma faible raison, ce que je leur ai déjà dit. Vous renversez la religion de votre pays, vous plongez le peuple dans l'impiété, et vous ne proposez aucun autre palladium de la morale.

---

[a] *Voyez ce Prospectus*, à la suite de cette préface.

[b] J'ai pourtant soin de dire, en rassemblant ces objections, qu'elles ont été victorieusement réfutées par les meilleurs esprits, et qu'elles ne sont pas de moi.

Cessez cette cruelle philosophie : ne ravissez point à l'infortuné sa dernière espérance : qu'importe qu'elle soit une illusion, si cette illusion le soulage d'une partie du fardeau de l'existence ; si elle veille dans les longues nuits à son chevet solitaire et trempé de larmes ; si enfin elle lui rend le dernier service de l'amitié en fermant elle-même sa paupière, lorsque seul et abandonné sur la couche du misérable il s'évanouit dans la mort. » *Essai*, page 621, même édition.

Retranchez ce paragraphe, et donnez le chapitre sans sa conclusion, je serai un véritable philosophe. Imprimez ces dernières lignes, et il faudra reconnaître ici l'auteur futur du *Génie du Christianisme*, l'esprit incertain qui n'attend qu'une leçon pour revenir à la vérité. En lisant attentivement l'*Essai*, on sent partout que la nature religieuse est au fond, et que l'incrédulité n'est qu'à la surface.

Au reste, cet ouvrage est un véritable chaos : chaque mot y contredit le mot qui le suit. On pourrait faire de l'*Essai* deux analyses différentes : on prouverait par l'une que je suis un sceptique décidé, un disciple de Zénon et d'Épicure ; par l'autre, on me ferait connaître comme un chrétien bigot, un esprit superstitieux, un ennemi de la raison et des lumières. On trouve dans cette rêverie de jeune homme une profonde vénération pour Jésus-Christ et pour l'Évangile, l'éloge des évêques, des curés, et des déclamations contre la cour de Rome et contre les moines : on y rencontre des passages qui sembleraient favoriser toutes les extravagances de l'esprit humain, le suicide, le matérialisme, l'anarchie ; et tout auprès de ces passages, on lit des chapitres entiers sur l'existence de Dieu, la beauté de l'ordre, l'excellence des principes monarchiques. C'est le combat d'Oromaze et d'Arimane : les larmes maternelles et l'autorité de la raison croissante ont décidé la victoire en faveur du bon génie.

La position de ceux qui m'attaquaient sous l'empire était extrêmement fausse. Que me reprochaient-ils ? Des principes qui étaient les leurs ! Ils ne s'apercevaient pas qu'ils faisaient mon éloge en essayant de me calomnier ; car s'il était vrai que l'*Essai* renfermât les opinions dont on prétendait me faire un crime, que prouvaient-elles ces opinions ? que j'avais conservé dans toutes les positions de ma vie une indépendance honorable ; que moi-même, banni et persécuté, j'avais prêché la monarchie modérée à des gentilshommes bannis et la tolérance à des prêtres persécutés ; que j'avais dit à tous la vérité ; que, partageant les souffrances sans partager entièrement les opinions de mes compagnons d'infortune, j'avais eu le courage, assez rare, de leur déclarer que nous avions donné quelque prétexte à nos malheurs.

Ces principes, en contradiction avec le parti même que j'avais embrassé, prouvaient que j'étais le martyr de l'honneur, plutôt que l'aveugle soldat d'une cause dont je connaissais le côté faible ; que je m'étais battu comme Falkland dans les camps de Charles Ier, bien que je n'eusse pas été aussi heureux que lui.

Ces principes prouvaient encore que ces bannis que l'on représentait comme de vils *esclaves* attachés à la *tyrannie* par amour de leurs *priviléges*, étaient pourtant des hommes qui reconnaissaient ce qu'il peut y avoir de noble dans toutes les opinions ; qui ne rejetaient aucune idée généreuse ; qui ne condamnaient dans la liberté que l'anarchie ; qui confessaient loyalement leurs propres erreurs, en sachant supporter leurs infortunes ; qui, éclairés sur les abus de l'ancien gouvernement, n'en servaient pas moins leur souverain au péril de leur vie ; et qui participaient enfin aux lumières de leur siècle, sans manquer à leurs devoirs de sujets.

Ne pouvais-je pas encore dire à mes adversaires du temps de l'empire : Ou les principes philosophiques que vous me reprochez sont dans l'*Essai*, ou ils n'y sont pas.

S'ils n'y sont pas, vous parlez contre la vérité ; s'ils y sont, ces principes sont les vôtres : j'étais le disciple de vos erreurs ; mes égarements sont de vous ; mon retour à la vérité est de moi.

On a supposé des motifs d'intérêt à mes opinions. J'aurais dans ce cas été bien malhabile, car j'allais toujours enseignant des doctrines contraires à celles qui menaient à la faveur dans les lieux que j'habitais.

Dans l'étranger, je n'avais, de l'émigration pour la cause de la monarchie, que l'exil et tous les genres de misère, m'obstinant à parler des fautes qui avaient contribué à la chute du trône, et prônant les libertés publiques.

Dans ma patrie, lorsque j'y revins, je trouvai les temples détruits, la religion persécutée, la puissance et les honneurs du côté de la philosophie ; aussitôt je me range du côté du faible, et j'arbore l'étendard religieux. Si je faisais tout cela dans des vues intéressées, ma méprise était grossière : quoi de plus insensé que de dire dans deux positions contraires précisément ce qui devait choquer les hommes dont je pouvais attendre la fortune ?

J'avais annoncé dans ce que j'appelais, je ne sais pourquoi, la *Notice* au lieu de la *Préface de l'Essai*, l'espèce de persécution que me susciterait cet ouvrage.

« Que ce livre *m'attire beaucoup d'ennemis*, dis-je dans cette *Notice*, j'en suis convaincu. Si je l'avais cru dangereux, je l'eusse supprimé ; je le crois utile, je le publie. Renonçant à tous les partis, je ne me suis attaché qu'à celui de la vérité : l'ai-je trouvée ? Je n'ai pas l'orgueil de le prétendre. Tout ce que j'ai pu faire a été de marcher en tremblant, de me tenir sans cesse en garde contre moi-même ; de ne jamais énoncer une opinion sans avoir auparavant descendu dans mon propre sein pour y découvrir le sentiment qui me l'avait dictée. J'ai tâché d'opposer philosophie à philosophie, raison à raison, principe à principe : ou plutôt je n'ai rien fait de tout cela, j'ai seulement exposé les doutes d'un honnête homme [a]. »

Cette prophétie d'*un honnête homme* date de trente ans.

Enfin d'autres censeurs de l'*Essai* voulaient bien me croire dégagé de tout intérêt matériel, mais ils m'accusaient de chercher le bruit.

Si dans l'espoir d'immortaliser mon nom j'avais embrassé la cause du crime et défendu des pervers, je me reconnaîtrais épris d'une coupable renommée. Mais si au contraire j'ai combattu en faveur des sentiments généreux partout où j'ai cru les apercevoir ; si j'ai parlé avec enthousiasme de tout ce qui me paraît beau et touchant sur la terre, la religion, la vertu, l'honneur, la liberté, l'infortune, il faudra convenir que ma passion supposée pour la célébrité sort du moins d'un principe excusable : on pourra me plaindre ; il sera difficile de me condamner. D'ailleurs, ne suis-je pas Français ? quand j'aimerais un peu la gloire, ne pourrais-je pas dire à mes compatriotes : « Qui de vous me jettera la première pierre ? »

Ainsi donc, sous les rapports religieux, l'*Essai* paraîtra beaucoup moins condamnable qu'on ne l'a supposé, et sous les rapports politiques il sera tout en ma faveur. Loin de prêcher le républicanisme, comme d'officieux censeurs l'ont voulu faire entendre, l'*Essai* cherche à démontrer au contraire que, dans l'état des mœurs du siècle, la république est impossible. Malheureusement je n'ai plus la même conviction. J'ai toujours raisonné dans l'*Essai* d'après le système de la liberté républicaine des anciens, de la liberté, fille des mœurs ; je n'avais pas assez réfléchi sur cette autre espèce de liberté, produite par les lumières et la civilisation perfec-

[a] *Voyez cette Notice, en tête de l'Essai.*

tionnée : la découverte de la république représentative a changé toute la question. Chez les anciens l'esprit humain était jeune, bien que les nations fussent déjà vieilles ; la société était dans l'enfance, bien que l'homme fût déjà courbé par le temps. C'est faute d'avoir fait cette distinction, que l'on a voulu, mal à propos, juger les peuples modernes d'après les peuples anciens ; que l'on a confondu deux sociétés essentiellement différentes ; que l'on a raisonné dans un ordre de choses tout nouveau, d'après des vérités historiques qui n'étaient plus applicables. La monarchie représentative est mille fois préférable à la république représentative : elle en a tous les avantages sans en avoir les inconvénients ; mais, si l'on était assez insensé pour croire qu'on peut renverser cette monarchie et retourner à la monarchie absolue, on tomberait dans la république représentative, quel que soit l'état actuel des mœurs. Ces mœurs sont d'ailleurs loin d'être aussi corrompues qu'elles l'étaient au commencement de la révolution ; les scandales domestiques sont aujourd'hui presque inconnus, la France est devenue plus sérieuse, et la jeunesse même a quelque chose d'austère.

Les personnages historiques sont en général jugés impartialement dans l'*Essai*. Il y a pourtant quelques hommes que j'ai traités avec trop de rigueur. Je les prie de pardonner à ces opinions sans autorité, nées du malheur et de l'inexpérience La jeunesse est tranchante et présomptueuse ; ses arrêts sont presque toujours sévères. En vieillissant, on apprend à excuser dans les autres les choses dont on s'est soi-même rendu coupable ; on ne transforme plus les faiblesses en crimes, et l'on aime moins à compter les fautes que les vertus. C'est surtout pour ces jugements irréfléchis que je regrette de n'avoir pu corriger l'*Essai ;* mais je me suis trouvé dans la dure nécessité de reproduire mes erreurs, et de me montrer au public avec toutes mes infirmités.

Je sais parfaitement que cette préface et les *Notes critiques* de l'*Essai* ne changeront point l'opinion de la génération présente. Ceux qui aiment l'*Essai* tel qu'il est, seront peut-être contrariés par les *notes ;* ceux qui trouvent l'ouvrage mauvais ne seront point désarmés. Ces derniers regarderont mes aveux comme non avenus, et reproduiront leurs accusations avec une bonne foi digne de leur charité.

Au fond, ces prétendus chrétiens ne disent pas ce qui leur déplaît. Ne croyez pas que ce soit le philosophisme de l'*Essai* qui les blesse : ce qu'ils ne peuvent me pardonner, c'est l'amour de la liberté qui respire dans cet ouvrage. Sous ce rapport, les *Notes* ne feront qu'aggraver mes torts. Loin d'être rentré dans le giron de l'*absolutisme,* je me suis endurci dans ma faute constitutionnelle. Qu'importe alors que je me sois amendé comme chrétien ? Soyez athée, mais prêchez l'arbitraire, la police, la censure, la sage indépendance de l'antichambre, les charmes de la domesticité, l'humiliation de la patrie, le goût du petit, l'admiration du médiocre, tous vos péchés vous seront remis.

Aussi, en écrivant les *notes,* je n'ai point espéré réformer le sentiment de mes contemporains ; mais la postérité viendra, et si j'existe pour elle, elle prononcera avec impartialité sur le livre et le commentaire. J'ose espérer qu'elle jugera l'*Essai* comme ma tête grise l'a jugé ; car, en avançant dans la vie, on prend naturellement de l'équité de cet avenir dont on approche.

Cependant des personnes prétendent qu'il ne serait pas impossible que l'*Essai* fût reçu du public avec une faveur à laquelle je ne devrais pas m'attendre : j'avoue que les raisons présumées de cette faveur, si elle a lieu, m'attristent autant qu'elles m'effrayent. Il me paraît certain à moi-même que, si je publiais le *Génie du Chris-*

tianisme aujourd'hui pour la première fois, il n'obtiendrait pas le succès populaire qu'il obtint au commencement de ce siècle; il est certain encore que, si j'avais donné en 1801 l'*Essai historique* au lieu du *Génie du Christianisme*, il eût été reçu avec un murmure d'improbation générale. Comment se fait-il maintenant que ce même *Essai* soit plus près des idées du jour sous la légitimité qu'il ne l'eût été sous l'usurpation? Et comment arrive-t-il que le *Génie du Christianisme* est moins dans l'esprit de ce moment qu'il ne l'était à l'époque où je l'ai fait paraître?

Quelles causes menaçantes ont pu produire dans l'opinion un effet si contraire à l'ordre naturel des temps et des événements? Par quelle fatalité l'*Essai* serait-il devenu le livre du présent, et le *Génie du Christianisme* le livre du passé? Les oppresseurs et les opprimés auraient-ils changé de place? Quelles fautes ont été commises, quelle route de perdition a-t-on suivie pour arriver à un pareil résultat? Se serait-on trompé sur les moyens de rendre à la religion son éclat et sa véritable puissance? Aurait-on cru que cette religion éclairée et généreuse ne pouvait prospérer que par l'extinction des lumières et la destruction des libertés publiques? Serait-on parvenu à inquiéter les hommes les plus paisibles, les esprits les plus calmes, les plus modérés, en nous menaçant d'un retour à des choses impossibles, en livrant le pouvoir à une petite coterie hypocrite qui amènerait une seconde fois, et pour toujours, la ruine du trône et de l'autel?

Qu'on y prenne garde : s'il y a encore une cause de destruction pour la monarchie, elle se trouve là où je l'indique. Ce n'est pas avec des doctrines de calomnie et d'intolérance que la religion trouvera des hommes capables de la défendre. De faibles mains, qui ne sentent pas même le poids du fardeau qu'elles ont à soulever, le laissent à terre sans pouvoir le déranger d'une seule ligne. Où sont les talents qui jadis venaient au secours des principes religieux et monarchiques quand ils étaient attaqués? Repoussés, ils se retirent, et laissent le combat à l'intrigue et à l'incapacité.

La France voulait l'union dans la religion, la monarchie légitime, les libertés publiques, et l'on s'est plu à la désunir, à l'alarmer sur les projets de ses vœux. Le discrédit total du pouvoir administratif, la lassitude de tout, le mépris ou l'indifférence de l'opinion sur les choses les plus graves, voilà ce qui reste aujourd'hui de tant d'espérances. Derrière nous, une jeunesse ardente attend ce que nous lui laisserons pour le modifier ou le briser selon sa force, car elle ne continuera pas nos destinées.

Dans cette position, tout homme sage doit songer à lui; il doit se séparer de ce qui nous perd, pour trouver un abri au moment de l'orage.

C'est une triste chose que d'en être aux professions de foi, aux controverses religieuses, à ces querelles déplorables que l'on n'aurait jamais dû tirer de l'oubli; mais, enfin, puisqu'on nous a mené là, il faut prendre son parti. Placé entre l'*Essai* et le *Génie du Christianisme*, pour éviter toute fausse interprétation, je dois dire à quelles limites je me suis arrêté, afin qu'on ne me cherche ni en dedans ni en dehors de ces limites. Cette confession publique aura du moins l'avantage de montrer ce qui me paraissait utile à faire pour le triomphe de la religion, sous le règne du fils de saint Louis.

Je crois très-sincèrement : j'irais demain pour ma foi d'un pas ferme à l'échafaud.

Je ne démens pas une syllabe de ce que j'ai écrit dans le *Génie du Christianisme;* jamais un mot n'échappera à ma bouche, une ligne à ma plume, qui soit en opposition avec les opinions religieuses que j'ai professées depuis vingt-cinq ans.

Voilà ce que je suis.

Voici ce que je ne suis pas :

Je ne suis point chrétien par patentes de trafiquant en religion : mon brevet n'est que mon extrait de baptême. J'appartiens à la communion générale, naturelle et publique de tous les hommes qui, depuis la création, se sont entendus d'un bout de la terre à l'autre pour prier Dieu.

Je ne fais point métier et marchandise de mes opinions. Indépendant de tout, fors de Dieu, je suis chrétien sans ignorer mes faiblesses, sans me donner pour modèle, sans être persécuteur, inquisiteur, délateur; sans espionner mes frères, sans calomnier mes voisins.

Je ne suis point un incrédule déguisé en chrétien, qui propose la religion comme un frein utile aux peuples. Je n'explique point l'Évangile au profit du despotisme, mais au profit du malheur.

Si je n'étais pas chrétien, je ne me donnerais pas la peine de le paraître : toute contrainte me pèse, tout masque m'étouffe ; à la seconde phrase, mon caractère l'emporterait et je me trahirais. J'attache trop peu d'importance à la vie pour m'ennuyer à la parer d'un mensonge.

Se conformer en tout à l'esprit d'élévation et de douceur de l'Évangile; marcher avec le temps; soutenir la liberté par l'autorité de la religion; prêcher l'obéissance à la Charte comme la soumission au roi; faire entendre du haut de la chaire des paroles de compassion pour ceux qui souffrent, quels que soient leur pays et leur culte ; réchauffer la foi par l'ardeur de la charité : voilà, selon moi, ce qui pouvait rendre au clergé la puissance légitime qu'il doit obtenir : par le chemin opposé, sa ruine est certaine. La société ne peut se soutenir qu'en s'appuyant sur l'autel; mais les ornements de l'autel doivent changer selon les siècles, et en raison des progrès de l'esprit humain. Si le sanctuaire de la Divinité est beau à l'ombre, il est encore plus beau à la lumière : la croix est l'étendard de la civilisation.

Je ne redeviendrai incrédule que quand on m'aura démontré que le christianisme est incompatible avec la liberté; alors je cesserai de regarder comme véritable une religion opposée à la dignité de l'homme. Comment pourrais-je le croire émané du ciel, un culte qui étoufferait les sentiments nobles et généreux, qui rapetisserait les âmes, qui couperait les ailes du génie, qui maudirait les lumières au lieu d'en faire un moyen de plus pour s'élever à l'amour et à la contemplation des œuvres de Dieu? Quelle que fût ma douleur, il faudrait bien reconnaître malgré moi que je me repaissais de chimères : j'approcherais avec horreur de cette tombe où j'avais espéré trouver le repos, et non le néant.

Mais tel n'est point le caractère de la vraie religion; le christianisme porte pour moi deux preuves manifestes de sa céleste origine : par sa morale, il tend à nous délivrer des passions; par sa politique, il a aboli l'esclavage. C'est donc une religion de liberté : c'est la mienne.

En vain les hommes qui combattent la monarchie constitutionnelle nous disent qu'elle nous mènera au protestantisme; que le protestantisme, à son tour, nous conduira à la république, parce que le protestantisme, qui est l'indépendance en matière de religion, produit le républicanisme, qui est l'indépendance en matière de politique : cette assertion est repoussée par les faits. L'Allemagne est-elle républicaine parce qu'elle est en partie protestante? Les gouvernements les plus absolus ne se rencontrent-ils pas en Allemagne, tandis que plusieurs cantons de la Suisse sont catholiques? Venise et Gênes n'étaient-elles pas catholiques? La population catholique des États-Unis n'augmente-t-elle pas d'une manière incroyable sans troubler l'ordre établi ? Toutes les nouvelles républiques espagnoles ne sont-elles pas catholiques, et le clergé de ces républiques, à quelques exceptions près, ne s'est-il pas montré plein de zèle pour la cause de l'indépendance ?

Il n'est donc pas vrai que la religion protestante soit plus favorable à la cause de la liberté que la religion catholique. Croire que notre liberté ne sera assurée que quand nous serons protestants, espérer que la monarchie absolue reviendrait si l'on rendait au clergé catholique son ancien pouvoir politique, c'est une égale erreur. Les uns, à leur grand étonnement, pourraient voir la France protestante sous telle constitution despotique empruntée de telle principauté d'Allemagne, et les autres pourraient se réveiller républicains avec un clergé catholique, des moines mendiants, et des ordres religieux de toutes les sortes.

Laissons donc là les théories pour ce qu'elles valent : en histoire comme en physique, ne prononçons que d'après les faits. Ne calomnions ni les protestants ni les catholiques; n'allons pas supposer que les premiers sont animés d'un esprit révolutionnaire, les seconds, abrutis par un esprit de servitude. Renfermons-nous dans cet axiome : Il n'y a point de véritable religion sans liberté, ni de véritable liberté sans religion.

La querelle n'est point, après tout, entre les protestants et les catholiques, comme les habiles d'un parti voudraient le faire supposer; elle est entre le philosophisme et le fanatisme.

Deux espèces d'hommes sont aujourd'hui le fléau de la société : d'une part, ce sont ces vieux écoliers de Diderot et de d'Alembert, qui se plaisent encore aux moqueries sur la *Bible*, aux déclamations de l'athéisme, aux insultes au clergé ; de l'autre, ce sont ces esprits bornés et violents, qui disent la religion en péril parce que nous avons une Charte, parce que les divers cultes chrétiens sont reconnus par l'État, et surtout parce que nous jouissons de la liberté de la presse. Les premiers nous ramèneraient les misérables mœurs du siècle de Louis XV, ou les persécutions irréligieuses de la fin de ce siècle ; les seconds nous replongeraient dans la crasse et dans l'ignorance du bon vieux temps ; ceux-là extermineraient philosophiquement les prêtres; ceux-ci brûleraient charitablement les philosophes. Ces impies et ces fanatiques acharnés à se détruire, s'ils étaient les maîtres, ne s'arrêteraient qu'au dernier bourreau et à la dernière victime, faute de pouvoir occuper à la fois le dernier échafaud et le dernier auto-da-fé.

Je termine ici cette trop longue préface. Les *Notes critiques*, dont j'ai accompagné le texte de l'*Essai*, achèveront de montrer ce que je pense de cet ouvrage. Je me suis loué quelquefois ; on voudra bien me pardonner cette impartialité, dont je n'ai pas, d'ailleurs, abusé : la brutalité de ma censure expiera la modération de ma louange. J'ose dire que je me suis traité avec une rigueur qui défiera la sévérité de la plus rude critique. Ce ne sont point de ces concessions auxquelles un auteur se résigne pour mettre à l'abri son amour-propre, pour se donner un air de franchise et de bonhomie, pour se glorifier en se rabaissant : ce sont de ces aveux que la vanité ne fait jamais, et qui coûtent à la nature humaine.

Si je ne parle point du style de l'*Essai*, c'est qu'il ne m'appartient pas de le juger : je dirai seulement qu'il est plus incorrect que celui de mes autres ouvrages; qu'il rend avec moins de précision ce qu'il veut exprimer, mais qu'il a la verve de la jeunesse, et qu'il renferme tous les germes de ce qu'on a bien voulu traiter avec quelque indulgence dans mes écrits d'un âge plus mûr. Il y a même un progrès sensible des premières pages de l'*Essai* aux dernières : les trois ans que je mis à élever cette tour de Babel m'avaient profité comme écrivain.

Un dernier mot. Si les préfaces de cette édition complète de mes œuvres tiennent de la nature des mémoires, c'est que je n'ai pu les faire autrement. J'écris vers la fin de ma vie : le voyageur prêt à descendre de la montagne jette malgré lui un regard sur le pays qu'il a traversé et le chemin qu'il a parcouru. D'ailleurs mes ouvrages, comme je l'ai déjà fait observer, sont les matériaux et les pièces justificatives de mes Mémoires : leur histoire est liée à la mienne de manière qu'il est presque impossible de l'en séparer. Qu'aurais-je dit dans des préfaces ordinaires ? que je donnais des éditions revues et corrigées ? On s'en apercevra bien. Aurais-je pris occasion de ces réimpressions particulières pour traiter quelque sujet général ? Mais de tels sujets entrent plus naturellement dans des espèces de mémoires qui peuvent parler de tout, que dans un morceau d'apparat amené de loin, et fait exprès. C'est au lecteur à décider : si ces préfaces l'ennuient, elles sont mauvaises ; si elles l'intéressent, j'ai bien fait de laisser aller ma plume et mes idées.

LIVRE PREMIER

PREMIÈRE PARTIE

RÉVOLUTIONS ANCIENNES

INTRODUCTION

Qui suis-je ? et que viens-je annoncer de nouveau aux hommes ? On peut parler de choses passées ; mais quiconque n'est pas spectateur désintéressé des événements actuels doit se taire. Et où trouver un tel spectateur en Europe ? Tous les individus, depuis le paysan jusqu'au monarque, ont été enveloppés dans cette étonnante tragédie. « Non-seulement, dira-t-on, vous n'êtes pas spectateur, mais vous êtes acteur, et acteur souffrant, Français malheureux, qui avez vu disparaître votre fortune et vos amis dans le gouffre de la révolution ; enfin vous êtes un émigré. » A ce mot, je vois les gens sages, et tous ceux dont les opinions sont modérées ou républicaines, jeter là le volume sans chercher à en savoir davantage. Lecteurs, un moment. Je ne vous demande que de parcourir quelques lignes de plus. Sans doute je ne serai pas intelligible pour tout le monde ; mais quiconque m'entendra poursuivra la lecture de cet *Essai*. Quant à ceux qui ne m'entendront pas, ils feront mieux de fermer le livre; ce n'est pas pour eux que j'écris*.

Celui qui dit dans son cœur : « Je veux être utile à mes semblables, » doit commencer par se juger soi-même : il faut qu'il étudie ses passions, les préjugés et les intérêts qui peuvent le diriger sans qu'il s'en aperçoive. Si malgré tout cela il se sent assez de force pour dire la vérité, qu'il la dise; mais, s'il se sent faible, qu'il se taise. Si celui qui écrit sur les affaires présentes ne peut être lu également au directoire et aux conseils des rois, il a fait un livre inutile; s'il a du talent, il a fait pis, il a fait un livre pernicieux. Le mal, le grand mal, c'est que nous ne sommes point de notre siècle. Chaque âge est un fleuve qui nous entraîne selon le penchant des destinées quand nous nous y abandonnons. Mais il me semble que nous sommes tous hors de son cours. Les uns (les républicains) l'ont traversé avec impétuosité, et se sont élancés sur le bord opposé. Les autres sont demeurés de ce côté-ci sans vouloir s'embarquer. Les deux partis crient et s'insultent, selon qu'ils sont sur l'une ou sur l'autre rive. Ainsi, les premiers nous transportent loin de nous dans des perfections imaginaires, en nous faisant devancer notre âge; les seconds nous retiennent en arrière, refusent de s'éclairer, et veulent rester les hommes du quatorzième siècle dans l'année 1796ᵇ.

a Ce ton solennel, la morgue de ce début, dans un auteur dont le nom était inconnu et qui écrivait pour la première fois; ce ton et cette morgue seraient comiques s'ils n'étaient l'imitation d'un jeune homme nourri de la lecture de J.-J. Rousseau, et reproduisant les défauts de son modèle. Le *moi* que l'on retrouve partout dans l'*Essai* m'est d'autant plus odieux aujourd'hui que rien n'est plus antipathique à mon esprit; que ma disposition habituelle sur mes ouvrages n'est pas de l'orgueil, mais de l'indifférence que je pousse peut-être trop loin. Au reste, j'avais été averti par mon instinct que cette manière n'était pas la mienne : on trouve dans la Notice ou Préface de l'ancienne édition des excuses peut-être assez touchantes de l'emploi que j'avais fait du *moi*. (N. Éd.) — *b* Dis-je aujourd'hui autre chose que cela? n'est-ce pas le fond de toutes les vérités politiques, de toutes les plaintes, de toutes les prévisions que l'on retrouve dans les *Réflexions politiques*, dans *la Monarchie selon la Charte*, dans le *Conservateur*, dans mes *Opinions* à la chambre des pairs, etc.? Il y a cependant trente années que cela est écrit. Mais où écrivais-je de la sorte? à Londres, dans l'exil, au milieu des victimes de la révolution. Il y avait peut-être quelque courage à parler ainsi à un parti dans les rangs duquel j'étais, et dont je partageais les souffrances. Cette fureur de dire la vérité à tout le monde explique assez bien les accidents de ma vie politique. Je remarquerai une fois pour toutes, et pour n'y plus revenir, car je serais obligé de faire des notes à chaque page; je remarquerai que les doctrines politiques professées dans l'*Essai* sur la liberté et sur les gouvernements constitutionnels, sont parfaitement conformes à celles que je prêche maintenant et que j'ai manifestées jusque sous le despotisme de l'usurpation, soit dans le *Génie du Christianisme*, soit dans quelques autres écrits. Je me tiens pour honoré de cette constance dans mes opinions politiques, qui ne s'est démentie ni dans l'exil sous l'impatience du malheur, ni pendant le règne de Buonaparte sous la menace de la force, ni à l'époque de la restauration sous l'influence de la prospérité. Quand on ne retrouverait dans l'*Essai* que ce sentiment d'indépendance, il effacerait à des yeux non prévenus beaucoup d'erreurs. Une main trop jeune, qui n'avait encore été serrée par aucune main amie, n'a-t-elle pas pu s'égarer un peu en traçant une première ébauche? Ainsi ceux qui ont pu croire, par la vive expression de mon horreur pour les crimes révolution-

L'impartialité de ce langage doit me réconcilier avec ceux qui, de la prévention contre l'auteur, auraient pu passer au dégoût de l'ouvrage. Je dirai plus : si celui qui, né avec une passion ardente pour les sciences, y a consacré les veilles de sa jeunesse ; si celui qui, dévoré de la soif de connaître, s'est arraché aux jouissances de la fortune pour aller au delà des mers contempler le plus grand spectacle qui puisse s'offrir à l'œil du philosophe, méditer sur l'homme libre de la nature et sur l'homme libre de la société, placés l'un près de l'autre sur le même sol ; enfin, si celui qui, dans la pratique journalière de l'adversité, a appris de bonne heure à évaluer les préjugés de la vie ; si un tel homme, dis-je, mérite quelque confiance, lecteurs, vous le trouverez en moi.

La position où je me trouve est d'ailleurs favorable à la vérité. Attaqué d'une maladie qui me laisse peu d'espoir, je vois les objets d'un œil tranquille[a]. L'air calme de la tombe se fait sentir au voyageur qui n'en est plus qu'à quelques journées.

Sans désirs et sans crainte, je ne nourris plus les chimères du bonheur, et les hommes ne sauraient me faire plus de mal que je n'en éprouve. « Le malheur[1], dit l'auteur des *Études de la Nature*, le malheur ressemble à la montagne noire de Bember, aux extrémités du royaume brûlant de Lahor : tant que vous la montez, vous ne voyez devant vous que de stériles rochers ; mais, quand vous êtes au sommet, vous apercevez le ciel sur votre tête, et le royaume de Cachemire à vos pieds[2]. »

Le lecteur pardonnera aisément cette digression, qui ne sert après tout ici que de préface, et sans laquelle, plein de cette malheureuse

---

naires, que j'étais un ennemi des libertés publiques, et ceux qui ont pensé, d'après mon amour pour ces libertés, que j'approuvais les doctrines révolutionnaires, se sont également trompés. Ils vont relire de suite mes ouvrages : pour peu qu'ils veuillent faire la part de l'âge, des temps et des circonstances, je ne crains pas de m'en rapporter à leur bonne foi. (N. Éd.)

[a] *Voyez* la Préface. (N. Éd.)

[1] *Chaumière indienne.* — [2] Je crains d'avoir altéré quelque chose dans cette belle comparaison. J'en préviendrai ici, une fois pour toutes : n'ayant rien sauvé de la révolution (excepté un petit nombre de notes), sans bibliothèque et sans ressources, je n'ai eu pour m'aider, dans l'obscurité de ma retraite, qu'une mémoire assez heureuse autrefois, mais aujourd'hui presque usée par le chagrin. On verra, à la conclusion de cet *Essai*, les difficultés innombrables qu'il m'a fallu surmonter. J'ai été souvent sur le point d'abandonner l'ouvrage et de livrer le tout aux flammes *. Cependant je puis assurer les lecteurs que les inexactitudes qui ont pu se glisser dans mes citations sont de peu de conséquence, et que, partout où le sujet l'a absolument exigé, j'ai suspendu mon travail jusqu'à ce que je me fusse procuré les livres originaux. En cela, j'ai trouvé de grands secours chez les gentilshommes anglais, qui m'ont ouvert leurs bibliothèques avec une générosité qui fait honneur à leur philosophie. J'ai été pareillement redevable au révérend B. S., homme d'autant d'esprit que d'humanité, et auquel j'aime à rendre ici l'hommage public de ma reconnaissance.

* J'aurais bien fait de céder à la tentation. (N. Éd.)

défiance qui nous met en garde contre les opinions de l'auteur, il lui eût été impossible de continuer avec intérêt la lecture de cet ouvrage. Mais, si j'ai pris tant de soin de lui aplanir l'entrée de la carrière, il doit à son tour me faire quelque sacrifice. O vous tous qui me lisez, dépouillez un moment vos passions en parcourant cet écrit sur les plus grandes questions qui puissent, dans ce moment de crise, occuper les hommes. Méditez attentivement le sujet avec moi. Si vous sentez quelquefois votre sang s'allumer, fermez le livre, attendez que votre cœur batte à son aise avant de recommencer votre lecture. En récompense, je ne me flatte pas de vous apporter du génie, mais un cœur aussi dégagé de préjugés qu'un cœur d'homme puisse l'être. Comme vous, si mon sang s'échauffe, je le laisserai se calmer avant de reprendre la plume : je causerai toujours simplement avec vous ; je raisonnerai toujours d'après des principes. Je puis me tromper sans doute ; mais, si je ne suis pas toujours juste, je serai toujours de bonne foi. Ne vous hâtez pas de mépriser l'ouvrage d'un inconnu qui n'écrit que pour être utile. Enfin, si par des souvenirs trop tendres je laissais dans le cours de cet écrit tomber une larme involontaire, songez qu'on doit passer quelque chose à un infortuné laissé sans amis sur la terre, et dites : Pardonnons-lui en faveur du courage qu'il a eu d'écouter la voix de la vérité, malgré les préjugés si excusables du malheur.

EXPOSITION.

I. Quelles sont les révolutions arrivées autrefois dans les gouvernements des hommes ? Quel était alors l'état de la société, et quelle a été l'influence de ces révolutions sur l'âge où elles éclatèrent et les siècles qui les suivirent ?

II. Parmi ces révolutions en est-il quelques-unes qui, par l'esprit, les mœurs et les lumières des temps, puissent se comparer à la révolution actuelle de France ?

III. Quelles sont les causes primitives de cette dernière révolution, et celles qui en ont opéré le développement soudain ?

IV. Quel est maintenant le gouvernement de France ? Est-il fondé sur de vrais principes, et peut-il subsister ?

V. S'il subsiste, quel en sera l'effet sur les nations et autres gouvernements de l'Europe ?

VI. S'il est détruit, quelles en seront les conséquences pour les peuples contemporains et pour la postérité[a] ?

---

[a] Ces questions me semblent clairement posées. Si elles embrassent des sujets qui occupent rarement la jeunesse, elles se ressentent aussi du caractère de la jeunesse : elles vont trop loin ; elles

Telles sont les questions que je me propose d'examiner. Quoiqu'on ait beaucoup écrit sur la révolution française, chaque faction se contentant de décrier sa rivale, le sujet est aussi neuf que s'il n'eût jamais été traité.

Républicains, constitutionnels, monarchistes, girondistes, royalistes, émigrés, enfin politiques de toutes les sectes[1], de ces questions bien ou mal entendues dépend votre bonheur ou votre malheur à venir. Il n'est point d'homme qui ne forme des projets de gloire, de fortune, de plaisir ou de repos; et nul, cependant, dans ce moment de crise, ne peut se dire : « Je ferai telle chose demain, » s'il n'a prévu quel sera ce demain. Il est passé le temps des félicités individuelles : les petites ambitions, les étroits intérêts d'un homme, s'anéantissent devant l'ambition générale des nations et l'intérêt du genre humain[a]. En vain vous espérez échapper aux calamités de votre siècle par des mœurs solitaires et l'obscurité de votre vie; l'ami est maintenant arraché à l'ami, et la retraite du sage retentit de la chute des trônes. Nul ne peut se promettre un moment de paix : nous naviguons sur une côte inconnue, au milieu des ténèbres et de la tempête. Chacun a donc un intérêt personnel à considérer ces questions avec moi, parce que son existence y est attachée. C'est une carte qu'il faut étudier dans le péril pour reconnaître en pilote sage le point d'où l'on part, le lieu où l'on est et celui où l'on va, afin qu'en cas de naufrage on se sauve sur quelque île où la tempête ne puisse nous atteindre. Cette île-là est une conscience sans reproche.

VUE DE MON OUVRAGE.

Le défaut de méthode se fait ordinairement sentir dans les ouvrages politiques, bien qu'il n'y ait point de sujet qui demandât plus d'ordre et de clarté. Je tâcherai de donner une idée distincte de cet *Essai*, en disant un mot de ma manière.

veulent ramener tous les événements de l'histoire à un centre de convergence impossible; non-seulement elles interrogent le passé, mais elles prétendent révéler l'avenir; elles sont toutes de théorie, et n'ont aucune utilité pratique : on y reconnaît à la fois l'audace et l'inexpérience d'un esprit que l'âge n'a point éclairé, et qui est prêt à faire abus de sa force. (N. ÉD.)

[1] Je serai souvent obligé, pour me faire entendre, d'employer les divers noms de partis de notre révolution. J'avertis que ces noms ne signifieront, sous ma plume, que des appellations nécessaires à l'intelligence de mon sujet, et non une injure personnelle. Je ne suis l'écrivain d'aucune secte, et je conçois fort bien qu'il peut exister de très-honnêtes gens, avec des notions des choses différentes des miennes. Peut-être la vraie sagesse consiste-t-elle à être, non pas sans principes, mais sans opinions déterminées[*].

[a] Cette réflexion est aujourd'hui plus vraie que jamais. (N. ÉD.)

[*] On peut avouer les sentiments modérés exprimés dans cette note, mais le scepticisme de la dernière phrase est risible. (N. ÉD.)

1° J'examinerai les causes éloignées et immédiates de chaque révolution ;

2° Leurs parties historiques et politiques ;

3° L'état des mœurs et des sciences de ce peuple en particulier, et du genre humain en général, au moment de cette révolution ;

4° Les causes qui en étendirent ou en bornèrent l'influence ;

5° Enfin, tenant toujours en vue l'objet principal du tableau, je ferai incessamment remarquer les rapports ou les différences entre la révolution alors décrite et la révolution française de nos jours. De sorte que celle-ci servira de foyer commun, où viendront converger tous les traits épars de la morale, de l'histoire et de la politique [a].

Cette intéressante peinture occupera la majeure partie des quatre premiers livres et servira de réponse à la première question.

L'examen de la troisième et celui de la seconde (déjà à moitié résolue) rempliront la troisième partie du quatrième livre.

Le cinquième livre, écrit en dialogue, sera consacré aux recherches sur la quatrième question.

Quelques sujets détachés se trouveront dans la première partie du livre sixième ; et la seconde du même livre contiendra les probabilités sur les deux dernières questions.

Ainsi l'ouvrage entier sera composé de six livres, les uns de deux, les autres de trois parties, formant en totalité quinze parties, subdivisées en chapitres [b].

De cette esquisse générale passons maintenant aux divisions particulières, et fixons d'abord la valeur que je donne au mot *révolution*, puisque ce mot reviendra sans cesse dans le cours de cet ouvrage.

Par le mot révolution je n'entendrai donc, dans la suite, qu'une conversion totale du gouvernement d'un peuple, soit du monarchique au républicain, ou du républicain au monarchique. Ainsi, tout État qui tombe par des armes étrangères, tout changement de dynastie, toute guerre civile qui n'a pas produit des altérations remarquables dans une société, tout mouvement partiel d'une nation momentanément insurgée, ne sont point pour moi des révolutions. En effet, si l'esprit des peuples ne change, qu'importe qu'ils se soient agités quelques instants dans leurs misères, et que leur nom ou celui de leur maître ait changé [c] ?

Considérées sous ce point de vue, je ne reconnaîtrai que cinq révo-

---

[a] Mêmes défauts que dans l'exposition ; système de convergence qui ne pouvait produire que des rapprochements historiques quelquefois curieux, mais presque toujours forcés. (N. Éd.) — [b] Ces prétentions à la méthode et à la clarté sont très-mal fondées : il n'y a rien de plus embrouillé que ces divisions et ces subdivisions. (N. Éd.) — [c] Raisonnable. (N. Éd.)

lutions dans toute l'antiquité, et sept dans l'Europe moderne. Les cinq révolutions anciennes seront l'établissement des républiques en Grèce; leur sujétion sous Philippe et Alexandre, avec les conquêtes de ce héros; la chute des rois à Rome; la subversion du gouvernement populaire par les Césars; enfin le renversement de leur empire par les Barbares [1].

La république de Florence, celle de la Suisse, les troubles sous le roi Jean, la Ligue sous Henri IV, l'union des Provinces Belgiques, les malheurs de l'Angleterre durant le règne de Charles Ier, et l'érection des États-Unis de l'Amérique en nation libre, formeront le sujet des sept révolutions modernes.

Au reste, je crayonnerai rapidement la partie de cet ouvrage consacrée à l'histoire ancienne, réservant les grands détails lorsque je parlerai des nations actuelles de l'Europe. Le génie des Grecs et des Romains diffère tellement du génie des peuples d'aujourd'hui, qu'on y trouve à peine quelques traits de ressemblance. J'aurais pu m'étendre sur les révolutions de Thèbes, d'Argos et de Mycènes; les annales de la Suède et de la Pologne, celles des villes impériales, les insurrections de quelques cités d'Espagne et du royaume de Naples, me présentaient des matériaux suffisants pour multiplier les volumes. Mais, en portant un œil attentif sur l'histoire, j'ai vu qu'une multitude de rapports qui m'avaient d'abord frappé se réduisaient, après un mûr examen, à quelques faits isolés totalement étrangers dans leurs causes et dans leurs effets à ceux de la révolution française. En m'arrêtant incessamment à chaque petite ville de la Grèce et de l'Allemagne, je serais tombé dans un cercle de répétitions aussi ennuyeuses que peu utiles. Je n'ai donc saisi que les grands traits, ceux qui offrent des leçons à suivre, ou des exemples à imiter. Je n'ai pas prétendu écrire un roman dans lequel, pliant de force les événements à mon système [a], je n'eusse laissé après moi qu'un de ces monuments déplorables, où nos neveux contempleront avec un serrement de cœur l'esprit qui anima leurs pères, et béniront le ciel de ne les avoir pas

---

[1] L'irruption des Barbares dans l'Empire n'est pas proprement une révolution dans le sens que j'ai donné à ce mot. On en peut dire autant des guerres sous le roi Jean, et de la Ligue sous Henri IV, dont j'ai cependant fait des révolutions [*]. Quant aux Barbares, il est aisé d'apercevoir que, formant le point de contact où s'unit l'histoire des anciens et des modernes, il m'était indispensable d'en parler. Quant aux deux autres époques, les troubles de la France dans ces temps-là sont trop fameux, offrent des caractères trop grands et des analogies trop frappantes pour ne pas les avoir considérées comme de véritables révolutions.

[a] Voilà la critique la plus juste qu'on puisse faire de l'*Essai* : j'avais le sentiment de la faiblesse de mon plan, et je faisais des efforts pour la cacher aux yeux du public et aux miens. (N. Éd.)

[*] On voit qu'à l'époque où j'écrivais l'*Essai* je songeais déjà à l'*Histoire de France*.

fait naître dans ces jours de calamité. Je me suis proposé une fin plus noble, en écrivant ces pages; je l'avouerai; l'espoir d'être utile aux hommes a exalté mon âme et conduit ma plume. Que si le plus grand sujet est celui dont on peut faire sortir le plus grand nombre de vérités naturelles; que si, fixant en outre la somme des vérités historiques, ce sujet mène à la solution du problème de l'homme, fut-il jamais d'objet plus digne de la philosophie que le plan qu'on s'est tracé dans cet ouvrage [a]? Malheureusement l'exécution en est confiée à des mains trop inhabiles [b]. J'ai fait, par mon titre d'*Essai*, l'aveu public de ma faiblesse. Ce sera assez de gloire pour moi d'avoir montré la route à de plus beaux génies.

CHAPITRE PREMIER.

PREMIÈRE QUESTION.

Ancienneté des hommes.

« Quelles sont les révolutions arrivées autrefois dans le gouvernement « des hommes? quel était alors l'état de la société? et quelle a été l'in-« fluence de ces révolutions sur l'âge où elles éclatèrent et les siècles « qui les suivirent? »

Le seul énoncé de cette question suffit pour en démontrer l'importance. Le vaste sujet qu'elle embrasse remplira la majeure partie de cet ouvrage, et, servant de clef à nos derniers problèmes, en fera naître une foule de vérités inconnues. Le flambeau des révolutions passées à la main, nous entrerons hardiment dans la nuit des révolutions futures. Nous saisirons l'homme d'autrefois malgré ses déguisements, et nous forcerons le Protée à nous dévoiler l'homme à venir. Ici s'ouvre une perspective immense; ici j'ose me flatter de conduire le lecteur par un sentier encore tout inculte de la philosophie, où je lui promets des découvertes et de nouvelles vues des hommes [c]. Du tableau des troubles de l'antiquité passant à celui des nations modernes, je remonterai, par une série de malheurs, depuis les premiers âges du monde jusqu'à notre siècle. L'histoire des peuples est une échelle de misère dont les révolutions forment les différents degrés.

---

[a] Et pourtant c'est un roman où les évènements sont obligés, bon gré, mal gré, de se plier à un système. (N. Éd.) — [b] Me voilà rendu à ma propre nature : Rousseau n'est plus pour rien dans cette manière d'écrire. (N. Éd.) — [c] Quelle assurance! l'excuse ici est la jeunesse. *De nouvelles vues des hommes!* mais il aurait fallu commencer par savoir ce que j'étais moi-même. (N. Éd.)

Si l'on considère que, depuis le jour mémorable où Christophe Colomb aborda sur les rives américaines, pas une des hordes qui vaguent dans les forêts du Nouveau-Monde n'a fait un pas vers la civilisation ; que cependant ces peuples étaient déjà loin de l'état de nature[1] à l'époque où on les a trouvés, on ne pourra s'empêcher de convenir que la forme la plus grossière du gouvernement n'ait dû coûter à l'homme des siècles de barbarie.

Qu'apercevons-nous donc au moment où l'histoire s'ouvre ? De grandes nations déjà sur leur déclin, des mœurs corrompues, un luxe effroyable, des sciences abstraites[2], telles que l'astronomie, l'écriture et la métaphysique des langues, arts dont l'achèvement semble demander la durée du monde ! Si on ajoute à cela les traditions des peuples : les Pasteurs de l'antique Égypte, paissant leurs gazelles dans les villes abandonnées et sur les monuments en ruine d'une nation inconnue, jadis florissante dans ces déserts[3] ; cette même Égypte comptant plus de cinq mille ans[4], depuis la fin de l'âge bucolique et l'érection de la monarchie sous son premier roi Ménès jusqu'à Alexandre ; la Chine, fondant son histoire sur un calcul d'éclipses qui remonte jusqu'au déluge[5], au delà duquel ses annales se perdent dans des

---

[1] Une observation importante à faire sur la lenteur avec laquelle les Américains se civilisent, c'est que la nature leur a refusé les troupeaux, ces premiers législateurs des hommes. Il est même très-remarquable qu'on a trouvé ces sauvages policés là précisément où il y avait une espèce d'animal domestique *.—[2] HÉROD., lib. I et II ; DIOD., lib. I et II.—[3] *Voyage aux Sources du Nil*, par J. BRUCE, t. III, liv. II, chap. II, p. 117, etc. En admettant, avec Bruce, que les pasteurs remplacèrent les anciens peuples de l'Égypte, je rejette le reste de son système, qui fait sortir les Pasteurs de l'Éthiopie. Il vous dit que les descendants de Cush, petit-fils de Noé, peuplèrent ces contrées *alors désertes*, et quelques pages après il ajoute que les Cushites trouvèrent auprès d'eux une nation puissante, les Pasteurs. Outre que les anciens historiens paraissent faire entendre que les Pasteurs entrèrent en Égypte par l'isthme de Suez, Bruce a ignoré un passage d'Eusèbe qui dit : *Æthiopes ab Indo flumine consurgentes juxta Ægyptum consederunt*. Et il fixe leur arrivée au règne d'Aménophis, avant la dix-neuvième dynastie, et vers le temps de la fondation de Sparte, environ 1500 ans avant l'ère vulgaire. Ainsi les Pasteurs auraient été les habitants primitifs de l'Éthiopie. D'ailleurs, selon Ussérius, Sésostris était fils d'Aménophis. Celui-ci avait régné glorieusement, et Sésostris, loin d'avoir à arracher son royaume des mains des Pasteurs victorieux, entreprit la conquête du monde, si nous en croyons Diodore de Sicile. Il faut donc placer le règne des Pasteurs dans une antiquité bien plus reculée que ne le fait le voyageur Bruce, et rejeter l'opinion, très-invraisemblable, que ces peuples venaient originairement de l'Éthiopie. Manethon, dans sa seizième dynastie, les appelle expressément Φοίνικες ξένοι, Phéniciens étrangers. Au reste, Josèphe rapporte que Tethmosis contraignit ceux-ci par un traité d'abandonner son empire, ce qui en ferait remonter l'époque vers l'an 2889 de la période Julienne. Mais ceci ne doit s'entendre que des derniers Pasteurs. Il est certain que ces peuples ravagèrent plusieurs fois l'Égypte. (MANETHO *apud Joseph. et Afric.*; HÉROD., lib. II, cap. c ; DIOD., lib. I, pag. 48, etc.; EUSÈB., *Chron.*, lib. I, pag. 13.) — [4] Suivant le calcul modéré de Manethon. Si on admettait le règne des dieux et des demi-dieux, il faudrait compter plus de vingt mille ans. (DIOD., lib. I, pag. 41.) — [5] DUHALDE, *Hist. de la Chine*, tom. II, pag. 2. La première éclipse a été observée deux mille cent cinquante-cinq ans avant Jésus-Christ.

---

* Observation assez curieuse. (N. ÉD.)

siècles innombrables ; l'Inde enfin, offrant le phénomène d'une langue primitive, source de toutes celles de l'Orient, langue qui n'est plus entendue que des Bramines [1], et qui fut jadis parlée d'un grand peuple, dont le nom même a disparu de la terre ; il est certain que le premier coup d'œil qu'on jette sur l'histoire des hommes suffirait pour nous convaincre que notre courte chronologie en remplit à peine la dernière feuille, si les monuments de la nature ne démontraient cette vérité au delà de toute contradiction [2].

La destruction et le renouvellement d'une partie du genre humain est une autre conjecture également fondée. Les corps marins transportés au sommet des montagnes, ou enfouis dans les entrailles de la terre ; les lits de pierres calcaires ; les couches parallèles et horizontales des sols [3], se réunissent avec les traditions des Juifs [4], des Indiens [5], des Chinois [6], des Égyptiens [7], des Celtes [8], des Nègres [9] de l'Afrique et des

---

[1] *Hist. of Ind. from the Earliest. Acc.*; ROBERTSON, *Appendix to his Disquis.* La langue sanscrite ou sacrée vient enfin d'être révélée au monde. Nous possédons déjà la traduction de plusieurs poëmes, écrits dans cet idiome. La puissance et la philosophie des Anglais aux Indes ont fait à la république des lettres ce présent inestimable. (*Voyez les auteurs cités ci-dessus.*) — [2] BUFFON, *Théor. de la Terre.* J'avais recueilli moi-même un grand nombre d'observations botaniques et minéralogiques sur l'antiquité de la terre. J'ai compté sur des montagnes d'une hauteur médiocre, qui courent du sud-est au nord-ouest, par le 42e degré de latitude septentrionale en Amérique, jusqu'à treize générations de chênes, évidemment successives sur le même sol. On m'a montré en Allemagne une pierre calcaire seconde, formée des débris d'une pierre calcaire première : ce qui nous jette dans une immensité de siècles. M. M., célèbre minéralogiste de Paris, m'avait assuré avoir trouvé auparavant cette même pierre dans les environs de Montmartre. A Gracioza, l'une des Açores, j'ai ramassé des laves si antiques, qu'elles étaient revêtues d'une croûte de mousse pétrifiée de plus d'un demi-pouce d'épaisseur. Enfin, à l'île Saint-Pierre, sur la côte désolée qui regarde l'île de Terre-Neuve, dont elle est séparée par une mer bruyante et dangereuse, toujours couverte d'épais brouillards, j'ai examiné un rocher formé de couches alternatives de lichen rouge qui avait acquis la dureté du granit. Le manuscrit de ces voyages, dont on trouvera quelques extraits dans l'ouvrage que je donne ici au public, a péri, avec le reste de ma fortune, dans la révolution *. — [3] BUFFON, *Théor. de la Terre, Hist. des Hommes,* tom. I ; CARL., *Lettres sur l'Amér.* — [4] *Genèse.* — [5] *Hist. of Ind. from the Earliest,* etc. — [6] DUHALD., *Hist. de la Chine,* tom. II. — [7] LUCIAN., *de Dea Syria.* Lucien rapporte l'histoire de la colombe de Noé. — [8] EDDA, *Mythol.* ; KEYZL, *Ant. Sept.* cap. II ; SCHED., *de Diis Germ.* — [9] KOBEN's, *Acc. of the C. of Good Hope*; SPARRM., *Voy. among the Hott.,* VI, ch. V. Ce dernier auteur raconte que les Hottentots ont une si grande horreur de la pluie, qu'il est impossible de leur faire convenir qu'elle soit quelquefois nécessaire. Le voyageur suédois attribue la cause de cette singularité à des opinions religieuses ; il est plus naturel de croire que cette antipathie tient à un sentiment confus des malheurs occasionnés par le déluge. Il est vrai que cette tradition a pu être portée en Afrique, soit par les mahométans qui y pénétrèrent dans le huitième siècle (voyez *Geogr. Nubiens.*, trad. de l'arabe ; et LÉON, *Description de l'Afr.*), ou longtemps auparavant par les Carthaginois, dont quelques voyageurs modernes ont retrouvé des monuments jusque sur les bords du Sénégal et du Tigre. Cependant, si les Carthaginois ont suivi les opinions de leurs ancêtres, les Phéniciens, ils ne croyaient pas au déluge.

---

* Oui, le manuscrit *tout à fait* primitif de ces voyages, mais non pas le manuscrit des *Natchez,* écrit à Londres, dans lequel une grande partie du manuscrit primitif a été conservée. (N. ÉD.)

Sauvages [1] même du Canada, pour prouver la submersion du globe [2]. Posons donc pour base de l'histoire ces deux vérités : l'antiquité des hommes, et leur renouvellement après la destruction presque totale de la race humaine.

[1] LAF., *Mœurs des Sauv.*, art. *Relig.* Le docteur Robertson, dans son excellente *Histoire de l'Amérique* (tom. II, liv. IV, pag. 25, etc.), adopte le système des premières émigrations à ce continent, par le nord-ouest de l'Asie et le nord-ouest de l'Europe. D'après les voyages de Cook, et ceux encore plus récents des autres navigateurs, il paraît maintenant prouvé que l'Amérique méridionale a pu recevoir ses habitants des îles de la mer du Sud, de même que ces dernières reçurent les leurs des côtes de l'Inde qui en sont les plus voisines. Cette chaîne d'îles enchantées semble être jetée comme un pont sur l'Océan, entre les deux mondes, pour inviter les hommes à parcourir leurs domaines. Les rapports de langage et de religion entre les anciens Péruviens, les insulaires des Sandwich, d'Otahiti, etc., et les Malais, donnent quelque solidité à cette conjecture. Il est alors plus que probable que la tradition du déluge se répandit en Amérique avec les peuples de l'Inde, de la Tartarie et de la Norwége. (*Voyez* les Tables comparées des langues à la fin des *Voyages de Cook*, et les extraits d'un dernier *Voyage à la recherche de M. de La Peyrouse. Journal de M. Peltier*, nos 64, 65.) — [2] Il ne faut pas, au reste, se dissimuler une grande objection historique. Sanchoniathon le Phénicien, contemporain de Sémiramis, ne dit pas un seul mot du déluge. Il n'y a peut-être pas de monument plus curieux dans la littérature que les passages de cet auteur, échappés aux ravages du temps dans les écrits de Porphyre et d'Eusèbe. Non-seulement on doit s'étonner du profond silence de ces fragments sur les deux fameuses traditions du déluge et de la chute de l'homme, ainsi que de l'explication que ces mêmes fragments nous donnent de l'origine du culte chez les Grecs; mais d'y trouver le plus ancien historien du monde athée par principes, c'est sans doute une circonstance de la nature la plus extraordinaire. Ces précieuses reliques de l'antiquité n'étant guère connues que des savants, les lecteurs me sauront peut-être gré de les leur produire ici. « La source de l'univers, dit Sanchoniathon, était un air sombre et agité, un chaos infini et sans forme. Cet air devint amoureux de ses propres principes, et il en sortit une substance mixte appelée Πόθος ou le désir. Cette substance mixte fut la matrice générale des choses; mais l'air ignorait ce qu'il avait produit. Avec celle-ci il engendra Môt (une vase fermentée), et de cet embryon germèrent toutes les plantes et le système de l'univers. » L'auteur phénicien raconte ensuite que le soleil, la lune, les étoiles, sont des animaux intelligents qui se formèrent dans Môt, ou le limon; et que, la lumière ayant produit les tonnerres, les animaux, éveillés au bruit de la foudre, s'enfuirent dans les forêts, ou se précipitèrent dans les eaux. Ici Sanchoniathon cite les écrits de Taautus, dont il a tiré sa cosmogonie, et il fait Taautus même inventeur des lettres : ainsi, on ne peut imaginer une plus grande antiquité. L'historien passe à la génération des hommes, et dit : « Du vent Colpias et de sa femme Baau furent engendrés deux mortels (mâle et femelle) appelés *Protogonus* et *Æon*. De ce premier couple naquirent Genus et Genea, qui, dans une grande sécheresse, étendirent leurs mains vers le soleil, s'écriant : *Beelsamin* (en phénicien, Seigneur du ciel; en grec, Ζεύς). » De là l'origine du grand nom de la Divinité chez les Grecs. L'historien se moque de ceux-ci, pour n'avoir pas entendu l'expression phénicienne. Sanchoniathon rapporte ainsi douze générations : Protogonus, Genus, Phos, Libanus, Memrumus, Agreus, Chrysor, Technites, Agrus, Amynus, Misor, Taautus, donnant aux uns l'invention de l'agriculture, aux autres, celle des arts mécaniques, etc., montrant comment les divisions géographiques prirent leur nom de ceux de ces premiers hommes, telle que de Libanus, le Liban, et enfin la source de la plupart des divinités des Grecs qui déifièrent ces mortels par ignorance. On remarque qu'à la dixième génération (Amynus), qui correspond à Noé dans la Genèse, Sanchoniathon passe immédiatement à Misor, sans qu'il paraisse même se douter du mémorable événement qui dut avoir lieu alors. « D'Agrus, dit-il, naquit Amynus, qui enseigna aux hommes à bâtir des villes; d'Amynus, Misor le juste, etc. » Concluons cette note par une remarque importante. On place Sanchoniathon (Porphyre) vers le temps de Sémiramis. Or, la reine assyrienne régnait environ deux mille cent quatre-vingt-dix ans avant notre ère. Selon l'opinion commune, la première colonie égyptienne qui émigra aux côtes de la Grèce, n'y parvint que dans l'année 1856 de la même chronologie ; et le système religieux n'y prit des formes permanentes que sous la législation de Cécrops, un peu plus de trois siècles après. Ce-

Mais en ne commençant l'histoire qu'à l'époque très-incertaine du déluge, vous êtes loin d'avoir vaincu toutes les difficultés. Sanchoniathon ne vous apprend d'abord que la fondation des villes et des États. Cronus, fils du roi Ouranus, saisit son père auprès d'une fontaine, le fait cruellement mutiler, entreprend de longs voyages, dispense à son-gré les empires, donnant à sa fille Athéna, l'Attique, et au dieu Taautus, l'Égypte [1]. Hérodote et Diodore vous introduisent ensuite dans le pays des merveilles. Ce sont des villes de vingt lieues de circuit, élevées comme par enchantement [2], des jardins suspendus dans les airs [3], des lacs entiers creusés de la main des hommes [4]. L'Orient se présente soudainement à nous dans toute sa corruption et dans toute sa gloire. Déjà trois puissantes monarchies se sont assises sur les ruines les unes des autres [5]; partout des conquêtes démesurées, désastreuses aux vaincus, inutiles ou funestes aux vainqueurs [6]. En Perse, une nation avilie [7] et des satrapes exaltés [8]; en Égypte, un peuple ignorant et superstitieux [9], des prêtres savants et despotiques [10]. Dans ce monde, où le palais de Sardanapale s'élève auprès de la hutte de l'esclave, où le temple de la divinité ne rassemble que des misérables sous ses dômes de porphyre; dans ce chaos de luxe et d'indigence, de souffrances et de voluptés, de fanatisme et de lumières, d'oppression et de servitude, laissons dormir inconnus les crimes des tyrans et les malheurs des esclaves. Un rayon émané de l'Égypte, après avoir lutté quelque temps contre les ténèbres de la Grèce, couvrit enfin de splendeur ces régions prédestinées. Les hordes errantes qu'Inachus, Cécrops, Cadmus, avaient d'abord réunies, dépouillèrent peu à peu leurs mœurs sauvages, et se formant, à différentes époques, en république, nous appellent maintenant à la *première révolution* [a].

pendant l'auteur phénicien relève les méprises des Grecs sur les dieux, en parlant des premiers comme d'une nation déjà ancienne. Il y a plus : il nous apprend qu'Athéna, fille de Cronus, régna en Attique à une époque qu'il est difficile de déterminer, et qui renverserait le système entier de notre chronologie. Je laisse à penser au lecteur ce qu'il faut croire maintenant de l'histoire et de l'origine moderne des Grecs, sans parler que * Diodore dans *Eusèbe*, Hérodote, Apollodore, Pausanias, confirment le récit de l'auteur phénicien par plusieurs passages. Au reste, si l'on suppose que Sancheniathon vivait deux ou trois siècles après Moïse, comme quelques savants le prétendent, on pallie toutes les difficultés. (SANCH., *apud.* EUS. *Præpar. evang.*, lib. I, cap. x.)

[1] *Id., ibid.* — [2] DIOD., lib. II, pag. 95. — [3] *Id., ibid.*, pag. 98, 99. — [4] HEROD., lib. I, cap. CLXXXV. — [5] Les Assyriens, les Mèdes et les Perses. — [6] DIODORE, lib. II, pag. 90, etc.; JOSEPH., *Ant.*, lib. X, etc. — [7] PLUT., *in Apophthegm.*; SENEC., lib. III, cap. XII, *de Benef.* — [8] PLAT., lib. III, *de Leg.*, pag. 697; XEN., *Cyrop.*, lib. IV; SENEC., lib. V, *de Ira*, cap. XX. — [9] CIC., lib. I, *de Nat. deor.*; HEROD., lib. I, LXV; DIOD., lib. I, pag. 74, etc.; JUVEN., *Satir.* XV. — [10] DIOD., lib. I, pag. 88; PLUT., *de Isid. et Osir.*

[a] Je n'ai point voulu interrompre par des *notes* ce débordement d'observations et de *notes*. Qu'est-ce que cette confusion d'observations sur l'histoire des hommes et sur l'histoire naturelle

* *Sans parler que* n'est pas français. Il y a dans tout cela quelque lecture, mais de la lecture mal digérée et empreinte d'un mauvais esprit.   (N. ÉD.)

CHAPITRE II.

Première révolution. — Les républiques grecques. — Si le contrat social des publicistes est la convention primitive des gouvernements.

Les républiques de la Grèce, considérées comme les premiers gouvernements populaires parmi les hommes[1], offrent un objet bien intéressant à la philosophie. Si les causes de leur établissement nous avaient été transmises par l'histoire, nous eussions pu obtenir la solution de ce fameux problème en politique, savoir : quelle est la convention originale de la société?

Jean-Jacques prononce et rapporte l'acte ainsi : « Chacun de nous met en commun sa personne et toute sa puissance sous la suprême direction de la volonté générale; et nous recevons en corps chaque membre, comme partie indivisible du tout[2]. »

Pour faire un tel raisonnement, ne faut-il pas supposer une société déjà préexistante? Sera-ce le Sauvage, vagabond dans ses déserts, à qui le *mien* et le *tien* sont inconnus, qui passera tout à coup de la liberté naturelle à la liberté civile, sorte de liberté purement abstraite, et qui suppose de nécessité toutes les idées antérieures de propriété, de justice conventionnelle, de force comparée du tout à la partie, etc.? Il se trouve donc un état civil intermédiaire entre l'état de nature et celui dont parle Jean-Jacques. Le contrat qu'il suppose n'est donc pas l'original.

Mais quel est, dira-t-on, ce contrat primitif? C'est ici la grande difficulté.

veut dire? Que je doutais de la nouveauté du monde et de la chronologie de Moïse. Hé bien, dans ce même *Essai*, vingt passages prouveront que je croyais à l'authenticité historique des livres saints : je ne savais donc ce que je *croyais* et ce que je *ne croyais pas*. Quant aux antiquités égyptiennes et chinoises, il est démontré aujourd'hui que ces prétendues antiquités sont extrêmement modernes. Le chinois, le sanscrit, les hiéroglyphes égyptiens, tout est pénétré, et tout se renferme dans la chronologie de Moïse. Le zodiaque de Dendérah est venu se faire expliquer à Paris, et l'on a été obligé de reconnaître que des monuments réputés antédiluviens souvent ne remontaient pas au delà du second siècle de l'ère chrétienne. Depuis que l'esprit philosophique a cessé d'être l'esprit d'irréligion, on a cessé d'attacher de l'importance à l'âge du monde. Quant aux monuments de l'histoire naturelle, les études géologiques de M. Cuvier n'ont laissé aucun doute et sur les races qui ont péri, et sur le déluge universel. J'en étais encore dans l'*Essai* à l'histoire naturelle de Voltaire, aux coquilles des pèlerins et à toutes ces *savantes incrédulités*. Y a-t-il rien de plus puéril que ces générations de chênes que j'ai vues, de mes yeux vues, sur des montagnes de l'Amérique! L'écolier méritait de recevoir ici une rude leçon. Si je ne la pousse pas plus loin, on voudra bien pardonner quelque chose à la commisération fraternelle. (N. Éd.)

[1] Ceci n'est pas d'une exactitude rigoureuse. La république des Juifs commence à la sortie de ce peuple d'Égypte, l'an 1491 avant notre ère, et Tyr fut fondée l'an 1252 de la même chronologie. (*Genes.*; Joseph., *Antiq.*, lib. viii, cap. ii.) — [2] *Contrat Soc.*, liv. i, chap. vi.

Que si on reçoit, pour un moment, celui de Rousseau comme authentique, du moins est-il certain que ce pacte fondamental remonte au delà des sociétés dont nous nous formions quelque idée, puisque pas une des hordes sauvages qu'on a rencontrées sur le globe n'existait sous un gouvernement populaire. Or, de ces deux choses l'une :

Ou il faut admettre, avec Platon[1], que le gouvernement monarchique, établi sur l'image d'une famille, est le seul qui soit naturel; que conséquemment le contrat social ne peut être que d'une date subséquente;

Ou que, s'il est original,

Les peuples, presque aussitôt fatigués de leur souveraineté, s'en sont déchargés sur un citoyen courageux ou sage.

D'ici cette immense question :

Comment du gouvernement primitif, en le supposant monarchique, les hommes sont-ils parvenus à concevoir le phénomène d'une liberté autre que celle de la nature?

Ou, si l'on veut dire que la constitution primitive ait été républicaine :

Par quels degrés l'esprit humain, après des siècles d'observation, après l'expérience des maux qui résultent de tout gouvernement[a], a-t-il retrouvé la constitution naturelle, depuis si longtemps mise en oubli[b]?

J'invite les lecteurs à méditer ce grand sujet. Le traiter ici serait faire un ouvrage sur un ouvrage, et je n'écris que des essais. Dans les causes du renversement de la monarchie en Grèce, peu de choses conduisent à l'éclaircissement de ces vérités.

---

[1] PLAT., lib. iii, de Leg., pag. 680.

[a] On a fait grand bruit de cette phrase, qui, si elle signifie quelque chose, veut dire seulement qu'il y a des vices dans toutes les institutions humaines. Ce n'est d'ailleurs qu'une boutade empruntée au doute de Montaigne ou à l'humeur de Rousseau. (N. Éd.) — [b] Ce chapitre suffirait seul pour prouver ce que j'ai avancé dans une des préfaces de cette édition complète de mes œuvres, savoir : que j'ai écrit sur la politique dans ma première jeunesse avec un goût aussi vif que sur des sujets d'imagination. Ce n'est donc pas, comme on a feint de le croire, la Restauration qui m'a fait passer de la littérature à la politique. On reconnaît encore ici les deux caractères qui distinguent ma politique : elle est toujours de bonne foi, et toujours monarchique, bien que favorable à la liberté. Malgré l'admiration que je professais alors pour J.-J. Rousseau, je combats vigoureusement le système de son Contrat social, et l'on va voir bientôt que cela me mène à conclure contre les républiques en faveur de la monarche constitutionnelle. Il est plaisant qu'on ait voulu faire de moi, dans ces derniers temps, un républicain, parce que j'ai dit que si l'on n'adoptait pas franchement la monarchie représentative, on irait se perdre dans la république; vérité qui me paraît démontrée jusqu'à l'évidence. Le despotisme militaire pourrait peut-être subsister un moment, mais sa durée est impossible dans l'état actuel de nos mœurs. Si l'armée est nombreuse, elle a tous les sentiments de la nation ; si elle est faible, la population la domine et l'entraîne. N'est pas d'ailleurs despote militaire qui veut; on ne le devient qu'à force de combats et de conquêtes : pour établir l'esclavage chez un peuple, il faut à ce peuple de la gloire ou des malheurs. Encore une fois, abandonnez la monarchie constitutionnelle et vous tombez de force dans la république. (N. Éd.)

CHAPITRE III.

L'âge de la monarchie en Grèce.

On ne peut jeter les yeux sur les premiers temps de la Grèce sans frémir. Si l'âge d'or coula dans l'Argolide sous les pasteurs Inachus et Phoronée ; si Cécrops donna des lois pures à l'Attique ; si Cadmus introduisit les lettres dans la Béotie ; ces jours de bonheur fuirent avec tant de rapidité, qu'ils ont passé pour un songe chez la postérité malheureuse.

Les muses ont souvent fait retentir la scène des noms tragiques des Agamemnon, des Œdipe et des Thésée [1]. Qui de nous ne s'est attendri aux chefs-d'œuvre des Crébillon [a] et des Racine? A la peinture de ces fameux malheurs des rois, nous versions des larmes jadis, comme à des fables : témoin de la catastrophe de Louis XVI et de sa famille, nous pourrons maintenant y pleurer comme à des vérités [b].

Des massacres [2], des enlèvements [3], des incendies [4] ; des peuples entiers forcés à l'émigration par leur misère [5] ; d'autres se levant en masse pour envahir leurs voisins [6] ; des rois sans autorité [7], des grands factieux [8], des nations barbares [9] : tel est le tableau que nous présente la Grèce monarchique. Tout à coup, sans qu'on en voie de raisons apparentes, des républiques se forment de toutes parts. D'où vient cette transition soudaine? Est-ce l'opinion qui, comme un torrent, renverse subitement le trône? Sont-ce des tyrans qui ont mérité leur sort à force de crimes? Non. Ici on abolit la royauté par estime pour cette royauté même, « nul homme, disent les Athéniens, n'étant digne de succéder à Codrus [10] ; » là c'est un prince héritier de la couronne, qui établit lui-même la constitution populaire [11].

Cette révolution singulière, différente dans ses principes de toutes celles que nous connaissons, a été l'écueil de la plupart des écrivains qui ont voulu en rechercher les causes [c]. Mably, effleurant rapidement

---

[1] Eschyle, Sophocle, Euripide.

[a] Crébillon est ici singulièrement associé à Racine : ce sont jugements de collége. (N. ÉD.) — [b] Dans cet *Essai*, où je devais être *athée* et *républicain,* on me trouve presque à chaque page religieux, monarchique et fidèle à mes princes légitimes. (N. ÉD.)

[2] PLUT., *in Thes.* — [3] HOM., *Iliad.* — [4] *Ibid.,* lib. IX. — [5] HEROD., lib. I, cap. CXLV; STRAB., lib. XIII, pag. 582; PAUSAN., lib. VII, cap. II, pag. 524. — [6] PAUSAN., lib. II, cap. XIII; THUCYD., lib. I, pag. 2. — [7] PLUT., *in Thes.;* DIOD., lib. IV, pag. 266. — [8] PAUSAN., cap. II, pag. 7. — [9] ÆLIAN, *Var. Hist.,* lib. III, cap. XXXVIII. — [10] MEURS., *de Regib. Athen.,* lib. III, cap. XI. Ils reconnurent pour roi Jupiter. — [11] PLUT., *in Lyc.*

[c] Je soulève certainement ici une question nouvelle ; mais je promets avec témérité une solution que je ne donnerai pas. (N. ÉD.)

le sujet, se jette aussitôt dans les constitutions républicaines [1], sans nous apprendre le secret qui fit trouver ces constitutions. Tâchons, malgré l'obscurité de l'histoire, de faire quelques découvertes dans ce champ nouveau de la politique.

CHAPITRE IV.

Causes de la subversion du gouvernement royal chez les Grecs. — Elles diffèrent totalement de celles de la révolution française.

La première raison qu'on entrevoit de la chute de la monarchie en Grèce se tire des révolutions qui désolèrent si longtemps ce beau pays. Depuis la prise de Troie, jusqu'à l'extinction de la royauté à Athènes, et même longtemps après, un bouleversement général changea la face de la contrée. Dans ce chaos de choses nouvelles, l'ordre des successions au trône fut violé [2] ; les rois perdirent peu à peu leur puissance, et les peuples l'idée d'un gouvernement légal. Toutes les humeurs du corps politique, allumées par la fièvre des révolutions, se trouvaient à ce plus haut point d'énergie d'où sortent les formes premières et les grandes pensées : le moindre choc dans l'État était alors plus que suffisant pour renverser de frêles monarchies qui pouvaient à peine porter ce nom.

Nous trouvons dans l'esprit des riches une autre cause non moins frappante de la subversion du gouvernement royal en Grèce. Ceux-ci, profitant de la confusion générale pour usurper l'autorité, semaient les factions autour des trônes où ils aspiraient [3]. C'est un trait commun à toutes les révolutions dans le sens républicain, qu'elles ont rarement commencé par le peuple [a]. Ce sont toujours les nobles qui, en proportion de leur force et de leurs richesses, ont attaqué les premiers la puissance souveraine : soit que le cœur humain s'ouvre plus aisément à l'envie dans les grands que dans les petits, ou qu'il soit plus cor-

---

[1] *Observat. sur l'Hist. de la Grèce,* pag. 1-20. — [2] PAUSAN., lib. II, cap. XIII et XVIII; VELL. PATERC., lib. I, cap. II. — [3] DIOD., lib. IV; PAUSAN., lib. IX, cap. V.

[a] Observation digne de l'histoire ; mais pour être logique, après m'être servi de l'adverbe *rarement,* il ne fallait pas dire ce sont *toujours* les nobles ; il fallait dire ce sont *presque toujours* les nobles. Je fais d'ailleurs le procès de l'aristocratie avec trop de rigueur. Pourquoi l'aristocratie est-elle disposée à mettre des obstacles au pouvoir d'un seul? C'est que son principe naturel est la liberté, comme le principe naturel de la démocratie est l'égalité. Aussi voyons-nous que les rois qui aspirent au despotisme détestent l'aristocratie, et qu'ils recherchent la faveur populaire, laquelle ils sont sûrs d'obtenir en sacrifiant les riches et les nobles au principe de l'égalité. Si l'aristocratie a souvent attaqué la puissance souveraine, c'est encore plus souvent la démocratie qui a livré la liberté à cette puissance. Mais remarquez qu'aussitôt que le monarque est parvenu au despotisme par le peuple, il ne veut plus du peuple et retourne à l'aristocratie qu'il a proscrite ; car, si le peuple est bon pour faire usurper la tyrannie, il ne vaut rien pour la maintenir.　　(N. Ép.)

rompu dans la première classe que dans la dernière, ou que le partage du pouvoir ne serve qu'à en irriter la soif; soit enfin que le sort se plaise à aveugler les victimes qu'il a une fois marquées. Qu'arrive-t-il lorsque l'ambition des grands est parvenue à renverser le trône? Que le peuple, opprimé par ses nouveaux maîtres, se repent bientôt d'avoir assis une multitude de tyrans à la place d'un roi légitime. Sans égard au prétendu patriotisme dont ces hommes s'étaient couverts, il finit par chasser la faction honteuse; et l'État, selon sa position morale, se change en république ou retourne à la monarchie ª.

Une troisième source de la constitution populaire chez les Grecs mérite surtout d'être connue, parce qu'elle découle essentiellement de la politique, et qu'elle n'a pas encore, du moins que je sache, été découverte par les publicistes, je veux dire, l'accroissement du pouvoir des Amphictyons. Cette assemblée fédérative, instituée par le troisième roi d'Athènes [1], étendit peu à peu son autorité sur toute la Grèce [2]. Or, par le principe, il ne peut y avoir deux souverains dans un État. Une monarchie n'est plus, là où il y a une convention souveraine en unité. Que si l'on dit que le conseil amphictyonique n'avait que le droit de proposition, et ressemblait, dans ses rapports, aux diètes d'Allemagne, c'est faute d'avoir remarqué que:

Ce n'étaient pas les envoyés des princes qui composaient l'assemblée, mais les députés des peuples [3];

Qu'une telle convention était propre à faire naître, chez les nations qu'elles représentaient, l'idée des formes républicaines;

Enfin que les Amphictyons, favorisés de l'opinion publique, devaient tôt ou tard, par cet ambitieux esprit de corps, naturel à toute société particulière, s'arroger des droits hors de leur institution; et que conséquemment les monarchies devaient aussi cesser tôt ou tard. [4]

Mais la grande et générale raison de l'établissement des républiques en Grèce, est qu'en effet ces républiques ᵇ ne furent jamais de vraies

---

ª Ceci est imprimé en 1797 : la prédiction s'est vérifiée pour la France. (N. Éd.)

[1] On ignore le temps précis de l'institution de cette assemblée, et l'on varie également sur le nom de son auteur : les uns, tels que Pausanias, le nommaient *Amphictyon;* les autres, tels que Strabon, *Acrisius.* En suivant l'opinion commune, l'époque en remonterait vers le quinzième siècle avant notre ère. — [2] Æschin., *de fals. Leg.* — [3] *Id., ibid.;* Strab., pag. 113. — [4] Dans les jugements que le corps amphictyonique prononçait contre tel ou tel peuple, il avait le droit d'armer toute la Grèce au soutien de son décret, et de séparer le peuple condamné de la communion du temple. Comment une faible monarchie aurait-elle pu résister à ce colosse de puissance populaire, secondé du fanatisme religieux *? (Diod., lib. xvi; Plut., *in Themist.*)

ᵇ Cette phrase est obscure. Qu'est-ce que des républiques qui ne furent jamais de vraies monarchies? Le fond de la pensée est ceci : les monarchies primitives de Rome et de la Grèce ne furent

* J'attribue trop de pouvoir au conseil amphictyonique; mais j'aurais dû remarquer qu'il renfermait dans sa constitution fédérale le premier germe de la république représentative. (N. Éd.)

monarchies ; je m'expliquerai par la suite sur cet important sujet [1].

Telles furent les causes éloignées et immédiates qui contribuèrent au développement de cette grande révolution. Mais, puisque l'histoire nous a laissé ignorer par quelle étonnante suite d'idées les hommes, vivant de tout temps sous des monarchies, trouvèrent les principes républicains, disons que quelques oppressions réelles, beaucoup d'imaginaires, la lassitude des choses anciennes et l'amour des nouvelles, des chances et des hasards, par qui tout arrive [a], enfin cette nécessité qu'on appelle la force des choses, produisirent les républiques, sans qu'on sût d'abord distinctement ce que c'était, et l'effet ayant dans la suite fait analyser la cause, les philosophes se hâtèrent d'écrire des principes.

Au reste, il serait superflu de faire remarquer aux lecteurs que les sources d'où coula la révolution républicaine en Grèce n'ont rien, ou presque rien de commun avec celles de la dernière révolution en France. Nous allons passer maintenant aux conséquences de la première. Je ne m'attacherai, comme tous les autres écrivains, qu'à l'histoire de Sparte et d'Athènes. Les annales des autres petites villes sont trop peu connues pour intéresser.

CHAPITRE V.

Effet de la révolution républicaine sur la Grèce. — Athènes, depuis Codrus jusqu'à Solon, comparée au nouvel état de la France.

Cette révolution fut bien loin de donner le bonheur à la Grèce. La preuve que le principe n'était pas trouvé, c'est que toutes les petites républiques se virent immédiatement plongées dans l'anarchie après l'extinction de la royauté. Sparte seule, qui fut assez heureuse pour posséder dans le même homme le révolutionnaire [b] et le législateur, jouit tout à coup du fruit de sa nouvelle constitution. Partout ailleurs les riches, sous le nom captieux de magistrats, s'emparèrent de l'autorité souveraine qu'ils avaient anéantie [2] ; et les pauvres languirent dans les factions et la misère [3].

Depuis le dévouement de Codrus à Athènes jusqu'au siècle de Solon,

---

point de véritables monarchies dans le sens absolu du mot : pour se transformer en républiques, ces monarchies n'eurent pas besoin de changer leurs institutions : il leur suffit d'abolir le pouvoir royal. (N. Éd.)

[1] À la révolution de Brutus.

[a] Me voilà bien matérialiste : attendons quelques pages. (N. Éd.) — [b] Expression hardie, mais peut-être juste. (N. Éd.)

[2] ARIST., de Rep., tom. II, lib. II, cap. XII. — [3] PLUT., in Solon.

Léonie Lacoste Chollet, del - Chollet, fils.

Imp. Gilquin et Dupain, r de la Calandre 19 Paris

PHILADELPHIE
(Amérique)

Publié par Dufour Mulat et Boulanger

l'histoire est presque muette sur l'état de cette république. Nous savons seulement que l'archontat à vie, que les citoyens substituèrent d'abord à la royauté, fut dans la suite réduit à dix ans, et qu'ils finirent par le diviser entre neuf magistrats annuels [1].

Ainsi les Athéniens s'habituèrent par degrés au gouvernement populaire. Ils passèrent lentement de la monarchie à la république. Le statut nouveau était toujours formé en partie du statut antique. Par ce moyen on évitait ces transitions brusques, si dangereuses dans les États, et les mœurs avaient le temps de sympathiser avec la politique. Mais il en résulta aussi que les lois ne furent jamais très-pures, et que le plan de la constitution offrit un mélange continuel de vérités et d'erreurs, comme ces tableaux où le peintre a passé par une gradation insensible des ténèbres à la clarté ; chaque nuance s'y succède doucement ; mais elle se compose sans cesse de l'ombre qui la précède et de la lumière qui la suit [a].

Cependant cette mobilité de principes devait produire de grands maux. Les Athéniens, semblables aux Français sous tant de rapports, en changeant incessamment l'économie du gouvernement, comme ces derniers l'ont fait de nos jours, vivaient dans un état perpétuel de troubles [2] : car dans toute révolution il se trouve toujours de chauds partisans des institutions nouvelles, et des hommes attachés aux antiques lois de la patrie par les souvenirs d'une vie passée sous leurs auspices.

Comme en France encore, l'antipathie des pauvres et des riches était à son comble [3]. A Dieu ne plaise que je veuille fermer les oreilles à la voix du nécessiteux. Je sais m'attendrir sur le malheur des autres ; mais, dans ce siècle de philanthropie, nous avons trop déclamé contre la fortune. Les pauvres, dans les États, sont infiniment plus dangereux que les riches, et souvent ils valent moins qu'eux [b].

Le besoin d'une constitution déterminée se faisait sentir de plus en plus. Dracon, philosophe inexorable, fut choisi pour donner des lois à l'humanité. Cet homme méconnut le cœur de ses semblables ; il prit les passions pour des crimes, et, punissant également du dernier sup-

---

[1] MEURS., de Archont., lib. I, cap. I, etc.

[a] Ces morceaux-là, et il y en a quelques-uns de semblables dans l'*Essai,* demandent peut-être grâce pour l'ouvrage et pour le jeune homme. (N. ÉD.)

[2] HEROD., lib. I, cap. LIX ; PLUT., *in Solon.* — [3] *Id., ibid.*

[b] Comment a-t-on pu confondre dans mes écrits l'amour d'une liberté raisonnable avec le sentiment révolutionnaire, quand je montre partout la haine des crimes et des principes démagogiques ? Si je fais quelques reproches aux rois, j'en ai fait également aux nobles et aux plébéiens. Je me défie de ces Brutus à la besace, qui commencent par changer leur poignard en une médaille de la police, et qui finissent par attacher des plaques et des rubans à leurs haillons républicains. Dans les *Martyrs* j'ai mis un pauvre aux enfers avec un riche : il faut faire justice à tout le monde. (N. ÉD.)

plice et le faible et le vicieux [1]; il sembla prononcer un arrêt de mort contre le genre humain.

Ces lois de sang, telles que les décrets funèbres de Robespierre, favorisèrent les insurrections. Cylon, profitant des troubles de sa patrie, voulut s'emparer de la souveraineté. On l'assiége aussitôt dans la citadelle, d'où il parvient à s'échapper. Ses partisans, réfugiés dans le temple de Minerve, en sortent sous promesse de la vie, et on les sacrifie aussitôt sur l'hôtel des Euménides [2]. La France n'est pas la première république qui ait eu des lois sauvages et de barbares citoyens.

Ce régime de terreur passe; mais il ne reste à la place que relâchement et faiblesse. Les Athéniens, comme les Français, abhorrèrent ces atrocités, et, comme eux aussi, ils se contentèrent de verser des pleurs stériles. Cependant le peuple, effrayé de son crime, s'imaginait voir les vengeances de Minerve suspendues sur sa tête. Les dieux, secondant les cris de l'humanité, remplissaient les consciences de troubles, et tel qui n'eût été qu'un pitoyable anthropophage dans la France incrédule, fut touché de repentir à Athènes : tant la religion est nécessaire aux hommes [a]!

Pour apaiser ces tourments de l'âme, plus insupportables que ceux du corps, on eut recours à un sage nommé Épiménide [3]. Si celui-ci ne ferma pas les plaies réelles de l'État, il fit plus encore en guérissant les maux imaginaires. Il bâtit des temples aux dieux, leur offrit des sacrifices [4], et versa le baume de la religion dans le secret des cœurs. Il ne traitait point de superstition ce qui tend à diminuer le nombre de nos misères; il savait que la statue populaire, que le pénate obscur qui console le malheureux, est plus utile à l'humanité que le livre du philosophe qui ne saurait essuyer une larme [b].

Mais ces remèdes, en engourdissant un moment les maux de l'État, ne furent pas assez puissants pour les dissiper. Peu après le départ d'Épiménide les factions se rallumèrent. Enfin, les partis fatigués résolurent de se jeter dans les bras d'un seul homme. Heureusement pour la république cet homme était Solon [5].

Je n'entrerai point dans le détail des institutions de ce législateur célèbre, non plus que dans celui des lois de Lycurgue : de trop grands maîtres en ont parlé. Je dirai seulement ce qui tend au but de mon

---

[1] HÉROD., lib. I, pag. 87. — [2] THUCYD., lib. I, cap. CXXVI; PLUT., in Solon.

[a] Qu'est devenu mon matérialisme précédent? (N. ÉD.)

[3] PLAT., de Leg., lib. I. tom. II. — [4] STRAB., lib. x, pag. 479.

[b] Voilà un singulier athée! Trouve-t-on dans le Génie du Christianisme une page où l'accent religieux soit plus sincère et plus tendre? (N. ÉD.)

[5] PLUT., in Solon.

ouvrage. Pour ne pas couper le sujet, nous allons continuer l'histoire d'Athènes jusqu'au bannissement des Pisistratides : nous reviendrons ensuite à Lacédémone.

CHAPITRE VI.

Quelques réflexions sur la législation de Solon. — Comparaison. — Différence.

Les gouvernements mixtes sont vraisemblablement les meilleurs, parce que l'homme de la société est lui-même un être complexe, et qu'à la multitude de ses passions il faut donner une multitude d'entraves. Sparte, Carthage, Rome et l'Angleterre, ont été, par cette raison, regardées comme des modèles en politique [a]. Quant à Athènes, nous remarquerons ici qu'elle a réellement possédé ce que la France prétend avoir de nos jours : la constitution la plus démocratique qui ait jamais existé chez aucun peuple. Au mot *démocratie* on se figure une nation assemblée en corps délibérant sur ses lois ? non. Cela signifie maintenant deux conseils, un directoire, et des citoyens à qui l'on permet de rester chez eux jusqu'à la première réquisition [b].

Le législateur athénien et les réformateurs français se trouvaient à peu près placés entre les mêmes dangers au commencement de leurs ouvrages. Une foule de voix demandaient la répartition égale des fortunes. Pour éviter le naufrage de la chose publique, Solon fut forcé de commettre une injustice. Il remit les dettes, et refusa le partage des terres [1]. Les assemblées nationales de France ont pensé différemment : elles ont garanti la créance à l'usurier, et divisé les biens des riches. Cela seul suffit pour caractériser la différence des deux siècles [c].

Dans les institutions morales nous trouvons les mêmes contrastes. Des femmes pures parurent indispensables à Athènes pour donner des citoyens vertueux à l'État [2], et le divorce n'était permis qu'à des conditions rigoureuses [3]. La France républicaine a cru que la Messaline qui

[a] C'est tout mon système politique clairement énoncé, franchement avoué, et tel que je le professe aujourd'hui. (N. ÉD.) — [b] Cette moquerie de la constitution du Directoire était assez bonne alors; mais c'est pourtant le principe de là division des pouvoirs posé dans cette constitution qui a sauvé la France. (N. ÉD.)

[1] PLUT., *in Solon.*, pag. 87.

[c] Tous les créanciers n'étaient pas des usuriers; mais la remarque ne m'en semble pas moins importante. Jusqu'à présent la comparaison entre les anciennes révolutions et la révolution française peut se soutenir, et ne produit que ces rapprochements politiques plus ou moins vrais, plus ou moins ingénieux, auxquels Montesquieu lui-même s'est plu dans l'*Esprit des Lois*; mais, en avançant, cette comparaison perpétuelle, surtout quand il s'agira des hommes et des ouvrages littéraires, deviendra le comble du ridicule. (N. ÉD.)

[2] PLUT., *in Solon.*, pag. 90, 91. — [3] PET., *in Leg. Attic.*

va offrant sa lubricité d'époux en époux n'en sera pas moins une excellente mère.

« Qu'il soit chassé des tribunaux, de l'assemblée générale, du sacerdoce, disait la loi à Athènes ; qu'il soit rigoureusement puni, celui qui, noté d'infamie par la dépravation de ses mœurs, ose remplir les fonctions saintes de législateur ou de juge [1] ; que le magistrat qui se montre en état d'ivresse aux yeux du peuple soit à l'instant mis à mort [2]. »

Ces décrets-là, sans doute, n'étaient pas faits pour la France. Que fût devenue, sous un pareil arrêt, toute l'assemblée constituante dans la nuit du 4 août 1789 [a] ?

Ceci mène à une triste réflexion. Fanatiques admirateurs de l'antiquité, les Français [b] semblent en avoir emprunté les vices, et presque jamais les vertus. En naturalisant chez eux les dévastations et les assassinats de Rome et d'Athènes, sans en atteindre la grandeur, ils ont imité ces tyrans qui, pour embellir leur patrie, y faisaient transporter les ruines et les tombeaux de la Grèce.

Au reste, nous entrons ici sur un sol sacré, ou chaque pouce de terrain nous offrira un nouveau sujet d'étonnement. Peut-être même pourrais-je déjà beaucoup dire ; mais il n'est pas encore temps. Lecteurs, je le répète, veillez, je vous en supplie, plus que jamais sur vos préjugés.

C'est au moment où un coin du rideau commence à se lever que l'on est le plus sensible, surtout si ce que nous apercevons n'est pas dans le sens de nos idées.

On m'a souvent reproché de voir les objets différemment des autres [c] : cela peut être. Mais si on se hâte de me juger sans me laisser le temps de me développer à ma manière, si on se blesse de certaines choses avant de connaître la place que ces choses occupent dans l'harmonie générale des parties, j'ai fini pour ces gens-là. Je n'ai ni l'envie ni le talent de tout penser et de tout dire à la fois.

Je reviens.

---

[1] Æsch., in Tim. — [2] Laert., in Solon. Apparemment que le parti de Drouet, en s'insurgeant contre le Directoire, se rappelle cette autre loi de Solon, par laquelle il était permis de tuer le magistrat qui conservait sa place après la destruction de la démocratie.

[a] Ce jugement est dur, mais il ne porte évidemment que sur l'état d'ivresse où l'on prétend que se trouvaient les membres de l'assemblée constituante dans la nuit du 4 août 1789. J'examinerais aujourd'hui avec plus d'impartialité un fait historique avant d'en faire la base d'un raisonnement. (N. Éd.) — [b] Il faut entendre ici non pas les Français en général, mais les Français de cette époque. (N. Éd.) — [c] J'ai déjà fait une note sur ce ton suffisant, sur cette bouffissure de l'auteur de l'Essai. A peine aujourd'hui aurais-je assez d'autorité pour parler de moi avec tant d'importance. Pour dire avec quelque convenance, on m'a souvent reproché de voir, etc., il faudrait être depuis longtemps connu du public ; cela fait pitié quand c'est un écolier, dont on ne sait pas même le nom qui, dans son premier barbouillage, affecte ces airs de docteur. (N. Éd.)

CHAPITRE VII.

Origine des noms des factions : la Montagne et la Plaine.

Solon voulut couronner ses travaux par un sacrifice. Voyant que sa présence faisait naître des troubles à Athènes, il résolut de s'en bannir par un exil volontaire. Il s'arracha donc pour dix ans[1] au séjour si doux de la patrie, après avoir fait promettre à ses concitoyens qu'ils vivraient en paix jusqu'à son retour. On s'aperçut bientôt qu'on n'ajourne point les passions des hommes.

Depuis longtemps l'État nourrissait dans son sein trois factions qui ne cessaient de le déchirer. Quelquefois, réunies par intérêt ou tranquilles par lassitude, elles semblaient s'éteindre un moment; mais bientôt elles éclataient avec une nouvelle furie.

La première, appelée *le parti de la Montagne*, était composée, ainsi que le fameux parti du même nom en France, des citoyens les plus pauvres de la république, qui voulaient une pure démocratie[2]. Par l'établissement d'un sénat[3], et l'admission exclusive des riches aux charges de la magistrature[4], Solon avait opposé une digue puissante à la fougue populaire; et la Montagne, trompée dans ses espérances, n'attendait que l'occasion favorable de s'insurger contre les dernières institutions.

C'étaient les Jacobins d'Athènes.

Le second parti, connu sous le nom de *la Plaine*, réunissait les riches possesseurs de terres qui, trouvant que le législateur avait trop étendu le pouvoir du petit peuple, demandaient la constitution oligarchique, plus favorable à leurs intérêts[5].

C'étaient les Aristocrates.

Enfin, sous un troisième parti, distingué par l'appellation de *la Côte*, se rangeaient tous les négociants de l'Attique : ceux-ci, également effrayés de la licence des pauvres et de la tyrannie des grands, inclinaient à un gouvernement mixte, propre à réprimer l'un et l'autre[6] : ils jouaient le rôle des Modérés.

Athènes se trouvait ainsi, à peu près, dans la même position que la France républicaine : nul ne goûtait la nouvelle constitution ; tous en demandaient une autre ; et chacun voulait celle-ci d'après ses vues particulières. On voit encore ici la source d'où les Français ont tiré les

---

[1] PLUT., *in Solon*. — [2] HEROD., lib. I, cap. LIX ; PLUT., *in Solon*. — [3] HEROD., lib. I, pag. 88, — [4] ARIST., *de Rep.*, lib. II, cap. XII, pag. 336. — [5] PLUT., *in Solon.*, pag. 85. — [6] *Id., ibid.*

noms des partis qui les divisaient[a] : comme si mes malheureux compatriotes n'avaient déjà pas trop de leurs haines nationales, sans aller
remuer les cendres des factions étrangères parmi les ruines des États
qu'elles ont dévorés!

CHAPITRE VIII.

Portraits des chefs.

Des mêmes causes les mêmes effets. Il devait s'élever alors des
tyrans à Athènes, comme il s'en est élevé de nos jours à Paris. Mais
autant le siècle de Solon surpasse le nôtre en morale, autant les factieux de l'Attique furent supérieurs en talents à ceux de la France.

A la tête des Montagnards on distinguait Pisistrate[1] : brave[2], éloquent[3], généreux[4], d'une figure aimable[5] et d'un esprit cultivé[6], il n'a-
vait de Robespierre que la dissimulation profonde[7], et de l'infâme d'Orléans [b] que les richesses[8] et la naissance illustre[9]. Il prit la route que
ce dernier conspirateur a tâché de suivre après lui. Il fit retentir le mot
égalité [10] aux oreilles du peuple; et tandis que la liberté respirait sur
ses lèvres, il cachait la tyrannie au fond de son cœur.

Lycurgue avait la confiance de la Plaine[11]. Nous ne savons presque
rien de lui. C'était apparemment un de ces intrigants obscurs que le
tourbillon révolutionnaire jette quelquefois au plus haut point du système, sans qu'ils sachent eux-mêmes comment ils y sont parvenus.
Les aristocrates d'Athènes ne furent pas plus heureux dans le choix et
le génie de leurs chefs que les aristocrates de France.

[a] Voici le commencement des rapprochements outrés. Comment a-t-il pu me tomber dans la tête
que les trois partis athéniens, la *Montagne*, la *Plaine* et la *Côte*, dont les noms ne désignaient
que les opinions politiques de trois espèces de citoyens; comment, dis-je, a-t-il pu me tomber dans
la tête que ces trois partis se retrouvaient dans trois sections de la Convention nationale? Lorsqu'une fois on s'est laissé dominer par une idée, et qu'on veut tout plier à cette idée, on avance
niaisement les imaginations les plus creuses comme des faits indubitables.   (N. Éd.)

[1] PLUT., *in Solon.* — [2] HÉROD., lib. J, cap. LIX. — [3] PLUT., *in Solon.* — [4] *Id.*, *ibid.* — [5] ATHÉN.,
lib. XII, cap. VIII. — [6] CICER., *de Orat.*, lib. III, cap. XXXIV. — [7] PLUT., *in Solon.*

[b] Pour tout commentaire à cette expression violente je citerai ici en note un autre passage de
l'*Essai*, qui se trouvera dans le chapitre XII de la seconde partie de cet *Essai*, et qui tombe à la
page 457 de l'édition de Londres : « Déjà un Bourbon, qui devait être le plus riche particulier de
l'Europe, a été obligé, pour vivre, d'avoir recours en Suisse au moyen employé par Denys à Corinthe. Sans doute le duc d'Orléans aura enseigné à ses pupilles les dangers d'une ambition coupable, et surtout les périls d'une mauvaise éducation. Il se sera fait une loi de leur répéter que le
premier devoir de l'homme n'est pas d'être roi, mais d'être probe. Si ce mot paraît sévère, j'en
appelle à ce prince lui-même, qu'on dit d'ailleurs plein de courage et de vertus naturelles. Qu'il jette
les regards autour de lui en Europe, qu'il contemple les milliers de victimes sacrifiées chaque jour à
l'ambition de sa famille. J'aurais voulu éviter de nommer son père. »   (N. Éd.)

[8] HÉROD., lib. I, cap. LIX. — [9] *Id.*, lib. V, cap. LXV. — [10] PLUT., *in Solon.* — [11] *Id.*, *ibid.*

Il semble qu'il y ait des hommes qui renaissent à des siècles d'intervalle pour jouer, chez différents peuples et sous différents noms, les mêmes rôles dans les mêmes circonstances : Mégaclès et Tallien en offrent un exemple extraordinaire. Tous deux redevables à un mariage opulent de la considération attachée à la fortune[1]; tous deux placés à la tête du parti modéré[2], dans leurs nations respectives, ils se font tous deux remarquer par la versatilité de leurs principes et la ressemblance de leurs destinées. Flottant, ainsi que le révolutionnaire français, au gré d'une humeur capricieuse, l'Athénien fut d'abord subjugué par le génie de Pisistrate[3], parvint ensuite à renverser le tyran[4], s'en repentit bientôt après; rappela les Montagnards[5], se brouilla de nouveau avec eux; fut chassé d'Athènes, reparut encore[6], et finit par s'éclipser tout à coup dans l'histoire; sort commun des hommes sans caractère : ils luttent un moment contre l'oubli qui les submerge, et soudain s'engloutissent tout vivants dans leur nullité.

Tel était l'état des factions à Athènes lorsque Solon, après dix ans d'absence, revint dans sa malheureuse patrie[a].

CHAPITRE IX.

Pisistrate.

Après avoir erré sur le globe, l'homme, par un instinct touchant, aime à revenir mourir aux lieux qui l'ont vu naître, et à s'asseoir un moment au bord de sa tombe, sous les mêmes arbres qui ombragèrent son berceau. La vue de ces objets, changés sans doute, qui lui rappellent à la fois les jours heureux de son innocence, les malheurs dont ils furent suivis, les vicissitudes et la rapidité de la vie, ranime dans son cœur ce mélange de tendresse et de mélancolie qu'on nomme *l'amour de son pays*.

Quelle doit être sa tristesse profonde, s'il a quitté sa patrie florissante, et qu'il la retrouve déserte ou livrée aux convulsions politiques! Ceux qui vivent au milieu des factions, vieillissant pour ainsi dire avec elles, s'aperçoivent à peine de la différence du passé au présent; mais le voyageur qui retourne aux champs paternels, bouleversés pendant son absence, est tout à coup frappé des changements qui

---

[1] HÉROD., lib. VI, cap. CXXV-CXXXI. Tous les papiers publiés sur les affaires de France. Mégaclès était riche, mais sa fortune était considérablement augmentée par son mariage avec la fille de Clisthène, tyran de Sicyone. — [2] PLUT., *in Solon.; Pap. publ.*, etc. — [3] PLUT., *in Solon.*, pag. 96. — [4] HÉROD., lib. I, cap. LXIV. — [5] *Id., ibid.* — [6] *Id., ibid.*

[a] Pisistrate et Robespierre, Mégaclès et Tallien! Je demande pardon au lecteur de tout cela. J'ai plus souffert que lui en relisant ces pages. Il y a peut-être quelque chose dans ces portraits, mais à coup sûr ce n'est pas la ressemblance. (N. ÉD.)

l'environnent : ses yeux parcourent amèrement l'enclos désolé, de même qu'en revoyant un ami malheureux après de longues années, on remarque avec douleur sur son visage les ravages du chagrin et du temps. Telles furent sans doute les sensations du sage Athénien, lorsque après les premières joies du retour il vint à jeter les regards sur sa patrie[a].

Il ne vit autour de lui qu'un chaos d'anarchie et de misères. Ce n'étaient que troubles, divisions, opinions diverses. Les citoyens semblaient transformés en autant de conspirateurs. Pas deux têtes qui pensassent de même ; pas deux bras qui eussent agi de concert. Chaque homme était lui tout seul une faction ; et quoique tous s'harmoniassent de haine contre la dernière constitution, tous se divisaient d'amour sur le mode d'un régime nouveau[1].

Dans cette extrémité, Solon cherchait un honnête homme qui, en sacrifiant ses intérêts, pût rendre le calme à la république. Il s'imagina le trouver à la tête du parti populaire ; mais s'il se laissa tromper un moment par les dehors patriotiques de Pisistrate, il ne fut pas longtemps dans l'erreur. Il sentit que, de deux motifs d'une action humaine, il faut s'efforcer de croire au bon et agir comme si on n'y croyait pas. Ce sage, qui connaissait les cœurs, sut bientôt ce qu'il devait penser d'un homme riche et de haute naissance attaché à la cause du peuple. Malheureusement il le sut trop tard.

Sur le point de dénoncer la conspiration, il n'attendait plus que de nouvelles lumières, lorsque Pisistrate se présente tout à coup sur la place publique, couvert de blessures qu'il s'était adroitement faites[2]. Le peuple ému s'assemble en tumulte. Solon veut en vain faire entendre sa voix[3]. On insulte le vieillard, on frémit de rage, on décrète par acclamation une garde formidable à cet illustre victime de la démocratie, que les nobles avaient voulu faire assassiner[4]. *O homines ad servitutem paratos !* Nous avons vu un tyran de la Convention employer la même machine.

Quiconque a une légère teinture de politique n'a pas besoin qu'on lui apprenne la conséquence de ce décret. Une démocratie n'existe plus là où il y a une force militaire en activité dans l'intérieur de l'État. Que penserons-nous donc des cohortes du Directoire? Pisistrate

---

[a] A des taches près, que je n'ai pas voulu effacer parce que je ne veux pas changer un seul mot à l'*Essai*, ce morceau rappellera peut-être au lecteur des sentiments et même des phrases que j'ai répandus et transportés dans mes autres ouvrages. Il y a quelque chose d'inattendu dans la manière dont ce morceau est amené, comme un délassement à la politique. L'exilé reparaît malgré lui, et entraîne un moment le lecteur dans un autre ordre d'images et d'idées.   (N. ÉD.)

[1] PLUT., *in Solon*. — [2] HEROD., lib. I, cap. LIX et LXIV. — [3] PLUT., *in Solon*. — [4] JUSTIN., lib. II, cap. VIII.

s'empara peu après de la citadelle [1], et, ayant désarmé les citoyens, comme la Convention les sections de Paris, il régna sur Athènes avec toutes les vertus, hors celles du républicain.

CHAPITRE X.

Règne et mort de Pisistrate.

La victoire s'attachera au parti populaire toutes les fois qu'il sera dirigé par un homme de génie, parce que cette faction possède au-dessus des autres l'énergie brutale d'une multitude pour laquelle la vertu n'a point de charmes, ni le crime de remords.

Après tout, le succès ne fait pas le bonheur : Pisistrate en est un exemple. Chassé de l'Attique par Mégaclès réuni à Lycurgue, il y fut bientôt rappelé par ce même Mégaclès, qui, changeant une troisième fois de parti, se vit à son tour obligé de prendre la fuite. Deux fois les orages qui grondent autour des tyrans renversèrent Pisistrate de son trône, et deux fois le peuple l'y replaça de sa main [2]. La fin de sa carrière fut plus heureuse. Il termina tranquillement ses jours à Athènes, laissant à ses deux fils, Hipparque et Hippias, la couronne qu'il avait usurpée [3].

Au reste, ces différentes factions avaient tour à tour, selon les chances de la fortune, rempli la terre de l'étranger d'Athéniens fugitifs. A la mort de Pisistrate, les modérés et les aristocrates se trouvaient émigrés dans plusieurs villes de la Grèce [4] : là nous allons bientôt les voir remplir avec succès le même rôle que, de nos jours, les constitutionnels et les aristocrates de France ont joué si malheureusement en Europe.

CHAPITRE XI.

Hipparque et Hippias. — Assassinat du premier. — Rapports.

Hippias et Hipparque montèrent sur le trône aux applaudissements de la multitude. Sages dans leur gouvernement [5] et faciles dans leurs mœurs [6], ils avaient ces vertus obscures que l'envie pardonne, et ces vices aimables qui échappent à la haine. Peut-être eussent-ils transmis le sceptre à leur postérité; peut-être un seul anneau changé dans la chaîne des peuples aurait-il altéré la face du monde ancien et mo-

---

[1] PLUT., *in Solon.* — [2] HEROD., lib. I, cap. LXIV; ARIST., lib. V, *de Rep.*, cap. XII. — [3] *Id.*, *ibid.* — [4] HEROD., lib. V, cap. LXII-XCVI. — [5] THUCYD., lib. VI, cap. LIV. — [6] ATHEN., lib. XII, cap. VIII.

derne, si la fatalité qui règle les empires n'avait décidé autrement de l'ordre des choses [a].

Hipparque insulté par Harmodius, jeune Athénien plein de courage, voulut s'en venger par un affront public qu'il fit souffrir à la sœur de ce dernier [1]. Harmodius, la rage dans le cœur, résolut, avec Aristogiton, son ami, d'arracher le jour aux tyrans de sa patrie [2]. Il ne s'en ouvrit qu'à quelques personnes fidèles, comptant, au moment de l'entreprise, sur les principes des uns, les passions des autres, ou du moins sur ce plaisir secret qu'éprouvent les hommes à voir souffrir ceux qu'ils ont crus heureux. Par amour de l'humanité, il faut se donner de garde de remarquer que le vice et la vertu conduisent souvent aux mêmes résultats [b].

Le jour de l'exécution étant fixé à la fête des Panathénées, les assassins se rendirent au lieu désigné. Hipparque tomba sous leurs coups, mais son frère leur échappa. Heureux cependant s'il eût partagé la même destinée ! Aristogiton, présenté à la torture, accusa faussement les plus chers amis d'Hippias [3], qui les livra sur-le-champ aux bourreaux. L'amitié offrit ce sacrifice, aussi ingénieux que terrible, aux mânes d'Harmodius massacré par les gardes du tyran.

Depuis ce moment, Hippias, désabusé du pouvoir des bienfaits sur les hommes, ne voulut plus devoir sa sûreté qu'à sa barbarie [4]. Athènes se remplit de proscriptions : les tourments les plus cruels furent mis en usage; et les femmes, comme de nos jours, s'y distinguèrent par leur constance héroïque [5]. Les citoyens, poursuivis par la mort, se hâtèrent de quitter en foule une patrie dévouée; mais, plus heureux que les émigrés français, ils emportèrent avec eux leurs richesses [6], et conséquemment leur vertu [c]. C'est ainsi que nous avons vu en France les massacres se multiplier, et de nouvelles troupes de fugitifs joindre leurs infortunés compatriotes sur des terres étrangères, lorsque après le prétendu assassinat d'un des satellites de Robespierre, le monstre se crut obligé de redoubler de furie.

[a] Encore la *fatalité*, bientôt nous reverrons la religion : j'en étais au *que sais-je?* (N. ÉD.)

[1] THUCYD., lib. VI, cap. LVI. — [2] *Id., ibid.*; PLAT., *in Hipparch.*, pag. 229.

[b] Cela est affreux et n'a pu être arraché qu'à la misanthropie d'un jeune homme qui se croit près de mourir, et qui n'a éprouvé que des malheurs sans avoir rien fait pour les mériter. De pareils traits sont bien autrement condamnables que les sottes impiétés de l'*Essai*, qui n'étaient après tout que le sot esprit de mon siècle. (N. ÉD.)

[3] SEN., *de Ira*, lib. II, cap. XXIII. — [4] THUCYD., lib. VI, cap. LIX. — [5] *Id., ibid.*; PLIN., lib. VII, cap. XXIII. — [6] HERODOT., lib. V.

[c] Terrible ironie. (N. ÉD.)

CHAPITRE XII.

Guerre des émigrés. — Fin de la révolution républicaine en Grèce.

Cependant les bannis sollicitaient au dehors les puissances voisines de les rétablir dans leurs propriétés. Ils firent parler l'intérêt de la religion [1] et celui d'un peuple qu'ils représentaient opprimé par des tyrans. Les Lacédémoniens prirent enfin les armes en leur faveur [2]. D'abord repoussés par les Athéniens, un hasard leur donna ensuite la victoire; les enfants d'Hippias étant tombés entre leurs mains, celui-ci, père avant que d'être roi, consentit, pour les racheter, à abdiquer sa puissance et à quitter en cinq jours l'Attique. Cette chute-là tire des larmes : on est fâché de voir un tyran finir par un trait dont bien peu d'honnêtes gens seraient capables.

On peut fixer à la retraite d'Hippias l'époque des beaux jours de la Grèce, et la fin de la révolution républicaine : car, quoiqu'il s'élevât encore quelques factieux à Athènes [3], de même qu'après une longue tempête il se forme encore des écumes sur la mer, ils s'évanouirent bientôt dans le calme. N'oublions pas cependant que les Lacédémoniens, qui, en s'armant pour les émigrés, n'avaient eu d'autre vue que de s'emparer de l'Attique, voyant leurs espérances déçues, voulurent rétablir sur le trône celui qu'ils en avaient chassé [4] : tant ces grands mots de justice générale et de philanthropie veulent dire peu de chose ! La soif de la liberté et celle de la tyrannie ont été mêlées ensemble dans le cœur de l'homme par la main de la nature : indépendance pour soi seul, esclavage pour tous les autres, est la devise du genre humain [a].

La réinstallation du tyran d'Athènes, proposée par les Spartiates au conseil amphictyonique, en fut rejetée avec indignation. Le malheureux Hippias se retira alors à la cour du satrape Artapherne, où bientôt, en attirant les armes du Grand Roi contre sa patrie, il ne fit que consolider la république qu'il prétendait renverser.

C'est un des premiers princes qui, descendu du rang des monarques à l'humble condition de particulier, traîna de contrée en contrée ses malheurs, à charge à la terre, ayant partout à dévorer l'insolence ou la pitié des hommes [b].

[1] HEROD., lib. v. — [2] Id., ibid. — [3] Id., ibid., cap. LXVI. — [4] Id., ibid.
[a] Je ne voudrais pas avoir dit ici la vérité : j'espère que j'ai calomnié l'espèce humaine; du moins je sais qu'en réclamant l'indépendance pour moi, je la souhaite également aux autres. (N. Éd.) — [b] Si l'on retranchait de cette histoire des Pisistratides quelques phrases relatives à la révolution française et à ses agents, elle ne serait peut-être pas sans intérêt et sans vues : elle est grave et triste.

(N. Éd.)

Ici finit, comme je l'ai remarqué plus haut, la révolution populaire en Grèce. Mais, avant de passer aux caractères généraux et à l'influence de cette révolution sur les autres nations, il est nécessaire de revenir à Sparte.

CHAPITRE XIII.

Sparte. — Les Jacobins.

Sparte se présente comme un phénomène au milieu du monde politique. Là nous trouvons la cause du gouvernement républicain, non dans les choses, mais dans le plus grand génie qui ait existé. La force intellectuelle d'un seul homme enfanta ces nouvelles institutions d'où est sorti un autre univers. Il n'entre pas dans mon plan de répéter ici ce que mille publicistes ont écrit de Lacédémone. Voici seulement quelques réflexions qui se lient à mon sujet.

Le bouleversement total que les Français, et surtout les Jacobins, ont voulu opérer dans les mœurs de leur nation, en assassinant les propriétaires, transportant les fortunes, changeant les costumes, les usages et le Dieu même, n'a été qu'une imitation de ce que Lycurgue fit dans sa patrie. Mais ce qui fut possible chez un petit peuple encore tout près de la nature, et qu'on peut comparer à une pauvre et nombreuse famille, l'était-il dans un antique royaume de vingt-cinq millions d'habitants? Dira-t-on que le législateur grec transforma des hommes plongés dans le vice en des citoyens vertueux, et qu'on eût pu réussir également en France? Certes, les deux cas sont loin d'être les mêmes. Les Lacédémoniens avaient l'immoralité d'une nation qui existe sans formes civiles; immoralité qu'il faut plutôt appeler un désordre qu'une véritable corruption : une telle société, lorsqu'elle vient à se ranger sous une constitution, se métamorphose soudainement, parce qu'elle a toute la force primitive, toute la rudesse vigoureuse d'une matière qui n'a pas encore été mise sur le métier. Les Français avaient l'incurable corruption des lois; ils étaient légalement immoraux, comme tous les anciens peuples soumis depuis longtemps à un gouvernement régulier.

Alors la trame est usée, et lorsque vous venez à tendre la toile, elle se déchire de toutes parts.

Il y a plus, les grands changements que Lycurgue opéra à Lacédémone furent plutôt dans les règlements moraux et civils, que dans les choses politiques. Il institua les repas publics et les leschès [1], bannit

---

[1] PLUT., *in Lyc.*; PAUSANIAS, lib. III, cap. XIV, pag. 240; ISOCR., *Panath.*, tom. II. Cette inst

l'or et les sciences, ordonna les réquisitions d'hommes et de propriétés[1], fit le partage des terres, établit la communauté des enfants[2], et presque celle des femmes[3]. Les Jacobins, le suivant pas à pas dans ces réformes violentes, prétendirent à leur tour anéantir le commerce, extirper les lettres[4], avoir des gymnases[5], des philities[6], des clubs; ils voulurent forcer la vierge, ou la jeune épouse, à recevoir malgré elle un époux[7]; ils mirent surtout en usage les réquisitions, et se préparaient à promulguer les lois agraires.

Ici finit la ressemblance. Le sage Lacédémonien laissa à ses compatriotes leurs dieux, leurs rois et leurs assemblées du peuple[8], qu'ils possédaient de temps immémorial avec le reste de la Grèce. Il ne fit pas vibrer toutes les cordes du cœur humain en brisant à la fois imprudemment tous les préjugés; il sut respecter ce qui était respectable; il se donna de garde d'entreprendre son ouvrage au milieu des troubles, des guerres qui engendrent toutes les sortes d'immoralités. Il eut à surmonter de grandes difficultés sans doute : il fut même obligé d'employer une espèce de violence[9], mais il n'égorgea point les citoyens pour les convaincre de l'efficacité des lois nouvelles; il chéris-

tution, unique dans l'antiquité (si l'on en excepte cette société d'Athènes à laquelle Philippe envoyait de l'or pour l'encourager dans son insouciance des affaires de la patrie), est l'origine de nos clubs modernes. Les réquisitions forcées d'esclaves, de chevaux, etc., sont aussi de Lycurgue. Il semble que cet homme extraordinaire n'ait rien ignoré de ce qui peut toucher les hommes, qu'il ait embrassé à la fois tous les genres d'institutions les plus capables d'agir sur le cœur humain, d'élever leur génie, de développer les facultés de leurs âmes, et de lâcher ou de tendre le ressort des passions. Plus on étudie les lois de Lycurgue, plus on est convaincu que depuis on n'a rien trouvé de nouveau en politique. Lycurgue et Newton ont été deux divinités dans l'espèce humaine. Par l'affreuse imitation des Jacobins, on va voir comment la vertu peut se tourner en vice dans des vases impurs : tant il est vrai encore que chaque âge, chaque nation a ses institutions qui lui sont propres, et que la constitution la plus sublime chez un peuple pourrait être exécrable chez un autre. Au reste, les lesches avaient toutes les qualités des clubs; on s'y assemblait pour y parler de politique.

[1] XÉNOPH., de Rep. Laced., pag. 681. — [2] PLUT., ibid. — [3] Id., ibid. — [4] Le lecteur doit se rappeler les projets de Marat et de Robespierre, qui se trouvent dans tous les papiers et les brochures du temps. Sans doute il sait ces faits tout aussi bien que moi, sans que je sois obligé de citer une foule de journaux et de feuilles publiques. Quant à ceux qui ne connaissent pas la révolution, tant pis ou tant mieux pour eux, mais qu'ils ne me lisent pas. — [5] Les écoles républicaines. — [6] Les repas publics de Sparte. — [7] Ceci est bien connu par les décrets proposés dans la Convention, pour obliger les femmes des émigrés, ou les jeunes filles au-dessous d'un certain âge, d'épouser ce qu'on appelait des CITOYENS. Je raconterai à ce sujet ce que je tiens d'un témoin oculaire, dont je n'ai aucune raison de soupçonner la véracité. Dans le moment le plus violent de la persécution de Robespierre, lorsque les sœurs et les épouses des émigrés étaient jetées dans des cachots en attendant la mort, on leur envoyait des brigands, soldats dans l'armée intérieure, qui leur disaient : « Citoyennes, nous sommes fâchés de vous l'apprendre, votre sort est décidé : demain la guillotine... mais il y a un moyen de vous sauver, épousez-nous, etc. ; » et ils les accablaient des propos les plus grossiers. Si on considère que ces exécrables monstres étaient peut-être les hommes qui avaient assassiné les frères et les maris de ces infortunées, l'atrocité et l'immoralité d'insulter des femmes couchées sur la terre, sans pain, sans vêtements, et plongées dans toutes les douleurs de l'âme et du corps, on ne pourra s'empêcher de frémir à la pensée des crimes dont l'espèce humaine est capable. — [8] PLUT., in Lyc. — [9] Id., ibid.

sait ceux-là même qui poussaient la haine de ses innovations jusqu'à
le frapper [1]. C'est peut-être ici un des plus curieux, de même qu'un
des plus grands sujets commémorés dans les annales des nations.
Qu'y a-t-il en effet de plus intéressant que de retrouver dans ce passage le plan original de cet étonnant édifice sur lequel les Jacobins ont
calqué la fatale copie qu'ils viennent de nous en donner ? il mérite
bien la peine qu'on s'y arrête pour en méditer les leçons. J'opposerai
dans les chapitres suivants le tableau des réformations des Jacobins
à celui de ces réformations de Lycurgue qui ont servi de modèle aux
premières, et que j'ai brièvement exposées ci-dessus. Sans cette comparaison il serait impossible de se former une idée juste des rapports
et des différences des deux systèmes, considérés dans le génie, les
temps, les lieux et les circonstances : ce sera alors au lecteur à prononcer sur les causes qui consolidèrent la révolution à Sparte, et sur
celles qui pourront l'établir ou la renverser en France. Celui qui lit
l'histoire ressemble à un homme voyageant dans le désert à travers
ces bois fabuleux de l'antiquité qui prédisaient l'avenir [a].

CHAPITRE XIV.

(Suite.)

Quoique les Jacobins se soient indubitablement proposé Lycurgue
pour modèle, ils sont cependant partis d'un principe totalement opposé. La grande base de leur doctrine était le fameux système de perfection [2] que je développerai dans la suite, savoir que les hommes

---

[1] PLUT., *in Lyc.*

[a] Sparte et les Jacobins! Cependant ce premier chapitre peut, à la rigueur, se soutenir. Il est
certain que les demi-lettrés qui furent les premiers chefs des Jacobins affectèrent des imitations de
Rome et de Sparte, témoin les noms d'hommes et les diverses nomenclatures de choses qu'ils em-
pruntèrent des Grecs et des Latins. Les chapitres qui suivent et qui, sortant des comparaisons
générales, entrent dans les rapprochements particuliers, tombent dans ces ressemblances déraison-
nables que j'ai tant de fois critiquées dans ces notes; mais ils sont écrits avec une verve d'indignation, avec une jeunesse de haine contre le crime, qui doit faire pardonner ce qu'ils ont d'absurde
dans le système de leur composition. Le style aussi me paraît s'élever dans ces chapitres, et il soutient la comparaison avec ce que j'ai fait de moins mal en politique et en histoire dans ces derniers temps de ma vie. Les personnes qui déterrèrent l'*Essai* pour me l'opposer ne l'avaient pas
lu sans doute tout entier. Il est probable que ceux qui m'ont obligé de fournir contre moi au procès
la pièce de conviction seront assez peu satisfaits de son contenu.   (N. ÉD.)

[2] Ce système (plus ou moins reçu par le reste des révolutionnaires, mais qui appartient particulièrement aux Jacobins), sur lequel toute notre révolution est suspendue, n'est presque point
connu du public. Les initiés à ce grand mystère en dérobent religieusement la connaissance aux
profanes. J'espère être le premier écrivain sur les affaires présentes qui aura démasqué l'idole. Je
tiens le secret de la bouche même du célèbre Chamfort, qui le laissa échapper devant moi un matin
que j'étais allé le voir. Ce système de perfection a obtenu un grand crédit en Angleterre, parmi les

parviendront un jour à une pureté inconnue de gouvernement et de mœurs[a].

Le premier pas à faire vers le système était l'établissement d'une république. Les Jacobins, à qui on ne peut refuser l'affreuse louange d'avoir été conséquents dans leurs principes, avaient aperçu avec génie que le vice radical existait dans les mœurs, et que, dans l'état actuel de la nation française, l'inégalité des fortunes, les différences d'opinion, les sentiments religieux, et mille autres obstacles, il était absurde de songer à une démocratie sans une révolution complète du côté de la morale[b]. Où trouver le talisman pour faire disparaître tant d'insurmontables difficultés? à Sparte. Quelles mœurs substituera-t-on aux anciennes? celles que Lycurgue mit à la place des antiques désordres de sa patrie. Le plan était donc tracé depuis longtemps, et il ne restait plus aux Jacobins qu'à le suivre. Mais comment l'exécuter? Au moment de la promulgation de ses lois nouvelles la Laconie était dans une paix profonde. Il était aisé à Lycurgue, moitié de gré, moitié de force, de faire consentir les propriétaires d'un petit pays au partage des terres et à l'égalité des rangs; il était aisé d'ordonner des armées en masse et des réquisitions forcées pour des guerres à venir, quand tout était tranquille autour de soi; il était aisé de transformer une monarchie en un gouvernement populaire chez une nation qui possédait déjà les principes de ce dernier. Quelle différence de temps, de circonstances, entre l'époque de la réforme lacédémonienne et celle où les Jacobins prétendaient l'introduire chez eux! Attaquée par l'Europe entière, déchirée par des guerres civiles, agitée de mille factions, ses places frontières ou prises ou assiégées, sans soldats, sans finances, hors un papier discrédité qui tombait de jour en jour, le découragement dans tous les états, et la famine presque assurée; telle était la France, tel le tableau qu'elle présentait à l'instant même qu'on méditait de la livrer à une révolution générale. Il fallait remédier à cette complication de maux; il fallait établir à la fois par un miracle la république de Lycurgue chez un vieux peuple nourri sous une monarchie,

membres de la Société correspondante. MM. T. et H. paraissent en avoir adopté les principes, de même que l'auteur du *General justice*, livre (quelle que soit d'ailleurs la différence entre mes opinions et celles de l'auteur) qui annonce des vues peu communes en politique. On trouvera tout ce qui a rapport à cet intéressant sujet dans la seconde partie du cinquième livre de cet *Essai*.

[a] Le système de perfection n'est faux que pour ce qui regarde les mœurs : il est vrai pour tout ce qui est relatif à l'intelligence. (N. Éd.) — [b] Les Jacobins n'avaient point aperçu tout cela, et ils n'avaient point de génie : je leur prête des idées quand je ne devrais leur accorder que des crimes; mais les crimes ont quelquefois d'immenses résultats. Je mets aussi à tort sur le compte d'une poignée d'hommes sanguinaires ce qu'il faut attribuer à la nation : la défense de la patrie. Je fais trop d'honneur à des scélérats en les associant à une gloire qui suffit à peine pour noyer dans son éclat leur abominable souvenir. (N. Éd.)

immense dans sa population et corrompu dans ses mœurs, et sauver un grand pays sans armées, amolli dans la paix et expirant dans les convulsions politiques, de l'invasion de cinq cent mille hommes des meilleures troupes de l'Europe.

Ces forcenés seuls pouvaient en imaginer les moyens, et, ce qui est encore plus incroyable, parvenir en partie à les exécuter : moyens exécrables sans doute, mais, il faut l'avouer, d'une conception gigantesque. Ces esprits raréfiés au feu de l'enthousiasme républicain, et pour ainsi dire réduits, par leurs scrutins épuratoires[1], à la quintessence du crime, déployèrent à la fois une énergie dont il n'y a jamais eu d'exemple, et des forfaits que tous ceux de l'histoire mis ensemble pourraient à peine égaler.

Ils virent que, pour obtenir le résultat qu'ils se proposaient, les systèmes reçus de justice, les axiomes communs d'humanité, tout le cercle des principes adoptés par Lycurgue, ne pouvaient être utiles, et qu'il fallait parvenir au même but par un chemin différent. Attendre que la mort vînt saisir les grands propriétaires, ou que ceux-ci consentissent à se dépouiller; que les années déracinassent le fanatisme et vinssent changer les costumes et les mœurs; que des recrues ordinaires fussent envoyées aux armées; attendre tout cela leur parut douteux et trop long; et, comme si l'établissement de la république et la défense de la France, pris séparément, eussent été trop peu pour leur génie, ils résolurent de tenter les deux à la fois.

Les gardes nationales étant achetées, des agents placés à leurs postes dans tous les coins de la république, le mot communiqué aux sociétés affiliées, les monstres se bouchant les oreilles, ou s'arrachant pour ainsi dire les entrailles de peur d'être attendris, donnèrent l'affreux signal qui devait rappeler Sparte de ses ruines. Il retentit dans la France comme la trompette de l'ange exterminateur : les monuments des fils des hommes s'écroulèrent, et les tombes s'ouvrirent.

CHAPITRE XV.

(Suite.)

Au même instant mille guillotines sanglantes s'élèvent à la fois dans toutes les cités et dans tous les villages de la France. Au bruit du canon et des tambours le citoyen est réveillé en sursaut au milieu de la nuit, et reçoit l'ordre de partir pour l'armée. Frappé comme de la

---

[1] On sait que les Jacobins expulsaient à certaines époques périodiques tous ceux de leurs membres soupçonnés de modérantisme ou d'humanité, et on appelait cela un scrutin épuratoire.

foudre, il ne sait s'il veille : il hésite, il regarde autour de lui, il aperçoit les têtes pâles et les troncs hideux des malheureux qui n'avaient peut-être refusé de marcher à la première sommation que pour dire un dernier adieu à leur famille! Que fera-t-il? où sont les chefs auxquels il puisse se réunir pour éviter la réquisition[1]? Chacun pris séparément se voit privé de toute défense. D'un côté la mort assurée; de l'autre, des troupes de volontaires qui, fuyant la famine, la persécution et l'intolérance de l'intérieur, vont chercher dans les armées, ivres de vin, de chansons[2] et de jeunesse, du pain et la liberté. Ce citoyen, la guillotine sous les yeux, et ne trouvant qu'un seul asile, part le désespoir dans le cœur. Bientôt rendu aux frontières, la nécessité de défendre sa vie, le courage naturel aux Français, l'inconstance et l'enthousiasme dont son caractère est susceptible, la paye considérable[a], la nourriture abondante, le tumulte, les dangers de la vie militaire, les femmes, le vin, et sa gaieté native, lui font oublier qu'il a été conduit malgré lui ; il devient un héros. Ainsi la persécution d'un côté et les récompenses de l'autre créent par enchantement des armées. Car une fois les premiers exemples faits et les réquisitions obéies, les hommes, par une pente imitative naturelle à leur cœur, s'empressent, quelles que soient leurs opinions, de marcher sur les traces des autres.

Voilà bien les rudiments d'une force militaire ; mais il fallait l'organiser. Un comité, dont on a dit que les talents ne pouvaient être surpassés que par les crimes, s'occupe à lier ces corps déjoints. Et ne croyez pas que les tactiques anciennes des César et des Turenne soient recherchées : non. Tout doit être nouveau dans ce monde d'une ordonnance nouvelle. Il ne s'agit plus de sauver la vie d'un homme et de ne livrer bataille que quand la perte peut être au moins réciproque ; l'art se réduit à un calcul de masse, de vitesse et de temps. Les armées se précipitent en nombre double ou triple pour les masses : les soldats et l'artillerie voyagent en poste de Nice à Lille, quant aux vitesses ; et les temps sont toujours uns et généraux dans les attaques. On perdra dix mille hommes pour prendre ce bourg; on sera obligé de l'attaquer vingt fois[1] et vingt jours de suite ; mais on le prendra.

---

[1] J'ai déjà dit que l'idée des réquisitions vient de Sparte. Tous les citoyens étaient obligés de servir depuis l'âge de vingt ans jusqu'à soixante. Dans le cas d'urgence, les rois et les éphores pouvaient mettre les chevaux, les esclaves, les chariots, etc., en réquisition. (*Voyez* PLUTARQUE et XÉNOPHON.)
— [2] Les hymnes de Tyrtée à Sparte; ceux de Lebrun et de Chénier en France.

[a] La paye est de trop : souvent les soldats républicains étaient sans paye et sans vêtements. Les fortunes militaires n'ont commencé que sous l'empire. (N. ÉD.)

[3] À Sparte, lorsqu'un premier combat avait été désavantageux, le général était obligé d'en livrer un autre. (XÉNOPHON, *Hist. de la Grèce.*)

Quand le sang des hommes est compté pour rien, il est aisé de faire
des conquêtes. Les déserteurs et les espions ne sont pas sûrs? c'est au
milieu des airs que les ingénieurs vont étudier les parties faibles des
armées, et assurer la victoire en dépit du secret et du génie. Le télé-
graphe fait voler les ordres, la terre cède son salpêtre, et la France
vomit ses innombrables légions.

CHAPITRE XVI.

(Suite.)

Tandis que les armées se composent, les prisons se remplissent de
tous les propriétaires de la France. Ici, on les noie par milliers[1]; là, on
ouvre les portes des cachots pleins de victimes, et l'on y décharge du
canon à mitraille[2]. Le coutelas des guillotines tombe jour et nuit. Ces
machines de destruction sont trop lentes au gré des bourreaux; des
artistes de mort en inventent qui peuvent trancher plusieurs têtes d'un
seul coup[3]. Les places publiques, inondées de sang, deviennent impra-
ticables; il faut changer le lieu des exécutions : en vain d'immenses
carrières ont été ouvertes pour recevoir les cadavres, elles sont com-
blées; on demande à en creuser de nouvelles[4]. Vieillards de quatre-
vingts ans, jeunes filles de seize, pères et mères, sœurs et frères,
enfants, maris, épouses, meurent couverts du sang les uns des autres.
Ainsi les Jacobins atteignent à la fois quatre fins principales, vers
l'établissement de leur république : ils détruisent l'inégalité des rangs,
nivellent les fortunes, relèvent les finances par la confiscation des
biens des condamnés, et s'attachent l'armée en la berçant de l'espoir
de posséder un jour ces propriétés.

Cependant le peuple, qui n'est plus entretenu que de conspirations,
d'invasion, de trahisons, effrayé de ses amis même et se croyant sur
une mine toujours prête à sauter, tombe dans une terreur stupide.
Les Jacobins l'avaient prévu[a]. Alors on lui demande son pain, et il le
donne; son vêtement, et il s'en dépouille; sa vie, et il la livre sans
regret[5]. Il voit au même moment se fermer tous ses temples, ses ministres sacrifiés et son ancien culte banni sous peine de mort[6]. On lui

---

[1] A Nantes. (*Voyez le procès de Carrier.*)— [2] A Lyon. — [3] A Arras. — [4] *Voyez* les *Messages
à la Convention.*

[a] Les Jacobins n'avaient rien prévu : ils tuaient pour tuer. La révolution était un combat entre le
passé et l'avenir : le champ de carnage était partout : on ne songeait qu'à triompher, sans s'inquiéter de ce que l'on ferait après la victoire.   (N. ÉD.)

[5] Réquisitions de Sparte. — [6] Pour y substituer le culte de la Grèce.

apprend qu'il n'y a point de vengeance céleste [1], mais une guillotine ; tandis que par un jargon contradictoire et inexplicable, on lui dit d'adorer les vertus, pour lesquelles on institue des fêtes où de jeunes filles vêtues de blanc et couronnées de roses entretiennent sa curiosité imbécile, en chantant des hymnes en l'honneur des dieux [2]. Ce malheureux peuple, confondu, ne sait plus où il est, ni s'il existe. En vain il se cherche dans ses antiques usages, et il ne se retrouve plus. Il voit, dans un costume bizarre [3], une nation étrangère errer sur les places publiques. S'il demande ses jours de fêtes ou de devoirs accoutumés, d'autres appellations frappent son oreille. Le jour de repos a disparu. Il compte au moins que le retour fixe de l'année ramènera l'état naturel des choses, et apportera quelque soulagement à ses maux : espérances déçues ! Comme s'il était condamné pour jamais à ce nouvel ordre de misère, des mois ignorés semblent lui dire que la révolution s'étend jusqu'au cours des astres ; et dans cette terre de prodiges, il craint de s'égarer au milieu des rues de la capitale, dont il ne reconnaît plus les noms [4].

En même temps que tous ces changements dérangent la tête du peuple, les notions les plus étranges viennent bouleverser son cœur. La fidélité dans le secret, la constance dans l'amitié, l'amour de ses enfants, le respect pour la religion, toutes les choses que depuis son enfance il *souloit* tenir bonnes et vertueuses, ne sont, lui dit-on, que de vains noms dont les tyrans se servent pour enchaîner leurs esclaves. Un républicain ne doit avoir ni amour, ni fidélité, ni respect que pour la patrie [5]. Résolus d'altérer la nation jusque dans sa source, les Jacobins, sachant que l'éducation fait les hommes, obligent les citoyens à envoyer leurs enfants à des écoles militaires, où on va les abreuver de fiel et de haine contre tous les autres gouvernements. Là, préparés par les jeux de Lacédémone à la conquête du monde [6], on leur apprend à se dépouiller des plus doux sentiments de la nature pour des vertus de tigres, qui ne leur nourrissent que des cœurs d'airain.

Tel était, ballotté entre les mains puissantes de cette faction, ce

---

[1] L'athéisme de la Convention est bien connu. — [2] Imités de Lacédémone et de toute la Grèce. À Sparte, on plaçait le statue de la Mort à côté de celle du Sommeil ; ce qui a pu inspirer aux Jacobins l'idée de l'inscription qu'ils voulaient graver sur les tombeaux : *La mort est l'éternel sommeil*. (PAUSAN., lib. III, cap. XVIII.) — [3] Le bonnet des hommes et la presque nudité des femmes sont encore originairement de Sparte, quoique j'en donnerai d'autres exemples. (MEURS., *Miscell. Lacon.*, lib. I, cap. XVII.) — [4] Les changements des noms des rues, des mois, etc., sont trop connus pour avoir besoin de notes. — [5] Ici évidemment toute la morale de Lycurgue pervertie et pliée à leur vue. (*Voyez* PLUT., *in Lycurg.*)— [6] Les gymnases. On sait que le caractère dominant de Sparte était la haine des autres peuples et l'esprit d'ambition. « Où fixerez-vous vos frontières ?» disait-on à Agésilas. « Au bout de nos piques, » répondait-il. Les Français diront : « A la pointe de nos baïonnettes. »

peuple infortuné, transporté tout à coup dans un autre univers, étonné des cris des victimes et des acclamations de la victoire retentissant de toutes les frontières, lorsque Dieu, laissant tomber un regard sur la France, fit rentrer ces monstres dans le néant [1].

CHAPITRE XVII.

Fin du sujet.

Tels furent les Jacobins. On a beaucoup parlé d'eux et peu de gens les ont connus. La plupart se jettent dans les déclamations, publient les crimes de cette société, sans vous apprendre le principe général qui en dirigeait les vues. Il consistait, ce principe, dans le système de perfection vers lequel le premier pas à faire était la restauration des lois de Lycurgue. Nous avons trop donné aux passions et aux circonstances. Un trait distinctif de notre révolution, c'est qu'il faut admettre la voie spéculative et les doctrines abstraites pour infiniment dans ses causes. Elle a été produite en partie par des gens de lettres qui, plus habitants de Rome et d'Athènes que de leur pays, ont cherché à ra-

[1] J'ai vu rire de la minutie avec laquelle les Français ont essayé de changer leur costume, leurs manières, leur langage; mais le dessein est vaste et médité. Ceux qui savent l'influence qu'ont sur les hommes des mots en apparence frivoles, lorsqu'ils nous rappellent d'anciennes mœurs, des plaisirs ou des peines, sentiront la profondeur du projet. Que si d'ailleurs on considère que ce sont les Jacobins qui ont donné à la France des armées nombreuses, braves et disciplinées; que ce sont eux qui ont trouvé moyen de les payer, d'approvisionner un grand pays sans ressources et entouré d'ennemis; que ce furent eux qui créèrent une marine comme par miracle, et conservèrent par intrigue et argent la neutralité de quelques puissances; que c'est sous leur règne que les grandes découvertes en histoire naturelle se sont faites, et les grands généraux se sont formés; qu'enfin ils avaient donné de la vigueur à un corps épuisé, et organisé, pour ainsi dire, l'anarchie : il faut nécessairement convenir que ces monstres échappés de l'enfer en avaient apporté tous les talents. Je n'ignore pas que, depuis leur chute, le parti régnant s'est efforcé de les représenter comme ineptes et ignorants; les *Campagnes de Pichegru*, dernièrement publiées à Paris, tendent à prouver qu'ils ne faisaient que détruire sans organiser. Ce livre, par sa modération, fait honneur à son auteur; mais je n'ai pas présenté des conjectures, j'ai rassemblé des faits. Au reste, on peut juger de la vigueur de ce parti par les secousses qu'il donne encore au gouvernement. Les Jacobins sont évidemment la seule faction républicaine qui ait existé en France : toutes celles qui l'ont précédée ou suivie (excepté les Brissotins) ne l'ont point été. Après tout, je n'ai pas la folie d'avancer que les Jacobins prétendissent ramener expressément le siècle de Lycurgue en France. La plupart ne surent même jamais qu'il eût existé un homme de ce nom. J'ai seulement voulu dire que les chefs de ce parti visaient à une réforme sévère, dont ils auraient sans doute après fait leur profit, et que Sparte leur en fournissait un plan tout tracé. J'écris sans esprit de système [*]. Je ne cherche point de ressemblance où il n'y en a point, ni ne donne à de certains rapports des événements plus d'importance qu'ils n'en méritent. La foule des leçons devant moi est trop grande pour avoir besoin de recourir à des remarques frivoles. J'ai souvent regretté qu'un sujet si magnifique ne soit pas tombé en des mains plus habiles que les miennes.

[*] Tous les hommes qui ont embrassé un système ont la prétention de n'en pas avoir; je sentais si bien la faiblesse du mien que je le désavoue ici formellement.   (N. Éd.)

mener dans l'Europe les mœurs antiques [1]. Par cette légère esquisse, j'ai essayé de donner un fil aux écrivains qui viendront après moi. Que de choses me resteraient encore à dire! mais le temps, ma santé, ma manière, tout me précipite vers la fin de cet ouvrage.

Ainsi, dès notre premier début dans la carrière, tout fourmille autour de nous de leçons et d'exemples. Déjà Athènes nous a montré nos factions dans le règne de Pisistrate et la catastrophe de ses fils; Sparte vient de nous offrir dans ses lois des origines étonnantes. Plus nous avancerons dans ce vaste sujet, plus il deviendra intéressant. Nous avons vu l'établissement des gouvernements populaires chez les Grecs; nous allons parler maintenant du génie comparé de ces peuples et des Français, de l'état des lumières, de l'influence de la révolution républicaine sur la Grèce, sur les nations étrangères, enfin de la position politique et morale des mêmes nations à cette époque.

CHAPITRE XVIII.

Caractère des Athéniens et des Français.

Quels peuples furent jamais plus aimables dans le monde ancien et moderne, que les nations brillantes de l'Attique et de la France? L'étranger, charmé à Paris et à Athènes, ne rencontre que des cœurs

---

[1] Que ceci soit dit sans prétendre insulter aux gens de lettres de France. La différence d'opinion ne m'empêchera jamais de respecter les talents. Quand il n'y aurait que les rapports que j'ai entretenus autrefois avec plusieurs de ces hommes célèbres, c'en serait assez pour me commander la décence. Je me souviendrai toujours avec reconnaissance que quelques-uns d'entre eux, qui jouissent à juste titre d'une grande réputation, tels que M. de La Harpe, ont bien voulu, en des jours plus heureux, encourager les faibles essais d'un jeune homme qui n'avait d'autre mérite qu'un peu de sensibilité. Le malheur rend injuste. Nous autres émigrés avons tort de déprécier la littérature de France. Outre l'auteur que je viens de nommer, on y compte encore Bernardin de Saint-Pierre, Marmontel, Fontanes, Parny, Lebrun, Ginguené, Flins, Lemierre, Collin d'Harleville, etc., etc. J'avoue que ce n'est pas sans émotion que je rappelle ici ces noms, dont la plupart reportent à ma mémoire d'anciennes liaisons et des temps de bonheur qui ne reviendront plus. Je remarque avec plaisir que MM. Fontanes, Lebrun et plusieurs autres, semblent avoir redoublé de talents en proportion des maux qui affligent leurs compatriotes. On dirait que ce serait le sort de la poésie, que de briller avec un nouvel éclat parmi les débris des empires, comme ces espèces de fleurs qui se plaisent à couvrir les ruines. D'un autre côté, les gens de lettres restés en France ont mis trop d'aigreur dans leurs jugements des gens de lettres émigrés. Je n'ai pas le bonheur de connaître ceux-ci autant que les premiers; mais MM. Peltier, Rivarol, etc., occupent une place distinguée dans notre littérature. MM. d'Ivernois et Mallet du Pan ne sont pas à la vérité Français; cependant comme ils écrivent dans cette langue, ainsi que le fit leur illustre compatriote Jean-Jacques, les émigrés peuvent s'honorer de leurs grands talents. La plupart des membres de l'assemblée constituante, les Lally, les Mounier, les Montlosier, ont écrit d'une manière qui fait autant d'honneur à leur esprit qu'à leur cœur. Je voudrais qu'on fût juste; comment l'être avec des passions * ?

---

* Je ne renie point les sentiments de bienveillance et de modération exprimés dans cette note : je réformerais seulement quelques jugements. (N. ÉD.)

compatissants et des bouches toujours prêtes à lui sourire. Les légers habitants de ces deux capitales du goût et des beaux-arts, semblent formés pour couler leurs jours au sein des plaisirs. C'est là, qu'assis à des banquets [1], vous les entendrez se lancer de fines railleries [2], rire avec grâce de leurs maîtres [3]; parler à la fois de politique et d'amour, de l'existence de Dieu et du succès de la comédie nouvelle [4], et répandre profusément les bons mots et le sel attique au bruit des chansons d'Anacréon et de Voltaire, au milieu des vins, des femmes et des fleurs [5].

Mais où court tout ce peuple furieux? d'où viennent ces cris de rage dans les uns et de désespoir dans les autres? Quelles sont ces victimes égorgées sur l'autel des Euménides [6]? Quel cœur ces monstres à la bouche teinte de sang ont-ils dévoré [7]?... Ce n'est rien : ce sont ces épicuriens que vous avez vus danser à la fête [8], et qui, ce soir, assisteront tranquillement aux farces de Thespis [9], ou aux ballets de l'Opéra.

A la fois orateurs, peintres, architectes, sculpteurs, amateurs de l'existence [10], plein de douceur et d'humanité [11], du commerce le plus

---

[1] Æschin., in Ctes.; Volt., Contes et Mél. — [2] Plut., de Præcep. reip. Ger.; Caract. de la Bruy. — [3] Plut., in Pericl.; Satir. Ménipp.; Noëls de la Cour, etc. — [4] Plut., Conviv.; Xénoph., ibid.; Plut., Sept., Sapient. Conviv.; J.-J., Confess. et N. Hél. — [5] Anacr., Od.; Volt., Corresp. gén. — [6] Thucyd. — [7] M. de Belzunce et plusieurs autres. J'ai vu moi-même un de ces cannibales assez proprement vêtu, ayant pendu à sa boutonnière un morceau du cœur de l'infortuné Flesselles. Deux traits que j'ai entendu citer à un témoin oculaire méritent d'être connus pour effrayer les hommes. Ce citoyen passait dans les rues de Paris dans les journées des 2 et 3 septembre; il vit une petite fille pleurant auprès d'un chariot plein de corps, où celui de son père, qui venait d'être massacré, avait été jeté. Un monstre, portant l'uniforme national, qui escortait cette digne pompe des factions, passe aussitôt sa baïonnette dans la poitrine de cette enfant; et, pour me servir de l'expression énergique du narrateur, *la place aussi tranquillement qu'on aurait fait d'une botte de paille* sur une pile de morts, à côté de son père. Le second trait, peut-être encore plus horrible, développe le caractère de ce peuple à qui l'on prétend donner un gouvernement républicain. Le même citoyen rencontra d'autres tombereaux, je crois, vers la porte Saint-Martin; une troupe de femmes étaient montées parmi ces lambeaux de chair, et, *à cheval sur les cadavres des hommes* (je me sers encore des mots du rapporteur), cherchaient avec des rires affreux à assouvir la plus monstrueuse des lubricités. Les réflexions ne serviraient de rien ici. Je dirai seulement que le témoin de cette exécrable dépravation de la nature humaine est un ancien militaire, connu par ses lumières, son courage et son intégrité *. Hérodote raconte que les Grecs auxiliaires à la solde du roi d'Égypte contre Cambyse, ayant été trahis par leur général qui déserta à l'ennemi, saisirent ses enfants, les égorgèrent, et en burent le sang à la vue des deux armées. Je dirai dans la suite les raisons pour lesquelles je semble m'appesantir sur ces détails. — [8] Théophr., Charact., cap. xv. — [9] Thespis est l'inventeur de la tragédie; mais la grossièreté de ces premiers essais du drame peut être justement qualifiée de farce. — [10] On sait l'attachement des Grecs à la vie. Homère n'a point craint de la faire regretter à Achille même. Avant la révolution je ne connaissais point de peuple qui mourût plus gaiement sur le champ de bataille que les Français, ni de plus mauvaise grâce dans leur lit. La cause en était dans leur religion. — [11] Plut., in Pelop.; in Demosth.; Siècle de Louis XIV; Duclos., Consid. sur les mœurs.

* J'espère pourtant qu'il a été trompé. (N. Éd.)

enchanteur dans la vie [1], la nature a créé ces peuples pour sommeiller dans les délices de la société et de la paix. Tout à coup la trompette guerrière se fait entendre ; soudain toute cette nation de femmes lève la tête. Se précipitant du milieu de leurs jeux, échappés aux voluptés et aux bras des courtisanes [2], voyez ces jeunes gens, sans tentes, sans lits, sans nourriture, s'avancer en riant [3] contre ces innombrables armées de vieux soldats, et les chasser devant eux comme des troupeaux de brebis obéissantes [4].

Les cours qui gouvernent sont pleines de gaieté et de pompe [5]. Qu'importent leurs vices ? Qu'ils dissipent leurs jours au milieu des orages, ceux-là qui aspirent à de plus hautes destinées ; pour nous, chantons [6], rions aujourd'hui. Passagers inconnus, embarqués sur le fleuve du temps, glissons sans bruit dans la vie. La meilleure constitution n'est pas la plus libre, mais celle qui nous laisse de plus doux

---

[1] PLUT., de Præcep. reip. Ger. ; LAVATER, Physion. ; SMOLL., Voyage en France. — [2] HEROD., lib. VIII, cap. XXVIII ; VOLT., Henr. et Zaïre. — [3] DIOD., lib. IX ; VOLT., Henr. et Zaïre, Mémoires du général Dumouriez. — [4] HEROD., lib. IX, cap. LXX ; Mémoires du général Dumouriez ; Campagnes de Pichegru. Léonidas prêt à attaquer les Perses aux Thermopyles, disait à ses soldats : « Nous souperons ce soir chez Pluton. » Et ils poussaient des cris de joie. Dans les dernières campagnes, un soldat français, étant en sentinelle perdue, a l'avant-bras gauche emporté d'un coup de canon ; il continue de charger sous son moignon, criant aux Autrichiens en prenant des cartouches dans sa giberne : « Citoyens, j'en ai encore. »

Voltaire a peint admirablement ce caractère des Français :

C'est ici que l'on dort sans lit,
Que l'on prend ses repas par terre.
Je vois, et j'entends l'atmosphère
Qui s'embrase et qui retentit
De cent décharges de tonnerre :
Et dans ces horreurs de la guerre
Le Français chante, boit et rit.
Bellone va réduire en cendres
Les courtines de Philipsbourg,
Par quatre-vingt mille Alexandres
Payés à quatre sous par jour.
Je les vois, prodiguant leur vie,
Chercher ces combats meurtriers,
Couverts de fange et de lauriers,
Et pleins d'honneur et de folie.

. . . .

O nation brillante et vaine !
Illustres fous ! peuple charmant,
Que la gloire à son char entraîne,
Il est beau d'affronter gaîment
Le trépas et le prince Eugène !

. . . .

Le prince Eugène était de moins dans cette guerre-ci.

[5] ATHEN., lib. XII, cap. VIII ; Louis XIV, sa cour et le Régent. — [6] ANACR., Od. ; Vie privée de Louis XIV et du duc de Richelieu.

loisirs [1]... O ciel! pourquoi tous ces citoyens condamnés à la ciguë ou à la guillotine? ces trônes déserts et ensanglantés [2]? ces troupes de bannis, fuyant sur tous les chemins de la patrie [3]? — Comment? ne savez-vous pas que ce sont des tyrans qui voulaient retenir un peuple fier et indépendant dans la servitude?

Inquiets et volages dans le bonheur, constants et invincibles dans l'adversité; nés pour tous les arts, civilisés jusqu'à l'excès durant le calme de l'État; grossiers et sauvages dans leurs troubles politiques; flottants comme un vaisseau sans lest au gré de leurs passions impétueuses; à présent dans les cieux, le moment d'après dans l'abîme; enthousiastes et du bien et du mal, faisant le premier sans en exiger de reconnaissance, le second sans en sentir de remords; ne se rappelant ni leurs crimes, ni leurs vertus; amants pusillanimes de la vie durant la paix, prodigues de leurs jours dans les batailles; vains, railleurs, ambitieux, novateurs, méprisant tout ce qui n'est pas eux; individuellement les plus aimables des hommes, en corps, les plus détestables de tous; charmants dans leur propre pays, insupportables chez l'étranger [4]; tour à tour plus doux, plus innocents que la brebis qu'on

---

[1] ATHEN., lib. IV; HEROD., lib. I, cap. LXII; *Recueils de poésies, romans, etc.* — [2] PLAT., *in Hipparch.*; HEROD., lib. V; *Conspiration de L.-P. d'Orléans et de Max. Robespierre.* — [3] HEROD., lib. V.— [4] *Voyez* tous les auteurs cités aux pages précédentes. Les seuls traits nouveaux que j'aie ajoutés ici sont ceux qui commencent au mot *vains* et finissent au mot *étranger*. Ce malheureux esprit de raillerie, et cette excellente opinion de nous-mêmes, qui nous font tourner les coutumes des autres nations en ridicule, en même temps que nous prétendons ramener tout à nos usages, ont été bien funestes aux Athéniens et aux Français. Les premiers s'attirèrent, par ce défaut, la haine de la Grèce, la guerre du Péloponèse, et mille troubles; et c'est ce qui a valu aux seconds la même haine du reste de l'Europe, et les a fait chasser plus d'une fois de leurs conquêtes. Il est assez curieux de remarquer, sur les anciennes médailles d'Athènes, ce caractère général de la nation imprimé sur des fronts particuliers. On retrouve aussi le même trait parmi mes compatriotes. Il n'y a personne qui n'ait rencontré en France, dans la société, de ces hommes dont les yeux pétillent d'ironie, qui vous répondent à peine en souriant, et affectent les airs de la plus haute supériorité. Combien ils doivent paraître haïssables au modeste étranger qu'ils insultent ainsi de leurs regards! Ce qu'il y a de déplorable, c'est que ces mêmes hommes ne portent que trop souvent sur leur figure la marque indélébile de la médiocrité. Ils seraient bien punis s'ils se doutaient seulement de la pitié qu'ils vous font, ou s'ils pouvaient lire dans le fond de votre âme l'humiliant « Comme je te vois! comme je te mesure! » L'art de la physionomie offre d'excellentes études à qui voudrait s'y livrer. Notre siècle raisonneur a trop dédaigné cette source inépuisable d'instructions. Toute l'antiquité a cru à la vérité de cette science, et Lavater l'a portée de nos jours à une perfection inconnue. La vérité est que la plupart des hommes la rejettent parce qu'ils s'en trouveraient mal. Nous pourrions du moins porter son flambeau dans l'histoire. Je m'en suis servi souvent avec succès dans cette partie. Quelquefois aussi je me suis plu à descendre dans le cœur de mes contemporains. J'aime à aller m'asseoir, pour ces espèces d'observations, dans quelque coin obscur d'une promenade publique, d'où je considère furtivement les personnes qui passent autour de moi. Ici, sur un front à demi ridé, dans ces yeux couverts d'un nuage, sur cette bouche un peu entr'ouverte, je lis les chagrins cachés de cet homme qui essaye de sourire à la société; là, je vois sur la lèvre inférieure de cet autre, sur les deux rides descendantes des narines, le mépris et la connaissance des hommes percer à travers le masque de la politesse; un troisième me montre les restes d'une sensibilité native étouffée à force d'avoir été déçue, et maintenant recouverte par une

égorge, et plus féroces que le tigre qui déchire les entrailles de sa victime : tels furent les Athéniens d'autrefois, et tels sont les Français d'aujourd'hui.

Au reste, loin de moi la pensée de chercher à diffamer le caractère des Français. Chaque peuple a son vice national, et si mes compatriotes sont cruels, ils rachètent ce grand défaut par mille qualités estimables. Ils sont généreux, braves, pères indulgents, amis fidèles ; je leur donne d'autant plus volontiers ces éloges, qu'ils m'ont plus persécuté ª.

CHAPITRE XIX.

De l'état des lumières en Grèce au moment de la révolution républicaine. — Siècle de Lycurgue.

Lorsque je parlerai des lumières dans cet Essai, je ne m'attacherai principalement qu'à la partie morale et politique. Ce qui regarde les arts n'est pas, à proprement parler, de mon sujet : cependant j'en toucherai quelque chose, selon l'influence qu'ils auront eue sur les hommes dont j'écrirai alors l'histoire.

En commençant nos recherches au siècle de Lycurgue et les finissant à celui de Solon, nous voyons d'abord paraître Homère et Hésiode. Je n'entretiendrai point le lecteur de ces deux fameux poëtes. Qui n'a lu l'*Iliade* et l'*Odyssée*? qui ne connaît *les Travaux et les Jours*, la *Théo-*

---

indifférence systématique. Dans la classe la plus basse du peuple on rencontre quelquefois des figures étonnantes. Il y a quelque temps qu'au bas de Hay-Market, vis-à-vis le café d'Orange, je m'arrêtai à écouter un de ces Allemands qui tournent les orgues à cylindre. Je n'eus pas plus tôt jeté les yeux sur cet étranger que je fus frappé de son air grand et énergique, en même temps que le vice se montrait de toutes parts sur sa physionomie. Il joua un air devant notre groupe ; puis se détourna froidement, en nous jetant un regard du plus souverain mépris, comme s'il nous avait dit : « Je vous connais, race d'hommes ; vous me prenez pour votre dupe, je n'attendais rien de vous. » Il est possible que ce malheureux fût né avec des qualités supérieures ; jeté par la destinée dans un rang au-dessous de son génie, il peut avoir souffert de longues infortunes, être devenu vicieux par misère ; et la même vigueur d'âme qui l'aurait conduit aux premières vertus en a peut-être fait un scélérat :

> Some mute inglorious Milton here may rest.
> Some village Hampden, etc.

Où seraient les Pichegru, les Jourdan, les Buonaparte, sans la révolution ? Mais je crains d'en avoir trop dit *.

ª J'ai transporté quelque chose de ce portrait des Français dans le *Génie du Christianisme*, en parlant de la manière d'écrire l'histoire. Il y a dans tous ces chapitres des incorrections que les hommes qui savent leur langue apercevront, et qu'il m'a semblé inutile de relever : je n'en finirais pas. (N. Éd.)

* Voici maintenant du Lavater et des promenades romanesques. Heureusement elles ne sont qu'en notes. Mais il est curieux de rencontrer le nom de Buonaparte jeté en passant, dans une note, avec ceux de quelques autres généraux. Tout émigré que j'étais, j'avais une admiration involontaire pour cette même gloire qui me fermait les portes de ma patrie. (N. Éd.)

gonie, le *Bouclier d'Hercule*? Homère a donné Virgile à l'antique Italie, et le Tasse à la nouvelle; le Camoëns, au Portugal; Ercilla, à l'Espagne; Milton, à l'Angleterre; Voltaire, à la France; Klopstock, à l'Allemagne : il n'a pas besoin de mes éloges.

Pour nous, le côté intéressant des poëmes de ce sublime génie, est leur action sur la liberté de la Grèce. Lycurgue les apporta à Sparte [1], et voulut que ses compatriotes y puisassent cet enthousiasme guerrier qui met les peuples à l'abri de la servitude étrangère. Solon fit des lois expresses en faveur de ce même Homère [2] qui, comme historien, ne s'offre pas sous des rapports moins précieux. Aux seuls Athéniens il donne le nom de peuple; aux Scythes, l'appellation des plus justes des hommes [3], et souvent caractérise ainsi par un seul trait la politique et la morale de l'antiquité.

Les ouvrages d'Hésiode sont pleins des plus excellentes maximes. Le poëte ne voyait pas les hommes sous des couleurs riantes. Il respire cette mélancolie antique qui semble être le partage des grands génies. On sait que Virgile a puisé dans *les Travaux et les Jours* l'idée de ses *Géorgiques* [4]. C'est de la belle description de l'Age d'Or [5] qu'il a tiré ce morceau ravissant :

O fortunatos nimium, sua si bona norint,
Agricolas!

L'influence d'Hésiode sur son siècle dut être considérable, dans un temps où l'art d'écrire en prose était à peine connu. Ses poésies tendaient à ramener les hommes à la nature; et la morale, revêtue du charme des vers, a toujours un effet certain.

Thalès de Crète, poëte et législateur, dont nous ne connaissons plus que le nom, fut le précurseur des lois à Lacédémone [6]. Il consentit par amitié pour Lycurgue à se rendre à Sparte et à préparer, par la douceur de ses chants et la pureté de ses dogmes, les esprits à la révolution. Ces grands hommes savaient qu'il ne faut pas précipiter tout à coup les peuples dans les extrêmes, si l'on veut que les réformes soient durables. Il n'est point de révolution là où elle n'est pas opérée dans le cœur : on peut détourner un moment par force le cours des idées; mais si la source dont elles découlent n'est changée, elles reprendront bientôt leur pente ordinaire [a].

Ainsi les philosophes de l'antiquité adoucissaient les traits de la

---

[1] Plut., *in Lyc.* — [2] Laert., *in Solon.* — [3] *Il.*, lib. iv. — [4] *Geor.*, lib. ii, v. 176. — [5] Hesiod., *Opera et Dies.* — [6] Strab., lib. x, p. 482.

[a] Observation fort juste; et par la même raison, lorsqu'une révolution est opérée dans le *cœur*, c'est-à-dire dans les *idées*, dans les *mœurs* des hommes, rien ne peut empêcher ce fleuve de répandre ses eaux telles qu'elles sont à leur source. (N. Éd.)

Sagesse en lui prêtant les grâces des Muses. Parmi les modernes, les Anglais ont eu l'honneur d'avoir appliqué les premiers la poésie à des sujets utiles aux hommes. Quant à nous, nous avons été préparés aux bonnes mœurs par la *Pucelle* et d'autres ouvrages que je n'ose nommer [a].

CHAPITRE XX.

Siècles moyens.

Le siècle qui suivit immédiatement celui de Lycurgue fournit les noms de quelques législateurs : mais leurs écrits ne nous sont pas parvenus.

Dans l'âge subséquent parut Tyrtée [1], dont les chants firent triompher l'injustice ; Archiloque, plein de crimes et de génie, qui donna le premier exemple d'un homme qui osa publier l'histoire intérieure de sa conscience à la face de l'univers [2] ; Hipponax [3], exhalant le fiel et la haine. L'esprit des temps perce à chaque vers de ces poëtes. La véhémence et l'enthousiasme dominent dans les passions qu'ils ont peintes. Ce fut le siècle de l'énergie, quoique ce ne fût pas celui de la plus grande liberté. La remarque n'est pas frivole : elle décèle cette fermentation qui devance et annonce le retour périodique des révolutions des peuples.

Dracon florissait aussi à la même époque. Il avait composé un ouvrage que J.-J. Rousseau nous a donné dans son sublime *Émile* [b]. C'était un traité de l'éducation [4], où, prenant l'homme à sa naissance, il le conduisait à travers les misères de la vie jusqu'à son tombeau. Le destin des deux révolutions grecque et française fut d'être précédées à peu près par les mêmes écrits.

Épiménide chercha, comme Fénelon, à ramener les hommes au bonheur par l'amour et le respect des dieux [5]. Si je ne craignais de mêler

[a] Cela est vrai : aussi ne jouirons-nous pas de cette liberté, fille des mœurs, qui appartient à l'enfance des peuples ; mais nous pouvons avoir cette liberté, fille des lumières, qui naît dans l'âge mûr des nations. Quand j'écrivais l'*Essai*, je n'entendais encore bien que le système des républiques anciennes ; je n'avais pas fait assez d'attention à la découverte de la république représentative, qui, n'étant qu'une monarchie constitutionnelle sans roi, peut exister avec les arts, les richesses et la civilisation la plus avancée. La monarchie constitutionnelle avec un monarque est, selon moi, très-préférable à cette monarchie sans monarque ; mais il faut savoir adopter franchement la première si l'on ne veut être entraîné dans la seconde. (N. ÉD.)

[1] PLUT., *in Agid.* ; HORAT., *in Art. poet.* Pour offrir sous un seul point de vue au lecteur le tableau des lumières et de l'esprit des temps, j'ai renvoyé au siècle de Solon la citation des poëtes nommés dans ce chapitre. — [2] QUINTIL., lib. X, cap. I ; ÆLIAN., *Var. Hist.*, lib. X, cap. XIII. — [3] *Anthol.*, lib. III ; HORAT., *Epod.* VI.

Je parlerai plus loin de Rousseau et de son *sublime* Émile. (N. ÉD.)

[4] ÆSCHIN., *in Timarc.*, pag. 261. — [5] STRAB., lib. X ; LAERT., *in Epim.*

les petites choses aux grandes, je dirais encore qu'il a payé son tribut à notre révolution, en fournissant à M. Flins [a] le sujet de son ingénieuse comédie [1].

Malheureusement nous n'avons ici que des différences. Quelle comparaison pourrions-nous découvrir entre les livres d'un âge moral et ceux des temps du régent et de Louis XV ? C'est en vain que nous nous abusons ; si, malgré Condorcet et la troupe des philosophes modernes, nous jugeons du présent par le passé ; si un siècle renferme toujours l'histoire de celui qui le suit, je sais ce qui nous attend [b].

CHAPITRE XXI.

Siècle de Solon.

C'est ici l'époque d'une des plus grandes révolutions de l'esprit humain, de même qu'elle le fut d'un des plus grands changements en politique. Toutes les semences des sciences, fermentées depuis longtemps dans la Grèce, y éclatèrent à la fois. Les lumières ne parvinrent pas, comme de nos jours, au zénith de leur gloire ; mais elles atteignirent cette hauteur médiocre, d'où elles éclairent les hommes sans les éblouir. Ils y voient alors assez pour tenir le chemin de la liberté, et non pas trop pour s'égarer dans les routes inconnues des systèmes. Ils ont cette juste quantité de connaissances qui nous montrent les principes, sans avoir cet excès de savoir qui nous porte à douter de leur vérité. La tragédie prit naissance sous Thespis [2], la comédie sous Susarion [3], la fable sous Ésope [4], l'histoire sous Cadmus [5], l'astronomie sous Thalès [6], la grammaire sous Simonide [7]. L'architecture fut perfectionnée par Memnon, Antimachide ; la sculpture par une multitude de statuaires : mais surtout la philosophie et la politique prirent un essor inconnu. Une foule de publicistes et de législateurs parurent tout à coup dans la Grèce et donnèrent le signal d'une révolution générale. Ainsi les Locke, les Montesquieu, les J.-J. Rousseau, en se levant en Europe, appelèrent les peuples modernes à la liberté.

Jetons d'abord un coup d'œil sur les beaux-arts [8].

---

[a] Le nom de *Flins* est ici inattendu ; mais c'est un tribut qu'un jeune auteur payait à une première liaison littéraire. J'avais beaucoup connu M. Flins, homme de mœurs douces, d'un esprit distingué, d'un talent agréable, et ami particulier de M. de Fontanes.   (N. Éd.)

[1] *Réveil d'Épiménide.*

[b] Ce qui attendait la république était le despotisme militaire, et je le prévoyais.   (N. Éd.)

[2] Hor., *in Art. poet.* — [3] Arist., *de Poet.*, cap. IV. — [4] Phæd., lib. I. — [5] Suid., *in Cadm.* — [6] Herod., lib. I, cap. LXXIV. — [7] Cicer., *de Orat.*, lib. II, cap. LXXXVI. — [8] Je daterai désormais, jusqu'à la fin de cette révolution, du bannissement d'Hippias, olympiade 67.

CHAPITRE XXII.

Poésie à Athènes. — Anacréon, Voltaire. — Simonide, Fontanes. — Sapho, Parny. — Alcée, Ésope, Nivernois. — Solon, les deux Rousseaux.

Pisistrate, en usurpant l'autorité souveraine, avait senti que, pour la conserver chez un peuple volage, il fallait l'amuser par des fêtes : on retient plus facilement les hommes avec des fleurs qu'avec des chaînes. Il remplit sa patrie des monuments du génie et des arts [1]. Ses fils, imitant son exemple, firent de leur cour le rendez-vous des beaux esprits de la Grèce [2]. La capitale de l'Attique retentissait, comme celle de la France, du bruit des vers et des orgies. Écoutons le chantre octogénaire de Téos, et le vieillard de Ferney, au milieu des cercles brillants de Paris et d'Athènes :

« Que m'importent les vains discours de la rhétorique ? Qu'ai-je besoin de tant de paroles inutiles ? Apprenez-moi plutôt à boire du jus vermeil de Bacchus, à folâtrer avec l'amoureuse Vénus aux cheveux d'or. Garçon, couronne ma tête blanchie par les ans. Verse du vin pour assoupir mon âme. Bientôt tu me déposeras dans la tombe, et les morts n'ont plus de désirs [3]. »

Si vous voulez que j'aime encore,
Rendez-moi l'âge des amours :
Au crépuscule de mes jours
Rejoignez s'il se peut l'aurore.

Des beaux lieux, où le dieu du vin
Avec l'Amour tient son empire,
Le Temps, qui me prend par la main,
M'avertit que je me retire.

De son inflexible rigueur
Tirons du moins quelque avantage :
Qui n'a pas l'esprit de son âge,
De son âge a tout le malheur.

. . . .
Ainsi je déplorais la perte
Des plaisirs de mes premiers ans ;

. . . .
Lorsque, du ciel daignant descendre,
L'Amitié vient à mon secours.
Elle était peut-être aussi tendre,
Mais moins belle que les Amours.

Touché de sa grâce nouvelle
Et de sa lumière éclairé,
Je la suivis : mais je pleurai
De ne pouvoir plus suivre qu'elle [4].

[1] MEURS., in Pisistr., cap. IX. — [2] PLAT., in Hipparch. — [3] ANACR., Od., XXXVI. — [4] VOLT., Mélanges de poésies ; Stances sur la vieillesse.

Si ces deux petits chefs-d'œuvre du goût et des grâces prouvent que la bonne compagnie est partout une et la même, et qu'on s'exprimait à la cour d'Hipparque comme à celle de Louis XV et de Louis XVI, ils montrent aussi qu'un peuple qui pense avec tant de délicatesse s'éloigne à grands pas de la simplicité primitive, et, par conséquent, approche des temps de révolutions [a].

Auprès d'Anacréon on voyait briller Simonide, dont le cœur épanchait sans cesse la plus douce philosophie : il excellait à chanter les dieux. Mais lorsqu'il venait à toucher sur sa lyre les notes plaintives de l'élégie, la tristesse et la volupté de ses accents[1] jetaient l'âme en un trouble inexprimable. Sa morale était vraie, quoiqu'elle tendît un peu à éteindre l'enthousiasme du grand. Il disait que la vertu habite des rochers escarpés, où l'homme ne saurait atteindre sans être entraîné dans l'abîme[2] ; qu'il n'y a point de perfection[3] ; qu'il faut plaindre, et non censurer nos faiblesses ; que nous ne vivons qu'un moment, mourons pour toujours, et que ce moment appartient aux plaisirs[4].

Si quelque chose peut nous donner une idée de ce mélange ineffable de religion et de mélancolie, répandu dans les vers du poëte de Céos, ce sont les fragments qu'on va lire. M. de Fontanes peut être appelé, avec justice, le Simonide français. Tout mon regret est de ne pouvoir insérer le morceau dans son entier. Malheureusement le plan de cet Essai ne le permet pas.

Le poëme est intitulé *Jour des Morts*, et retrace une fête de l'église romaine, qui se célèbre le second jour de novembre de chaque année.

> Déjà du haut des cieux le cruel Sagittaire
> Avait tendu son arc et ravageait la terre ;
> Les coteaux et les champs, et les prés défleuris,
> N'offraient de toutes parts que de vastes débris ;
> Novembre avait compté sa première journée.
> Seul alors, et témoin du déclin de l'année,
> Heureux de mon repos, je vivais dans les champs.
> Eh ! quel poëte épris de leurs tableaux touchants,
> Quel sensible mortel, des scènes de l'automne
> N'a chéri quelquefois la beauté monotone ?
> Oh ! comme avec plaisir la rêveuse douleur,
> Le soir, foule à pas lents ces vallons sans couleur,
> Cherche les bois jaunis, et se plaît au murmure

[a] C'est voir beaucoup de grandes choses dans deux petits poëmes, que j'ai d'ailleurs raison d'appeler deux chefs-d'œuvre. (N. Éd.)

[1] QUINTIL., lib. x, cap. i, p. 631. — [2] PLAT.. *in Protag.* — [3] *Id.*, *ibid.* — [4] STOB., *Serm.* XCVI. J'ai entre les mains quelques poésies de Simonide qui ne valent pas la peine d'être connues, ou n'ont aucun rapport avec mon sujet. J'apprends à l'instant qu'une traduction française de ce poëte vient d'arriver en Angleterre. J'ignore ce qu'elle contient, et si le traducteur a trouvé de nouveaux fragments.

Du vent qui fait tomber la dernière verdure !
Ce bruit sourd a pour moi je ne sais quel attrait.
Tout à coup si j'entends s'agiter la forêt,
D'un ami qui n'est plus la voix longtemps chérie
Me semble murmurer dans la feuille flétrie.
Aussi c'est dans ces temps où tout marche au cercueil,
Que la religion prend un habit de deuil ;
Elle en est plus auguste, et sa grandeur divine
Croît encore à l'aspect de ce monde en ruine.

Ici se trouve la peinture du prêtre, pasteur vénérable, qui console le vieillard mourant et soulage le pauvre affligé. L'homme juste se rend ensuite au temple. Après un discours analogue à la cérémonie :

Il dit, et prépara l'auguste sacrifice.
Tantôt ses bras tendus montraient le ciel propice ;
Tantôt il adorait, humblement incliné.
O moment solennel ! Ce peuple prosterné,
Ce temple dont la mousse a couvert les portiques,
Ses vieux murs, son jour sombre et ses vitraux gothiques ;
Cette lampe d'airain qui, dans l'antiquité,
Symbole du soleil et de l'éternité,
Luit devant le Très-Haut, jour et nuit suspendue ;
La majesté d'un Dieu parmi nous descendue ;
Les pleurs, les vœux, l'encens, qui montent vers l'autel,
Et de jeunes beautés qui, sous l'œil maternel,
Adoucissent encor, par leur voix innocente,
De la religion la pompe attendrissante ;
Cet orgue qui se tait, ce silence pieux,
L'invisible union de la terre et des cieux,
Tout enflamme, agrandit, émeut l'homme sensible :
Il croit avoir franchi ce monde inaccessible,
Où sur des harpes d'or l'immortel séraphin,
Aux pieds de Jéhovah, chante l'hymne sans fin.
C'est alors que sans peine un Dieu se fait entendre ;
Il se cache au savant, se révèle au cœur tendre :
Il doit moins se prouver qu'il ne doit se sentir [1].

La foule, précédée de la croix, et mêlant ses chants sacrés au murmure lointain des tempêtes, marche vers l'asile des morts. Là, la veuve pleure un époux ; la jeune fille, un amant ; la mère, un fils à la mamelle. Trois fois l'assemblée fait le tour des tombes ; trois fois l'eau lustrale est jetée. Alors le peuple saint se sépare, les brouillards de l'automne s'entr'ouvrent, et le soleil reparaît dans les cieux [a].

Simonide eut une destinée à peu près semblable à celle des poëtes français de nos jours. Il vit les deux régimes à Athènes : la monarchie sous les Pisistratides, et la république après leur expulsion. Témoin

---

[1] *Journal de Peltier*, n° XXI, vol. III, p. 273.

[a] C'est un grand bonheur pour moi de retrouver jusque dans mon premier ouvrage la mémoire et le nom d'un homme qui devait me devenir cher. (N. ÉD.)

des victoires des Grecs sur les Perses, il les célébra dans des hymnes triomphales. Comblé des faveurs d'Hipparque, il l'avait chanté ; et il loua sans mesure les assassins de ce prince [1]. Les monarques tombés doivent s'attendre à plus d'ingratitude que les autres hommes, parce qu'ils ont conféré plus de bienfaits [2].

Cependant Anacréon et Simonide n'étaient pas les seuls poëtes qui eussent acquis l'immortalité. Toute la Grèce répétait alors les vers de cette Sapho, si célèbre par ses vices et son génie. Il était encore donné à notre siècle de nous rappeler l'immoralité des goûts de la dixième muse. Je veux croire que ces mœurs ne se rencontraient pas parmi nous dans les rangs élevés, où la calomnie qui s'attache au malheur s'est plu à les peindre. Sapho eut encore une influence plus directe sur son siècle, en inspirant aux Lesbiennes l'amour des lettres [3]. C'est ce qui fait naître les soupçons, que l'ode suivante n'est pas propre à dissiper.

A SON AMIE.

Heureux qui, près de toi, pour toi seule soupire,
Qui jouit du plaisir de t'entendre parler,
Qui te voit quelquefois doucement lui sourire !
Les dieux, dans son bonheur, peuvent-ils l'égaler ?

Je sens de veine en veine une subtile flamme
Courir par tout mon corps, sitôt que je te vois ;
Et, dans les doux transports où s'égare mon âme,
Je ne saurais trouver de langue ni de voix.

Un nuage confus se répand sur ma vue,
Je n'entends plus, je tombe en de douces langueu
Et pâle, sans haleine, interdite, éperdue,
Un frisson me saisit, je tremble, je me meurs [4].

Opposons à ce fragment de la muse de Mitylène, un passage du seul poëte élégiaque que la France ait encore produit [5]. Les mœurs des

---

[1] ÆLIAN., *Var. Hist.*, lib. VIII, cap. II. — [2] Je déplorais, avec un bien bon ami, homme de toutes sortes de mérite, cette malheureuse flexibilité d'opinion qui a quelquefois obscurci les plus grandes qualités. Il me fit cette réflexion, qui prouve autant sa sensibilité que l'excellence de sa raison. « Ceux qui s'occupent de littérature, me dit-il, sont jugés trop rigoureusement du reste de la société. Nés avec une âme plus tendre, ils doivent être plus vivement affectés. De là le rapide changement de leurs idées, de leurs amours, de leurs haines, si surtout l'objet nouveau a quelque apparence de grandeur. D'ailleurs la plupart sont pauvres, *et la première loi est de vivre.* » Encore une fois, j'ai professé mon respect pour les gens de lettres. Si j'avais eu l'intention de faire quelque application particulière (ce qui est bien loin de ma pensée), je n'eusse pas choisi l'article de M. de Fontanes, qui, dans les courts instants où j'ai eu le bonheur de le connaître, m'a paru avoir un caractère aussi pur que ses talents. — [3] SUID., *in Sapho.* — [4] DESPR., *traduct. de Longin.* — [5] Je ne parle ni du chevalier de Bertin, ni de M. Lebrun, les élégies de ce dernier poëte n'étant pas encore publiées lorsque je quittai la France *. Je ne sais si elles l'ont été depuis.

* Lebrun est mort, et ses *Élégies* ont été publiées par M. Ginguené. (N. ÉD.)

peuples se peignent souvent aussi bien dans des sonnets d'amour que dans des livres de philosophie.

DÉLIRE.

Il est passé ce moment des plaisirs
Dont la vitesse a trompé mes désirs :
Il est passé! Ma jeune et tendre amie,
Ta jouissance a doublé mon bonheur.
Ouvre tes yeux noyés dans la langueur,
Et qu'un baiser te rappelle à la vie.
. . . .
Eléonore, amante fortunée,
Reste à jamais dans mes bras enchaînée.
. . . .
Pardonne tout, et ne refuse rien,
Éléonore, Amour est mon complice.
Mon corps frissonne en s'approchant du tien.
Plus près encor, je sens avec délice
Ton sein brûlant palpiter sous le mien.
Ah! laisse-moi, dans mes transports avides,
Boire l'amour sur tes lèvres humides.
Oui, ton haleine a coulé dans mon cœur;
Des voluptés elle y porte la flamme;
Objet charmant de ma tendre fureur,
Dans ce baiser reçois toute mon âme [1].

Je laisse à décider au lecteur, qui, du Tibulle de la France, ou de l'amante de Phaon, a peint la passion avec plus d'ivresse. Les deux poëtes semblent avoir fait couler dans leurs vers la flamme de ces soleils sous lesquels ils prirent naissance [2].

Il eût été curieux de voir comment Alcée, chassé de Mitylène par une révolution, chantait les malheurs de l'exil et de la tyrannie [3]. Malheureusement il ne nous reste rien de ce poëte.

Le fabuliste Ésope florissait aussi dans cet âge célèbre. Passant un jour à Athènes, et trouvant les citoyens impatients sous le joug de Pisistrate, il leur dit :

« Les grenouilles, s'ennuyant de leur liberté, demandèrent un roi à Jupiter. Celui-ci se moqua de leur folle prière. Elles redoublèrent d'importunité, et le maître de l'Olympe se vit contraint de céder à leurs clameurs. Il leur jeta donc une poutre qui fit trembler tout le marais dans sa chute. Les grenouilles, muettes de terreur, gardèrent d'abord un profond silence; ensuite elles osèrent saluer le nouveau prince et s'approcher de lui toutes tremblantes. Bientôt elles passèrent de la crainte à la plus indécente familiarité : elles sautèrent sur le monarque, insultant à son peu d'esprit et à sa vertu tranquille. Nouvelles demandes à Jupiter. Cette fois-ci il leur envoya une cigogne, qui, se promenant dans ses domaines, se mit à croquer tous ceux de ses sujets qui se présentèrent. Alors ce furent les plaintes les plus lamentables. Le souverain des dieux refusa de les entendre... il voulut que les grenouilles gémissent sous un tyran, puisqu'elles n'avaient pu souffrir un bon roi [4]. »

[1] Œuvres du chevalier de Parny, tom. Ier, Poésies érot., liv. III, pag. 86. — [2] M. de Parny est né à l'île Bourbon. — [3] HORAT., lib. II, Od. XIII. — [4] ÉSOP., Fab. XIX.

Oh! comme toute la vérité de cette fable tombe sur le cœur d'un Français! comme c'est là notre histoire!

Outre son immortel fabuliste, la France en compte un autre, qui a vu de près les malheurs de la révolution. M. de Nivernois n'a ni la simplicité d'Ésope, ni la naïveté de La Fontaine; mais son style est plein de raison et d'élégance; on y retrouve le vieillard et l'homme de bonne compagnie.

LE PAPILLON ET L'AMOUR.

FABLE.

Le papillon se plaignait à l'Amour :
Voyez, lui disait-il un jour,
Voyez quel caprice est le vôtre!
Si jamais le destin a fait
Deux êtres vraiment l'un pour l'autre,
C'est vous et moi : le rapport est complet
Entre nous deux : même allure est la nôtre,
Convenez-en de bonne foi.
Qui devrait donc, si ce n'est moi,
Guider de votre char la course vagabonde ?
Mais vous prenez pour cet emploi
Le seul oiseau constant qui soit au monde.
Laissez le pigeon roucouler
Avec l'Hymen, et daignez m'atteler
A votre char ; et qu'au gré du caprice,
On nous voie ensemble voler ;
Car ainsi le veut la justice.
— Ami, répond l'Amour, tu raisonnes fort bien;
Je t'aime, et, je le sais, notre humeur se ressemble :
Mais gardons-nous de nous montrer ensemble;
Alors nous ne ferions plus rien.
Le vrai bonheur n'est que dans la constance;
Et mes pigeons l'annoncent aux mortels :
Je les séduis par l'apparence ;
Si je ne les trompais, je n'aurais plus d'autels [1] [a].

Il est temps de donner au lecteur une relique précieuse de littérature. Comme législateur, Solon [2] est connu du monde entier; comme poëte, il ne l'est que d'un petit nombre de gens de lettres. Il nous reste plusieurs fragments de ses élégies. Je vais les traduire ou les extraire, selon leur mérite ou leur médiocrité.

---

[1] *Journal de Peltier*, nº LXXIII.

[a] Ces vers ont une sorte d'élégance, mais ils ne valaient pas la peine d'être rappelés. Et à propos de quoi toutes ces citations de poëtes élégiaques, ce cours de littérature anacréontique ? A propos de la révolution française! (N. Éd.)

[2] J'aurais dû avertir plus tôt que l'ordre des dates n'a pas été strictement suivi dans ce chapitre. La succession naturelle des poëtes était : Alcée, Sapho, Ésope, Solon, Anacréon, Simonide. Des convenances de style m'ont obligé à faire ce léger changement qui, au reste, doit être indifférent au lecteur.

« Illustres filles de Mnémosyne et de Jupiter Olympien ! Muses habitantes du mont Piérus ! écoutez ma prière. Faites que les dieux immortels m'envoient le bonheur ; que je possède l'estime de l'honnête homme. Pour mes amis, toujours aimable et enjoué ; que pour mes ennemis mon caractère soit triste et sévère : qu'aux uns je paraisse respectable ; aux autres, terrible.

« Un peu d'or satisferait mes désirs ; mais je ne voudrais pas qu'il fût le prix de l'injustice : tôt ou tard elle est punie. Les richesses que les dieux dispensent sont durables ; celles que les hommes amassent... les suivent, pour ainsi dire, à regret, et se perdent bientôt dans les malheurs... Le triomphe du crime s'évanouit : Dieu est la fin de tout.

« Semblable au vent qui trouble, jusque dans les profondeurs de l'abîme, les vastes ondes de la mer ; au vent qui, après avoir ravagé les campagnes, s'élève tout à coup dans les cieux, séjour des immortels, et y fait renaître une sérénité inattendue : le soleil, dans sa mâle beauté, sourit amoureusement à la terre virginale, et les nuages brisés se dissipent : telle est la vengeance de Jupiter.

« Toi qui caches le crime dans ton cœur, ne crois pas demeurer toujours inconnu. Immédiat ou suspendu, le châtiment marche à ta suite. Si la justice céleste ne peut t'atteindre, un jour viendra que tes enfants innocents porteront la peine des forfaits de leur père coupable. Hélas ! tous tant que nous sommes, vertueux ou méchants, notre propre opinion nous semble toujours la meilleure, jusqu'à ce qu'elle nous soit fatale. Alors nous nous plaignons des dieux, parce que nous avions nourri de folles espérances ! »

. . . .

Le poète continue à peindre l'imbécillité humaine : le malade incurable croit guérir, le pauvre attend des richesses ; les uns s'exposent sur les flots, d'autres déchirent le sein de la terre, etc.

« La destinée dispense et les biens et les maux ; nous ne pouvons nous soustraire à ce qu'elle nous réserve. Il y a du danger dans les meilleures actions. Souvent les projets du sage échouent, et ceux de l'insensé réussissent. »

. . . .

Le passage suivant est extrêmement intéressant, en ce qu'il peint l'état moral d'Athènes au moment de sa révolution.

« La ville de Minerve ne périra jamais par l'ordre des destinées ; mais elle sera renversée par ses propres citoyens. Peuple et chefs insensés, qui ne pouvez ni rassasier vos désirs, ni jouir en paix de vos richesses, méritez vos malheurs à force de crimes !... Sans respect pour le droit sacré des propriétés, ou pour les trésors publics, chacun s'empresse de spolier le bien de l'État, insouciant des saintes lois de la justice. Celle-ci, cependant, dans le silence, compte les événements passés, observe le présent, et arrive à l'heure marquée pour la punition du crime. Voilà la première cause des maux de l'État : c'est là ce qui le fait tomber dans l'esclavage ; ce qui allume le feu de la sédition et réveille la guerre qui dévore la jeunesse. Hélas ! la chère patrie est soudain accablée d'ennemis ; des batailles, sources de pleurs, se livrent et sont perdues ; le peuple indigent est vendu dans la terre de l'étranger, et indignement chargé de fers. »

. . . .

Solon finit par exhorter ses concitoyens à changer de mœurs, et recommande surtout la justice : « Cette mère des bonnes actions, qui tempère les choses violentes, prévient l'exaltation, corrige les lois, réprime l'enthousiasme, et retient le torrent de la sédition dans des bornes [1]. »

Ces élégies politiques (qu'on me passe l'expression) sont accompagnées de quelques autres pièces de poésie d'une teinte différente. Le

---

[1] *Poet. Minor. Græc.*, pag. 427.

morceau sur l'homme, rapproché des stances de Jean-Baptiste Rousseau, offrira une comparaison piquante.

« Jupiter donne les dents à l'homme dans les sept premières années de sa vie. Avant qu'il ait parcouru sept autres années il annonce sa virilité. Durant la période suivante, ses membres se développent, et un duvet changeant ombrage son menton. La quatrième époque le voit dans toute sa vigueur, et fait éclater son courage. La cinquième l'engage à solenniser la pompe nuptiale, et à se créer une postérité. Dans la sixième, son génie se plie à tout, et ne se refuse qu'aux ouvrages grossiers du manœuvre. Dans la septième, il acquiert le plus haut degré de sagesse et d'éloquence. La huitième y ajoute la pratique des hommes. A la neuvième commence son déclin. Que si quelqu'un parcourt les sept derniers ans de sa carrière, qu'il reçoive la mort sans l'accuser de l'avoir surpris [1]. »

ODE SUR L'HOMME.

Que l'homme est bien pendant sa vie
Un parfait miroir de douleurs !
Dès qu'il respire, il pleure, il crie,
Et semble prévoir ses malheurs.

Dans l'enfance, toujours des pleurs :
Un pédant, porteur de tristesse ;
Des livres de toutes couleurs,
Des châtiments de toute espèce.

L'ardente et fougueuse jeunesse
Le met encore en pire état :
Des créanciers, une maîtresse,
Le tourmentent comme un forçat.

Dans l'âge mûr, autre combat :
L'ambition le sollicite ;
Richesses, honneurs, faux éclat,
Soin de famille, tout l'agite.

Vieux, on le méprise, on l'évite ;
Mauvaise humeur, infirmité,
Toux, gravelle, goutte et pituite,
Assiégent sa caducité.

Pour comble de calamité,
Un directeur s'en rend le maître ;
Il meurt enfin peu regretté.
C'était bien la peine de naître [2] !

Solon et Jean-Baptiste n'ont pas dû représenter le même homme : ils se servaient de différents modèles : l'un travaillait sur le beau antique ; l'autre, d'après les formes gothiques de son siècle. Leurs pinceaux se sont remplis de leurs souvenirs.

Il me reste une chose pénible à dire. Le sévère auteur des lois contre les mauvaises mœurs, le restaurateur de la vertu dans sa patrie, Solon enfin, avait pollué la sainteté du législateur, par la licence de sa muse.

---

[1] *Poet. Minor. Græc.*, pag. 431. — [2] J.-B. Rousseau, tom. I, *Od.*, liv. I. Si je cite quelquefois des morceaux qui semblent trop connus, on doit se rappeler qu'il s'agit moins de poésies nouvelles que de saisir ce qui peut mener à la comparaison des temps, et jeter du jour sur la révolution : que, par ailleurs, j'écris dans un pays étranger.

Le temps a dévoré ces écrits, mais la mémoire s'en est conservée avec soin. Quelques lignes, qui, bien qu'innocentes, décèlent le goût des plaisirs, ont été avidement recueillies.

« Pour toi, commande longtemps dans ces lieux. . . . . Mais que Vénus, au sein parfumé de violettes, me fasse monter sur un vaisseau léger et me renvoie de cette île célèbre. Qu'en faveur du culte que je lui ai rendu elle m'accorde un prompt retour dans ma patrie.

. . . . « Les présents de Vénus et de Bacchus me sont chers, de même que ceux des muses qui inspirent d'aimables folies [1] [a]. »

C'est ainsi que l'auteur du *Contrat Social* et de l'*Émile* a pu écrire.

« O mourons, ma douce amie! mourons, la bien-aimée de mon cœur! Que faire désormais d'une jeunesse insipide dont nous avons épuisé toutes les délices? . . . . Non, ce ne sont point ces transports que je regrette le plus. . . . . Rends-moi cette étroite union des âmes que tu m'avais annoncée, et que tu m'as si bien fait goûter; rends-moi cet abattement si doux, rempli par les effusions de nos cœurs; rends-moi ce sommeil enchanteur trouvé sur ton sein; rends-moi ce réveil plus délicieux encore, et ces soupirs entrecoupés, et ces douces larmes, et ces baisers qu'une voluptueuse langueur nous faisait lentement savourer, et ces gémissements si tendres durant lesquels tu pressais sur ton cœur ce cœur fait pour s'unir à lui [2]! »

Bon jeune homme, qui lis ceci, et dont les yeux brillent de larmes à cet exemple de la fragilité humaine, cultive cette précieuse sensibilité, la marque la plus certaine du génie. Pour toi, homme parfait, que je vois dédaigneusement sourire, descends dans ton intérieur, applaudis-toi seul, si tu peux, de ta supériorité : je ne veux de toi, ni pour ami, ni pour lecteur [3].

[1] *Poet. Minor. Græc.*, pag. 431-33.

[a] Ces fragments des poésies de Solon, bien qu'ils soient assurément très-étrangers à la matière, ont un certain intérêt. Cette imbécile opinion moderne, née de l'envie pour consoler la médiocrité, que les talents littéraires sont séparés des talents politiques, se trouve encore repoussée par l'exemple de Solon. Le poëte n'a rien ôté au grand législateur, pas plus qu'il n'a ôté à Xénophon la science politique; à Cicéron, l'éloquence; à César, la vertu guerrière. Qui fut plus homme de lettres que le cardinal de Richelieu? L'auteur de l'*Esprit des Lois* est aussi l'auteur du *Temple de Gnide*; le grand Frédéric employait plus de temps à faire des vers qu'à gagner des batailles, et le principal ministre d'Angleterre, aujourd'hui M. Canning, est un poëte. (N. Éd.)

[2] *Nouv. Hél.*, tom. II, 1re partie, pag. 117. — [3] Ne croirait-on pas lire une de ces apostrophes grotesques que Diderot introduisait dans l'*Histoire des deux Indes*, sous le nom de l'abbé Raynal? « O rivage d'Adjinga, tu n'es rien mais tu as donné naissance à Élisa, etc.

CHAPITRE XXIII.

Poésie à Sparte. — Premier chant de Tyrtée; Lebrun. — Second chant de Tyrtée; hymne des Marseillais. — Chœur spartiate ; strophe des enfants. — Chanson en l'honneur d'Harmodius; épitaphe de Marat.

Tandis que Pisistrate et ses fils cherchaient, par les beaux-arts, à corrompre les Athéniens, pour les asservir, les mêmes talents servaient à maintenir les mœurs à Lacédémone. C'est ainsi que le vice et la vertu savent faire un différent usage des présents du ciel.

Les vers de Tyrtée, qui commandaient autrefois la victoire, étaient encore redits par les Spartiates. Ils méritent toute la réputation dont ils jouissent. Rien de plus beau, de plus noble, que les fragments qui nous en restent. Je m'empresse de les donner au lecteur.

PREMIER CHANT GUERRIER.

. . . .

« Celui-là est peu propre à la guerre qui ne peut d'un œil serein voir le sang couler, et ne brûle d'approcher l'ennemi. La vertu guerrière reçoit la couronne la plus éclatante; c'est celle qui illustre un héros. Vraiment utile à son pays est le jeune homme qui s'avance fièrement au premier rang, y reste sans s'étonner, bannit toute idée d'une fuite honteuse, se précipite au-devant du danger, et, prêt à mourir, fait face à l'ennemi le plus proche de lui : vraiment excellent, vraiment utile est ce jeune homme. Les phalanges redoutables s'évanouissent devant lui; il détermine par sa valeur le torrent de la victoire. Mais si, le bouclier percé de mille traits ; si, la poitrine couverte de mille blessures, il tombe sur le champ de bataille, quel honneur pour sa patrie! ses concitoyens! son père! Jeunes et vieux, tous le pleurent. Il emporte avec lui l'amour d'un peuple entier. Sa tombe, ses enfants, sa postérité même la plus reculée, attirent le respect des hommes. Non, il ne meurt point, le héros sacrifié à la patrie : il est immortel [1] !. . . . . »

Ce morceau est sublime. Il n'y a là ni fausse chaleur, ni torture de mots, ni toute cette enflure moderne dont Voltaire commençait déjà à se plaindre [2], et que La Harpe, et après lui plusieurs littérateurs distingués [3], cherchèrent en vain à contenir. Les Français ont aussi célébré leurs combats. Voici comment M. Lebrun a chanté les victoires de la république.

CHANT DU BANQUET RÉPUBLICAIN,

POUR LA FÊTE DE LA VICTOIRE.

O jour d'éternelle mémoire,
Embellis-toi de nos lauriers!
Siècles! vous aurez peine à croire
Les prodiges de nos guerriers :
L'ennemi disparu fuit ou boit l'onde noire.

---

[1] *Poet. Minor. Græc.*, p. 434. — [2] VOLTAIRE, *Lettres à l'abbé d'Olivet, sur sa Prosodie.* — [3] MM. Flins et Fontanes, dans *le Modérateur*; M. Ginguené, dans *le Moniteur*, et maintenant les rédacteurs de plusieurs feuilles périodiques qui paraissent rédigées avec élégance et pureté.

Sous des lauriers que Bacchus a d'attraits!
Enivrons, mes amis, la coupe de la gloire
 D'un nectar pétillant et frais :
 Buvons, buvons à la Victoire,
 Fidèle amante des Français.
 Buvons, buvons à la Victoire.

 Liberté, préside à nos fêtes ;
 Jouis de nos brillants exploits.
 Les Alpes ont courbé leurs têtes,
 Et n'ont pu défendre les rois :
L'Éridan coute aux mers nos rapides conquêtes.
 Sous des lauriers que Bacchus a d'attraits! etc.

 L'Adda, sur ses gouffres avides,
 Offre un pont de foudres armé :
 Mars s'étonne! mais nos Alcides
 Dévorent l'obstacle enflammé.
La Victoire a pâli pour ces cœurs intrépides.
 Sous des lauriers que Bacchus a d'attraits! etc.

 Tout cède au bras d'un peuple libre,
 Les rochers, les torrents, le sort :
 De ces coups dont gémit le Tibre,
 Le Sud épouvante le Nord :
Des balances de Pitt nous rompons l'équilibre.
 Sous des lauriers que Bacchus a d'attraits! etc.

 Sa gaîté, fille du courage,
 Par un sourire belliqueux,
 Déconcerte la sombre rage
 De l'Anglais morne et ténébreux ;
Le Français chante encore en volant au carnage.
 Sous des lauriers que Bacchus a d'attraits! etc.

 Rival de la flamme et d'Éole,
 Le Français triomphe en courant :
 Pareil à la foudre qui vole,
 Il renverse l'aigle expirant ;
Le despote sacré tombe du Capitole.
 Sous des lauriers que Bacchus a d'attraits! etc.

 . . . .
 Sous la main de nos Praxitèles,
 Respirez, marbres de Paros!
 Muses, vos lyres immortelles
 Nous doivent l'hymne des héros :
Il faut de nouveaux chants pour des palmes nouvelles.
 Sous des lauriers que Bacchus a d'attraits! etc. [1] [a]

Dans le second chant de Tyrtée qu'on va lire, ce poëte a déployé toutes les ressources de son génie. A la fois pathétique et élevé, son vers gémit avec la patrie, ou brûle de tous les feux de la guerre. Pour

[1] PELT., *Journ.*, nᵒ LX, p. 484.
[a] Ce chant est véritablement un lieu commun. Sa médiocrité est d'autant plus frappante, qu'il est placé entre deux admirables chants de Tyrtée. (N. ÉD.)

exciter le jeune héros à la défense de son pays, il appelle toutes les passions, touche toutes les cordes du cœur. Ce fut sans doute un pareil chant qui ramena une troisième fois à la charge les Lacédémoniens vaincus, et leur fit conquérir la victoire, en dépit de la destinée.

SECOND CHANT GUERRIER.

« Qu'il est beau de tomber au premier rang en combattant pour la patrie! Il n'est point de calamité pareille à celle du citoyen forcé d'abandonner son pays. Loin des doux lieux qui l'ont vu naître, avec une mère chérie, un père accablé sous le poids des ans, une jeune épouse et de petits enfants entre ses bras, il erre en mendiant un pain amer dans la terre de l'étranger. Objet du mépris des hommes, une odieuse pauvreté le ronge. Son nom s'avilit; ses formes, jadis si belles, s'altèrent; une anxiété intolérable, un mal intérieur s'attache à sa poitrine. Bientôt il perd toute pudeur, et son front ne sait plus rougir. Ah! mourons s'il le faut pour notre terre natale, pour notre famille, pour la liberté! Héros de Sparte, combattons étroitement serrés. Qu'aucun de vous ne se livre à la crainte ou à la fuite. Prodigues de vos jours, dans une fureur généreuse précipitez-vous sur l'ennemi. Gardez-vous d'abandonner ces vieillards, ces vétérans, dont l'âge a roidi les genoux. Quelle honte si le père périssait plus avant que le fils dans la mêlée, de le voir, avec sa tête chenue, sa barbe blanche, se débattant dans la poussière, et, lorsque l'ennemi le dépouille, couvrir encore de ses faibles mains sa nudité sanglante! Ce vieillard est en tout semblable aux jeunes guerriers; il brille des fleurs de l'adolescence. Vivant, il est adoré des femmes et des hommes; mort, on lui décerne une couronne. O Spartiates! marchons donc à l'ennemi. Marchons le pas assuré; chaque héros ferme à son poste et se mordant les lèvres [1]. »

L'hymne des Marseillais [2] n'est pas vide de tout mérite. Le lyrique a eu le grand talent d'y mettre de l'enthousiasme sans paraître ampoulé. D'ailleurs, cette ode républicaine vivra, parce qu'elle fait époque dans notre révolution. Enfin, elle mena tant de fois les Français à la victoire, qu'on ne saurait mieux la placer qu'après des chants du poëte qui fit triompher Lacédémone. Nous en tirerons cette leçon affligeante : que, dans tous les âges, les hommes ont été des machines qu'on a fait s'égorger avec des mots.

HYMNE DES MARSEILLAIS.

Allons, enfants de la patrie,
Le jour de gloire est arrivé :
Contre nous de la tyrannie
L'étendard sanglant est levé.
Entendez-vous dans les campagnes
Mugir ces féroces soldats?
Ils viennent jusque dans nos bras
Égorger nos fils, nos compagnes.

Aux armes, citoyens! formez vos bataillons;
Marchez, qu'un sang impur abreuve nos sillons!

---

[1] *Poet. Minor. Græc.*, pag. 441. — [2] Je crois que l'auteur de cet hymne s'appelle M. De Lisle. Ce n'est pas le traducteur des *Géorgiques* *.

* On voit par cette note combien les choses les plus connues en France étaient ignorées en Angleterre pendant les guerres de la révolution. Ce n'est pas la poésie, c'est la musique qui fera vivre l'hymne révolutionnaire. Pour couronner tant de parallèles extravagants, il ne restait plus qu'à comparer le chant en l'honneur des libérateurs de la Grèce à l'épitaphe de Marat. (N. Éd.)

CHŒUR.

Marchons, qu'un sang impur abreuve nos sillons !

Que veut cette horde d'esclaves,
De traîtres, de rois conjurés?
Pour qui ces ignobles entraves,
Ces fers dès longtemps préparés ?
Français, pour nous, ah ! quel outrage !
Quels transports il doit exciter !
C'est nous qu'on ose méditer
De rendre à l'antique esclavage !

Aux armes, citoyens! etc.

Quoi! des cohortes étrangères
Feraient la loi dans nos foyers!
Quoi! ces phalanges mercenaires
Terrasseraient nos fiers guerriers!
Grand Dieu! par des mains enchaînées
Nos fronts sous le joug se ploieraient!
De vils despotes deviendraient
Les maîtres de nos destinées!

Aux armes, citoyens! etc.

Tremblez, tyrans, et vous, perfides,
L'opprobre de tous les partis!
Tremblez! vos projets parricides
Vont enfin recevoir leur prix.
Tout est soldat pour vous combattre.
S'ils tombent nos jeunes héros,
La terre en produit de nouveaux,
Contre vous tout prêts à se battre.

Aux armes, citoyens ! etc.

. . . .
Amour sacré de la patrie,
Conduis, soutiens nos bras vengeurs.
Liberté ! Liberté chérie !
Combats avec tes défenseurs !
Sous nos drapeaux que la victoire
Accoure à tes mâles accents ;
Que tes ennemis expirants
Voient ton triomphe et notre gloire.

Aux armes, citoyens, formez vos bataillons ;
Marchez, qu'un sang impur abreuve nos sillons!

CHŒUR.

Marchons, qu'un sang impur abreuve nos sillons !

Aux fêtes de Lacédémone les citoyens chantaient en chœur :

LES VIEILLARDS.

Nous avons été jadis
Jeunes, vaillants et hardis.

LES HOMMES FAITS.

Nous le sommes, maintenant,
A l'épreuve à tout venant.

LES ENFANTS.

Et nous un jour le serons,
Qui bien vous surpasserons [1].

C'est de là que les Français ont pu emprunter l'idée de la strophe des enfants, ajoutée à l'hymne des Marseillais.

Nous entrerons dans la carrière
Quand nos aînés ne seront plus.
Nous y trouverons leur poussière,
Et la trace de leurs vertus.
Bien moins jaloux de leur survivre
Que de partager leur cercueil,
Nous aurons le sublime orgueil
De les venger ou de les suivre [2].

Si les Français paraissent l'emporter ici, à Sparte on voit les citoyens; à Paris, le poëte.

Nous finirons cet article par les vers qu'on chantait en l'honneur des assassins d'Hipparque, en Grèce; et l'épitaphe que les Français ont écrite à la louange de Marat. La misère et la méchanceté des hommes se plaisent à répéter les noms qui rappellent les malheurs des princes : la première y trouve une espèce de consolation ; la seconde se repaît des calamités étrangères : il n'y a qu'un petit nombre d'êtres obscurs qui pleurent et se taisent.

CHANSON

EN L'HONNEUR D'HARMODIUS ET D'ARISTOGITON.

Je porterai mon épée couverte de feuilles de myrte, comme firent Harmodius et Aristogiton quand ils tuèrent le tyran, et qu'ils établirent dans Athènes l'égalité des lois.

Cher Harmodius, vous n'êtes point encore mort : on dit que vous êtes dans les îles des bienheureux, où sont Achille aux pieds légers, et Diomède, ce vaillant fils de Tydée.

Je porterai mon épée couverte de feuilles de myrte, comme firent Harmodius et Aristogiton, quand ils tuèrent le tyran Hipparque dans le temps des Panathénées.

Que votre gloire soit immortelle, cher Harmodius, cher Aristogiton, parce que vous avez tué le tyran, et établi dans Athènes l'égalité de lois [3].

ÉPITAPHE DE MARAT.

Marat, l'ami du peuple et de l'égalité,
Échappant aux fureurs de l'aristocratie,
Du fond d'un souterrain, par son mâle génie,
Foudroya l'ennemi de notre liberté.
Une main parricide osa trancher la vie
De ce républicain toujours persécuté.
Pour prix de sa vertu constante,
La nation reconnaissante
Transmit sa renommée à la postérité [4].

[1] PLUT., in Lyc., traduct. d'Amyot. — Dr MOORE's Journ. A la fête de l'Être suprême on ajouta encore plusieurs autres strophes pour les vieillards, les femmes, etc. On peut voir le Moniteur du 20 prairial (8 juin) 1793. — [3] Voyage d'Anacharsis, tom. i, pag. 362, note iv. — [4] Moniteur du 18 novembre 1793

Je demande pardon au lecteur de lui rappeler l'idée d'un pareil monstre, par des vers aussi misérables; mais il faut connaître l'esprit des temps.

CHAPITRE XXIV.

Philosophie et politique. — Les Sages; les Encyclopédistes *. — Opinions sur le meilleur gouvernement : Thalès, Solon, Périandre, etc. ; J.-J. Rousseau, Montesquieu.— Morale : Solon, Thalès; La Rochefoucauld, Chamfort. — Parallèle de J.-J. Rousseau et d'Héraclite. — Lettre à Darius; lettre au roi de Prusse.

Tandis que les beaux-arts commençaient à briller de toutes parts dans la Grèce, la politique et la morale marchaient de concert avec eux. Il s'était formé une espèce de compagnie connue sous le nom des *Sages,* de même que de nos jours, en France, nous avons vu l'association des Encyclopédistes. Mais les Sages de l'antiquité méritaient cette appellation; ils s'occupaient sérieusement du bonheur des peuples, non de vains systèmes : bien différents des sophistes qui les suivirent, et qui ressemblèrent si parfaitement à nos philosophes.

A la tête des Sages paraissait Thalès de Milet, astronome et fondateur de la secte ionique [1]. Il enseignait que l'eau est le principe matériel de l'univers, sur lequel Dieu a agi [2]. Ce fut lui qui jeta en Grèce les premières semences de cet esprit métaphysique, si inutile aux hommes, qui fit tant de mal à son pays dans la suite, et qui a, depuis perdu notre siècle.

Chilon, Bias, Cléobule, sont à peine connus. Pittacus et Périandre, malgré leurs vertus, consentirent à devenir les tyrans de leur patrie : le premier régna à Mitylène, le second à Corinthe. Peut-être pensaient-ils, comme Cicéron, que la souveraineté préexiste non dans le peuple, mais dans les grands génies.

Voici les opinions de ces philosophes sur le meilleur des gouvernements.

Selon Solon, c'est celui où la masse collective des citoyens prend part à l'injure offerte à l'individu.

Selon Bias, celui où la loi est le tyran.

Selon Thalès, celui où règne l'égalité des fortunes.

Selon Pittacus, celui où l'honnête homme gouverne, et jamais le méchant.

Selon Cléobule, celui où la crainte du reproche est plus fort que la loi.

Selon Chilon, celui où la loi parle au lieu de l'orateur.

---

* Les Sages de la Grèce et les Encyclopédistes! Ah! bon Dieu! (N. ÉD.)
[1] DIOG. LAËRT., *in Thal.* — [2] CICER., lib. I, *de Nat. deor.,* n° XXV.

Selon Périandre, celui où le pouvoir est entre les mains du petit nombre [1].

Montesquieu laisse cette grande question indécise. Il assigne les divers principes des gouvernements, et se contente de faire entendre qu'il donne la préférence à la monarchie limitée. « Comment prononcerais-je, dit-il quelque part, sur l'excellence des institutions, moi qui crois que l'excès de la raison est nuisible, et que les hommes s'accommodent mieux des parties moyennes que des extrémités [2]? »

« Quand on demande, dit J.-J. Rousseau, quel est le meilleur gouvernement, on fait une question insoluble, comme indéterminée; ou si l'on veut, elle a autant de bonnes solutions qu'il y a de combinaisons possibles dans les positions absolues ou relatives des peuples [3]. »

Posons la morale des sages :

« Qu'en tout la raison soit votre guide. Contemplez le beau. Dans ce que vous entreprenez, considérez la fin [4]. Il y a trois choses difficiles : garder un secret, souffrir une injure, employer son loisir. Visite ton ami dans l'infortune plutôt que dans la prospérité. N'insulte jamais le malheureux. L'or est connu par la pierre de touche; et la pierre de touche de l'homme est l'or. Connais-toi [5]. Ne faites pas aux autres ce que vous ne voudriez pas qu'on vous fît. Sachez saisir l'occasion [6]. Le plus grand des malheurs est de ne pouvoir supporter patiemment l'infortune. Rapporte aux dieux tout le bien que tu fais. N'oublie pas le misérable [7]. Lorsque tu quittes ta maison, considère ce que tu as à faire; quand tu y rentres, ce que tu as fait [8]. Le plaisir est de courte durée; la vertu est immortelle. Cachez vos chagrins [9]. »

Montrons notre philosophie :

« Il n'est pas si dangereux de faire du mal à la plupart des hommes que de leur faire du bien [10]. Les rois font des hommes comme des pièces de monnaie : ils les font valoir ce qu'ils veulent, et l'on est forcé de les recevoir selon leur cours et non pas selon leur véritable prix [11]. On aime mieux dire du mal de soi que de n'en point parler [12]. Il y a à parier que toute idée publique, toute convention reçue, est une sottise, car elle a convenu au plus grand nombre [13]. Les gens faibles sont les troupes légères des méchants; ils font plus de mal que l'armée même; ils infestent, ils ravagent [14]. Il faut convenir que, pour être homme en vivant dans le monde, il y a des côtés de son âme qu'il faut entièrement *paralyser* [15]. C'est une belle allégorie dans la *Bible* que cet arbre de la science du bien et du mal qui produit la mort. Cet emblème ne veut-il pas dire que, lorsqu'on a pénétré le fond des choses, la perte des illusions amène la mort de l'âme, c'est-à-dire un désintéressement complet sur tout ce qui touche les autres hommes [16]? »

[1] PLAT., *in Conv. sep. Sap.* — [2] *Esprit des Lois.* — [3] *Contrat Soc.*, liv. III, chap. IX. — [4] PLUT., *in Solon.*; LAERT., lib. I, § XLVI; DEMOSTH., *de Fals. Leg.* — [5] LAERT., lib. II, § LXVIII-LXXV; HEROD., lib., I, pag. 44. — [6] PLUT., *Conviv. sep. Sap.*; STRAB., lib. XIII, pag. 599. — [7] LAERT., lib. I, § LXXXII; VAL. MAX., lib. III, cap. III. — [8] LAERT., lib. I, § LXXXII. — [9] *Id., ibid.* § LXXXIX; PLUT., *Conviv.*; HEROD., lib. I, pag. 3. — [10] LA ROCHEFOUCAULD, *Max.* — [11] *Id., ibid.*, CLXV. — [12] *Id., ibid.*, CXL. — [13] CHAMFORT, *Maximes*, etc., pag. 37. — [14] *Id., ibid.* — [15] *Id.*; pag. 56. — [16] *Id.*, pag. 13. J'invite le lecteur à lire le volume des *Maximes* de Chamfort (formant le quatrième volume des œuvres complètes), publié à Paris par M. Ginguené, homme de lettres lui-même, et ami du malheureux académicien. La sensibilité, le tour original, la profondeur des pensées, en font un des plus intéressants, comme un des meilleurs ouvrages de notre siècle. Ceux qui ont approché M. Chamfort savent qu'il avait dans la conversation tout le mérite qu'on retrouve dans ses écrits. Je l'ai souvent vu chez M. Ginguené, et plus d'une fois il m'a fait passer d'heureux moments, lorsqu'il consentait, avec une petite société choisie,

Solon, prévoyant le danger des spectacles pour les mœurs, disait à Thespis : « Si nous souffrons vos mensonges, nous les retrouverons bientôt dans les plus saints engagements. »
Jean-Jacques écrivait à d'Alembert :

. . . .

« Je crois qu'on peut conclure de ces considérations que l'effet moral des théâtres et des spectacles ne saurait jamais être bon ni salutaire en lui-même, puisqu'à ne compter que leurs avantages, on n'y trouve aucune sorte d'utilité réelle sans inconvénients qui ne la surpassent. Or, par une suite de son inutilité même, le théâtre, qui ne peut rien pour corriger les mœurs, peut beaucoup pour les altérer. En favorisant tous nos penchants, il donne un nouvel ascendant à ceux qui nous dominent. Les continuelles émotions qu'on y ressent nous énervent, nous affaiblissent, nous rendent plus incapables de résister à nos passions; et le stérile intérêt qu'on prend à la vertu ne sert qu'à contempler notre amour-propre sans nous contraindre à la pratiquer [1]. »

Après ces premiers Sages, nous trouvons Héraclite d'Éphèse, qui semble avoir été la forme originale sur laquelle la nature moula, parmi

à accepter un souper dans ma famille. Nous l'écoutions avec ce plaisir respectueux qu'on sent à entendre un homme de lettres supérieur. Sa tête était remplie d'anecdotes les plus curieuses, qu'il aimait peut-être un peu trop à raconter. Comme je n'en retrouve aucune de celles que je lui ai entendu citer, dans la dernière publication de ses ouvrages, il est à croire qu'elles ont été perdues par l'accident dont parle M. Ginguené. Une entre autres, qui peint les mœurs du siècle avant la révolution, m'a laissé un long souvenir : « Un homme de la cour (heureusement j'ai oublié son nom) s'amusait sur les boulevards à nommer à sa belle-fille, jeune et pleine d'innocence, les courtisans qui passaient dans leurs voitures, en l'invitant à en prendre un pour amant, lui racontant leurs intrigues avec telle, telle ou telle femme de la société. Et vous croyez, ajouta Chamfort, qu'un pareil ordre moral pouvait longtemps exister? » Chamfort était d'une taille au-dessus de la médiocre, un peu courbé, d'une figure pâle, d'un teint maladif. Son œil bleu, souvent froid et couvert dans le repos, lançait l'éclair quand il venait à s'animer. Des narines un peu ouvertes donnaient à sa physionomie l'expression de la sensibilité et de l'énergie. Sa voix était flexible, ses modulations suivaient les mouvements de son âme; mais, dans les derniers temps de mon séjour à Paris, elle avait pris de l'aspérité, et on y démêlait l'accent agité et impérieux des factions. Je me suis toujours étonné qu'un homme qui avait tant de connaissance des hommes eût pu épouser si chaudement une cause quelconque. Ignorait-il que tous les gouvernements se ressemblent; que RÉPUBLICAIN et ROYALISTE ne sont que deux mots pour la même chose? Hélas! l'infortuné philosophe ne l'a que trop appris. J'ai cru qu'un mot sur un homme aussi célèbre dans la révolution ne déplairait pas au lecteur. La Notice que M. Ginguené a préfixée à l'édition des œuvres de son ami doit d'ailleurs satisfaire tous ceux qui aiment le correct, l'élégant, le chaste. Mais pour ceux qui, comme moi, connurent la liaison intime qui exista entre M. Ginguené et M. Chamfort, qu'ils logeaient dans la même maison et vivaient pour ainsi dire ensemble, cette Notice a plus que de la pureté. En n'écrivant qu'à la troisième personne M. Ginguené a été au cœur, et la douleur de l'ami, luttant contre le calme du narrateur, n'échappe pas aux âmes sensibles. Au reste, je dois dire qu'en parlant de plusieurs gens de lettres que je fréquentai autrefois, je remplis pour eux ma tâche d'historien, sans avoir l'orgueil de chercher à m'appuyer sur leur renommée. Lorsque j'ai vécu parmi eux, je n'ai pu m'associer à leur gloire : je n'ai partagé que leur indulgence [*].

[1] OEuv. compl. de Rousseau, Lettre à d'Alemb., tom. XII.

[*] Outre l'impertinence de la comparaison de quelques maximes spirituelles de Chamfort avec les maximes des Sages de la Grèce, il y a complète erreur dans le jugement que je porte ici de Chamfort lui-même. Je rétracte, dans toute la maturité de mon âge, ce que j'ai dit de cet homme dans ma jeunesse. Il me serait même impossible aujourd'hui de concevoir mon premier jugement, si je ne me souvenais de l'espèce d'empire qu'exerçait sur moi toute renommée littéraire. (N. ED.)

nous, le grand Rousseau. De même que l'illustre citoyen de Genève, le philosophe grec fut élevé sans maître [1], et dut tout à la vigueur de son génie. Comme lui il connut la méchanceté de nos institutions, et pleura sur ses semblables [2] ; comme lui il crut les lumières inutiles au bonheur de la société [3] ; comme lui encore, invité à donner des lois à un peuple, il jugea que ses contemporains étaient trop corrompus [4] pour en admettre de bonnes ; comme lui enfin, accusé d'orgueil et de misanthropie, il fut obligé de se cacher dans les déserts [5], pour éviter la haine des hommes.

Il sera utile de rapprocher les lettres que ces génies extraordinaires écrivaient aux princes de leur temps.

Darius, fils d'Hystaspe, avait invité Héraclite à sa cour. Le philosophe lui répondit :

HÉRACLITE AU ROI DARIUS, FILS D'HYSTASPE, SALUT.

Les hommes foulent aux pieds la vérité et la justice. Un désir insatiable de richesses et de gloire les poursuit sans cesse. Pour moi, qui fuis l'ambition, l'envie, la vaine émulation attachée à la grandeur, je n'irai point à la cour de Suse, sachant me contenter de peu, et dépensant ce peu selon mon cœur [6].

AU ROI DE PRUSSE.

A Motiers-Travers, ce 30 octobre 1762.

SIRE, — Vous êtes mon protecteur, mon bienfaiteur, et je porte un cœur fait pour la reconnaissance ; je veux m'acquitter avec vous si je puis.

Vous voulez me donner du pain : n'y a-t-il aucun de vos sujets qui en manque ?

Otez de devant mes yeux cette épée qui m'éblouit et me blesse ; elle n'a que trop bien fait son service, et le sceptre est abandonné. La carrière des rois de votre étoffe est grande, et vous êtes encore loin du terme. Cependant le temps presse, et il ne vous reste pas un moment à perdre pour y arriver. Sondez bien votre cœur, ô Frédéric ! Pourrez-vous vous résoudre à mourir sans avoir été le plus grand des hommes ?

Puissé-je voir Frédéric, le juste et le redouté, couvrir enfin ses États d'un peuple heureux dont il soit le père ! et J.-J. Rousseau, l'ennemi des rois, ira mourir au pied de son trône.

Que Votre Majesté daigne agréer mon profond respect [7].

La noble franchise de ces deux lettres est digne des philosophes qui les ont écrites. Mais l'humeur perce dans celle d'Héraclite ; celle de Jean-Jacques, au contraire, est pleine de mesure [a].

On se sent attendrir par la conformité des destinées de ces deux

[1] *Heracl. ap.* DIOG. LAERT., lib. IX. — [2] *Id., ibid.* — [3] *Id., ibid.* — [4] *Id., ibid.* — [5] *Id., ibid.* — [6] *Id., ibid.* — [7] *OEuv. compl. de Rousseau,* tom. XXVII, pag. 209.

[a] Non, la lettre de Rousseau n'est point pleine de mesure ; elle cache autant d'orgueil que celle d'Héraclite. Dire à un roi : « Faites du bien aux hommes, et à ce prix vous me verrez, » c'est s'estimer un peu trop. Frédéric, en donnant de la gloire à ses peuples, pouvait trouver en lui-même une récompense pour le moins aussi belle que celle que lui offrait le citoyen de Genève. Que le talent ait la conscience de sa dignité, de son mérite, rien de plus juste ; mais il s'expose à se faire méconnaître quand il se croit le droit de morigéner les peuples, ou de traiter avec familiarité les rois. (N. ÉD.)

grands hommes, tous deux nés à peu près dans les mêmes circonstances, et à la veille d'une révolution, et tous deux persécutés pour
leurs opinions. Tel est l'esprit qui nous gouverne : nous ne pouvons
souffrir ce qui s'écarte de nos vues étroites, de nos petites habitudes.
De la mesure de nos idées, nous faisons la borne de celles des autres.
Tout ce qui va au delà nous blesse. « Ceci est bien, ceci est mal, » sont
les mots qui sortent sans cesse de notre bouche. De quel droit osons-
nous prononcer ainsi? avons-nous compris le motif secret de telle ou telle
action? Misérables que nous sommes, savons-nous ce qui est bien, ce
qui est mal? Tendres et sublimes génies d'Héraclite et de Jean-Jacques!
que sert-il que la postérité vous ait payé un tribut de stériles honneurs?... Lorsque, sur cette terre ingrate, vous pleuriez les malheurs
de vos semblables, vous n'aviez pas un ami *.

^b J'ai relu les ouvrages de Rousseau, afin de voir s'ils justifieraient, au tribunal de ma rai-
son mûrie et de mon goût formé, l'enthousiasme qu'ils m'inspiraient dans ma jeunesse. Je
n'ai point retrouvé le sublime dans l'*Émile*, ouvrage d'ailleurs supérieurement écrit quant aux
formes du style, non quant à la langue proprement dite; ouvrage où l'on rencontre quelques pages
d'une rare éloquence, mais ouvrage de pure théorie, et de tout point inapplicable. On sent plus
dans l'*Émile* l'humeur du misanthrope que la sévérité du sage : la société y est jugée par l'amour-
propre blessé; les systèmes du temps se reproduisent dans les pages même dirigées contre ces
systèmes, et l'auteur déclame contre les mœurs de son siècle, tout en participant à ces mœurs.
L'ouvrage n'est ni grave par la pensée, ni calme par le style; il est sophistique sans être nouveau;
les idées visent à l'extraordinaire, et sont pourtant d'une nature assez commune. En un mot, la
vérité manque à ce traité d'éducation, ce qui fait qu'il est inutile et qu'il n'en reste presque rien
dans la mémoire. La *Profession de foi du vicaire savoyard*, qui fit tant de bruit, a perdu l'intérêt des circonstances : ce n'est aujourd'hui qu'un sermon socinien assez ennuyeux, qui n'a d'admirable que l'exposition de la scène. Les preuves de la spiritualité de l'âme sont bonnes, mais elles
sont au-dessous de celles produites par Clarke. Dans ses ouvrages politiques, Rousseau est clair,
concis, ferme, logique, pressant en enchaînant les corollaires, qu'il déduit souvent d'une proposition erronée. Mais, tout attaché qu'il est au droit social de l'ancienne école, il le trouble par le mélange du droit de nature. D'ailleurs, les gouvernements ont marché, et la politique de Rousseau a
vieilli. Rousseau n'est définitivement au-dessus des autres écrivains que dans une soixantaine de
lettres de la *Nouvelle Héloïse* (qu'il faut relire, comme je le fais à présent même, à la vue des
rochers de Meillerale), dans ses *Rêveries* et dans ses *Confessions*. Là, placé dans la véritable nature de son talent, il arrive à une éloquence de passion inconnue avant lui. Voltaire et Montesquieu
ont trouvé des modèles de style chez les écrivains du siècle de Louis XIV; Rousseau, et même un
peu Buffon, dans un autre genre, ont créé une langue qui fut ignorée du grand siècle. Il faut dire
toutefois que Rousseau n'est pas aussi noble qu'il est brûlant, aussi délicat qu'il est passionné : le
travail se fait sentir partout, et l'auteur s'aperçoit jusque dans l'amant. Rousseau est plus poétique
dans les images que dans les affections; son inspiration vient plus des sens que de l'âme; il a peu
de la flamme divine de Fénelon; il exprime les sentiments profonds, rarement les sentiments élevés : son génie est d'une grande beauté, mais il tient plus de la terre que du ciel. Il y a aussi une
espèce de monde qui échappe au peintre de Julie et de Saint-Preux : il est douteux qu'il eût pu
composer un roman de chevalerie. Eût-il été capable de concevoir *Tancrède* et *Zaïre*? c'est ce
que je n'oserais assurer, comme, à en juger par l'*Émile*, je ne saurais dire si Rousseau eût pu élever le monument imité de l'antique que nous a laissé l'archevêque de Cambray. Rousseau ne peut
écrire de suite quelques pages sans que son éducation négligée et les habitudes de la société inférieure où il passa la première et la plus grande partie de sa vie ne se décèlent. Il prend souvent
aussi la familiarité pour la simplicité : si Voltaire nous avait parlé de ses déjeuners, il l'aurait fait
d'une tout autre façon que le mari de Thérèse. Je ne me reproche point mon enthousiasme pour

Cherchons le résultat de ce tableau comparé des lumières. Voyons d'abord quelle différence se fait remarquer entre les définitions du meilleur gouvernement.

Les Sages de la Grèce aperçurent les hommes sous les rapports moraux ; nos philosophes, d'après les relations politiques. Les premiers voulaient que le gouvernement découlât des mœurs ; les seconds, que les mœurs fluassent du gouvernement. Les légistes athéniens, subséquents au temps des Lycurgue et des Solon, s'énoncèrent dans le sens des modernes : la raison s'en trouve dans le siècle. Platon, Aristote, Montesquieu, Jean-Jacques, vécurent dans un âge corrompu ; il fallait alors refaire les hommes par les lois : sous Thalès, il fallait refaire les lois par les hommes. J'ai peur de n'être pas entendu. Je m'explique : les mœurs, prises absolument, sont l'obéissance ou la désobéissance à ce sens intérieur qui nous montre l'honnête et le déshonnête, pour faire celui-là et éviter celui-ci. La politique est cet art prodigieux par lequel on parvient à faire vivre en corps les mœurs antipathiques de plusieurs individus. Il faudrait savoir à présent ce que ce sens intérieur commande ou défend rigoureusement. Qui sait jusqu'à quel point la société l'a altéré ? Qui sait si des préjugés, si inhérents à notre constitution que nous les prenons souvent pour la nature même, ne nous montrent pas des vices et des vertus là où il n'en existe pas ? Quel nom, par exemple, donnerons-nous à la pudeur, la lâcheté, le courage, le vol ? si cette voix de la conscience n'était elle-même "... ? Mais, gardons-nous de creuser

les ouvrages de Rousseau ; je conserve en partie ma première admiration, et je sais à présent sur quoi elle est fondée. Mais si j'ai dû admirer l'*écrivain*, comment ai-je pu excuser l'*homme?* comment n'étais-je pas révolté des *Confessions* sous le rapport des faits ? Eh quoi ! Rousseau a cru pouvoir disposer de la réputation de sa bienfaitrice ! Rousseau n'a pas craint de rendre immortel le déshonneur de madame de Warens ! Que dans l'exaltation de sa vanité le citoyen de Genève se soit considéré comme assez élevé au-dessus du vulgaire pour publier ses propres fautes (je modère mes expressions), libre à lui de préférer le bruit à l'estime. Mais révéler les faiblesses de la femme qui l'avait nourri dans sa misère, de la femme qui s'était donnée à lui ! mais croire qu'il couvrira cette odieuse ingratitude par quelques pages d'un talent inimitable ; croire qu'en se prosternant aux pieds de l'idole qu'il venait de mutiler, il lui rendra ses droits aux hommages des hommes, c'est joindre le délire de l'orgueil à une dureté, à une stérilité de cœur dont il y a peu d'exemples. J'aime mieux supposer, afin de l'excuser, que Rousseau n'était pas toujours maître de sa tête : mais alors ce maniaque ne me touche point ; je ne saurais m'attendrir sur les maux imaginaires d'un homme qui se regarde comme persécuté, lorsque toute la terre est à ses pieds, d'un homme à qui l'on rend peut-être plus qu'il ne mérite. Pour que la perte de la raison puisse inspirer une vive pitié, il faut qu'elle ait été produite par un grand malheur, ou qu'elle soit le résultat d'une idée fixe, généreuse dans son principe. Qu'un auteur devienne insensé par les vertiges de l'amour-propre ; que, toujours en présence de lui-même, ne se perdant jamais de vue, sa vanité finisse par faire une plaie incurable à son cerveau, c'est, de toutes les causes de folie, celle que je comprends le moins, et à laquelle je puis le moins compatir. (N. ÉD.)

ª Qu'est-ce que j'ai voulu dire ? En vérité, je n'en sais rien ; je me croyais sans doute profond, en faisant entendre, d'après les bouffonneries de Voltaire, que, les peuples n'ayant pas les mêmes idées de la pudeur, du vol, etc., on ne savait pas trop dans ce bas monde ce qui était vice et vertu ;

plus avant dans cet épouvantable abîme. J'en ai dit assez pour montrer en quoi les publicistes des temps d'innocence de la Grèce et les publicistes de nos jours diffèrent ; il est inutile d'en dire trop.

En morale nous trouvons les mêmes dissonances. Les Sages considérèrent l'homme sous les relations qu'il a avec lui-même ; ils voulurent qu'il tirât son bonheur du fond de son âme. Nos philosophes l'ont vu sous les connexions civiles, et ont prétendu lui faire prélever ses plaisirs, comme une taxe, sur le reste de la communauté. De là ces résultats de leurs sortes de maximes : « Respectez les dieux, connaissez-vous ; achetez au minimum de la société, et vendez-lui au plus haut prix. »

Voici, en quelques mots, la somme totale des deux philosophies : celle des beaux jours de la Grèce s'appuyait tout entière sur l'existence du grand Être ; la nôtre, sur l'athéisme. Celle-là considérait les mœurs, celle-ci, la politique. La première disait aux peuples : « Soyez vertueux, vous serez libres. » La seconde leur crie : « Soyez libres, vous serez vertueux. » La Grèce, avec de tels principes, parvint à la république et au bonheur : qu'obtiendrons-nous avec une philosophie opposée ? Deux angles de différents degrés ne peuvent donner deux arcs de la même mesure.

Nous examinerons l'état des lumières chez les nations contemporaines, lorsque nous parlerons de l'influence de la révolution républicaine de la Grèce sur les autres peuples. Nous allons considérer maintenant cette influence sur la Grèce elle-même [a].

CHAPITRE XXV.

Influence de la révolution républicaine sur les Grecs. — Les Biens.

Les Grecs et les Français, dans une tranquillité profonde, vivaient soumis à des rois qu'une longue suite d'années leur avait appris à respec-

---

ensuite je renfermais ce grand secret dans mon sein, tout fier de m'élever jusqu'à la philosophie holbachique. Il est bien juste que je me donne une part des sifflets qui ont fait justice de cette philosophie. Pourtant, chose assez étrange, moi-même, dans ce chapitre, j'attaque les philosophes du dix-huitième siècle, et je ne vois pas qu'en les attaquant je suis tout empoisonné de leurs maximes. (N. Éd.)

[a] On voit partout dans l'*Essai* que ma raison, ma conscience et mes penchants démentaient mon philosophisme, et que je retombe avec autant de joie que d'amour dans les vérités religieuses. On voit aussi que l'esprit de liberté ne m'abandonne pas davantage que l'esprit monarchque. La singulière comparaison tirée de la géométrie, que l'on trouve ici, me rappelle que, destiné d'abord à la marine (comme je le fus ensuite à l'Église, et enfin au service de terre), mes premières études furent consacrées aux mathématiques, où j'avais fait des progrès rapides. J'étais servi dans ces études, comme dans celle des langues, par une de ces mémoires dont on partage souvent les avantages avec les hommes les plus communs. (N. Éd.)

ter. Soudain un vertige de liberté les saisit. Ces monarques, hier encore l'objet de leur amour, ils les précipitent à coups de poignard de leurs trônes. La fièvre se communique. On dénonce guerre éternelle contre les tyrans. Quel que soit le peuple qui veuille se défaire de ses maîtres, il peut compter sur les régicides. La propagande se répand de proche en proche. Bientôt il ne reste pas un seul prince dans la Grèce [1], et les Français de notre âge jurent de briser tous les sceptres [a].

L'Asie prend les armes en faveur d'un tyran banni [2] : l'Europe entière se lève pour remplacer un roi légitime sur le trône : des provinces de la Grèce [3], de la France [4], se joignent aux armes étrangères; et l'Asie, et l'Europe, et les provinces soulevées viennent se briser contre une masse d'enthousiastes, qu'elles semblaient devoir écraser. A l'hymne de Castor [5], à celui des Marseillais, les républicains s'avancent à la mort. Des prodiges s'achèvent au cri de *vive la liberté!* et la Grèce et la France comptent Marathon, Salamine, Platée, Fleurus, Weissembourg, Lodi [6].

Alors ce fut le siècle des merveilles. Également ingrats et capricieux, les Athéniens jettent dans les fers, bannissent ou empoisonnent leurs généraux [7] : les Français forcent les leurs à l'émigration ou les massacrent [8]. Et ne croyez pas que les succès s'en affaiblissent : le premier homme, pris au hasard, se trouve un génie. Les talents sortent de la terre. Les Thémistocle succèdent aux Miltiade; les Aristide, aux Thémistocle; les Cimon aux Aristide [9] : les Dumouriez remplacent les Luckner; les Custine, les Dumouriez; les Jourdan, les Custine; les Pichegru, les Jourdan, etc.

Ainsi, l'effet immédiat de la révolution sur les Grecs et sur les Français fut : haine implacable à la royauté, valeur indomptable dans les combats, constance à toute épreuve dans l'adversité. Mais ceux-là, encore pleins de morale, n'ayant passé de la monarchie à la république que par de longues années d'épreuves, durent recevoir de leur révolution des avantages que ceux-ci ne peuvent espérer de la leur [b]. Les

[1] Excepté chez les Macédoniens, que le reste des Grecs regardait comme barbares. Alexandre (non le Grand) fut obligé de prouver qu'il était originaire d'Argos, pour être admis aux jeux olympiques.

[a] Voilà encore un de ces passages qui prouvent combien ceux qui prétendaient m'opposer cet ouvrage avaient raison de ne pas vouloir qu'on l'imprimât tout entier. (N. ÉD.)

[2] HERODOT., lib. v, cap. xcvi. — [3] *Id.*, lib. vi, cap. cxii. — [4] TURREAU, *Guerre de la Vendée.* — [5] PLUT., *in Lyc.* — [6] On verra tout ceci en détail dans la guerre Médique. — [7] HERÓD., lib. vi, cap. cxxxvi; PLUT., *in Themist.* — [8] Dumouriez, Custine. — [9] Plusieurs auteurs donnent le nombre aux noms propres; je préfère les laisser indéclinables.

[b] Ce ton est trop affirmatif; j'étais trop près des événements pour les bien juger: toutes les plaies de la révolution étaient saignantes; on n'apercevait pas encore dans un amas de ruines ce qui était détruit pour toujours, et ce qui pouvait se rééditier. Je ne faisais pas assez d'attention à la révolu-

âmes des premiers s'ouvrirent délicieusement aux attraits de la vertu. Là, l'esprit de liberté épura l'âge qui lui donna naissance, et éleva les générations suivantes à des hauteurs que les autres peuples n'ont pu atteindre. Là, on combattait pour une couronne de laurier[1]; là, on mourait pour obéir aux saintes lois de la patrie[2]; là, l'illustre candidat rejeté se réjouissait que son pays eût trois cents citoyens meilleurs que lui[3]; là, le grand homme injustement condamné écrivait son nom sur la coquille[4], ou buvait la ciguë[5]; là enfin, la vertu était adorée; mais malheureusement les mystères de son culte furent dérobés avec soin au reste des hommes.

CHAPITRE XXVI.

Suite. — Les Maux.

Si telle fut l'influence de la révolution républicaine sur la Grèce considérée du côté du bonheur, sous le rapport de l'adversité elle n'est pas moins remarquable. L'ambition, qui forme le caractère des gouvernements populaires, s'empara bientôt des républiques, comme il en arrive à présent à la France. Les Athéniens, non contents d'avoir délivré leur patrie, se laissèrent bientôt emporter à la fureur des conquêtes. Les armées des Grecs se multiplièrent sur tous les rivages. Nul pays ne fut en sûreté contre leurs soldats. On les vit courir comme un feu dévorant dans les îles de la mer Égée[6], en Égypte[7], en Asie[8]. Les peuples, d'abord éblouis de leurs succès gigantesques, revinrent peu à peu de leur étonnement, lorsqu'ils virent que de si grands exploits ne tendaient pas tant à l'indépendance qu'aux conquêtes[9], et que les Grecs, en devenant libres, prétendaient enchaîner le reste du monde[10]. Par degrés il se fit contre eux une masse collective de haine[11], comme ces balles de neige qui, d'abord échappées à la main d'un enfant, parviennent, en se

---

tion complète qui s'était opérée dans les esprits; et, ne voyant toujours que l'espèce de liberté républicaine des anciens, je trouvais dans les mœurs de mon temps un obstacle insurmontable à cette liberté. Trente années d'observation et d'expérience m'ont fait découvrir et énoncer cette autre vérité, qui, j'ose le dire, deviendra fondamentale en politique, savoir : qu'il y a une liberté, fille des lumières. C'est aux rois à décider s'ils veulent que cette liberté soit monarchique ou républicaine : cela dépend de la sagesse ou de l'imprudence de leurs conseils. (N. ÉD.)

[1] PLUT., in Cim., pag. 483.

[2]
Ω ξεῖν ἄγγειλον Λακεδαιμονίοις, ὅτι τῇδε
Κείμεθα, τοῖς κείνων πειθόμενοι νομίμοις.

[3] PLUT., in Lyc. — [4] Id., in Aristid. — [5] PLAT., in Phæd. — [6] PLUT., in Them., pag. 122; Id., in Cim. — [7] THUCYD., lib. I, cap. CX. — [8] DIOD. SIC., lib. II, pag. 47. — [9] PLUT., in Cim., pag. 489. — [10] Id., ibid. — [11] THUCYD., lib. I, cap. CI.

roulant sur elles-mêmes, à une grosseur monstrueuse. D'un autre côté, les Athéniens, enrichis de la dépouille des autres nations[1], commencèrent à perdre le principe du gouvernement populaire : la vertu[2]. Bientôt les places publiques ne retentirent plus que des cris des démagogues et des factieux[3]. Les dissensions les plus funestes éclatèrent. Ces petites républiques, d'abord unies par le malheur, se divisèrent dans la prospérité : chacune voulut dominer la Grèce. Des guerres cruelles, entretenues par l'or de la Perse, plus puissant que ses armes, s'allumèrent de toutes parts[4]. Pour mettre le comble aux désordres, l'esprit humain, libre de toute loi par l'influence de la révolution, enfanta à la fois tous les chefs-d'œuvre des arts et tous les systèmes destructeurs de la morale et de la société. Une foule de beaux esprits arrachèrent Dieu de son trône et se mirent à prouver l'athéisme[5]. Des multitudes de légistes publièrent de nouveaux plans de république; tout était inondé d'écrits sur les vrais principes de la liberté[6] : Philippe et Alexandre parurent.

CHAPITRE XXVII.

État politique et moral des nations contemporaines au moment de la révolution républicaine en Grèce. — Cette révolution considérée dans ses rapports avec les autres peuples. — Causes qui en ralentirent ou en accélérèrent l'influence.

Il est difficile de tracer un tableau des nations connues au moment de la révolution républicaine en Grèce, l'histoire à cette époque n'étant pleine que d'obscurités et de fables. J'essayerai cependant d'en donner une idée générale au lecteur.

D'abord, nous considérerons ces peuples séparément; ensuite, nous les verrons agir en masse, à l'article de la Perse, au temps de la guerre Médique. Prenant notre point de départ en Égypte, de là tournant au midi, et décrivant un cercle par l'ouest et le nord, nous reviendrons à la Perse, finir en Orient où nous aurons commencé. Placés à Athènes comme au centre, nous suivrons les rayons de la révolution qui en par-

---

[1] Thucyd., lib. I, cap. CI. — [2] Plat., de Leg., lib. IV, pag. 706. — [3] Aristot., de Rep., lib. V, cap. III. — [4] Il est impossible de multiplier les citations à l'infini. J'engage le lecteur à lire quelque histoire générale de la Grèce. Il y verra, à l'époque dont je parle dans ce chapitre, une ressemblance avec la France qui l'étonnera. Des villes prises et pillées sans pitié; des peuples forcés à des contributions; la neutralité des puissances violée; d'autres obligées par les Athéniens à se joindre à eux contre des États avec lesquels elles n'avaient aucun sujet de guerre; enfin, l'insolence et l'injustice portées à leur comble : les Athéniens traitant avec le dernier mépris les ambassadeurs des nations, et disant ouvertement qu'ils ne connaissaient d'autre droit que la force. (Voyez Thucyd., lib. V, etc., etc.) — [5] Cic., de Nat. deor.; Laert., in Vit. philosoph. — [6] Plat., de Rep.; Arist., de Rep., etc.

tent, ou qui vont aboutir aux nations placées sur les différents degrés de cette vaste circonférence.

CHAPITRE XXVIII.

L'Égypte.

Au moment du renversement de la tyrannie à Athènes, l'Égypte n'était plus qu'une province de la Perse. Ainsi elle fut exposée, comme le reste de l'État dont elle formait un des membres, à toute l'influence de la révolution grecque. Elle se trouvera donc comprise en général dans ce que je dirai de l'empire de Cyrus. Nous examinerons seulement ici quelques circonstances qui lui sont particulières.

De temps immémorial les Égyptiens avaient été soumis à un gouvernement théocratique [1]. Ainsi que les nations de l'Inde, dont ils tiraient vraisemblablement leur origine [a], ils étaient divisés en trois classes inférieures, de laboureurs, de pasteurs et d'artisans [2]. Chaque homme était obligé de suivre, dans l'ordre où le sort l'avait jeté, la profession de ses pères, sans pouvoir changer d'études selon son génie ou les temps. Que dis-je! ce n'eût pas été assez. Dans ce pays d'esclavage, l'esprit humain devait gémir sous des chaînes encore plus pesantes : l'artiste ne pouvait suivre qu'une ligne de ses études, et le médecin, qu'une branche de son art [3].

Mais, en redoublant les liens de l'ignorance autour du peuple, ses chefs avaient aussi multiplié ceux de la morale. Ils savaient qu'il est inutile de donner des entraves au génie pour éviter les révolutions, si on ne gourmande en même temps les vices qui conduisent au même but par un autre chemin. Le respect des rois et de la religion [4], l'amour de la justice [5], la vertu de la reconnaissance [6], formaient le code de la société chez les Égyptiens; et s'ils étaient les plus superstitieux des hommes, ils en étaient aussi les plus innocents.

L'Égypte, de tous les temps, avait fait un commerce considérable avec les Indes. Ses vaisseaux allaient, par les mers de l'Arabie et de la Perse, chercher les épices, l'ivoire et les soies de ces régions lointaines.

[1] Diod., lib. 1, pag. 63.

[a] Cela n'est pas clair. (N. Éd.)

[2] Diod., lib. 1, p. 67. — [3] Herod., lib, 11, cap. LXXXIV. — [4] Id., ibid., cap. XXXVII. — [5] Diod., lib. 1, p. 70. On connaît la coutume des Égyptiens du jugement après la mort, qui s'étendait jusque sur les rois. Un autre usage non-moins extraordinaire était celui par lequel le débiteur engageait le corps de son père à son créancier. Ces lois sublimes sont trop fortes pour nos petites nations modernes : elles nous étonnent, elles nous confondent; nous les admirons, mais nous ne les entendons plus, parce qu'il nous manque la vertu qui en faisait le secret. — [6] Herod., lib. 11.

Ils s'avançaient jusqu'à la Taprobane, la Ceylan des modernes. Sur cette côte les Chinois et les nations situées au delà du cap Comaria[1] apportaient leurs marchandises, à l'époque du retour périodique des flottes égyptiennes, et recevaient en échange l'or de l'Occident[2].

Mais tandis que le peuple était livré, par système, aux plus affreuses ténèbres, les lumières se trouvaient réunies dans la classe des prêtres. Ils reconnaissaient les deux principes de l'univers[a] : la matière[3] et l'esprit[4]. Ils appelaient la première *Athor*, et le second *Cneph*[5]. Celui-ci, par l'énergie de sa volonté, avait séparé les éléments confondus, produit tous les corps, tous les effets, en agissant sur la masse inerte[6]. Le mouvement, la chaleur, la vie répandue sur la nature leur fit imaginer une infinité de moyens, où ils voyaient une multitude d'actions. Ils crurent que des émanations du grand Être flottaient dans les espaces, et animaient les diverses parties de l'univers[7]. Ils tenaient l'âme immortelle ; et Hérodote prétend que ce furent eux qui enseignèrent les premiers ce dogme fondamental de toute moralité[8][b]. Ils adressaient cette prière au ciel dans leurs pompes funèbres : « Soleil, et vous, puissances qui dispensez la vie aux hommes, recevez-moi, et accordez-moi une demeure parmi les dieux immortels[9]. » D'autres sectes des prêtres enseignaient la doctrine de la transmigration des âmes[10].

La physique, considérée dans tous les rapports de l'astronomie, la géométrie, la médecine, la chimie, etc., étaient cultivées par les prêtres égyptiens[11] avec un succès inconnu aux autres peuples, et surtout aux Grecs au moment de leur révolution. La science sublime des gouvernements leur était aussi révélée. Pythagore, Thalès, Lycurgue, Solon, sortis de leur école, prouvent également cette vérité.

Les Égyptiens comptèrent des auteurs célèbres : les deux Hermès, le premier, inventeur[12] ; le second, restaurateur des arts[13] ; Sérapis, qui enseigna à guérir les maux de ses semblables[14]. Leurs livres ont péri dans les révolutions des empires, mais leurs noms sont conservés parmi ceux des bienfaiteurs des hommes. Si l'on en croit les alchimistes, la transmutation des métaux fut connue des savants d'Égypte[15].

---

[1] Comorin. — [2] ROBERTSON's *Disquisition*, etc., *concern. Ancient India*, sect. I.

[a] Il n'y a point deux principes dans l'univers, ou il faudrait admettre l'éternité de la matière, ce qui détruirait toute véritable idée de Dieu. (N. Éd.)

[3] JABLONSK., *Panth. Ægypt.*, lib. I, cap. I. — [4] PLUT., *Isis, Osiris*. — [5] JABLONSK., *Panth. Ægypt.*, lib. I, cap. I ; EUSÈB., lib. III, cap. XI. — [6] PLUT., *Isis, Osiris*. — [7] JABLONSK., lib. II cap. I, II. — [8] Lib. II, cap. CXXIII.

[b] Me voilà bien éloigné du matérialisme. (N. Éd.)

[9] PORPHYR., *de Abstinent.*, lib. IV. — [10] HÉROD., lib. II, cap. CXXII. — [11] *Id.*, *ibid.*; DIOD., lib. I; STRAB., lib. XVII; JABLONSK, *Panth. Ægyptiorum*. — [12] ÆLIAN., *Hist.*, lib. XIV, cap. XXXIV. — [13] HÉROD., lib. II, cap. LXXXII. — [14] PLIN., lib. II, cap. XIII. — [15] *L'Égypte dévoilée.*

Au reste, c'est dans ce pays, dont tout amant des lettres ne doit prononcer le nom qu'avec respect, que nous trouvons les premières bibliothèques. Comme si la nature eût destiné cette contrée à devenir la source des lumières, elle y avait fait croître exprès le papyrus [1] pour y fixer les découvertes fugitives du génie. Malheureusement les signes mystérieux dans lesquels les prêtres enveloppaient leurs études ont privé l'univers d'une foule de connaissances précieuses. J'ai un doute à proposer aux savants. Les Égyptiens étaient vraisemblablement Indiens d'origine : la langue philosophique du premier peuple n'était-elle point la même que la langue sanscrite des derniers [2]? Celle-ci est maintenant entendue ; ne serait-il point possible d'expliquer l'autre par son moyen [a]?

En rangeant sous sa puissance les diverses nations disséminées sur les bords du Nil, Cambyse favorisa la propagation des arts. Jusqu'alors les Égyptiens, jaloux des étrangers [3], ne les admettaient qu'avec la plus grande répugnance à leurs mystères [4]. Lorsqu'ils furent devenus sujets de la Perse, l'entrée de leur pays s'ouvrit alors aux amants de la philosophie. C'est de ce coin du monde que l'aurore des sciences commença à poindre sur notre horizon ; et l'on vit bientôt les lumières s'avancer de l'Égypte vers l'Occident, comme l'astre radieux qui nous vient des mêmes rivages.

CHAPITRE XXIX.

Obstacles qui s'opposèrent à l'effet de la révolution grecque sur l'Égypte. — Ressemblance de ce dernier pays avec l'Italie moderne.

En considérant attentivement ce tableau, on aperçoit deux grandes causes qui durent amortir l'action de la révolution grecque sur l'Égypte. La première se tire de la subdivision régulière des classes de la société. Cette institution donne un tel empire à l'habitude chez les peuples où elle règne, que leurs mœurs semblent éternelles comme leurs États. En vain de telles nations sont subjuguées ; elles changent de maître, sans changer de caractère [5]. Elles ne sont pas, il est vrai, totalement à l'abri des mouvements internes : le génie des hommes, tout affaissé qu'il soit du poids des chaînes, les secoue par intervalles

[1] PLIN., lib. XIII, cap. XI. — [2] On devrait écrire *sanscrit*, qui est la vraie prononciation.

[a] J'adoptais trop absolument l'opinion des savants, qui font les Égyptiens originaires de l'Inde. Les progrès étonnants que M. Champollion a faits dans l'explication des hiéroglyphes n'ont point jusqu'à présent établi qu'il existât de rapport entre le sanscrit et la langue savante des Égyptiens. (N. ÉD.)

[3] DIOD., lib. I, pag. 78; STRAB., Geog., lib. XVII, pag. 1142. — [4] JAMBLICH., in Vit. Pyth. — [5] Comme à la Chine et aux Indes.

avec violence, comme ces Titans de la Fable qui, bien qu'ensevelis dans les abîmes de l'Etna, se retournent encore quelquefois sous la masse énorme, et ébranlent les fondements de la terre.

Auprès de ce premier obstacle s'en élevait un second, d'autant plus insurmontable à l'esprit de liberté, qu'il tient à un ressort puissant de notre âme : la superstition. Les prêtres avaient trop d'intérêt à dérober la vérité au peuple [1], pour ne pas opposer toutes les ressources de leur art à l'influence d'une révolution qui eût démasqué leur artifice. L'homme n'a qu'un mal réel : la crainte de la mort. Délivrez-le de cette crainte, et vous le rendez libre. Aussi, toutes les religions d'esclaves sont-elles calculées pour augmenter cette frayeur. La caste sacerdotale égyptienne avait eu soin de s'entourer de mystères redoutables, et de jeter la terreur dans les esprits crédules de la multitude, par les images les plus monstrueuses [2]. C'est ainsi, encore, qu'ils appuyaient le trône de toute la force de leur magie, afin de gouverner et le prince, dont ils commandaient le respect au peuple, et le peuple, qu'ils faisaient obéir au prince. Si l'Égypte eût été une puissance indépendante au moment de la révolution grecque, elle aurait peut-être échappé à son influence ; mais elle ne formait plus qu'une province de la Perse, et elle se trouva enveloppée dans les malheurs de l'empire auquel le sort l'avait asservie.

L'antique royaume de Sésostris offrait alors des rapports frappants avec l'Italie moderne : gouverné en apparence par des monarques, en réalité par un pontife maître de l'opinion, il se composait de magnificence et de faiblesse [3] ; on y voyait de même de superbes ruines [4] et un peuple esclave, les sciences parmi quelques-uns, l'ignorance chez tous. C'est sur les bords du Nil que les philosophes de l'antiquité allaient puiser les lumières ; c'est sous le beau ciel de Florence que l'Europe barbare a rallumé le flambeau des lettres [5] ; dans les deux pays elles s'étaient conservées sous le voile mystérieux d'une langue savante, inconnue au vulgaire [6]. Ce fut encore le lot de ces contrées, d'être, dans leur âge respectif, les seuls canaux d'où les richesses des Indes coulassent pour le reste des peuples [7]. Avec tant de conformité de mœurs, de circonstances, l'Égypte et l'Italie durent éprouver à peu près le même sort, l'une au temps des troubles de la Grèce, l'autre

[1] Outre la grande influence qu'ils avaient dans le gouvernement, leurs terres étaient exemptes d'impôts. — [2] JABLONSK., *Panth. Ægypt.* — [3] L'Égypte fut presque toujours conquise par ceux qui voulurent l'attaquer. — [4] Dans sa plus haute prospérité, elle était couverte de monuments en ruine d'un peuple ancien qui florissait avant l'invasion des Pasteurs. — [5] Les Lycurgue, les Pythagore. — Sous les Médicis. — [6] La langue hiéroglyphique. — Le latin. — [7] Tyr avait quelques ports sur le golfe Arabique, mais elle les perdit bientôt. — Commerce de Florence, de Venise, de Livourne avec l'Égypte, avant la découverte du passage par le cap de Bonne-Espérance.

dans la révolution présente. Entraînées, malgré elles, dans une guerre désastreuse par l'impulsion coercitive d'une autre puissance, la première, province du grand empire des Perses, la seconde, soumise en partie à celui d'Allemagne, il leur fallut livrer des batailles pour la cause d'une nation étrangère, et s'épuiser dans des querelles qui n'étaient pas les leurs[1]. Bientôt les ennemis victorieux tournèrent leurs armes et leurs intrigues, encore plus dangereuses, contre elles[2]. Ils soulevèrent l'ambition de quelques particuliers[3]; et l'on vit la terre sacrée des talents ravagée par des Barbares. Les Perses cependant parvinrent à arracher l'Égypte[4] des mains des Athéniens et de leurs alliés, mais ce ne fut qu'après six ans de calamités. Elle finit par passer sous le joug de ces mêmes Grecs, au temps des conquêtes d'Alexandre, conquêtes qu'on peut regarder elles-mêmes comme l'action éloignée de la révolution républicaine de Sparte et d'Athènes.

CHAPITRE XXX.

Carthage.

Nous trouvons sur la côte d'Afrique les célèbres Carthaginois, qui, de tous les peuples de l'antiquité, présentent les plus grands rapports avec les nations modernes. Aristote a fait un magnifique éloge de leurs institutions politiques[5]. Le corps du gouvernement était composé : de deux suffètes ou consuls annuels; d'un sénat; d'un tribunal des cent, qui servait de contre-poids aux deux premières branches de la constitution; d'un conseil des cinq, dont les pouvoirs s'étendaient à une espèce de censure générale sur toute la législature; enfin, de l'assemblée du peuple, sans laquelle il n'y a point de république[6][a].

Carthage adopta en morale les principes de Lacédémone. Elle bannit les sciences et défendit même qu'on enseignât le grec aux enfants[7]. Elle se mit ainsi à l'abri des sophismes et de la faconde de l'Attique. Il serait inutile de rechercher l'état des lumières chez un pareil peuple.

---

[1] Dans la guerre Médique, que nous verrons incessamment. — [2] THUCYD., lib. I, cap. CII. — [3] Inarus, qui insurgea l'Égypte contre Artaxercès, roi des Perses. Les Français n'ont envahi l'Italie qu'en semant la corruption autour d'eux, et en fomentant des insurrections à Gênes, à Rome, à Turin, etc. — [4] Les Grecs y furent presque anéantis, étant obligés de se rendre à discrétion. Trop loin de leur pays, ils ne pouvaient en recevoir les secours nécessaires : la même position attirera, tôt ou tard, les mêmes désastres aux Français en Italie, si la paix ne prévient l'effusion du sang. — [5] ARIST., de Rep., lib. II, cap. XI. — [6] ARIST., de Rep.; POLYB., lib. IV, pag. 493; JUST., lib. XIX, cap. II; CORN. NEP., in Annib., cap. VII.

[a] Le jeune auteur se plaît évidemment au détail de ces combinaisons politiques, qui rentrent dans son système favori. Il est vrai qu'il n'y avait point de république sans assemblée du peuple, avant que la république représentative eût été trouvée. (N. ÉD.)

[7] JUSTIN., lib. II, cap. V.

Je parlerai incessamment de la partie des arts, dans laquelle il avait fait des progrès considérables.

Atroces dans leur religion, les Carthaginois jetaient, en l'honneur de leurs dieux, des enfants dans des fours embrasés [1]; soit qu'ils crussent que la candeur de la victime était plus agréable à la Divinité, soit qu'ils pensassent faire un acte d'humanité en délivrant ces êtres innocents de la vie avant qu'ils en connussent l'amertume.

Leurs principes militaires différaient aussi de ceux du reste de leur siècle. Ces marchands africains, renfermés dans leurs comptoirs, laissaient à des mercenaires, de même que les peuples modernes, le soin de défendre la patrie [2]. Ils achetaient le sang des hommes au prix de l'or acquis à la sueur du front de leurs esclaves, et tournaient ainsi au profit de leur bonheur la fureur et l'imbécillité de la race humaine.

Mais les habitants des terres puniques se distinguaient surtout par leur génie commerçant. Déjà ils avaient jeté des colonies en Espagne, en Sardaigne, en Sicile, le long des côtes du continent de l'Afrique, dont ils osèrent mesurer la vaste circonférence; déjà ils s'étaient aventurés jusqu'au fond des mers dangereuses des Gaules et des îles Cassitérides [3]. Malgré l'état imparfait de la navigation, l'avarice, plus puissante que les inventions humaines, leur avait servi de boussole sur les déserts de l'Océan [a].

CHAPITRE XXXI.

Parallèle de Carthage et de l'Angleterre. — Leurs constitutions.

J'ai souvent considéré avec étonnement les similitudes de mœurs et de génie qui se trouvent entre les anciens souverains des mers et les maîtres de l'Océan d'aujourd'hui. Ils se ressemblent et par leurs constitutions politiques, et par leur esprit à la fois commerçant et guerrier [4]. Examinons le premier de ces deux rapports.

Que leurs gouvernements étaient les mêmes, c'est ce qui se prouve évidemment par les principes. La chose publique se composait à Carthage, ainsi qu'en Angleterre, d'un roi [5] et de deux chambres : la pre-

---

[1] PLUT., de Superst., pag. 171. — [2] CORN. NEP., in Annib. — [3] STRAB., lib. v; DIOD., ibid.; JUST., lib. XLIV, cap. v; POLYB., lib. II; HAN., Peripl.; HEROD., lib. III, cap. CXXV. Probablement les îles Britanniques.

[a] Je ne renie point ces derniers chapitres; à quelques anglicismes près, je les écrirais aujourd'hui tels qu'ils sont. (N. ÉD.)

[4] Là finit la ressemblance. On ne peut comparer l'humanité et les lumières des Anglais avec l'ignorance et la cruauté des Carthaginois. — [5] Les Grecs ont quelquefois appelé du nom de *roi* ce que nous connaissons sous celui de *suffète* : ceux-ci, comme nous l'avons vu, étaient au nombre

mière appelée *le sénat,* et représentant les communes; la seconde connue sous le nom du *conseil des cent.* Cette puissance, en s'ajoutant ou se retranchant, selon les temps, aux deux autres membres de la législature, devenait, de même que les pairs de la Grande-Bretagne, le poids régulateur de la balance de l'État. Mais comment arrivait-il que la constitution punique fût républicaine, et la constitution anglaise monarchique? Par une de ces opérations merveilleuses de politique que je vais tâcher d'expliquer.

Supposons une proportion politique, dont les moyens soient P, S, R. Si vous intervertissez l'ordre de ces lettres, vous aurez des rapports différents, mais les termes resteront les mêmes. Le gouvernement de Carthage était composé de trois parties : le peuple, le sénat et les rois, P, S, R. Elle était une république, parce que le peuple en corps était législateur et formait le premier terme de la proportion. Pour rendre cette constitution monarchique, sans en altérer les principes, c'est-à-dire sans la rendre despotique, qu'aurait-il fallu faire? Changer notre proportion, P, S, R, en cette autre, R, S, P, c'est-à-dire transposant les moyens extrêmes, P et R : le pouvoir législatif se trouvant alors dévolu aux rois et au sénat, en même temps que le peuple en retient encore une troisième partie. Mais si le peuple, n'étant plus qu'un tiers du législateur, continue d'exercer en corps ses fonctions, la proportion est illusoire, car là où la nation s'assemble en masse, là existe une république. Le peuple, dans ce cas, ne peut donc qu'être représenté [1]. De là, la constitution anglaise. Et l'un et l'autre gouvernement seront excellents : le premier à Carthage, chez un petit peuple simple et pauvre [2]; le second en Angleterre, chez une grande nation, cultivée et riche.

A présent, si dans notre proportion politique, après avoir changé les deux termes extrêmes, toujours en conservant les trois moyens primitifs P, S, R, nous voulions trouver la pire des combinaisons, que ferions-nous? Ce serait de n'admettre ni de roi ni de peuple, mais d'avoir je ne sais quoi qui en tiendrait lieu; et c'est précisément ce que nous

---

de deux et changeaient tous les ans. Carthage eût-elle été gouvernée par un seul, conservant sa place à vie, sa constitution n'en aurait pas moins été républicaine, parce que tout découle du principe de l'assemblée ou de la non assemblée générale du peuple. Je m'étonne que les publicistes n'aient pas établi solidement ce grand axiome, qui simplifie la politique et donne l'explication d'une multitude de problèmes, sans cela insolubles. (*Voyez* les auteurs cités à la note 3 de la page 182, sur la forme du gouvernement.)

[1] Cet important sujet sur la représentation du peuple sera traité à fond dans la seconde partie de cet ouvrage. J'y montrerai en quoi J.-J. Rousseau s'est mépris, et en quoi il a approché de la vérité sur cette matière, la base de la politique. Je ne demande que du temps. Il m'est impossible de tout mettre hors de sa place, de mêler tout. — [2] L'État était opulent; mais le citoyen, quoique riche d'argent, était pauvre de costumes et de goûts.

avons vu faire en France. En laissant dehors les deux termes P et R, la Convention a rejeté les deux principes sans lesquels il n'y a point de gouvernement. Les Français ne sont point sujets, puisqu'ils n'ont point de roi ; ni républicains, parce que le peuple est représenté. Qu'est-ce donc que leur constitution ? Je n'en sais rien : un chaos qui a toutes les formes sans en avoir aucune, une masse indigeste où les principes sont tous confondus. Ou plutôt c'est le terme moyen de notre proportion S, multiplié par les deux extrêmes P et R ; c'est le sénat enflé de tout le pouvoir du roi et du peuple. Que sortira-t-il de ce corps gros de puissance et de passions ? Une foule de sales tyrans qui, nés et nourris dans ses entrailles, en sortiront tout à coup pour dévorer le peuple et le monstre politique qui les aura enfantés [a].

Quant aux autres colonnes de la législation punique, simples appendices à l'édifice, elles ne servaient qu'à en obstruer la beauté, sans ajouter à la solidité de l'architecture.

Au reste, les gouvernements de Carthage et d'Angleterre, qui ont joui des mêmes applaudissements, ont aussi partagé les mêmes censures. Les peuples contemporains leur reprochèrent la vénalité et la corruption dans les places de sénateurs [1]. Polybe [2] remarque que ce peuple africain, si jaloux de ses droits, ne regardait pas un pareil usage comme un crime. Peut-être avait-il senti que de toutes les aristocraties, celle des richesses, lorsqu'elle n'est pas portée à un trop grand excès, est la moins dangereuse en elle-même, le propriétaire ayant un intérêt personnel au maintien des lois, tandis que l'homme sans propriétés tend sans cesse, par sa nature, à bouleverser et à détruire [b].

---

[a] N'est-il pas assez singulier de trouver cette algèbre politique dans la tête d'un auteur qui avait déjà ébauché dans ses manuscrits les premiers tableaux de *René* et d'*Atala?* Puisque l'on aime le *positif* dans ce siècle, j'espère que ce chapitre en renferme assez, et que cette précision mathématique, transportée dans la science des gouvernements, plaira aux esprits les plus sérieux. Ma politique, comme on le voit, n'est pas une politique de circonstance ; elle date de loin, elle est l'étude et le penchant de toute ma vie, et l'on pourrait croire que ce chapitre est extrait de *la Monarchie selon la Charte* ou du *Conservateur.* (N. ÉD.)

[1] POLYB., lib. VI, pag. 494. — [2] *Id., ibid.* Pour pouvoir être élu membre du sénat, il fallait à Carthage, comme en Angleterre, posséder un certain revenu. Aristote blâme cette loi, en quoi il a certainement très-tort. Si la France avait été protégée par un pareil statut, elle n'aurait pas souffert la moitié des maux qu'elle a éprouvés. On dit : Un J.-J. Rousseau n'aurait pu être député. C'est un malheur, mais infiniment moindre que l'admission des non propriétaires dans un corps législatif. Heureusement les Français reviennent à ce principe.

[b] J'aime à me voir défendre ainsi les principes conservateurs de la société ; je me suis assez franchement critiqué pour avoir le droit de remarquer le bien quand je le rencontre dans cet ouvrage. Je dirai donc que je n'aperçois pas dans l'*Essai* une seule erreur politique un peu grave, un seul principe qui dévie de ceux que je professe aujourd'hui ; partout c'est la liberté, l'égalité devant la loi, la propriété, la monarchie, le roi légitime que je réclame, tandis que les erreurs religieuses et morales sont malheureusement trop nombreuses. Mais dans ces erreurs mêmes il n'y a

CHAPITRE XXXII.

Les deux partis dans le sénat de Carthage. — Hannon. — Barca.

Mêmes institutions, mêmes choses, mêmes hommes, comme de moules pareils il ne peut sortir que des formes égales. Le sénat de Carthage, tel que le parlement d'Angleterre, se trouvait divisé en deux partis, sans cesse opposés d'opinions et de principes [1]. Dirigées par les plus grands génies et par les premières familles de l'État, ces factions éclataient surtout en temps de guerres et de calamités nationales [2]. Il en résultait pour la nation cet avantage, que les rivaux, se surveillant afin de se surprendre, avaient un intérêt personnel à aimer la vertu, en tant qu'elle leur était personnellement utile, et à haïr le vice dans les autres.

L'histoire de ces dissensions politiques, au moment de la révolution républicaine en Grèce, ne nous étant pas parvenue, nous la considérerons dans un âge postérieur à ce siècle, en en concluant, par induction, l'état passé de la métropole africaine.

C'est à l'époque de la seconde guerre punique que nous trouvons la flamme de la discorde brûlant de toutes parts dans le sénat de Carthage. Hannon, distingué par sa modération, son amour du bien public et de la justice, brillait à la tête du parti qui, avant la déclaration de la guerre, opinait aux mesures pacifiques [3]. Il représentait les avantages d'une paix durable sur les hasards d'une entreprise dont les succès incertains coûteraient des sommes immenses, et finiraient peut-être par la ruine de la patrie [4].

Amilcar, surnommé *Barca*, père d'Annibal, d'une famille chère au peuple, soutenu de beaucoup de crédit et d'un grand génie, entraînait après lui la majorité du sénat. Après sa mort, la faction Barcine continua de se prononcer en faveur des armes. Sans doute elle faisait valoir l'injustice des Romains, qui, sans respecter la foi des traités, s'étaient emparés de la Sardaigne [5]. Ainsi la Hollande a amené de nos jours la rupture entre la France et l'Angleterre.

Durant le cours des hostilités, la minorité ne cessa de combattre les résolutions adoptées : tantôt elle s'efforçait de diminuer les victoires

---

rien qui ne soit racheté par quelque sentiment de charité, de bienveillance, d'humanité. J'en appelle au lecteur de bonne foi : qu'il dise si je porte de l'*Essai*, sous ce rapport, un jugement trop favorable. (N. Éd.)

[1] Liv., lib. xxi. — [2] Comme au temps de la guerre d'Agathocle et de celle des Mercenaires. — [3] Liv., lib. xxi. — [4] Id., ibid. — [5] Id., ibid.; Polyb., lib. iii, pag. 162.

d'Annibal, tantôt d'exagérer ses revers. Elle jetait mille entraves dans la marche du gouvernement; et sans le génie du général carthaginois, son armée, faute de secours, périssait totalement en Italie [1]. Vers la fin de la guerre, les partis changèrent d'opinions. Annibal, bien que de la majorité, après la bataille de Zama, parla avec chaleur en faveur de la paix [2]. Un seul sénateur eut le courage de s'y opposer; Gisgon représenta que ses concitoyens devaient plutôt périr généreusement les armes à la main, que se soumettre à des conditions honteuses [3]. L'homme illustre répliqua qu'on devait remercier les dieux, qu'en des circonstances si alarmantes, les Romains se montrassent encore disposés à des négociations [4]. Son avis prévalut. L'on dépêcha en Italie des ambassadeurs du parti d'Hannon, qui, amusant leurs vainqueurs du récit de leurs querelles domestiques, se vantaient que, si l'on eût d'abord suivi leurs conseils, ils n'auraient pas été obligés de venir mendier la paix à Rome [5] [a].

CHAPITRE XXXIII.

Suite. — Minorité et majorité dans le parlement d'Angleterre.

Les troubles qui commencèrent à agiter l'Angleterre vers la fin du règne de Jacques Ier donnèrent naissance aux deux divisions qui sont, depuis cette époque, restées distinctes dans le parlement de la Grande-Bretagne. L'opposition, d'abord connue sous le nom de *Parti de la campagne* [6] (*country Party*), traîna peu après le malheureux Charles Ier à l'échafaud. Sous le règne de son successeur, la minorité prit la célèbre appellation de *whig* [7] ; et, sous un homme dévoré de l'esprit de faction, lord Shaftesbury, fut sur le point de replonger l'État dans les malheurs d'une révolution nouvelle [8]. Jacques II, par son imprudence, fit triompher la parti des whigs, et Guillaume III s'empara d'une des plus belles couronnes de l'Europe [9]. La reine Anne, longtemps gouvernée par les whigs, retourna ensuite aux torys. Le rappel du duc

---

[1] Liv., lib. xxiii, n°s 11, 14, 23. Lorsqu'au récit de la bataille de Cannes, un membre de la faction Barcine demandait à Hannon s'il était encore mécontent de la guerre, celui-ci répondit « qu'il était toujours dans les mêmes sentiments, et que (supposé que CES VICTOIRES FUSSENT VRAIES) il ne s'en réjouissait qu'autant qu'elles mèneraient à une paix avantageuse. » Ne croit-on pas entendre parler un membre de l'opposition? n'est-il pas étonnant qu'on doutât à Carthage, comme en Angleterre, des succès mêmes des armées? Ou plutôt cela n'est pas étonnant. — [2] Polyb., lib. xv. — [3] Id., ibid. ; Liv., lib. xxx. — [4] Id., ibid. — [5] Liv., ibid.

[a] Quoiqu'il y ait toujours quelque chose de forcé dans ce parallèle de l'Angleterre et de Carthage, il me semble moins étrange que les autres, et les faits historiques sont curieux. (N. Éd.)

[6] Hume's *Hist. of Engl.*, vol. vii. — [7] Id., vol. viii, cap. lxviii, pag. 126. — [8] Id., cap. lxix, pag. 166. — [9] Id., cap. lxxi, pag. 294.

de Marlborough sauva la France d'une ruine presque inévitable [1]. Georges Ier, électeur de Hanovre, soutenu de toute la puissance des premiers, qui le portaient au trône, se livra à leurs conseils [2]. Ce fut sous le règne de Georges II que la minorité commença à se faire connaître sous le nom de *parti de l'opposition*, qu'elle retient encore de nos jours. Elle obtint alors plusieurs victoires célèbres. Elle renversa sir Robert Walpole, ministre qui, par son système pacifique, s'était rendu cher au commerce [3] [a]. Bientôt elle parvint à mettre à la tête du cabinet le grand lord Chatham, qui éleva la gloire de sa patrie à son comble, dans la guerre de 1754, si malheureuse à la France [4]. Lord Bute ayant succédé à lord Chatham, peu après l'avénement de Sa Majesté régnante au trône d'Angleterre, l'opposition perdit son crédit. Elle tâcha de le recouvrer dans l'affaire de M. Wikes, membre du parlement, décrété pour avoir écrit un pamphlet contre l'administration [5]. Mais le fatal impôt du timbre, qui rappelle à la fois la révolution américaine et celle de la France, lui donna bientôt une nouvelle vigueur [6]. Telle est la chaîne des destinées : personne ne se doutait alors qu'un bill de finance, passé dans le parlement d'Angleterre en 1765, élèverait un nouvel empire sur la terre, en 1782, et ferait disparaître du monde un des plus antiques royaumes de l'Europe, en 1789 [7].

---

[1] SMOLL., *Contin. to Hume's Hist. of Engl.*; VOLT., *Siècle de Louis XIV.* — [2] *Id.*, *ibid.* — [3] SMOLL., *Hist. of the House of Brunswick-Lunenb.*

[a] Il fallait ajouter, « et odieux à la nation par son système de corruption. » (N. ÉD.)

[4] SMOLL., *Cont.*, etc. *Hist. of the House of Bruns.-Lun.* — [5] GUTH., *Geogr. Gram.*, pag. 342. — [6] *Id*, pag. 343; RAMSAY's *Hist. of the Am. Revol.* — [7] Une étincelle de l'incendie allumé sous Charles Ier tombe en Amérique en 1636 (émigration des puritains), l'embrase en 1765, repasse l'Océan en 1789 pour ravager de nouveau l'Europe. Il y a quelque chose d'incompréhensible dans ces générations de malheurs. En songeant à l'empire américain d'aujourd'hui, on ne peut s'empêcher de jeter les yeux en arrière sur son origine. C'est une chose désolante et amusante à la fois, que de contempler les pauvres humains jouets de leurs propres faits, et conduits aux mêmes résultats par les préjugés les plus opposés. Les puritains avaient demandé à Dieu, avec prières, qu'il les dirigeât dans leur pieuse émigration, et Dieu les conduisit au cap Cod, où ils périrent presque tous de faim et de misère. Bientôt après leurs ennemis mortels, les catholiques, viennent débarquer auprès d'eux sur les mêmes rivages. Une cargaison de graves fous, avec de grands chapeaux et des habits sans boutons, descendent ensuite sur les bords de la Delaware, etc. Que devait penser un Indien regardant tour à tour les étranges histrions de cette grande farce tragi-comique que joue sans cesse la société? En voyant des hommes brûler leurs frères dans la Nouvelle-Angleterre, pour l'amour du ciel; une autre race, en Pensylvanie, faisant profession de se laisser couper la gorge sans se défendre; une troisième, dans le Maryland, accompagnée de prêtres bigarrés, couverts de croix, de grimoires, et professant la tolérance universelle; une quatrième, en Virginie, avec des esclaves noirs et des docteurs persécuteurs en grandes robes : cet Indien, sans doute, ne pouvait s'imaginer que ces gens-là venaient d'un même pays. Cependant tous sortaient de la petite île d'Angleterre, tous ne formaient qu'une seule et même nation. Quand on songe à la variété et à la complication des maladies qui fermentent dans un corps politique, on comprend à peine son existence. Sur la foi des livres et des intéressés, au seul nom des Américains, nous nous enthousiasmons de ce côté-ci de l'Atlantique. Nos gazettes ne nous parlent que des Romains de Boston et des tyrans de Londres. Moi-même, épris de la même ardeur lorsque j'arrivai à Philadelphie, plein de mon Raynal, je de-

L'opposition crut avoir remporté un avantage signalé sur le ministre lorsqu'elle eut obtenu le rappel de ce trop fameux impôt ; et il n'est pas moins certain que ce fut ce rappel même, encore plus que le bill, qui a causé la révolution des colonies [1].

Trois ministres se succédèrent rapidement, après cette première irruption du volcan américain. Les rênes du gouvernement s'arrêtèrent enfin entre les mains de lord North, qui, de même que ses prédécesseurs, avait adopté le système des taxes d'outre-mer [2]. L'insurrection des Bostoniens, lors de l'envoi du thé de la compagnie des Indes, ne fut pas plus tôt connue en Angleterre, que l'opposition redoubla de zèle et d'activité. Lord Chatham reparut dans la chambre des pairs, et parla avec chaleur contre les mesures du cabinet. Sa motion étant rejetée par une majorité de cinquante-huit voix, les moyens coercitifs restèrent adoptés dans toute leur étendue.

Bientôt après le sang coula en Amérique. J'ai vu les champs de Lexington ; je m'y suis arrêté en silence, comme le voyageur aux Thermopyles, à contempler la tombe de ces guerriers des deux mondes qui moururent les premiers, pour obéir aux lois de la patrie. En foulant cette terre philosophique, qui me disait, dans sa muette éloquence, comment les empires se perdent et s'élèvent, j'ai confessé mon néant devant les voies de la Providence, et baissé mon front dans la poussière.

mandai en grâce qu'on me montrât un de ces fameux quakers, vertueux descendants de Guillaume Penn. Quelle fut ma surprise quand on me dit que, si je voulais me faire duper, je n'avais qu'à entrer dans la boutique d'un frère ; et que si j'étais curieux d'apprendre jusqu'où peut aller l'esprit d'intérêt et d'immoralité mercantile, on me donnerait le spectacle de deux quakers désirant acheter quelque chose l'un de l'autre, et cherchant à se leurrer mutuellement. Je vis que cette société si vantée n'était, pour la plupart, qu'une compagnie de marchands avides, sans chaleur et sans sensibilité, qui se sont fait une réputation d'honnêteté parce qu'ils portent des habits différents de ceux des autres, ne répondent jamais ni oui, ni non, n'ont jamais deux prix, parce que le monopole de certaines marchandises vous force d'acheter avec eux au prix qu'ils veulent ; en un mot, de froids comédiens qui jouent sans cesse une farce de probité, calculée à un immense intérêt, et chez qui la vertu est une affaire d'agiotage *. Chaque jour voyait ainsi, l'une après l'autre, se dissiper mes chimères, et cela me faisait grand mal. Lorsque par la suite je connus davantage les Américains, j'ai parfois dit à quelques-uns d'entre eux, devant qui je pouvais ouvrir mon âme : « J'aime votre pays « et votre gouvernement, mais je ne vous aime point, » et ils m'ont entendu.

[1] Les lords qui protestèrent contre ce rappel peuvent se vanter d'en avoir prédit les conséquences : « Because, the appearance of weakness and timidity in the government... has a manifest tendency to draw on further insults, and, by lessening the respect of all his Majesty's subjects to the dignity of his crown... throw the whole British empire into a miserable state of confusion, etc. » (Copies of the two protests against the bill to repeal the Am. St-p. Act. 8, pag. 10 ; Printed at Paris, 1766.) — [2] Rams., ibid.

* Cette note a paru dans le temps assez piquante, mais le ton en est peu convenable : c'est de la philosophie impie et de l'histoire à la manière de Voltaire. Les États-Unis et les Américains ont pris entre les gouvernements et les nations un rang qui ne permet plus de parler d'eux avec cette légèreté. (N. Éd.)

Grand exemple des malheurs qui suivent tôt ou tard une action immorale en elle-même, quels que soient d'ailleurs les brillants prétextes dont nous cherchions à nous fasciner les yeux, et la politique fallacieuse qui nous éblouit ! La France, séduite par le jargon philosophique, par l'intérêt qu'elle crut en retirer, par l'étroite passion d'humilier son ancienne rivale, sans provocation de l'Angleterre, viola, au nom du genre humain, le droit sacré des nations. Elle fournit d'abord des armes aux Américains, contre leur souverain légitime, et bientôt se déclara ouvertement en leur faveur. Je sais qu'en subtile logique, on peut argumenter de l'intérêt général des hommes dans la cause de la liberté ; mais je sais que, toutes les fois qu'on appliquera la loi du tout à la partie, il n'y a point de vice qu'on ne parvienne à justifier. La révolution américaine est la cause immédiate de la révolution française. La France déserte, noyée de sang, couverte de ruines, son roi conduit à l'échafaud, ses ministres proscrits ou assassinés, prouvent que la justice éternelle, sans laquelle tout périrait en dépit des sophismes de nos passions, a des vengeances formidables.

C'est une tâche pénible et douloureuse pour un Français, dans l'état actuel de l'Europe, que la lecture de cette période de l'histoire américaine. Souvent ai-je été obligé de fermer le volume, oppressé par les comparaisons les plus déchirantes, par un profond et muet étonnement, à la vue de l'enchaînement des choses humaines. Chaque syllabe de Ramsay retentit amèrement dans votre cœur, lorsqu'on voit l'honnête citoyen vanter, contre sa propre conviction, la duplicité de la conduite de la France envers l'Angleterre. Mais, lorsque avec un cœur brûlant de reconnaissance il vient à verser les bénédictions sur la tête de l'excellent Louis XVI ; lorsqu'il arrive à cet endroit où M. de La Fayette, recevant la première nouvelle du traité d'alliance, se jette avec des larmes de joie dans les bras de Washington ; qu'au même instant, la nouvelle volant dans l'armée au milieu des transports, le cri de « longue vie au roi de France ! » s'échappe involontairement à la fois de mille bouches et de mille cœurs ; le livre tombe des mains, le coup de poignard pénètre jusqu'au fond des entrailles. Américains ! La Fayette, votre idole, n'est qu'un scélérat ! Ces gentilshommes français, jadis le sujet de vos éloges, qui ont versé leur sang dans vos batailles, ne sont que des misérables couverts de votre mépris, et à qui peut-être vous refuserez un asile ! et le père auguste de votre liberté... un de vous ne l'a-t-il pas jugé [1] ? N'avez-vous pas juré amour et alliance à ses assassins sur sa tombe [b] ?

[1] Un étranger, non ! un Américain, séant juge dans le procès de mort de Louis XVI ! O hommes !
[b] Providence !
[a] Je ne sais que dire des pages qui commencent à cette phrase, *j'ai vu les champs de Lexing-*

Durant tout le reste de la guerre, l'opposition ne cessa de harceler les ministres, et devint de plus en plus puissante, en proportion des calamités nationales. C'était alors que M. Burke lançait, comme la foudre, son éloquence sur la tête des ministres. Ce grand orateur, qui possède un des plus beaux talents dont l'homme ait été jamais dignifié, se surpassa lui-même dans ces circonstances. Il remonta jusqu'à la source des troubles des colonies, en traça fièrement les progrès, et, avec ce génie inspiré qui lui a fait tant de fois prévoir l'avenir, plaida la cause de la liberté américaine dans le langage sublime et pathétique de Démosthènes.

Enfin, le 27 de mars 1782, l'opposition remporta une victoire complète : le cabinet fut changé, et le marquis de Rockingham placé à la tête du gouvernement.

La paix étant rétablie entre les puissances belligérantes, l'opposition se joignit au parti du ministre disgracié. M. Fox et lord North formèrent ce qu'on appela la *coalition des chefs*, qui entraînait après elle la majorité du parlement. Lord Shelburne, successeur du marquis de Rockingham, mort le 1er juillet 1782, fut obligé de se retirer, et M. Fox, lord North et le duc de Portland, se saisirent du timon de l'État.

M. Fox n'occupa que quelques instants le ministère. Son fameux bill de la compagnie des Indes ayant été rejeté dans la chambre des pairs, il remit peu après [1] les sceaux de son emploi, et M. Pitt remplaça le duc de Portland, comme premier lord de la trésorerie.

Les principales opérations du gouvernement depuis l'ascension de M. Pitt aux affaires ont été : 1° le bill de ce ministre concernant la compagnie des Indes, du 5 juillet 1784 ; 2° celui du 18 avril 1785, en faveur d'une réforme parlementaire, rejeté par une majorité de soixante-quatorze voix ; 3° le plan de liquidation de la dette nationale, par l'établissement d'un fonds d'amortissement, 1786 [2] [a] ;

---

ton, et finissent à celle-ci, n'avez-vous pas juré amour et alliance à ses assassins sur sa tombe ? Mais, quelles que soient maintenant les hautes destinées de l'Amérique, je ne changerais pas un mot à ces pages, si je pouvais retrouver, pour les écrire, la chaleur d'âme qui n'appartient qu'à la jeunesse. Ainsi dans aucun temps mes systèmes politiques n'ont étouffé le cri de ma conscience : les succès, la gloire, l'admiration même, lorsque je l'éprouve, ne m'empêchent point de sentir ce qu'il y a d'injuste ou d'ingrat dans la conduite des hommes. A l'époque où M. La Fayette était *émigré*, les Américains, partisans de notre révolution, blâmaient sa conduite : ils ont depuis récompensé magnifiquement ses services. (N. Éd.)

[1] Dans la nuit du 19 décembre 1783. — [2] Un million annuel.

[a] Je n'ai pas attendu à être membre de la chambre des pairs pour m'occuper de l'économie politique : on voit que je savais ce que c'était que la liquidation d'une dette, et un fonds d'amortissement, quelque trentaine d'années avant que ceux qui parlent aujourd'hui de finances sussent peut-être faire correctement les quatre premières règles de l'arithmétique. (N. Éd.)

4° l'acte de la traite des nègres et de l'amélioration du sort de ces esclaves, 21 mai 1788. La nation était au faîte de la prospérité, et M. Pitt, qui n'avait pas encore atteint sa trentième année, avait montré ce que peut un seul homme pour la prospérité d'un État.

La maladie du roi, qui suivit peu de temps après, arracha la faveur du public à l'opposition, et couvrit le ministre de gloire. Sa Majesté, rendue aux vœux de tout un peuple, qui lui témoigna par des marques de joie (d'autant plus touchantes qu'elles coulaient naturellement du cœur) à quel point elle était adorée, reprit bientôt les rênes de son empire, et elle continue à faire le bonheur de ceux qu'une fortune amie a rangés au nombre des sujets britanniques.

A la fin de cette courte histoire de l'opposition, nous placerons les portraits des deux hommes célèbres, depuis si longtemps l'objet des regards de l'Europe, et qui ont eu une si grande influence sur la révolution française.

CHAPITRE XXXIV.

M. Fox. — M. Pitt.

Tels que nous avons vu paraître à la tête de la minorité et de la majorité, dans le sénat de Carthage, les plus beaux talents et les premiers hommes de leur siècle ; tels, différents de mœurs, d'opinions et d'éloquence, brillent, dans le parlement d'Angleterre, les deux grands orateurs dont nous essayons d'ébaucher une faible peinture.

M. Fox, plein de sensibilité et de génie, écoute son cœur lorsqu'il discourt et se fait entendre ainsi aux cœurs sympathiques. Savant dans les lois de son pays, modéré dans ses sentiments politiques, connaissant la fragilité humaine, et réclamant pour les autres la même indulgence dont il peut avoir besoin pour lui, on le trouve rarement dans les extrêmes, ou, s'il s'y laisse entraîner quelquefois, ce n'est que par cette chaleur des temps, dont il est presque impossible de se défendre. Mais, quand il vient à élever une voix touchante en faveur de l'infortune, il règne, il triomphe. Toujours du parti de celui qui souffre, son éloquence est une richesse gratuite, qu'il prête sans intérêt au misérable ; alors il remue les entrailles ; alors il pénètre les âmes : alors une altération sensible dans les accents de l'orateur décèle tout l'homme ; alors l'étranger dans la tribune résiste en vain, il se détourne et pleure. Haine d'un parti, idole de l'autre, ceux-là reprochent à M. Fox des erreurs, ceux-ci exaltent ses vertus ; il ne nous appartient pas de prononcer. Lorsque le fracas des opinions et les fatigues d'une

vie publique auront cessé pour cet homme célèbre, le moment de la
justice sera venu ; mais, quel que soit le jugement de la postérité, les
malheureux des temps à venir, qui forment la majorité dans tous les
siècles, diront : « Il aima nos frères d'autrefois, il parla pour eux. »

Lorsque M. Pitt prend la parole dans la chambre des communes,
on se rappelle la comparaison qu'Homère fait de l'éloquence d'Ulysse
à des flocons de neige, descendant silencieusement du ciel. Émue,
échauffée à la voix du représentant opposé, l'assemblée, pleine d'agitation, flotte dans l'incertitude et le doute : le chancelier de l'échiquier
se lève, et sa logique, qui tombe avec grâce et abondance, vient
éteindre une chaleur inutile, toujours dangereuse aux législateurs;
chacun, étonné, sent ses passions se refroidir ; le prestige du sentiment se dissipe ; il ne reste que la vérité.

Placé à la tête d'une grande nation, M. Pitt doit avoir pour ennemis
et les hommes dont son rang élevé attire l'envie, et ceux dont il combat les opinions. Le texte des déclamations contre le ministre britannique est la guerre funeste dans laquelle l'Europe se trouve maintenant
enveloppée. Les principes en ont été souvent discutés ; quant à la manière dont elle a été conduite, l'injustice des reproches qu'on a faits
là-dessus au chancelier de l'échiquier doit frapper les esprits les plus
prévenus. Veut-on prendre pour exemple des hostilités présentes, les
combats réguliers d'autrefois? Où sont ces petits esprits qui calculent
pertinemment ce qu'on aurait dû faire, par ce qu'on a fait jadis ; qui
ne voient dans la lutte actuelle que des batailles perdues ou gagnées,
et non le génie de la France dans les convulsions d'une crise amenée
par la force des choses ; déchirant, comme l'Hercule d'OEta, ceux qui
osent l'approcher ; lançant leurs membres ensanglantés sur les plaines
cadavéreuses de l'Italie et de la Flandre, et s'apprêtant à tourner sur
lui-même des mains forcenées? On pourrait soupçonner qu'il existe
des époques inconnues, mais régulières, auxquelles la face du monde
se renouvelle. Nous avons le malheur d'être nés au moment d'une de
ces grandes révolutions : quel qu'en soit le résultat, heureux ou malheureux pour les hommes à naître, la génération présente est perdue :
ainsi le furent celles du cinquième et du sixième siècle, lorsque tous les
peuples de l'Europe, comme des fleuves, sortirent soudainement de
leurs cours. Qui serait assez absurde pour exiger que M. Pitt pût
vaincre, par des mesures ordinaires, la fatalité des événements ? Il y
a des circonstances où les talents sont entièrement inutiles : qu'on me
donne le plus grand ministre, un Ximénès, un Richelieu, un J. de Witt,
un Chatham, un Kaunitz, et vous le verrez se rapetisser, et pour ainsi
dire disparaître sous la pondération des choses et des temps actuels.

Il ne s'agit plus des cabales obscures ou coupables de quelques cabinets intrigants, d'un champ disputé dans les déserts de l'Amérique : ce sont maintenant les masses irrésistibles des nations qui se heurtent et se choquent au gré du sort. Guerres au dehors, factions au dedans, mésintelligence de toutes parts ; des ennemis dont les opinions ne font pas moins de ravages que leurs armes, des peuples corrompus, des cours vicieuses, des finances épuisées, des gouvernements chancelants ; pour moi, je l'avouerai, ce n'est pas sans étonnement que je vois M. Pitt portant seul, comme Atlas, la voûte d'un monde en ruine [1] [a].

CHAPITRE XXXV.

Suite du parallèle entre Carthage et l'Angleterre. — La guerre et le commerce. — Annibal, Marlborough. — Hannon, Cook ; traduction du Voyage du premier, extrait de celui du second.

Il ne nous reste plus qu'à considérer Carthage et l'Angleterre dans leur esprit guerrier et commerçant.

J'ai déjà touché quelque chose de cet intéressant sujet. Ajoutons que, par un jeu singulier de la fortune, la rivale de Rome et celle de la France ne comptèrent chacune qu'un grand général : la première, Annibal ; la seconde, Marlborough [2]. Un parallèle suivi entre ces hommes illustres nous écarterait trop de notre sujet ; il suffira de re-

[1] Ce langage m'oblige à déclarer que je ne suis ni l'apologiste de la guerre, ni celui de M. Pitt. Je ne connais ni ne connaîtrai vraisemblablement ce dernier ; je n'attends ni ne demande rien de lui. Je n'aime point les grands, non que les petits vaillent mieux, mais parce que je ne sais point honorer l'habit d'un homme, et que mon opinion surtout n'en dépendra jamais. Né avec un cœur indépendant, j'exprimerai toujours hardiment ma pensée, en dépit de la fortune et des factions. J'ai donc parlé du chancelier de l'échiquier avec la même franchise que je l'aurais fait d'un autre homme. Est-ce d'après les déclamations des gazettes que je dois le juger ? d'après les grossièretés que les Français vomissent contre lui ? Qu'on prouve, et je croirai ; mais, en attendant, qu'il me soit permis de penser pour moi. Parce que les Jacobins ont commis des crimes, cela ne m'empêche pas de croire qu'une république est le meilleur de tous les gouvernements, lorsque le peuple a des mœurs ; le pire de tous, lorsque le peuple est corrompu. Parce que tel démagogue insulte un homme, une nation, cela ne m'empêche pas d'estimer cet homme, cette nation, tandis que l'un et l'autre me paraissent estimables. Si j'avais eu de M. Pitt une opinion différente de celle que j'ai énoncée, je l'eusse exprimée avec le même courage ; je n'aurais pas mis un moment en balance ma sûreté personnelle, et ce qui m'eût semblé la vérité. Que si ce langage paraît extraordinaire, je le crois fait pour honorer, et moi, et l'homme d'État dont je parle ; que s'il s'offensait de ce passage, je me suis trompé.

[a] Les éloges sont fort exagérés dans ce chapitre ; mais c'est un tribut très-naturel de reconnaissance que je payais à l'hospitalité. Il y a d'ailleurs des choses vraies sur la différence qui existait entre la guerre de la révolution et les guerres qui l'avaient précédée. Je me reconnais à peu près tel que je suis aujourd'hui dans la note qui termine ce chapitre : je n'aime point les grands, souvent je n'estime point les petits, et mon opinion ne dépendra jamais de personne. Ma franchise avec M. Pitt est sincère, mais elle est risible. Était-il probable que le premier ministre d'Angleterre lirait jamais l'ouvrage obscur d'un obscur émigré ? (N. Éd.)

[2] Il y eut sans doute quelques grands généraux à Carthage et en Angleterre, mais aucun aussi célèbre qu'Annibal et Marlborough.

marquer que, tous les deux employés contre l'antique ennemi de leur patrie, ils le réduisirent également à la dernière extrémité[1], et furent sur le point d'entrer en triomphe dans la capitale de son empire ; qu'on leur reprocha le même défaut, l'avarice ; enfin, que, tous deux rappelés dans leur pays, ils n'y trouvèrent que l'ingratitude.

Quant au commerce, en ayant déjà décrit l'étendue, je me contenterai de citer un fait peu connu. Carthage est la seule puissance maritime de l'antiquité qui, de même que l'Angleterre, ait imaginé les lois prohibitives pour ses colonies. Celles-ci étaient obligées d'acheter aux marchés de la mère-patrie les divers objets dont elles se faisaient besoin, et ne pouvaient s'adonner à la culture de telle ou telle denrée[2]. On juge par ce trait jusqu'à quel degré la vraie nature du commerce et les calculs du fisc étaient entendus de ce peuple africain ; peut-être aussi y trouverait-on la cause des troubles qui ne cessaient d'agiter les colonies puniques.

Que si encore deux gouvernements se livrent aux mêmes entreprises suggérées par des motifs semblables, on doit en conclure que ces gouvernements sont animés d'une portion considérable du même génie ; or, nous voyons que ceux de Carthage et d'Angleterre furent souvent mus d'après de semblables principes, vers des objets de prospérité nationale. Nous allons rapporter les deux voyages entrepris pour l'agrandissement du commerce dans l'ancien monde et dans le monde moderne ; le premier, fait par ordre du sénat de Carthage, à une époque qui n'est pas exactement connue[3] ; le second, exécuté de nos jours par la munificence du roi de la Grande-Bretagne. Hannon, qui commandait l'expédition carthaginoise, devait, en entrant dans l'Océan par le détroit de Gadès ou de Gadir[4], découvrir les terres inconnues en faisant le tour de l'Afrique, et jetant çà et là des colonies sur ses rivages. Sans l'usage de la boussole, avec une imparfaite connaissance du ciel et de frêles barques souvent conduites à la rame, lorsqu'on se représente qu'il aurait fallu affronter les tempêtes du cap de Bonne-Espérance, si

---

[1] A présent le siècle impartial convient qu'on ne doit pas juger Marlborough avec autant d'enthousiasme que nos pères ; il aurait fallu le voir aux prises avec les Condé et les Turenne pour bien juger de ses talents. Il n'eut jamais en tête que de mauvais généraux, et il agit presque toujours en conjonction avec le prince Eugène. La seule fois qu'il combattit contre un grand capitaine, je crois à Malplaquet, il perdit vingt-deux mille hommes ; encore Villars n'avait-il que des recrues qui n'avaient jamais vu le feu, et manquaient de tout, même de pain. A la prise de Lille, Vendôme était subordonné au duc de Bourgogne. Annibal combattit les Fabius, les Scipion, etc. — [2] Anst., de Mirab. auscult., tom. I, pag. 1159. — [3] Il est reconnu que ce voyage n'est pas de l'Hannon auquel on l'attribue, et qui devait vivre vers le temps de l'expédition d'Agathocle en Afrique. Les uns font l'auteur de ce journal contemporain d'Annibal ; d'autres le rejettent à un siècle qui approcherait de la révolution de la Grèce dont nous parlons : peu importe au lecteur. — [4] Cadix

longtemps la borne redoutable des navigateurs modernes, on ne peut que s'étonner du génie hardi qui poussait les Carthaginois à ces entreprises périlleuses. Le dessein échoua en partie : de retour dans sa patrie, Hannon publia une relation de son voyage; et son journal, étant traduit en grec par la suite, nous a, par ce moyen, été conservé. La brièveté et l'intérêt de l'unique monument de littérature punique qui soit échappé aux ravages du temps [1], m'engagent à le donner ici dans son entier ; nous placerons, selon notre méthode, un des morceaux les plus piquants du voyage de Cook auprès de celui de l'amiral carthaginois : on sait que le premier de ces deux navigateurs fut employé à la découverte d'un passage de la mer du Sud dans l'Atlantique, par les mers septentrionales de l'Amérique et de l'Asie [a].

VOYAGE PAR MER ET PAR TERRE AU DELA DES COLONNES D'HERCULE,

FAIT PAR HANNON, ROI DES CARTHAGINOIS, QUI, A SON RETOUR, VOUA DANS LE TEMPLE DE SATURNE LA RELATION SUIVANTE :

Le peuple de Carthage m'ayant ordonné de faire un voyage au delà des *Colonnes d'Hercule*, pour y fonder des villes liby-phéniciennes, je mis en mer avec une flotte de soixante vaisseaux à cinquante rames, ayant à bord une grande quantité de vivres, d'habits, et environ trente mille personnes, tant hommes que femmes.

Deux jours après que nous eûmes fait voile, nous passâmes le détroit de *Gadès*, et jetâmes le lendemain sur la côte d'Afrique, dans un lieu où s'étend une plaine considérable, une colonie que nous appelâmes *Thymiaterium*. De là, cinglant à l'ouest, nous fîmes le cap Soloent sur la côte de Lihye, promontoire couvert d'arbres, où nous élevâmes un temple à Neptune.

Dirigeant notre course à l'orient, après un demi-jour de navigation nous atteignîmes, à peu de distance de la mer, la hauteur d'un lac [2] plein de grands roseaux, où nous vîmes des éléphants et plusieurs autres animaux sauvages paissant çà et là. A un jour de navigation de ce lac, nous fondâmes plusieurs villes maritimes : Cytte, Acra, Mélisse, etc.

Durant notre relâche, nous avançâmes jusqu'au grand fleuve Lixa, qui sort de la Lihye, non loin des Nomades ; nous y trouvâmes les Lixiens qui s'occupent de l'éducation des troupeaux. Je demeurai quelque temps parmi eux et conclus un traité d'alliance.

Au-dessus de ces peuples habitent les Æthiopiens, nation inhospitalière, dont le pays est rempli de bêtes féroces et entrecoupé de hautes montagnes, où l'on dit que le Lixa prend sa source. Les Lixiens nous racontaient que ces montagnes sont fréquentées par les Troglodytes, hommes d'une forme étrange, et plus légers que les chevaux à la course. Je fis ensuite, avec des interprètes, deux journées au midi dans le désert.

A mon retour, j'ordonnai qu'on levât l'ancre [3], et nous courûmes pendant vingt-quatre heures à l'est. Au fond d'une baie nous trouvâmes une petite île de cinq stades de tour, à laquelle nous donnâmes le nom de *Cernes*, et y laissâmes quelques habitants. J'examinai mon Journal, et je

---

[1] Il nous reste une scène en punique dans Plaute, et des fragments d'un ouvrage sur l'agriculture, traduits en latin, où l'on apprend le secret d'engraisser des rats.

[a] Je demande bien pardon de ce chapitre à la mémoire d'Annibal ; les citations servent du moins ici à couvrir le vice du sujet. Je ne sais trop pourquoi le Périple d'Hannon et les Voyages de Cook se trouvent compromis dans la révolution française, mais enfin ils sont amusants ; il faut les prendre pour ce qu'ils sont, et oublier l'*Essai historique*. (N. ÉD.)

[2] Il se trouve ici une difficulté dans le grec. On croirait d'abord qu'Hannon a remonté une rivière, ensuite on le trouve fondant des villes maritimes. J'ai suivi le sens qui m'a paru le plus probable. — [3] Cette phrase n'est pas du texte, mais elle y est impliquée.

trouvai que Cernes devait être située sur la côte opposée à Carthage : la distance de cette île aux Colonnes d'Hercule étant la même que celle de ces mêmes colonnes à Carthage.

Nous reprîmes notre navigation, et, après avoir traversé une rivière appelée *Chrètes*, nous entrâmes dans un lac où se formaient trois îles plus considérables que Cernes. Nous mîmes un jour à parvenir de ces îles jusqu'au fond du lac. De hautes montagnes en bordaient l'enceinte ; nous y rencontrâmes des hommes couverts de peaux et habitants des bois, qui nous assaillirent à coups de pierres. Longeant les rives de ce lac, nous touchâmes à un autre fleuve large, couvert de crocodiles et de chevaux marins. De là nous revirâmes et gagnâmes l'île de Cernes.

De Cernes, portant le cap au sud, nous rangeâmes pendant douze jours une côte habitée par des Æthiopiens qui paraissaient extrêmement effrayés, et se servaient d'un langage inconnu même à nos interprètes.

Le douzième jour, nous découvrîmes de hautes montagnes chargées de forêts, dont les arbres de différentes espèces sont parfumés. Après avoir doublé ces montagnes, en deux jours de navigation, nous entrâmes dans une mer immense. Dans les parages avoisinant au continent s'élevait une espèce de champ d'où nous voyions, durant la nuit, sortir, par intervalles, des flammes, les unes plus petites, les autres plus grandes. Les équipages ayant fait de l'eau, nous serrâmes le rivage pendant quatre jours, et le cinquième nous louvoyâmes dans un grand golfe que nos interprètes appelaient *Hesperum Ceras* (la Corne du soir). Nous nous trouvâmes par le gisement d'une île d'une latitude considérable. Un lac salin, dans lequel se formait un îlot, occupait l'intérieur de cette grande île. Nous mouillâmes par le travers de la terre, et nous n'aperçûmes qu'une forêt. Mais pendant la nuit nous voyions des feux, et nous entendions le son des fifres, le bruit des timbales, et les clameurs d'un peuple innombrable.

Saisis de frayeur, et recevant de nos devins l'ordre d'abandonner cette île, nous appareillâmes sur-le-champ, et côtoyâmes la terre de feu de Thymiaterium, dont les torrents enflammés se déchargent dans la mer. Le sol était si brûlant qu'on ne pouvait y arrêter le pied. Nous tournâmes promptement le cap au large, et dans quatre jours nous fûmes portés de nuit à la hauteur d'un pays couvert de flammes, du milieu desquelles s'élevait un cône de feu qui semblait se perdre dans les nues. Au jour nous reconnûmes que c'était une montagne nommée *Theon Ochema*.

Ayant doublé les régions ignées, nous ouvrîmes, trois jours après, le golfe *Notu Ceras* (la Corne de l'Orient), au fond duquel gisait [2] une île, avec un lac, un îlot, semblable à celle que nous avions déjà découverte. Ayant touché à cette île, nous la trouvâmes habitée par des Sauvages. Le nombre des femmes dominait infiniment celui des hommes. Celles-ci étaient toutes velues, et nos interprètes les appelaient *Gorilles*. Nous les poursuivîmes, mais sans pouvoir les atteindre. Ils fuyaient par des précipices avec une étonnante agilité, en nous jetant des pierres. Nous réussîmes cependant à prendre trois femmes. Nous fûmes obligés de les tuer pour éviter d'en être déchirés ; nous en avons conservé les peaux. — Ici nous tournâmes nos voiles vers Carthage, les vivres commençant à nous manquer [2].

Cook n'est plus. Ce grand navigateur a péri aux îles Sandwich, qu'il venait de découvrir. Ses vaisseaux, maintenant commandés par les capitaines Clerke et Gore, prêts à appareiller, attendent en rade un vent favorable, tandis que le lieutenant de *la Résolution* fait, à la vue de la terre, la description suivante :

Les habitants des îles *Sandwich* sont certainement de la même race que ceux de la *Nouvelle-Zélande*, des îles de la *Société* et des *Amis*, de l'île de *Pâques* et des *Marquises*, race qui occupe, sans aucun mélange, toutes les terres qu'on connaît entre le quarante-septième degré de latitude nord, et le vingtième degré de latitude sud ; et le cent quatre-vingt-quatrième degré, et le deux cent soixantième degré de longitude orientale. Ce fait, quelque extraordinaire qu'il paraisse, est assez prouvé par l'analogie frappante qu'on remarque dans les mœurs, les usages des diverses

[1] On croit que cette île, le terme de la navigation d'Hannon, est Sainte-Anne. — [2] *Geogr. Vet. Script. Græc. Minor.*, vol. 1, pag. 16.

peuplades, et la ressemblance générale de leurs traits, et il est démontré d'une manière incontestable par l'identité absolue des idiomes.

. . . .

La taille des naturels des îles *Sandwich* est, en général, au-dessous de la moyenne, et ils sont bien faits; leur démarche est gracieuse; ils courent avec agilité, et ils peuvent supporter de grandes fatigues. Les hommes cependant sont un peu inférieurs du côté de la force et de l'activité aux habitants des îles des *Amis*, et les femmes ont les membres moins délicats que celles d'*O'Tahiti*. Leur teint est un peu plus brun que celui des O'Tahitiens; leur figure n'est pas si belle. Un grand nombre d'individus des deux sexes ont cependant la physionomie agréable et ouverte : les femmes surtout ont de beaux yeux, de belles dents, et une douceur et une sensibilité dans le regard qui préviennent beaucoup en leur faveur. Leur chevelure est d'un noir brunâtre; elle n'est pas universellement lisse comme celle des Sauvages de l'*Amérique*, ni universellement bouclée comme celle des nègres de l'*Afrique* : elle varie à cet égard ainsi que celle des Européens.

. . . .

On a parlé souvent dans ce Journal de l'hospitalité et de l'amitié avec lesquelles nous fûmes reçus des insulaires : ils nous accueillirent presque toujours de la manière la plus aimable. Lorsque nous descendions à terre, ils se disputaient le bonheur de nous offrir les premiers présents, de nous apprêter des vivres, et de nous donner d'autres marques de respect. Les vieillards ne manquaient jamais de verser des larmes de joie ; ils paraissaient très-satisfaits quand ils obtenaient la permission de nous toucher, et ils ne cessaient de faire entre eux et nous des comparaisons qui annonçaient bien de l'humilité et de la modestie. Les jeunes femmes ne furent pas moins caressantes, et elles s'attachèrent à nous sans aucune réserve, jusqu'au moment où elles s'aperçurent qu'elles avaient lieu de se repentir de notre intimité.

. . . .

Les habitants des îles *Sandwich* diffèrent de ceux des îles des *Amis* en ce qu'ils laissent presque tous croître leur barbe; nous en remarquâmes un très-petit nombre, il est vrai, notamment le roi, qui l'avaient coupée, et d'autres qui ne la portaient que sur la lèvre supérieure. Ils arrangent leur chevelure d'une manière aussi variée que les autres insulaires de la mer du Sud ; mais ils suivent d'ailleurs une mode qui, autant que nous avons pu en juger, leur est particulière. Ils se rasent chaque côté de la tête jusqu'aux oreilles, en laissant une ligne de la largeur de la moitié de la main, qui se prolonge du haut du front jusqu'au cou : lorsque les cheveux sont épais et bouclés, cette ligne ressemble à la crête de nos anciens casques. Quelques-uns se parent d'une quantité considérable de cheveux faux qui flottent sur leurs épaules en longues boucles, tels qu'on en voit aux habitants de l'île de *Horn*, dont on trouve la figure dans la collection de M. Dalrymple : d'autres en font une seule touffe arrondie qu'ils nouent au sommet de la tête, et qui est à peu près de la largeur de la tête elle-même : plusieurs en font cinq à six touffes séparées. Ils les barbouillent avec une argile grise mêlée de coquilles réduites en poudre, qu'ils conservent en boules, et qu'ils mâchent jusqu'à ce qu'elle devienne une pâte molle quand ils veulent s'en servir. Cette composition entretient le lustre de leur chevelure, et la rend quelquefois d'un jaune pâle.

Une seule pièce d'une étoffe épaisse, d'environ dix à douze pouces de largeur, qu'ils passent entre les cuisses, qu'ils nouent autour des reins, et qu'ils appellent *maro*, forme en général l'habit des hommes. C'est le vêtement ordinaire des insulaires de tous les rangs. La grandeur de leurs nattes, dont quelques-unes sont très-belles, varie ; elles ont communément cinq pieds de long et quatre de large. Ils les jettent sur leurs épaules et ils les ramènent en avant, mais ils s'en servent peu, à moins qu'ils ne se trouvent en état de guerre : comme elles sont épaisses et lourdes, et capables d'amortir le coup d'une pierre et d'une arme émoussée, elles semblent surtout propres à l'usage que je viens d'indiquer. En général, ils ont les pieds nus, excepté lorsqu'ils doivent marcher sur des pierres brûlées ; ils portent alors une espèce de sandales de fibres de noix de cocos tressées.

. . . .

Le vêtement commun des femmes ressemble beaucoup à celui des hommes. Elles enveloppent leurs reins d'une pièce d'étoffe qui tombe jusqu'au milieu des cuisses, et quelquefois, durant la fraîcheur des soirées, elles se montrèrent avec de belles étoffes qui flottaient sur leurs épaules, selon l'usage des O-Tahitiennes. Le *pau* est un autre habit qu'on voit souvent aux jeunes filles ; c'est une pièce d'étoffe la plus légère et la plus fine, qui fait plusieurs tours sur les reins, et qui tombe jusqu'à la jambe, de manière qu'elle ressemble exactement à un jupon court. Leurs cheveux sont coupés par derrière et ébouriffés sur le devant de la tête comme ceux des O-Tahitiens et des habitants de la *Nouvelle-Zélande* ; elles diffèrent à cet égard des femmes des îles des *Amis*, qui laissent croître leur chevelure dans toute sa longueur. Nous vîmes, à la baie de *Karakakooa*, une femme dont les cheveux se trouvaient arrangés d'une manière singulière : ils étaient relevés par derrière et ramenés sur le front, et ensuite repliés sur eux-mêmes, de façon qu'ils formaient une espèce de petit bonnet.

. . . .

Il y a lieu de croire qu'ils passent leur temps d'une manière très-simple et peu variée. Ils se lèvent avec le soleil, et après avoir joui de la fraîcheur du matin, ils vont se reposer quelques heures. La construction des pirogues et des nattes occupe les *Erees* ; les femmes fabriquent les étoffes, les *Towtows* sont chargés surtout du soin des plantations et de la pêche. Divers amusements remplissent leurs heures de loisir. Les jeunes garçons et les femmes aiment passionnément la danse ; et les jours d'appareil ils ont des combats de lutte et de pugilat bien inférieurs à ceux des îles des *Amis*, comme on l'a observé plus haut.

. . . .

Il est évident que les naturels de ces îles sont divisés en trois classes. Les *Erees*, où les chefs de chaque district, forment la première : l'un d'eux est supérieur aux autres, et on l'appelle, à *Whyhee*, *Eree-Taboo* et *Eree-Moee* : le premier de ces noms annonce son autorité absolue, et le second indique que tout le monde est obligé de se prosterner devant lui, ou, selon la signification de ce terme, de se coucher pour dormir en sa présence. La seconde classe est composée de ceux qui paraissent avoir des propriétés sans aucun pouvoir. Les *Towtows*, ou les domestiques, qui n'ont ni rang ni propriété, forment la troisième... Il paraît incontestable que le gouvernement (*monarchique*) est héréditaire.

. . . .

Le pouvoir des *Erees* sur les classes inférieures nous a paru très-absolu. Des faits que j'ai déjà racontés nous montrèrent cette vérité presque tous les jours de notre relâche. Le peuple, d'un autre côté, a pour eux la soumission la plus entière, et cet état d'esclavage contribue d'une manière sensible à dégrader l'esprit et le corps des sujets. Il faut remarquer néanmoins que les chefs ne se rendirent jamais devant nous coupables de cruauté, d'injustice ou même d'insolence à l'égard de leurs vassaux ; mais qu'ils exercent leur autorité les uns sur les autres de la manière la plus arrogante et la plus oppressive. J'en citerai deux exemples :

Un chef subalterne avait accueilli avec beaucoup de politesse le *master* de notre vaisseau, qui était allé examiner la baie de *Karakakooa*, la veille de l'arrivée de *la Résolution* ; voulant lui témoigner de la reconnaissance, je le conduisis à bord quelque temps après, et je le présentai au capitaine Cook, qui l'invita à dîner avec nous. Pareea entra tandis que nous étions à table : sa physionomie annonça combien il était indigné de le voir dans une position si honorable ; il le prit à l'instant même par les cheveux, et il allait le traîner hors de la chambre : notre commandant interposa son autorité, et, après beaucoup d'altercations, tout ce que nous pûmes obtenir, sans en venir à une véritable querelle avec Pareea, fut que notre convive demeurerait dans la chambre, qu'il s'y asseiérait par terre, et que Pareea le remplacerait à table. Pareea ne tarda pas à être traité aussi durement : lorsque Terreeoboo arriva pour la première fois à bord de *la Résolution*, Maiha-Maiha, qui l'accompagnait, trouvant Pareea sur le tillac, le chassa de la façon la plus ignominieuse : nous étions sûrs néanmoins que Pareea était un personnage d'importance.

. . . .

La religion des îles *Sandwich* ressemble beaucoup à celle des îles de la *Société* et des îles des *Amis*. Les *Moraïs*, les *Wattas*, les idoles, les sacrifices et les hymnes sacrés, sont les mêmes dans les trois groupes, et il paraît clair que les trois tribus ont tiré leurs notions religieuses de la même source. Les cérémonies des îles *Sandwich* sont, il est vrai, plus longues et plus multipliées ; et quoiqu'il se trouve dans chacune des terres de la mer du Sud une certaine classe d'hommes chargée des rites religieux, nous n'avions jamais rencontré de sociétés réunies de prêtres, lorsque nous découvrîmes les cloîtres de Kakooa dans la baie de *Karakakooa*. Le chef de cet ordre s'appelait *Orano*, dénomination qui nous parut signifier quelque chose de très-sacré, et qui entraînait pour la personne d'Omeeah des hommages qui allaient presque jusqu'à l'adoration. Il est vraisemblable que certaines familles jouissent seules du privilége d'entrer dans le sacerdoce, ou du moins de celui d'en exercer les principales fonctions. Omeeah était fils de Kaoo et oncle de Kaireekeea ; ce dernier présidait, en l'absence de son grand-père, à toutes les cérémonies religieuses du *Moraï*. Nous remarquâmes aussi qu'on ne laissait jamais paraître le fils unique d'Omeeoh, enfant d'environ cinq ans, sans l'environner d'une suite nombreuse, et sans lui prodiguer des soins tels que nous n'en avions jamais vu de pareils. Il nous sembla qu'on mettait un prix extrême à la conservation de ses jours, et qu'il devait succéder à la dignité de son père [1].

J'aurais en vain multiplié les mots pour faire sentir la disparité des siècles, aussi bien qu'on l'aperçoit par le rapprochement de ces deux voyages. Rien ne montre mieux l'esprit, les lumières de l'âge, le caractère des anciens, et surtout celui des Carthaginois, que le journal du suffète Hannon. L'ignorance de la nature et de la géographie, la superstition, la crédulité, s'y décèlent à chaque ligne. On ne saurait encore s'empêcher de remarquer la barbarie des marins puniques. Bien que les femmes velues dont ils parlent ne fussent vraisemblablement qu'une espèce de singes, il suffisait que l'amiral africain les crût de nature humaine pour rendre son action atroce. Quelle différence entre ce mélange grossier de cruautés et de fables, et le bon Cook cherchant des terres inconnues, non pour tromper les hommes, mais pour les éclairer; portant à de pauvres Sauvages les besoins de la vie; jurant tranquillité et bonheur sur leurs rives charmantes à ces enfants de la nature; semant parmi les glaces australes les fruits d'un plus doux climat, soigneux du misérable que la tempête peut jeter sur ces bords désolés, et imitant ainsi, par ordre de son souverain, la Providence, qui prévoit et soulage les maux des hommes [2] : enfin, cet illustre navigateur resserré de toutes parts par les rivages de ce globe, qui n'offre plus de mer à ses vaisseaux, et connaissant désormais la mesure de notre planète, comme le Dieu qui l'a arrondie entre ses mains!

Cependant, il faut l'avouer, ce que nous gagnons du côté des sciences, nous le perdons en sentiment. L'âme des anciens aimait à se plonger dans le vague infini; la nôtre est circonscrite par nos connaissances. Quel est l'homme sensible qui ne s'est trouvé souvent à l'étroit dans une petite circonférence de quelques millions de lieues? Lorsque, dans l'intérieur du Canada, je gravissais une montagne, mes regards se portaient toujours à l'ouest, sur les déserts infréquentés qui s'étendent

---

[1] *Troisième voyage de Cook*, tom. IV, chap. VII-VIII, pag. 61-112. — [2] Si la philosophie a jamais rien présenté de grand, c'est sans doute lorsqu'elle nous montre les Anglais semant de graines nutritives les îles inhabitées de la mer du Sud. On se plaît à se figurer ces colonies de végétaux européens, avec leur port, leur costume étranger, leurs mœurs policées, contrastant au milieu des plantes natives et sauvages des terres australes. On aime à se les peindre émigrant le long des côtes, grimpant les collines, ou se répandant à travers les bois, selon les habitudes et les amours qu'elles ont apportées de leur sol natal : comme des familles exilées qui choisissent de préférence, dans le désert, les sites qui leur rappellent la patrie. Qu'un malheureux Français, Anglais, Espagnol, se sauve seul sur un rivage peuplé de ces herbes co-citoyennes de son village; que, prêt à mourir de faim, il trouve soudain tout au fond d'un désert, à quatre mille lieues de l'Europe, le légume familier de son potager, le compagnon de son enfance, qui semble se réjouir de son arrivée, ce pauvre marin ne croira-t-il pas qu'un dieu est descendu du ciel?

dans cette longitude. A l'orient, mon imagination rencontrait aussitôt l'Atlantique, des pays parcourus, et je perdais mes plaisirs. Mais, à l'aspect opposé, il m'en prenait presque aussi mal. J'arrivais incessamment à la mer du Sud, de là en Asie, de là en Europe, de là... J'eusse voulu pouvoir dire, comme les Grecs : « Et là-bas ! là-bas ! la terre inconnue, la terre inmense [a] ! » Tout se balance dans la nature : s'il fallait choisir entre les lumières de Cook et l'ignorance d'Hannon, j'aurais, je crois, la faiblesse de me décider pour la dernière.

CHAPITRE XXXVI.

Influence de la révolution grecque sur Carthage.

Carthage, au moment de la fondation des républiques en Grèce, se trouvait, par rapport à celle-ci, dans la même position que l'Angleterre vis-à-vis de la France actuelle. Possédant à peu près la même constitution, les mêmes richesses, le même esprit guerrier et commerçant que la Grande-Bretagne ; séparée comme elle du pays en révolution par des mers ; aussi libre, ou plus libre, que ce pays même, elle était garantie de l'influence militaire de Sparte et d'Athènes par la supériorité de ses vaisseaux, et du danger de leurs opinions politiques par l'excellence de son propre gouvernement. Les peuples maritimes ont cet avantage inestimable, d'être moins exposés que les nations agricoles à l'action des mouvements étrangers. Outre la barrière naturelle qui les protége contre une force invasive, s'ils sont insulaires, ou placés sur un continent éloigné, la superfluité de leur population trouve sans cesse un écoulement au dehors, sans demeurer en un état croupissant de stagnation dans l'intérieur. Le reste des citoyens, occupé du commerce de la patrie, a peu le temps de s'embarrasser de rêveries politiques. Là où les bras travaillent, l'esprit est en repos.

Carthage encore, lors de la chute des Pisistratides, élevée à l'empire des mers et à la traite du monde entier sur les débris du commerce de Tyr [1], comme l'Angleterre de nos jours sur les ruines de celui de la Hollande, approchait du faîte de la prospérité. Par une autre ressemblance de fortune, non moins singulière, elle crut devoir prendre une part active contre la révolution républicaine d'Athènes, en faveur de la monarchie. Xerxès, qui, en prétendant rétablir Hippias sur le trône,

---

[a] e serais moins naïf aujourd'hui, et peut-être aurais-je tort. Quelque chose de la note sur les végétaux européens semés dans les îles étrangères se retrouve dans les *Mélanges littéraires*, article MACKENZIE. (N. ÉD.)

[1] L'explication de ceci se trouve à l'article de Tyr.

méditait la conquête de l'Attique et du Péloponèse, engagea les Carthaginois à attaquer en même temps les colonies grecques en Sicile [1]. Amilcar, à la tête de plus de trois cent mille hommes et d'une flotte nombreuse, aborde à Panorme, et met le siége devant Himère [2]. Gélon accourt de Syracuse avec cinquante mille citoyens au secours de la place, tombe sur le général africain, détruit son armée, et le force de se jeter lui-même dans un bûcher allumé pour un sacrifice [3]. C'est ainsi qu'une fortune ennemie voulut nommer ensemble Himère et Dunkerque.

L'enthousiasme dans la victoire, le découragement dans la défaite, est un trait de caractère que les souverains des mers d'autrefois [4] ont possédé avec les maîtres de l'Océan de nos jours [5] : que de fois durant le cours des hostilités présentes, sans la mâle fermeté des ministres, l'Angleterre ne se serait-elle pas jetée aux pieds de sa rivale !

La nouvelle de la destruction de l'armée n'arriva pas plus tôt en Afrique, que le peuple tomba dans le désespoir. Il voulut la paix à quelque prix que ce fût. On députa humblement vers Gélon, qui mérita sa victoire par la modération dont il usa envers ses ennemis : il exigea seulement qu'ils payassent les frais de la campagne, qui ne s'élevaient pas au-dessus de deux mille talents [6].

Ainsi se termina pour les Carthaginois cette guerre si funeste à tous les alliés, qui eut encore cela de remarquable, qu'elle cessa peu à peu, telle que la guerre actuelle a déjà fini en partie, par les paix forcées et partielles des différents [7] coalisés. Depuis le traité entre l'Afrique et la Grèce, les deux pays vécurent longtemps en intelligence, et l'influence de la révolution républicaine du dernier, se trouvant arrêtée par les causes que j'ai ci-dessus assignées, se borna, quant à Carthage, au malheur passager que je viens de décrire [a].

[1] Diod., lib. xi, pag. 1. — [2] Id., ibid., p. 16 et 22. — [3] Herod., lib. vii, pag. 167. — [4] Plut., de Ger. Rep., pag. 799. — [5] Ramsay's Revol. of Amer.; D'Orléans, Rév. d'Angl.; Hume's Hist. of Engl., etc., etc. — [6] Herod., lib. vii; Diod., lib. xi. 10,800,000 liv. de notre monnaie, en les supposant talents attiques; et 12,600,000 liv., en les comptant sur la valeur du talent d'Orient, ce qui est plus probable. Si nous avions le déchet exact des talents carthaginois, que l'on fit refondre à Rome à la fin de la seconde guerre Punique, nous saurions au juste la vérité. (Voyez Liv., lib. xxxii, n° 2.) — [7] On verra ceci au tableau général de la guerre Médique.

[a] Le vice radical de tous ces parallèles, sans parler des bizarreries qu'ils produisent, est de supposer que la société, à l'époque de la révolution républicaine de la Grèce, était semblable à la société telle qu'elle existe aujourd'hui; or, rien n'était plus différent. Les hommes avaient peu ou point de relations entre eux; les chemins manquaient, la mer était inconnue; on voyageait rarement et difficilement; la presse, ce moyen extraordinaire d'échange et de communication d'idées, n'était point inventée; chaque peuple, vivant isolé, ignorait ce qui se passait chez le peuple voisin. Comparer la chute des Pisistratides à Athènes (qui d'ailleurs n'étaient que des usurpateurs de l'autorité populaire) à la chute des Bourbons en France; rechercher laborieusement quelle fut l'influence républicaine de la Grèce sur l'Égypte, sur Carthage, sur l'Ibérie, sur la Scythie, sur la

CHAPITRE XXXVII.

L'Ibérie.

Sur le bord opposé du détroit de Gadès, qui séparait les possessions africaines de Carthage de ses colonies européennes, on trouvait l'Ibérie, pays sauvage et à peine connu des anciens, à l'époque dont nous retraçons l'histoire. Il était habité par plusieurs peuples, Celtes d'origine, dont les uns se distinguaient par leur courage et leur mépris de la mort [1]; les autres, pleins d'innocence, passaient pour les plus justes des hommes [2]. Malheureusement leurs fleuves roulaient un métal qui les décela à l'avarice. Les Tyriens, pour l'obtenir, trompèrent d'abord leur simplicité [3]. Les Carthaginois bientôt les asservirent, et les forçant à ouvrir les mines, les y plongèrent tout vivants [4]. Si ce livre traversait les mers, s'il parvenait jusqu'à l'Indien enseveli sous les montagnes du Potose, il apprendrait que ses cruels maîtres ont autrefois, comme

Grande-Grèce; trouver des rapports entre cette influence et l'influence de notre révolution sur les divers gouvernements de l'Europe : c'est un complet oubli, ou plutôt une falsification manifeste de l'histoire. Il est très-douteux que la Scythie, l'Égypte, et même Carthage, aient jamais entendu parler d'Hippias; et si Carthage attaqua les colonies grecques à l'instigation du roi de Perse, on ne peut voir là qu'un de ces faits isolés, qu'un résultat de cette ambition particulière qui, dans tous les temps, a excité un peuple à profiter des divisions d'un autre peuple. L'état de la société n'était point assez avancé chez les anciens pour que les idées politiques devinssent la cause d'un mouvement général. On vit quelques guerres religieuses, mais encore furent-elles rares et renfermées dans d'étroites limites. L'antiquité ne fit de grandes révolutions que par la conquête; les Perses, les Grecs, les Romains, n'étendirent leur empire que par les armes : c'était la force physique et non la force morale qui régnait. Quand cette force fut passée, il resta des dominateurs quelques monuments des arts, quelques lois civiles, quelques ordonnances municipales, quelques règles d'administration, mais pas une idée politique. Rome était déjà formidable, elle était prête à étendre sa main sur l'Orient, que les Grecs connaissaient à peine son existence, qu'ils ignoraient les révolutions et les lois du peuple qui allait envahir leur patrie; et je prétendrais qu'une petite révolution domestique, advenue dans la petite ville de bois de Thémistocle, lorsque l'antiquité tout entière était encore à demi barbare; je prétendrais que cette petite révolution communiqua son mouvement à l'univers connu! Dans les temps modernes même, le contre-coup des révolutions a été plus ou moins fort, selon le degré de civilisation à l'époque où ces révolutions ont éclaté. La catastrophe de Charles Ier ne put avoir sur l'Europe, par mille raisons faciles à déduire, l'influence qu'a dû exercer l'assassinat juridique de Louis XVI. En remontant plus haut, le pape qui, au milieu de la France barbare, vint mettre la couronne sur la tête d'un roi de la seconde race, ne fit pas un acte aussi décisif pour certains principes, que celui du pontife qui couronna Buonaparte au commencement du dix-neuvième siècle. Tout est donc faux dans les parallèles que j'ai prétendu établir. Il ne reste de ces rapprochements que quelques vérités de détails, indépendantes du fond et de la forme.

(N. Éd.)

[1] STRAB., lib. III, pag. 158; LIV., lib. XXVIII; MARIAN.; SIL. ITAL., lib. I. — [2] La Bétique, dont Fénelon fait une peinture si touchante. Le tableau n'est pas entièrement d'imagination; il est fondé sur la vérité de l'histoire. Je ne sais où j'ai lu que Mariana a omis quelque chose sur l'origine des nations ibériennes, dans sa traduction en langue vulgaire de son *Histoire latine* originale. Malheureusement je ne possède que l'édition espagnole de cet excellent ouvrage. — [3] DIOD., lib. V, pag. 312. — [4] *Id.*, lib. IV, cap. CCCXII; POLYB., lib. III.

lui, péri esclaves sous leur terre natale ; qu'ils y ont fouillé ce même
or pour une nation étrangère apportée chez eux par les flots. Cet Indien adorerait en secret la Providence, et reprendrait son hoyau moins
pesant.

Au reste, il est probable que les troubles de la Grèce réagirent sur
les malheureux habitants de l'Ibérie. Carthage, pour payer les frais
de la guerre contre la Sicile, multiplia sans doute les sueurs de ses
esclaves [1]. A chaque écu dépensé par le vice en Europe, des larmes de
sang coulent dans les abîmes de la terre en Amérique. C'est ainsi que
tout se lie, et qu'une révolution, comme le coup électrique, se fait
sentir au même instant à toute la chaîne des peuples.

CHAPITRE XXXVIII.

Les Celtes.

Par delà les Pyrénées habitait un peuple nombreux, connu sous le
nom de Celte, dont la puissance s'étendait sur la Bretagne, les Gaules
et la Germanie. Uni de mœurs et de langage, il ne lui manquait que
de se gouverner en unité, pour enchaîner le reste du monde.

Le tableau des nations barbares offre je ne sais quoi de romantique
qui nous attire. Nous aimons qu'on nous retrace des usages différents
des nôtres, surtout si les siècles y ont imprimé cette grandeur qui
règne dans les choses antiques, comme ces colonnes qui paraissent
plus belles lorsque la mousse des temps s'y est attachée. Plein d'une
horreur religieuse, avec le Gaulois à la chevelure bouclée, aux larges
bracca, à la tunique courte et serrée par la ceinture de cuir, on se plaît
à assister dans un bois de vieux chênes, autour d'une grande pierre,
aux mystères redoutables de Teutatès. La jeune fille à l'air sauvage et
aux yeux bleus est auprès : ses pieds sont nus, une longue robe la des-
sine ; le manteau de canevas se suspend à ses épaules ; sa tête s'enveloppe du kerchef dont les extrémités, ramenées autour de son sein
et passant sous ses bras, flottent au loin derrière elle. Le druide sur
le cromlech, se tient au milieu, en blanc sagum, un couteau d'or à
la main, portant au cou une chaîne et aux bras des bracelets de même
métal : il brûle avec des mots magiques quelques feuilles du gui sacré,
cueilli le sixième jour du mois, tandis que les eubages préparent dans
la claie d'osier la victime humaine, et que les bardes, touchant fai-

---

[1] L'Ibérie fournit aussi des soldats, ainsi que les Gaules et l'Italie, à Carthage, pour l'expédition
contre Syracuse.

blement leurs harpes, chantent à demi voix dans l'éloignement Odin, Thor, Tuisco et Hela [1] [a].

Le grand corps des Celtes se divisait en une multitude de petits États, gouvernés par des iarles, ou chefs militaires. La partie politique et civile était abandonnée aux druides [2].

Cet ordre célèbre semble avoir existé de toute antiquité, et quelques auteurs même en ont fait la source d'où découlèrent les sectes sacerdotales de l'Orient [3]. Il se partageait en trois branches : les druides, dépositaires de la sagesse et de l'autorité ; les bardes, rémunérateurs des actions des héros ; les eubages, veillant à l'ordre des sacrifices [4]. Ces prêtres enseignaient l'immortalité de l'âme [5], la récompense des vertus, le châtiment des vices [6], et un terme de la nature fixé pour un général bonheur [7]. Plusieurs nations ont cru dans ce dernier dogme, qui tire sa source de nos misères. L'espérance peut nous faire oublier nos maux, mais comme une liqueur enivrante qui nous tue.

Ce n'est pas ici le lieu de nous étendre sur les mœurs, les lumières, les coutumes des nations barbares, elles fourniront ailleurs un chapitre intéressant. A présent notre description formerait un anachronisme, ce que nous savons d'elles étant postérieur au règne de Xerxès. Nous devons seulement montrer que les révolutions de la Grèce étendirent leur influence jusque sur ces peuples sauvages.

Une colonie phocéenne, pleine de l'amour de la liberté qu'elle ne pouvait conserver sur les rivages de l'Asie, chercha l'indépendance sous un ciel plus propice, et fonda dans les Gaules [8] l'antique Marseille. Bientôt les lumières et le langage de ces étrangers se répandirent parmi les druides [9]. Il serait impossible de suivre dans l'obscurité de l'histoire les conséquences de ces innovations, mais elles durent être considérables ; nous savons que souvent la moindre altération dans le costume d'un peuple suffit seule pour le dénaturer.

Sans recourir aux conjectures, l'établissement des Phocéens dans les Gaules devint une des causes secondaires de l'esclavage de ces derniers. Fidèles alliés des Romains, les Marseillais ouvraient une porte

---

[1] *Vid.* Cæs., *de Bell Gall.;* Tacit., *de Mor. Germ.* ; Lucan.; Strab.; Henry's *Hist. of Engl.*; *View of the dress of the People of Engl.;* Puffend., *de Druid.*; Pelloutier, *Lettre sur les Celtes*; Ossian's *Poem.*; les deux *Edda.*

[a] *Voyez* le livre des Gaules, et Velléda, dans les *Martyrs;* mais à quoi bon tout cela dans l'*Essai ?* (N. Éd.)

[2] Cæs., *de Bell. Gall.*, lib. vi, cap. xiii; Tacit., *de Mor. Germ.*, cap. vii. — [3] Laert., lib. i. — [4] Diod. Sic., lib. v, pag. 308; Strab., lib. iv. — [5] Cæs., *de Bell. Gall.*; cap. xiv; Val. Max., lib. ii, cap. vi. — [6] Les deux *Edda*; Sæmundus, Snorro, trad. lat. — [7] Sæmundus, Snorro, trad. lat. ; Strab., lib. iv, pag. 302. — [8] L'an de Rome 165. — [9] Strab., lib. iv, pag. 181. L'auteur cité prétend que les Gaulois furent instruits dans les lettres par les Marseillais. Du temps de Jules César, les premiers se servaient des caractères grecs dans leurs écrits. (*Bell. Gall.*, lib. vi, cap. xiii.)

aux armées des Césars, et une retraite assurée en cas de revers [1]. Leur connaissance du pays, leur courage, leurs lumières, tout tournait au désavantage des peuples galliques [2]. C'est ainsi que les hommes sont ordonnés les uns aux autres. Les fils de leurs destinées viennent aboutir dans la main de Dieu ; l'un ne saurait être tiré sans que tous les autres soient mus. Je finirai cet article par une remarque.

Les Marseillais, différents d'origine des autres peuples de la France, ont aussi un caractère à eux. Ils semblent avoir conservé le génie factieux de leurs fondateurs, leur courage bouillant et éphémère, leur enthousiasme de liberté. On nie maintenant le pouvoir du sang, parce que les principes du jour s'y opposent ; mais il est certain que les races d'hommes se perpétuent comme les races d'animaux [a]. C'est pourquoi les anciens législateurs voulaient qu'on n'élevât que les enfants forts et robustes, comme on prend soin de ne nourrir que des coursiers belliqueux.

CHAPITRE XXXIX.

L'Italie.

L'Italie, à l'époque de la révolution républicaine en Grèce, était ainsi que de nos jours divisée en plusieurs petits États à peu près semblables de mœurs et de langage. Nous les considérerons à la fois, pour éviter les détails inutiles.

La constitution monarchique régnait généralement chez tous ces peuples [3].

Leur religion ressemblait à celle des Grecs ; ils y ajoutèrent l'art des augures [4].

Leurs costumes n'étaient pas sans luxe, leurs usages sans corruption [5] ; l'un et l'autre y avaient été introduits par les cités de la Grande-Grèce.

Déjà ces nations comptaient quelques philosophes.

Tagès, le plus ancien d'entre eux, fut un imposteur, ou un insensé, qui inventa la science des présages [6].

---

[1] Liv., lib. xxi. — [2] Comme au passage d'Annibal dans les Gaules. (Voyez Tite-Live, à l'endroit cité.) L'attachement de la république de Marseille pour les Romains, les différents services qu'elle leur rendit, tout cela est trop connu pour exiger plus de détails. (Voyez Liv., Cæs., Polyb., etc.)

[a] Cela est vrai ; mais aussi ces races s'appauvrissent, s'usent, et dégénèrent comme les races d'animaux. (N. Éd.)

[3] Liv., lib. i, n° 15 ; Vellei., lib. v, n° 1 ; Paterc., lib. i, cap. ix ; Macch., Istor. Fior., lib. ii, Denina, Istor. del. Ital. — [4] Ovid., Metam., lib. xv, v. 558. — [5] Au siècle le plus vertueux de Rome, le fils du grand Cincinnatus fut accusé de fréquenter le quartier des courtisanes. On connaît le luxe du dernier Tarquin. (Voyez Tite-Live.) — [6] Ovid., loc. cit.

Un autre auteur inconnu écrivit sur le système de la nature. Il disait que le monde visible mit soixante siècles à éclore avant d'être habité, qu'il en durerait encore soixante avant de se dissoudre, fixant à douze mille ans la période complète dee son existence [1].

En politique. Romulus et Numa avaient brillé ; Plutarque a comparé celui-là à Thésée, et celui-ci à Lycurgue [2]. Le premier parallèle est aussi heureux que le second semble intolérable. Qu'avaient de commun les lois théocratiques du roi de Rome avec les institutions sublimes du législateur de Sparte [3] [a]? Plusieurs philosophes se sont enthousiasmés de Numa sur la seule idée qu'il étudia sous Pythagore. La chronologie a prouvé un intervalle de plus d'un siècle entre l'existence de ces deux sages. Que devient le mérite du premier? Il y a beaucoup d'hommes qu'on cesserait d'estimer, si on pouvait ainsi relever toutes les erreurs de compte.

CHAPITRE XL

Influence de la révolution grecque sur Rome.

A l'époque de l'établissement des républiques en Grèce, une grande révolution s'était pareillement opérée en Italie. L'année qui vit bannir le tyran de l'Attique vit aussi tomber celui du Latium [4]. Que si l'on considère les conséquences de ces deux événements, cette année passera pour la plus fameuse de l'histoire.

La réaction du renversement de la monarchie à Athènes fut vivement sentie à Rome. Brutus avait été envoyé par Tarquin vers l'oracle de Delphes à l'époque de la chute d'Hippias [5]. Je ne puis croire que le cœur du patriote ne battit pas avec plus d'énergie, lorsqu'en sortant de son pays esclave, il mit le pied sur cette terre d'indépendance. Le

---

[1] Suid., verb. Tyrrhen., pag. 519. A la longueur des périodes près, ce système rappelle celui de Buffon. (Voyez Théor. de la Terre.) — [2] In Vit. Romul., Thes., etc. — [3] La preuve du vice de ces lois c'est qu'elles furent renversées cent années après, et que le sénat, dans la suite, fit brûler les livres de Numa retrouvés dans son tombeau.

[a] J'ai considérablement rabattu de mon admiration pour les lois de Lycurgue : tout ce qui blesse les lois naturelles a quelque chose de faux. Quant à Numa, mon philosophisme ne me permettait pas alors de le traiter mieux. (N. Éd.)

[4] Plin., lib. xxxiv, cap. iv, — [5] Tite-Live, qui rapporte ce voyage, n'en marque pas la durée; mais il dit que Brutus trouva à son retour les Romains se préparant à aller assiéger Ardée. Or, Tarquin fut chassé de Rome dans les premiers mois de cette entreprise. Hippias ayant quitté l'Attique l'année même de la mort de Lucrèce, il résulte que Brutus avait fait le voyage de Delphes entre l'assassinat d'Hipparque et la retraite d'Hippias, c'est-à-dire entre la soixante-sixième et la soixante-septième olympiade *.

* Je n'ai vu cette observation nulle part : elle valait la peine d'être faite; ses développements seraient féconds. (N. Éd.)

spectacle d'un peuple en fermentation et prêt à briser ses fers dut porter la flamme dans le sang du magnanime étranger. Peut-être au récit de la mort d'Harmodius, racontée par quelque prêtre du temple, le front rougissant de Brutus dévoila-t-il toute la gloire future de Rome ! Il retourna au bord du Tibre, non vainement inspiré de cet esprit qui agite une faible Pythie, mais plein de ce dieu qui donne la liberté aux empires, et ne se révèle qu'aux grands hommes *.

Rome dans la suite eut encore recours à la Grèce, et les Athéniens devinrent les législateurs du premier peuple de la terre [1]. Ceci tient à l'influence éloignée de la révolution dont je parlerai ailleurs.

Mais la politique verbeuse de l'Attique, qui entrait en Italie par le canal de la Grande-Grèce, trouva une barrière insurmontable dans l'heureuse ignorance des peuples de l'intérieur. Le citoyen, accoutumé aux exercices du champ de Mars, à l'obéissance aux lois et à la crainte des dieux [2], n'allait point dans des écoles de démagogie apprendre à vociférer sur les droits de l'homme et à bouleverser son pays. Les magistrats veillaient à ce que ces lumières inutiles ne corrompissent pas la jeunesse. Rome enfin opposa à la Grèce république à république, liberté à liberté, et se défendit des vertus étrangères avec ses propres vertus [b].

Que si l'on s'étonne de ceci : je n'ai pas dit *vertu* mais *vertus*, choses totalement différentes, et que nous confondons sans cesse. La première est immuable, de tous les temps, de toutes les choses; les secondes sont locales, conventionnelles; vices ici, vertus ailleurs. Distinction peu juste, répliquera-t-on, puisqu'alors vous faites de la vertu un sentiment inné, et que cependant les enfants semblent n'en avoir aucune. Et pourquoi demander du cœur ses fonctions les plus sublimes, lorsque le merveilleux ouvrage est entre les mains de l'ouvrier?

Qu'on ne dise pas qu'il soit futile de s'attacher à montrer le peu d'influence que l'établissement des gouvernements populaires, parmi les Grecs, dut avoir à Rome, objectant que celle-ci étant républicaine, des républiques ne pouvaient agir sur elle. La France n'a-t-elle pas détruit Genève et la Hollande, ébranlé Gênes, Venise et la Suisse ? N'a-t-elle pas été sur le point de bouleverser l'Amérique même? Sans vous, grand homme [c], qui avez daigné me recevoir, et dont j'ai visité

---

* Ces sentiments prouvent que ce n'est pas l'esprit d'opposition qui les fait manifester aujourd'hui. (N. Éd.)

[1] Liv., lib. III, cap. XXXI. — [2] Plut., in F. Cam., in Num., lib. I.

[b] Je distinguais partout, comme je fais encore aujourd'hui, l'esprit démagogique de l'esprit de liberté, les fausses lumières de la lumière véritable. (N. Éd.) — [c] Washington. La révolution française, sans la fermeté de Washington, aurait détruit le Pacte fédéral. (N. Éd.)

la demeure avec le respect qu'on porte dans un temple, que serait devenu tout votre beau pays?

CHAPITRE XLI.

La Grande-Grèce.

Sur les côtes de l'Italie, les Athéniens, les Achéens, les Lacédémoniens, à différentes époques, avaient fondé plusieurs colonies, et c'est ce qu'on appelait la *Grande-Grèce.* Entre ces cités, Sybaris, Crotone, Tarente, devinrent bientôt célèbres par leurs dissensions politiques, leurs mauvaises mœurs et leurs lumières. De même que les peuples dont elles tiraient leur origine, elles chérissaient la liberté, qu'elles ne savaient retenir. Tour à tour républiques, ou soumises à des tyrans, elles passaient, par un cercle de révolutions continuelles, de la licence la plus effrénée au plus honteux esclavage [1].

Vers le temps de la révolution des Pisistratides à Athènes, Pythagore de Samos, après de longs voyages, s'était enfin fixé à Crotone. Ce philosophe, un des plus beaux génies de l'antiquité, et le fondateur de la secte qui porte son nom, avait puisé ses lumières parmi les prêtres de l'Égypte, de la Perse et des Indes [2]. Ses notions de la Divinité étaient sublimes : il regardait Dieu comme une unité, d'où le sujet qu'il employa pour création s'était écoulé [3]. De son action sur ce sujet sortit ensuite l'univers [4]. De ceci il résultait : que tout émanant de Dieu, tout en formait nécessairement partie; et cette doctrine tombait ainsi dans les absurdités du spinosisme [5]; avec cette différence, que Pythagore admettait le principe comme esprit, Spinosa, comme matière [a].

Le dogme de la transmigration des âmes, que le sage Samien emprunta des brahmanes et des gymnosophistes de l'Orient [6], est trop connu pour m'y arrêter. Quelque absurde qu'il nous paraisse cependant, puisqu'il est impossible de concevoir comment la mémoire, qui n'est qu'une image déposée par les sens, peut appartenir à l'esprit dégagé

---

[1] STRAB., lib. VI; DIOD., lib. XII; VAL. MAX., lib. VIII, cap. VII. — [2] JAMBLIC., *in Vit. Pyth.* — [3] LAERT., *in Pythag.*, lib. VIII. — [4] STOB., *Ecl. Phys.*, lib. I, cap. XXV. — [5] *Legat. pro Christ.*

[a] J'avais un grand penchant à l'étude de cette métaphysique religieuse : on peut s'en convaincre par les preuves métaphysiques de l'existence de Dieu placées dans les notes du *Génie du Christianisme.* (N. ÉD.)

[6] Cependant il n'est pas certain que Pythagore ait parcouru la Perse et les Indes. Cette opinion n'a été soutenue que par des écrivains d'un siècle très-postérieur à celui du philosophe samien. Jamblicus est rempli de fables.

des premiers, on ne saurait pas plus nier ce système que mille autres. Outre que la métempsycose réelle des corps le favorise, il donne en même temps la solution des difficultés concernant une autre vie [a], l'univers n'étant plus qu'un grand tout éternel, où rien ne s'anéantit, ni ne se crée. Ainsi la doctrine de Pythagore formait un cercle ramenant de nécessité au même point ; car des principes de la transmigration, on se retrouvait à l'idée primitive que ce philosophe avait du τὸν ὄν, ou *ce qui est*.

Si Pythagore s'était contenté de sonder l'abîme de la tombe, il aurait peu mérité la reconnaissance des hommes ; mais il s'occupa d'autres études plus utiles à la société. Son système de la nature était celui des *Harmonies* [1] développé de nos jours par Bernardin de Saint-Pierre, qui a revêtu du style le plus enchanteur la morale la plus pure [2].

Le sage Samien, de même que l'ami de Jean-Jacques, représentait l'univers comme un grand corps parfait dans sa symétrie, mû d'après des lois musicales et éternelles [3]. Des nombres harmoniques, dont le plus parfait était le quatre, selon Pythagore [4], et le cinq, d'après Saint-Pierre [5], formaient dans les choses une arithmétique mystérieuse, d'où découlaient les secrets et les grâces de la nature [6]. L'éther était plein de la mélodie des sphères roulantes [7], et des dieux bienfaisants daignaient quelquefois se communiquer aux mortels dans leurs songes [8].

Le sage de la Grande-Grèce voulut joindre à la gloire du physicien la gloire plus dangereuse du législateur. Ainsi que celle de Bernardin, sa politique était douce et religieuse. Il ne recommandait pas tant la forme du gouvernement que la simplicité du cœur [9], sûr qu'une bonne constitution découle toujours des mœurs pures. Avec une barbe vénérable descendant à sa ceinture, une couronne d'or dans ses cheveux

---

[a] Il faut sous-entendre *pour les Pythagoriciens,* car il est clair que je n'adopte pas ce système. (N. Éd.)

[1] JAMBL., *Vit. Pyth.,* cap. XIV; LAERT., *in Pyth.,* lib. VIII. Selon le dernier auteur cité, Pythagore disait que la vertu, la santé, Dieu même, et tout l'univers, n'étaient que des harmonies. — [2] Le génie mathématique de M. de Saint-Pierre offre encore d'autres ressemblances avec celui de Pythagore. La théorie des marées, par la fonte des glaces polaires, est une opinion, sinon une vérité prouvée, qui mérite la plus grande attention des savants et de tout amant de la philosophie de la nature *. — [3] JAMBL., *Vit. Pyth.; Études de la nature.* — [4] HIEROCL., *in Aur. Carm.; Aur. Carm. ap. Poet. Minor. Græc.* — [5] *Études de la nature,* tom. I-II. — [6] *Id., ibid.* — [7] JAMBL., *Vit. Pyth.,* cap. XIV. — [8] LAERT., *ibid.,* lib. VIII; *Paul et Virginie.* Ce que Pythagore disait de l'homme, qu'il est un microcosme ou un abrégé de l'univers, est sublime. — [9] LAERT., *in Pyth.* lib. VIII.

* Cette opinion ne mérite point l'attention des savants; si toutes les lois astronomiques et physiques ne détruisaient pas cette opinion, les derniers voyages du capitaine Parry dans les mers polaires suffiraient pour renverser la théorie des marées par la fonte des glaces. On peut se consoler de s'être trompé quelquefois, quand on a fait *Paul et Virginie.* (N. Éd.)

blancs, une longue robe de lin d'Égypte, le vieillard Pythagore, délivrant au son des instruments [1] la plus aimable des morales aux
peuples assemblés, offre un tout autre tableau que celui des législateurs de notre âge. Les succès du sage furent d'abord prodigieux. Une
révolution générale s'opéra dans Crotone; mais bientôt, fatigués de
leurs réformes, les citoyens dont il censurait la vie l'accusèrent de
conspirer contre l'État, ou plutôt contre leurs vices [2]. Ils brûlèrent
vivants ses disciples dans leur collége, et le forcèrent lui-même à s'enfuir dans les bois, où il fit une fin malheureuse [3].

Les savants doutent que Pythagore ait laissé quelques ouvrages. Je
vais donner au lecteur les *Vers dorés* qu'on lui attribue [4], ou du moins
qui renferment sa doctrine. Ils sont au nombre de soixante-douze.
Voici les plus remarquables :

> Honore les dieux immortels, tels qu'ils sont établis ou ordonnés par la loi. Respecte le serment
> avec toute sorte de religion. Il faut mourir, c'est le décret de ta destinée. La puissance habite au-
> près de la nécessité. Les gens de bien n'ont pas la plus grande part des souffrances. Des hommes rai-
> sonnent bien, des hommes raisonnent mal ; n'admire les uns, ni ne méprise les autres. Ne te laisse
> jamais éblouir. Fais au présent ce qui ne t'affligera pas au passé. Commence le jour par la prière,
> tu connaîtras alors la constitution de Dieu et des hommes, la chaîne des êtres, ce qui les contient,
> ce qui les lie; tu connaîtras, selon la justice, que l'univers est le même dans tous les lieux; tu
> n'espéreras point alors ce qui n'est point, car tu sauras ce qui est; tu sauras que nos maux sont
> volontaires; que nous ignorons que le bonheur soit près de nous; qu'un bien petit nombre sait se
> délivrer de ses peines; que nous roulons au gré du sort comme des cylindres mus par la dis-
> corde [5].

Si l'on médite attentivement les *Vers dorés*, l'on trouvera qu'ils
renferment tous les principes des vérités morales, souvent enveloppés
d'un voile de mystère qui leur prête un nouvel attrait. On trouve dans
Bernardin de Saint-Pierre une multitude de pensées vraies, de réflexions attendrissantes toujours revêtues du langage du cœur.

> La mort est un bien pour tous les hommes; elle est la nuit de ce jour inquiet qu'on appelle la
> vie. Le meilleur des livres, qui ne prêche que l'égalité, l'amitié, l'humanité et la concorde, l'Évan-
> gile, a servi pendant des siècles de prétexte aux fureurs des Européens... Après cela, qui se flattera

---

[1] LAERT., *in Pyth.*, lib. VIII; JAMBL., cap. XXI, n° 100; ÆLIAN., lib. XII, cap. XXXII; PORPHYR.
— [2] PORPHYR., n° 20; JAMBL., cap. XXXI, n° 214. — [3] La mort de Pythagore est diversement racontée. Diogène Laërte seul rapporte quatre opinions différentes. — [4] Quelques-uns le croient
d'Empédocle. Tandis que je préparais ceci pour la presse, M. Peltier m'a fait le plaisir de me communiquer un livre qui m'aurait épargné bien du travail si j'en avais connu plus tôt l'existence. Ce
sont les *Soirées littéraires*, qui s'étendent depuis le mois d'octobre 1795 jusqu'au mois de juin ou
juillet 1796. Les traductions élégantes qu'on y trouve eussent servi d'ornement à ces Essais, en
même temps qu'elles m'eussent sauvé la fatigue de traduire moi-même. Ceci n'est qu'un des plus
petits inconvénients où l'on tombe à écrire loin des capitales et dans un pays étranger. Si dans les
morceaux que mon sujet m'a forcé de choisir j'ai quelquefois donné à mes versions un sens autre
que celui adopté par les auteurs des *Soirées littéraires*, sans doute la faute est de mon côté. D'ailleurs on sent que je n'ai pas dû travailler sur le même plan, ni sur une échelle aussi développée.
— [5] *Poet. Minor. Græc.*

d'être utile aux hommes par un livre? Qui voudrait vivre s'il connaissait l'avenir? un seul malheur prévu nous donne tant de vaines inquiétudes! La solitude est si nécessaire au bonheur dans le monde même, qu'il me paraît impossible d'y goûter un plaisir durable de quelque sentiment que ce soit, ou de régler sa conduite sur quelque principe stable, si l'on ne se fait une solitude intérieure, d'où notre opinion sorte bien rarement, et où celle d'autrui n'entre jamais. Dans cette île, située sur la route des Indes... quel Européen voudrait vivre heureux, mais pauvre et ignoré? Les hommes ne veulent connaître que l'histoire des grands et des rois, qui ne sert à personne. Il n'y a jamais qu'un côté agréable à connaître dans la vie humaine : semblable au globe sur lequel nous tournons, notre révolution rapide n'est que d'un jour, et une partie de ce jour ne peut recevoir la lumière que l'autre ne soit livrée aux ténèbres. La vie de l'homme, avec tous ses projets, s'élève comme une petite tour, dont la mort est le couronnement. Il y a des maux si terribles et si peu mérités, que l'espérance même du sage en est ébranlée. La patience est le courage de la vertu. C'est un instinct commun à tous les êtres sensibles et souffrants de se réfugier dans les lieux les plus sauvages et les plus déserts, comme si des rochers étaient des remparts contre l'infortune, et comme si le calme de la nature pouvait apaiser les troubles malheureux de l'âme [1].

CHAPITRE XLII.

(Suite.) — Zaleucus. — Charondas.

- Pythagore fut suivi de deux autres législateurs, Zaleucus et Charondas, qui brillèrent dans la Grande-Grèce, au moment de la gloire de la mère-patrie [2].

Charondas s'appliqua moins à la politique qu'à la réforme de la morale : car telles mœurs, tel gouvernement. Voici ses principes :

« Frappez de verges le calomniateur. Livrez le méchant à son propre cœur dans une profonde solitude : que quiconque se lie d'amitié avec lui soit puni. Que le novateur, proposant un changement dans les lois antiques, se présente la corde au cou, afin d'être étranglé si son statut est rejeté [3]. »

Zaleucus fondait sa législation sur le principe du théisme : « Dieu, excellent, demande des âmes pures, charitables et aimant les hommes [4]. » Les lois somptuaires de ce philosophe montrent son peu de connaissance de l'humanité. Il crut bannir le luxe et dévoiler la corruption, en laissant aux gens de mauvaises mœurs l'usage exclusif des riches parures [5]. Il ne vit pas qu'il n'en coûtait au citoyen diffamé qu'un masque de plus, l'hypocrisie, pour paraître honnête homme. Ce n'était pas la peine de lui laisser ses vices, et d'en faire de plus un comédien.

---

[1] *Paul et Virginie.* — [2] Il y a ici un schisme entre les chronologistes. Plusieurs rejettent Charondas à deux siècles avant l'époque où je le place, et, je crois même, avec raison. Cependant les difficultés étant très-grandes, et des historiens célèbres ayant adopté l'ère que j'assigne, je me suis cru autorisé à la suivre. — [3] STRAB., lib. XIV; *Charond. ap.* STOB., *Serm.* 32. — [4] STOB., *Serm.* 42. — [5] DIOD., lib. XII.

CHAPITRE XLIII.

Influence de la révolution d'Athènes sur la Grande-Grèce.

L'influence de la révolution de la Grèce sur ses colonies d'Italie fut considérable et dans un sens excellent. Crotone et Sybaris, au moment du renversement de la monarchie à Athènes, étaient, de même que les colonies actuelles de la France, plongées dans les horreurs des guerres civiles [1], et ravagées par des brigands [2]. C'est une chose remarquable, que les rameaux d'un État surpassent bientôt le tronc paternel en luxe et en beauté vicieuse. Des hommes laissés sur une côte déserte se croient tout à coup délivrés du frein des lois; et, loin de l'œil du magistrat, s'abandonnent aux désordres de la société, sans avoir les vertus de la nature. La fertilité d'un sol nouveau les élève bientôt à la prospérité : et de ces deux causes combinées résulte ce mélange de richesses et de mauvaises mœurs, qu'on trouve dans les colonies.

Quoi qu'il en soit, la révolution républicaine de France a précipité la destruction des îles de l'Amérique, tandis que l'établissement du gouvernement populaire à Athènes retarda au contraire celle des villes grecques d'Italie. Athènes, plaignant le sort de ces malheureuses cités, fit partir une nouvelle association de ses citoyens qui rétablit le calme et bâtit une ville [3] à laquelle Charondas donna des lois [4]. Mais ces réformes ne furent que passagères. La corruption avait jeté des racines trop profondes pour être désormais extirpée, et la maladie du corps politique ne pouvait finir que par sa mort.

CHAPITRE XLIV.

La Sicile.

A l'extrémité de la Grande-Grèce se trouve l'île de Sicile [5], où l'on comptait déjà plusieurs villes célèbres. Nous ne nous arrêterons qu'à Syracuse, qui occupe une place si considérable dans l'histoire des hommes. Archias, Corinthien, avait jeté les fondements de cette colonie, vers

---

[1] STRAB., lib. XIV; DIOD., lib. XII. — [2] C'est ce qui se prouve par la mort de Charondas. On sait qu'il se perça de son épée, pour être entré en armes, contre ses propres lois, dans l'assemblée du peuple, en revenant de poursuivre des brigands. — [3] Thurium. — [4] STRAB., lib. XIV. — [5] Elle porta tour à tour le nom de *Trinacrie*, *Sicanie* et *Sicile*, et avant tout celui de *pays des Lestrigons*. (*Voyez* HOM. et VIRG.)

la quatrième année de la dix-septième olympiade [1]. Depuis cette époque, jusqu'aux beaux jours de la liberté en Grèce, on ignore presque sa destinée. Si l'obscurité fait le bonheur, Syracuse fut heureuse.

Il lui en coûta cher pour ses instants de calme : on ne jouit point impunément de la félicité ; ce n'est qu'une avance que la nature vous a faite sur la petite somme des joies humaines. On n'est heureux que par exception et par injustice ; si vous avez eu beaucoup de prospérités, d'autres ont dû beaucoup souffrir, parce que, la quantité des biens étant mesurée, il a fallu prendre sur eux pour vous donner ; mais tôt ou tard vous serez tenu à rembourser à gros intérêts : quiconque a été très-fortuné doit s'attendre à de très-grands revers. Dans ceci les Syracusains sont un exemple. Depuis le moment de l'invasion de Xerxès en Grèce, jamais peuple n'offrit un plus étonnant spectacle ; une révolution étrange et continuelle commença son cours, et ne finit qu'à la prise de la métropole par les Romains. Ce fut une chose commune que de voir les rois tombés du faîte des grandeurs au plus bas degré de fortune : monarques aujourd'hui, pédagogues demain. N'anticipons pas sur ce grand sujet.

La forme du gouvernement en Sicile avait été républicaine jusque vers le temps de la chute des Pisistratides à Athènes. Les mœurs, la politique, la religion, étaient celles de la mère-patrie. Un historien, nommé *Antiochus*, plusieurs sophistes, quelques poëtes [2], avaient déjà paru. Bientôt cette île célèbre devint le rendez-vous des beaux esprits de la Grèce. Ils y accoururent de toutes parts, alléchés par l'or des tyrans qui s'amusaient de leur bavardage politique et de leurs dissensions littéraires [3].

CHAPITRE XLV.

(Suite.)

Que la réaction du renversement de la monarchie en Grèce fut grande, prompte et durable sur la Sicile, c'est ce que nous avons déjà

---

[1] Dionys. Halicarn., *Antiq. Rom.*, lib. ii, pag. 128. — [2] Stésichore, Parménide, etc. — [3] Pindare appelait, à la cour d'Hiéron, ses rivaux Simonide et Bacchylide, des corbeaux croassants, et ceux-ci le rendaient en aussi bonne plaisanterie au lyrique. D'une autre part, le poëte Simonide débitait gravement des maximes politiques au tyran cacochyme et de mauvaise humeur, qui, sans doute, se rappelait que le flatteur d'Hipparque avait aussi élevé les assassins de ce même prince aux nues. Pindare, de son côté, harassait les Muses pour célébrer les chevaux d'Hiéron, etc. Quand donc est-ce que les gens de lettres sauront se tenir dans la dignité qui convient à leur caractère ? quand ne chanteront-ils que la vertu ? quand cesseront-ils d'encenser les tyrans, de quelque nom que ceux-ci se revêtissent ? (*Vid.* Ælian., lib. iv, cap. xvi ; Cic., lib. i, *de Nat. deor.*, 60 ; Pind., *Nem.* 3, etc.)

entrevu ailleurs [1]. Syracuse, par le contre-coup de la chute d'Hippias, se vit attaquée des Carthaginois. Elle obtint la victoire en même temps qu'elle se forgea des chaînes. Les Syracusains, par reconnaissance, élevèrent Gélon, leur général, à la royauté [2]. Ainsi, au gré de ces chances, mères des vertus et des vices, de la réputation et de l'obscurité, du bonheur et de l'infortune, la même révolution qui donna la liberté à la Grèce produisit l'esclavage en Sicile [a].

Un sujet plus aimable nous appelle. Il est doux de ramener ses yeux, fatigués du spectacle des vices, sur les scènes tranquilles de l'innocence. En traversant la mer Adriatique, nous allons chercher au bord de l'Ister [3] les vertus que nous n'avons pas su trouver sur les rivages de l'Italie. On peut s'arrêter quelques instants avec une sorte d'intérêt dans une société corrompue, mais le cœur ne s'épanouit qu'au milieu des hommes justes.

CHAPITRE XLVI.

Les trois âges de la Scythie et de la Suisse [4]. — Premier âge : la Scythie heureuse et sauvage.

Les heureux Scythes, que les Grecs appelaient *Barbares*, habitaient ces régions septentrionales qui s'étendent à l'est de l'Europe et à l'ouest de l'Asie. Un roi, ou plutôt un père, guidait la peuplade errante. Ses enfants le suivaient plutôt par amour que par devoir. N'ayant que leur simplicité pour justice, pour lois que leurs bonnes mœurs, ils trouvaient en lui un arbitre pendant la paix, et un chef durant la guerre [5]. Et qu'auraient gagné les monarques voisins à attaquer une nation qui méprisait l'or et la vie [6]? Darius fut assez insensé pour le faire. Il reçut de ses ennemis le symbole énergique, présage de sa ruine [7]. Il les envoya défier au combat par une vaine forfanterie : « — Viens attaquer les tombeaux de nos pères, » lui répondirent ces hommes pauvres et vertueux [8]. C'eût été une digne proie pour un tyran.

---

[1] A l'article *Carthage*. — [2] PLUT., *in Timol.*

[a] Je ne fais plus de notes sur ces rapprochements, parce que j'en ai assez prouvé ailleurs la futilité. J'en dis autant de mes aberrations philosophiques : je reviens, dans le paragraphe ci-dessus, aux chances de l'aveugle fortune ; quelques lignes après, je rentrerai dans les convictions intellectuelles. Rien ne montre mieux ma bonne foi : je n'étais fixé sur rien en morale et en religion. Plongé dans les ténèbres, je cherchais la lumière que mon esprit et mon instinct me reproduisaient par intervalles. (N. ÉD.)

[3] Le Danube. — [4] Je vais présenter au lecteur l'âge sauvage, pastoral-agricole, philosophique et corrompu, et lui donner ainsi, sans sortir du sujet, l'index de toutes les sociétés, et le tableau raccourci, mais complet, de l'histoire de l'homme. — [5] JUST., lib. XI, cap. II; HEROD., lib. IV; STRAB., lib. VII; ARRIAN., lib. IV. — [6] JUST., *ibid.* — [7] HEROD., lib. IV, cap. CXXIII. Une souris, une grenouille et cinq flèches. — [8] HEROD., lib. IV, cap. CXXVI-CXXVII.

Libre comme l'oiseau des déserts, le Scythe, reposé à l'ombrage de la vallée, voyait se jouer autour de lui sa jeune famille et ses nombreux troupeaux. Le miel des rochers, le lait de ses chèvres, suffisaient aux nécessités de sa vie [1] ; l'amitié, aux besoins de son cœur [2]. Lorsque les collines prochaines avaient donné toutes leurs herbes à ses brebis, monté sur son chariot couvert de peaux, avec son épouse et ses enfants, il émigrait à travers les bois [3] au rivage de quelque fleuve ignoré, où la fraîcheur des gazons et la beauté des solitudes l'invitaient à se fixer de nouveau.

Quelle félicité devait goûter ce peuple aimé du ciel! A l'homme primitif sont réservées mille délices. Le dôme des forêts, le vallon écarté qui remplit l'âme de silence et de méditation, la mer se brisant au soir sur des grèves lointaines, les derniers rayons du soleil couchant sur la cime des rochers, tout est pour lui spectacle et jouissance. Ainsi je l'ai vu sous les érables de l'Érié [4], ce favori de la nature [5] qui sent beaucoup et pense peu, qui n'a d'autre raison que ses besoins, et qui arrive au résultat de la philosophie, comme l'enfant, entre les jeux et le sommeil. Assis insouciant, les jambes croisées à la porte de sa hutte, il laisse s'écouler ses jours sans les compter. L'arrivée des oiseaux passagers de l'automne, qui s'abattent à l'entrée de la nuit sur le lac, ne lui annonce point la fuite des années, et la chute des feuilles de la forêt ne l'avertit que du retour des frimas. Heureux jusqu'au fond de l'âme, on ne découvre point sur le front de l'Indien, comme sur le nôtre, une expression inquiète et agitée. Il porte seulement avec lui cette légère affection de mélancolie qui s'engendre de l'excès du bonheur, et qui n'est peut-être que le pressentiment de son incertitude. Quelquefois, par cet instinct de tristesse particulier à son cœur, vous le surprendrez plongé dans la rêverie, les yeux attachés sur le courant d'une onde, sur une touffe de gazon agitée par le vent, ou sur les nuages qui volent fugitifs par-dessus sa tête, et qu'on a comparés quelque part aux illusions de la vie : au sortir de ces absences de lui-même, je l'ai souvent observé jetant un regard attendri et reconnaissant vers le ciel, comme s'il eût cherché ce je ne sais quoi inconnu qui prend pitié du pauvre Sauvage.

Bons Scythes, que n'existâtes-vous de nos jours! J'aurais été chercher parmi vous abri contre la tempête. Loin des querelles insensées

---

[1] JUST., lib. II, cap. II. — [2] LUCIAN., in Toxari, pag. 51. — [3] HORAT., lib. III, Od. XXIV. — [4] Un des grands lacs du Canada. — [5] Je supplée ici par la peinture du Sauvage mental * de l'Amérique ce qui manque dans Justin, Hérodote, Strabon, Horace, etc., à l'histoire des Scythes. Les peuples naturels, à quelques différences près, se ressemblent; qui en a vu un, a vu tous les autres.

* Qu'est-ce que cela veut dire? (N. ÉD.)

des hommes, ma vie se fût écoulée dans tout le calme de vos déserts ; et mes cendres, peut-être honorées de vos larmes, eussent trouvé sous vos ombrages solitaires le paisible tombeau que leur refusera la terre de la patrie [a].

CHAPITRE XLVII.

Suite du premier âge. — La Suisse pauvre et vertueuse.

Le voyageur qui, pour la première fois, entre sur le territoire des Suisses, gravit péniblement quelque montée creuse et obscure. Tout à coup, au détour d'un bois, s'ouvre devant lui un vaste bassin illuminé par le soleil. Les cônes blancs des Alpes, couverts de neige, percent à l'horizon l'azur du ciel. Les fleuves et les torrents descendent de la cime des monts glacés, des plantes saxatiles pendent échevelées du front des grands blocs de granit, des chamois sautent une cataracte, de vieux hêtres sur la corniche d'une roche se groupent dans les airs, des capillaires lèchent les flancs d'un marbre éboulé, des forêts de pins s'élancent du fond des abîmes, et la cabane du Suisse agricole et guerrier se montre entre des aulnes dans la vallée.

Lorsque les mœurs d'un peuple s'allient avec le paysage qu'il vivifie, alors nos jouissances redoublent. L'ancien laboureur de l'Helvétie auprès de ses plantes alpines, d'autant plus robustes qu'elles sont plus battues des vents, végéta vigoureusement sur ses montagnes, toujours plus libre en proportion des efforts des tyrans pour courber sa tête. Adorer Dieu, défendre la patrie, cultiver son champ, chérir et l'épouse et les enfants que le ciel lui a donnés, telle était la profession religieuse et morale du Suisse [1]. Ignorant le prix de l'or [2], de même que le Scythe, il ne connaissait que celui de l'indépendance. S'il paraissait quelquefois au milieu des cours, c'était dans le costume simple et naïf du villageois, et avec toute la franchise de l'homme sans maître [3]. « Et

---

[a] Ce chapitre est presque tout entier dans *René*, dans *Atala* et dans quelques paragraphes du *Génie du Christianisme*. (N. Éd.)

[1] *De Repub. Helvetior.*, lib. I, pag. 50-58, etc. — [2] Après avoir fait le récit de la bataille où Charles le Téméraire, duc de Bourgogne, fut tué par les Suisses, Philippe de Commines ajoute : « Les depouilles de son host enrichirent fort ces pauvres gens de Suisses, qui, de prime face, ne connurent les biens qu'ils eurent en leur main, et par especial les plus ignorants. Un des plus beaux et riches pavillons du monde fut départi en plusieurs pièces. Il y en eut qui vendirent une grande quantité de plats et d'écuelles d'argent, pour deux grands blancs la pièce, cuidant que ce fust estaing. Son gros diamant (qui estoit un des plus gros de la chrestienté), où pendoit une grosse perle, fut levé par un Suisse; et puis remis dans son estuy; puis rejeté sous un chariot; puis le revint quérir et l'offrir à un prestre pour un florin. Cestui-là l'envoya à leurs seigneurs, qui lui donnèrent trois francs, etc... » — [3] On se trompe généralement sur les auteurs de l'indépendance des Suisses. Les trois grands patriotes qui donnèrent la liberté à leur pays furent Stauffacher,

j'en ay veu, dit Philippe de Commines, de ce village (Suitz) un estant ambassadeur, avec autres, en bien humble habillement, et néantmoins disoit son avis comme les autres. »

Les Scythes dans le monde ancien, les Suisses dans le monde moderne, attirèrent les yeux de leurs contemporains par la célébrité de leur innocence. Cependant la diverse aptitude de leur vie dut introduire quelques différences dans leurs vertus. Les premiers, pasteurs, chérissaient la liberté pour elle; les seconds, cultivateurs, l'aimaient pour leurs propriétés. Ceux-là touchaient à la pureté primitive; ceux-ci étaient plus avancés d'un pas vers les vices civils. Les uns possédaient le contentement du sauvage; les autres y substituaient peu à peu des joies conventionnelles. Peut-être cette félicité, qui se trouve sur les confins où la nature finit et où la société commence, serait-elle la meilleure si elle était durable. Au delà des barrières sociales les peuples restent longtemps à la même distance de nos institutions; mais ils n'ont pas plus tôt franchi la ligne de marque, qu'ils sont entraînés vers la corruption sans pouvoir se retenir.

C'est ainsi que, malgré soi, on s'arrête à contempler le tableau d'un peuple satisfait. Il semble qu'en s'occupant du bien-être des autres on s'en approprie quelque petite partie. Nous vivons bien moins en nous que hors de nous. Nous nous attachons à tout ce qui nous environne. C'est à quoi il faut attribuer la passion que des misérables ont montrée pour des meubles, des arbres, des animaux. L'homme avide de bonheur, et souvent infortuné, lutte sans cesse contre les maux qui le submergent.

Melchtal et Gautier-Furst. Les scènes tragiques qui préludèrent au soulèvement de l'Helvétie sont décrites au long dans l'*Helvetiorum Respublica*, je crois, de Simler. Elles sont du plus extrême intérêt. L'aventure du vieux Henri, auquel le gouverneur de Landeberg fit arracher les yeux; celle du gentilhomme Wolffenschiesz avec la femme du paysan Conrad; la surprise des divers châteaux des ducs d'Autriche par les paysans, portent avec elles un air romantique qui, se mariant aux grandes scènes naturelles des Alpes, cause un plaisir bien vif au lecteur. Quant à l'anecdote de la pomme et de Guillaume Tell, elle est très-douteuse. L'historien de la Suède, Grammaticus, rapporte exactement le même fait d'un paysan et d'un gouverneur suédois [*]. J'aurais cité les deux passages s'ils n'étaient trop longs. On peut voir le premier dans Simler (*Helvet. Resp.*, lib. 1 pag. 58); et l'on trouve l'autre cité tout entier à la fin de *Coke's Letters on Switzerland*. A la page 62 du recueil intitulé : *Codex Juris Gentium*, publié par Guillaume Leibnitz, en 1593, on trouve le traité original d'alliance entre les trois premiers cantons, Uri, Schwitz et Underwalden; on y lit : « 1er mardi d'après la Saint-Nicolas, 1315. Au nom de Dieu. Amen... Nous les paysans d'Hury, de Schuitz et d'Underwalden... *sommes resolus, par les dessus dicts serments, que nul de nous des dicts pays ne permettra ni n'endurera être gouverné par seigneurs, ni recevoir aucun prince et seigneur. — Si aucun de nous (les dicts alliez), temerairement et par mechanceté, endommageroit un autre par fou, un tel ne sera jamais reçu pour paysan.* . » La vertu des bons Suisses se peint ici dans toute sa naïveté. C'est une chose singulière que l'orthographe du treizième siècle est plus aisée à lire que celle du quinzième. J'ai aussi remarqué la même chose dans les vieilles ballades écossaises, qui se déchiffrent plus facilement que l'anglais de la même période.

[*] Ce fait est assez peu connu. (N. ÉD.)

Comme le matelot qui se noie, il tâche de saisir son voisin heureux pour se sauver avec lui. Si cette ressource lui manque, il s'accroche au souvenir même de ses plaisirs passés, et s'en sert comme d'un débris avec lequel il surnage sur une mer de chagrins.

CHAPITRE XLVIII.

Second âge : la Scythie et la Suisse philosophiques.

J'eusse voulu m'arrêter ici ; j'eusse désiré laisser au lecteur l'illusion entière. Mais en retraçant la félicité des hommes, à peine a-t-on le temps de sourire, que les yeux sont déjà pleins de larmes.

Il n'est point d'asile contre le danger des opinions. Elles traversent les mers, pénètrent dans les déserts, et remuent les nations d'un bout de la terre à l'autre. Celles de la Grèce républicaine parvinrent dans les forêts de la Scythie; elles en chassèrent le bonheur.

L'innocence du peuple ressemble à la sensitive : on ne peut la toucher sans la flétrir. Le malheur des Scythes fut de donner naissance à des philosophes qui ignorèrent cette vérité. Zamolxis, à une époque inconnue, introduisit parmi eux un système de théologie, dont les principales teneurs étaient : l'existence d'un Être suprême, l'immortalité de l'âme, et la doctrine de la prédestination pour les héros moissonnés sur le champ de bataille [1].

Ce père de la sagesse des Scythes fut suivi d'Abaris, député de sa nation à Athènes. Il pratiqua la médecine, et prétendait voyager dans les airs sur une flèche qu'Apollon lui avait donnée [2]. Il devint célèbre dans les premiers siècles de l'Église pour avoir été opposé à Jésus-Christ par les Platonistes.

Toxaris succéda en réputation à Abaris. Il abandonna sa femme et ses enfants pour aller étudier à Athènes, où il mourut honoré pour sa probité et ses vertus [3].

Mais le corrupteur de la simplicité antique des Scythes fut le célèbre Anacharsis. Il s'imagina que ses compatriotes étaient barbares parce qu'ils vivaient selon la nature. Sa philosophie était de cette espèce qui ne voit rien au delà du cercle de nos conventions. Enthousiaste de la Grèce, il déserta sa patrie, et vint s'instruire auprès de Solon [4] dans l'art de donner des lois à ceux qui n'en avaient pas besoin. Il ne tarda pas à s'acquérir le nom de *sage*, qui convient si peu aux hommes, et

---

[1] JULIAN., *in Cæsaribus*; SUID., *Zamolx* Quelques-uns croient que Zamolxis était Thrace d'origine. Il n'est pas vrai qu'il fût disciple de Pythagore. — [2] JAMBL., *in Vit. Pyth.*, pag. 116-148; BAYLE, à la lettre A; ABARIS. — [3] LUCIAN., *in Toxar.* — [4] PLUT., *in Solon.*

se fit connaître par ses maximes. Il disait que la vigne porte trois espèces de fruits : le premier, le plaisir ; le second, l'ivresse ; le troisième, le remords. A un Athénien d'une réputation flétrie qui lui reprochait son extraction barbare, il répondit : « Mon pays fait ma honte ; vous faites la honte de votre pays [1]. » L'orgueil et la bassesse de ce mot sont également intolérables ; celui qui peut être assez lâche pour renier sa patrie est indigne d'être écouté d'un honnête homme. Ce philosophe disait encore que les lois sont semblables aux toiles d'araignées, qui ne prennent que les petites mouches et sont rompues par les grosses. Au reste, il écrivit en vers de l'art de la guerre, et dressa un code des institutions scythiques. Les épîtres qui portent son nom sont controuvées.

Ainsi la philosophie fut le premier degré de la corruption des Scythes. Lorsque les Suisses étaient vertueux ils ignoraient les lettres et les arts ; lorsqu'ils commencèrent à perdre leurs mœurs, les Haller, les Tissot, les Gessner, les Lavater, parurent [2].

CHAPITRE XLIX.

(Suite.) — Troisième âge : la Scythie et la Suisse corrompues. — Influence de la révolution grecque sur la première, de la révolution française sur la seconde.

Ainsi la Scythie vit naître dans son sein des hommes qui, se croyant meilleurs que le reste de leurs semblables, se mirent à moraliser aux dépens du bonheur de leurs compatriotes. La révolution républicaine de la Grèce, en déterminant le penchant de ces génies inquiets, agit puissamment, par leur ressort, sur la destinée des nations normandes. Enflés du vain savoir puisé dans les écoles d'Athènes, les Abaris, les Anacharsis rapportèrent dans leur pays une foule d'opinions et d'institutions étrangères, avec lesquelles ils corrompirent les coutumes nationales. Il n'est point de petit changement, même en bien, chez un

[1] LAERT., in Anach.—[2] J'ai connu deux Suisses très-originaux. L'un ne faisait que de sortir de ses montagnes, et me racontait que, dans son enfance, il était commun qu'une jeune fille et un jeune homme destinés l'un à l'autre couchassent ensemble avant le mariage dans le même lit, sans que la chasteté des mœurs en reçût la moindre atteinte ; mais que, dans les derniers temps, on avait été obligé, pour plusieurs raisons, de réformer cet usage. L'autre Suisse était un excellent horloger, depuis longtemps à Paris, et qui s'était rempli la tête de tous les sophismes d'Helvétius sur la vertu et le vice. Le mode d'éducation que cet homme avait embrassé pour sa fille prouve à quel point on peut se laisser égarer par l'esprit de système. Il avait suivi Lycurgue. Je voudrais bien en rapporter quelques traits, mais cela ne serait possible qu'en les mettant en latin, et alors trop de lecteurs les perdraient. Il prétendait, par sa méthode, avoir donné des sens de marbre à son enfant, et que la vue d'un homme ne lui inspirait pas le moindre désir. Je ne sais à quel point ceci était vrai ; et je ne sais encore jusqu'à quel point un pareil avantage, en le supposant obtenu, eût été recommandable. J'ai vu sa fille ; elle était jeune et jolie.

peuple : pour dénaturer tels Sauvages, il suffit d'introduire chez eux la roue du potier [1].

Anacharsis paya ses innovations de sa vie [2] ; mais le levain qu'il avait jeté continua de fermenter après lui. Les Scythes, dégoûtés de leur innocence, burent le poison de la vie civile [3]. Longtemps celle-ci paraît amère à l'homme libre des bois ; mais l'habitude ne la lui a pas plus tôt rendue supportable, qu'elle se tourne pour lui en une passion enivrante ; le venin coule jusqu'à ses os ; un univers étrange, peuplé de fantômes, s'offre à sa tête troublée : simplicité, justice, vérité, bonheur, tout disparaît [4].

Le torrent des maux de la société ne se précipita pas chez les Scythes par une seule issue. Ces nations guerrières et pastorales trafiquaient de leur sang avec les puissances voisines [5], trop lâches ou trop faibles pour défendre elles-mêmes leur territoire. Athènes entretenait une garde scythe [6], de même que les rois de France se sont longtemps entourés de braves paysans de la Suisse [7]. Ce fut le sort des anciens habitants du Danube et de ceux de l'Helvétie, de se distinguer au temps de l'innocence par les mêmes qualités, la fidélité et la simplesse [8] ; et par les mêmes vices au jour de la corruption, l'amour du vin et la soif de l'or [9]. Ces deux peuples combattirent à la solde des monarques pour des querelles autres que celles de la patrie. Neutres dans les grandes révolutions des États qui les environnaient, ils s'enrichirent des malheurs d'autrui, et fondèrent une banque sur les calamités humaines. Soumis en tout à la même fatalité, ils durent la perte de leurs mœurs aux peuples, ancien et moderne, qui ont eu le plus de ressemblance, les Athéniens et les Français. A la fois objet de l'estime et des railleries de ces nations satiriques [10], le montagnard des Alpes et le pasteur

---

[1] LAERT.; SUIDAS, *Anach.*; STRAB., lib. VII. — [2] Il fut tué par son frère d'un coup de flèche à la chasse. — [3] STRAB., lib. VII, p. 331. — [4] *Id., ibid.* — [5] On trouve souvent, dans les anciens historiens, les Scythes servant à la solde des Perses. (*Vid.* HEROD. et XENOPH.) Louis XI fut le premier souverain à stipendier les cantons. (Voyez *Mémoires de Phil. de Com.*) — [6] SUIDAS, *Toxar.* — [7] Les Suisses ont été égorgés deux fois, et à peu près dans les mêmes circonstances, en défendant les rois de France contre ce peuple qui, disait-on, chérissait tant ses maîtres : la première, à la journée des Barricades, du temps de la Ligue ; la seconde, de notre propre temps. Davila (*Istor. del. Guer. civil. di Franc.*, tom. III, pag. 282), rapporte ainsi le premier meurtre des Suisses. « Poichè fu sbarrata e fortificata la città — passando per ogni parte parola, con altissime e ferocissime voci, che si taglia a pezzi la soldatesca straniera, furono assaliti gli Svizzeri, nel cimiterio degl' Innocenti, ove serrati, e quasi per cosi dire imprigionati, non poterono far difesa di sorte alcuna, ma essendo nel primo impeto restati trentasei morti ; gli altri si arresero senze contesa. Furono dal popolo con jattanza, e con violenza grandissima svaligiati. Furono espugnate, nel medesimo tempo, tutte le altre guardie del Castelletto, etc. » On s'imagine voir la journée du 10 août. — [8] JUSTIN., lib. XI, cap. XI; PHILIPP. DE COM.; *de Rep. Helv.*, lib. I. — [9] STRAB.; ATHEN., lib. XI, cap. VII, pag. 427, *Dict. de la Suisse.* On connaît les proverbes populaires d'Athènes et de Paris : *Boire comme un Scythe, boire comme un Suisse.* — [10] On jouait les Scythes sur le théâtre d'Athènes, comme on joue les Suisses sur ceux de Paris, pour leur prononciation étrangère du grec, du fran-

de l'Ister apprirent à rougir de leur simplicité dans Paris et dans Athènes. Bientôt il ne resta plus rien de leur antique vertu brisée sur l'écueil des révolutions. La tradition seule s'en élève encore dans l'histoire, comme on aperçoit les mâts d'un vaisseau qui a fait naufrage [a].

CHAPITRE L.

La Thrace. — Fragments d'Orphée.

L'Ister divisait la Scythie de ces régions qui descendent en amphithéâtre jusqu'aux rivages du Bosphore. Ce pays, connu sous le nom général de *Thrace*, et conquis dernièrement par Darius, fils d'Hystaspe [1], se partageait en plusieurs petits royaumes, les uns barbares, les autres civilisés. Plusieurs colonies grecques y avaient transporté les arts [2], et Miltiade l'avait longtemps honoré de sa présence [3].

Nous savons peu de chose de ces premiers habitants, sinon qu'ils étaient cruels et guerriers [4]. Un de leurs usages mérite cependant d'être rapporté : à la naissance d'un enfant, les parents s'assemblaient et versaient abondamment des larmes [5]. Cet usage est aussi philosophique qu'il est touchant.

Au reste, c'est à la Thrace que la Grèce doit le plus ancien et peut-être le meilleur de ses poëtes [6]. Ce que la Fable ingénieuse a raconté de la douceur des chants d'Orphée [7] est connu de tous les lecteurs. Sans doute la magie des prodiges attribués à sa muse consistait en une vraie peinture de la nature. Ce poëte vivait dans un siècle à demi sauvage [8], au milieu des premiers défrichements des terres. Les regards étaient sans cesse frappés du grand spectacle des déserts, où quelques arbres abattus, un bout de sillon mal formé à la lisière d'un bois, annonçaient les premiers efforts de l'industrie humaine. Ce mélange de l'antique nature et de l'agriculture naissante, d'un champ de blé nou-

çais. Le grec n'étant plus une langue vivante, le sel des plaisanteries d'Aristophane est perdu pour nous. Je doute que ce misérable genre de comique fût d'un meilleur goût que la scène du Suisse dans *Pourceaugnac*.

[a] Ces trois chapitres, sur les trois âges de la Scythie et de la Suisse, sont la surabondance d'un esprit qui se plaît au tableau de la nature : ils ne sont pas plus dans le sujet de l'*Essai* que les trois quarts de l'ouvrage. J'étais alors, comme Rousseau, grand partisan de l'état sauvage, et j'en voulais à l'état social. Je me suis raccommodé avec les hommes, et je pense aujourd'hui, avec un autre philosophe du dix-huitième siècle, que le superflu est une chose assez nécessaire. Il y a encore dans ces chapitres des pensées, des images, des expressions même, que j'ai transportées depuis dans mes autres ouvrages. (N. ÉD.)

[1] HEROD., lib. IV, cap. CXLIV. — [2] *Id.*, lib. VI. — [3] *Id.*, *ibid.*, cap. XL; LACT., lib. VIII. — [4] *Id.*, lib. VI; JULIAN., *in Cæsaribus*. — [5] HEROD., lib V. — [6] DIOD. SIC., lib. IV, cap. XXV; PLINE, *Hist. nat.*, lib. XXV, cap. II. — [7] HOR., *Carm.*, lib. I, *Od.* XII; VIRG., *Georg.*, lib. IV. — [8] DIOD., lib. IV, cap. XXV.

veau au milieu d'une vieille forêt, d'une cabane couverte de chaume auprès de la hutte native d'écorce de bouleaux *, devait offrir à Orphée des images consonnantes à la tendresse de son génie ; et lorsqu'un amour malheureux eut prêté à sa voix les accents de la mélancolie [1], alors les chênes s'attendrirent, et l'enfer même parut touché.

De plusieurs ouvrages qu'on attribue à ce poëte, il n'y a que les fragments que je vais donner qui soient vraiment de lui [2]. *Les Argonautes* n'en sont pas.

Tout ce qui appartient à l'univers : l'arche hardie de l'immense voûte des cieux, la vaste étendue des flots indomptés, l'incommensurable Océan, le profond Tartare, les fleuves et les fontaines, les Immortels même, dieux et déesses, sont engendrés dans Jupiter.

Jupiter tonnant est le commencement, le milieu et la fin ; Jupiter immortel est mâle et femelle : Jupiter est la terre immense et le ciel étoilé ; Jupiter est la dimension de tout corps, l'énergie du feu et la source de la mer ; Jupiter est roi, et l'ancêtre général de ce qui est. Il est un et tout, car tout est contenu dans l'être immense de Jupiter [3].

Il serait difficile d'exprimer avec plus de grandeur un sujet plus sublime.

Comme province de l'empire des Perses, la Thrace eut sa part des malheurs que l'influence de la révolution grecque causa au genre humain. Les troupes marchèrent à travers ses campagnes [4] : et l'on peut juger des ravages que dut y commettre une armée de trois millions d'hommes indisciplinés. Mais ces calamités ne furent que passagères ; et les Thraces, abrités de leurs forêts et de leurs mœurs sauvages, échappèrent à l'action prolongée de la chute de la monarchie à Athènes [5].

CHAPITRE LI.

La Macédoine. — La Prusse.

Près de la Thrace se trouvait le petit royaume de Macédoine, dont la destinée a porté des ressemblances singulières avec la Prusse. D'a-

---

* C'est en partie la peinture de la mission du père Aubry. (N. Éd.)

[1] VIRGILE, *Georg.*, lib. IV. Le *Qualis populea* de Virgile a été traduit ainsi par l'abbé Delille :

> Telle sur un rameau, durant la nuit obscure,
> Philomèle plaintive attendrit la nature,
> Accuse en gémissant l'oiseleur inhumain
> Qui, glissant dans son nid une furtive main,
> Ravit ces tendres fruits que l'amour fit éclore,
> Et qu'un léger duvet ne couvrait pas encore.

[2] Il n'est pas même certain qu'ils en soient, mais cela est très-probable. Cicéron a nié qu'il eût jamais existé un Orphée. — [3] *De Poes. Orphic.*; APUL., *de Mundo*. On peut voir quelques autres fragments dans les *Poetæ Minores Græci*, pag. 459. — [4] HÉROD., lib. VII, cap. LIX. — [5] Un roi de Thrace se rendit célèbre pour avoir pris le parti des Grecs, et fait crever les yeux à ses fils, qu avaient suivi Xerxès.

bord, aussi obscur que la patrie des chevaliers teutoniques, il n'était connu des Grecs que par la protection qu'ils voulaient bien lui accorder. Peu à peu, agrandi par des conquêtes, sa considération augmenta dans la proportion de celle de l'électorat de Brandebourg. Enfin, sous Philippe, il devint maître de la Grèce, et sous Alexandre, de l'univers. On ne saurait conjecturer jusqu'à quel degré de puissance la Prusse, en suivant son système actuel, peut atteindre[a].

Le même génie semble avoir animé les souverains de ces deux États. La guerre, et surtout la politique, furent le trait qui les caractérisa. L'histoire nous peint les rois de Macédoine changeant de parti selon les temps et les circonstances[1]; endormant leurs voisins par des traités et envahissant leur pays le moment d'après[2]. Je parlerai ailleurs du monarque régnant lors de l'expédition de Xerxès.

A l'époque dont nous retraçons l'histoire, les mœurs, la religion, les usages des Macédoniens ressemblaient à ceux du reste des Grecs. Seulement plus reculés que ces derniers vers la barbarie, et par conséquent moins près de la corruption, ils n'avaient produit aucun philosophe dont le nom mérite d'être rapporté.

Que la chute d'Hippias à Athènes eut des conséquences sérieuses pour la Macédoine, c'est ce dont on ne saurait douter. Le politique Alexandre, profitant des calamités des temps, sut se ménager adroitement entre les Perses et les Grecs; et tandis qu'ils se déchiraient mutuellement, il recevait l'or de Xerxès[3], et protestait amitié à ses ennemis. Maintenant ainsi son pays tranquille, il l'enrichissait de la dépouille de tous les partis; et durant que ceux-ci s'épuisaient dans une guerre funeste, il jeta les fondements de la grandeur future d'Alexandre. Destinée incompréhensible! Xerxès fuit à Salamine devant le génie de la liberté; et son or, resté dans un petit coin de la Grèce, va anéantir cette même liberté, et renverser l'empire de Cyrus!

CHAPITRE LII.

Iles de la Grèce. — L'Ionie.

Entre les côtes de l'Europe et de l'Asie se trouve une multitude d'îles qui, au temps dont nous parlons, avaient reçu les habitants

---

[a] Le soldat héritier de la révolution a brisé bien des destinées. (N. Éd.)

[1] HÉROD., lib. v, cap. xvii-xxi; id., lib. viii, cap. cxl; PLUT., in Aristid. pag. 327. Amyntas, qui eut la bassesse de livrer ses femmes aux députés de Darius, permit à son fils Alexandre de faire égorger ces mêmes députés; et ce même Alexandre eut l'adresse de se conserver, malgré cet outrage, dans les bonnes grâces de Xerxès, successeur de Darius. (HÉROD., lib. v, cap. xvii-xxi.) — [2] DIOD., lib. xvi; JUSTIN., lib. vii; POLLÆN., Stratag., lib. iv, cap. xvii.—[3] Je ne cite point, parce que je citerai ailleurs.

des différents peuples de la Grèce. Je n'entreprendrai point de les décrire, puisqu'elles forment elles-mêmes partie de l'empire des Grecs, et sont conséquemment comprises dans ce que je dis de la révolution générale de ces derniers.

Cependant il est nécessaire de faire quelques remarques sur les différences morales et politiques qui pouvaient se trouver entre ces insulaires et leurs compatriotes sur les deux continents d'Europe et d'Asie au moment de l'invasion des Perses.

La Crète était la plus considérable, comme la plus renommée de toutes ces îles. On sait que Lycurgue y avait calqué ses institutions sur celles de Minos ; mais les lois de ce monarque, par diverses causes de décadence, étaient tombées en désuétude [1]. Une démocratie turbulente avait pris la place du gouvernement royal mixte [2], et les Crétois passaient, au temps de l'expédition de Xerxès, pour le peuple le plus faux et le plus injuste de la Grèce. Ils refusèrent de secourir les Athéniens contre les Mèdes [3].

Les autres îles, tour à tour soumises à de petits tyrans ou plongées dans la démocratie, flottaient dans un état perpétuel de troubles. Rhodes se distinguait par son commerce [4] ; Lesbos, par sa corruption [5] ; Samos, par ses richesses [6]. Quelques-unes joignirent les Perses [7] ; d'autres furent subjuguées [8] ; un petit nombre adhéra au parti de la liberté [9]. Enfin, on peut regarder les insulaires de la Grèce comme tenant le milieu entre la vertu de Sparte et d'Athènes et les vices des villes ioniennes, formant la demi-teinte par où l'on passait des bonnes mœurs des Lacédémoniens à la corruption des Grecs asiatiques.

Quant à ces derniers, nous verrons bientôt comment ils devinrent les causes de la guerre Médique. En ne les considérant ici que du côté moral, la vertu n'était plus parmi les peuples de l'Ionie : voluptueux, riches, énervés par les délices du climat [10], on les eût pris pour ces esclaves que Xerxès traînait à sa suite, si leur langage n'avait décelé leur origine.

---

[1] Arist., de Rep., lib. ii, cap. x. — [2] Id., ibid. — [3] Herod., lib. vii, cap. clxix. — [4] Strab., lib. xiv, pag. 654 ; Diod., lib. v, pag. 329. — [5] Athen., lib. x. Le savant abbé Barthélemy a appliqué la comparaison ingénieuse (d'Aristote) de la règle de plomb aux mœurs lesbiennes. Quelque erreur s'étant glissée dans l'impression, je prends la liberté de rétablir la citation avec tout le respect qu'on doit à la profonde érudition et au grand mérite. La citation, dans Anacharsis, est ainsi : Arist., de Mor., lib. v, cap. xiv ; lisez lib. v, cap. x. Le cinquième livre des Mœurs n'a que onze chapitres. Voici le passage original : « Rei enim non definitæ infinita quoque regula est, ut et structuræ Lesbiæ regula plumbea. Nam ad lapidis figuram torquetur et inflectitur neque regula eadem manet, sic et populi scitum ad res accommodatur. » (Voyage d'Anach., vol. ii, p. 52, cit. u.) — [6] Plat., in Pericl. — [7] Chypre, Paros, Andros, etc. — [8] Eubée. — [9] Salamine, Égine. Celle-ci s'était d'abord déclarée pour les Perses sous le règne de Darius ; elle retourna ensuite à la cause de la patrie. — [10] Plut., de Leg., lib. iii, tom. ii, pag. 680 ; Herod., lib. vi.

CHAPITRE LIII.

Tyr. — La Hollande.

Ainsi, après avoir fait le tour de l'Europe, nous rentrons enfin en Asie. Avant de décrire les grandes scènes que la Perse va nous offrir, il ne nous reste plus qu'à dire un mot d'une puissance maritime qui, bien que soumise à l'empire de Cyrus, a joué un rôle trop fameux dans l'antiquité pour ne pas mériter un article séparé dans cet ouvrage.

En quittant les villes de l'Ionie, et s'avançant le long des côtes de l'Asie Mineure vers le nord, on trouve Tyr, cité célèbre dans tout l'Orient par son commerce et ses richesses.

Hypsuranius, dans les siècles les plus reculés, avait jeté les fondements de cette capitale de la Phénicie [1]. Elle se trouva déterminée vers le commerce par la même position qui y entraîne ordinairement les peuples, l'âpreté de son sol. Rarement les pays très-favorisés de la nature ont eu le génie mercantile [2].

Bientôt ce village formé, comme les premières cités de la Hollande, de méchantes huttes de pêcheurs couvertes de roseau [3], devint une métropole superbe. Ses vaisseaux allaient lui chercher le produit crû des terres plus fécondes, et ses industrieux habitants le convertissaient, par leurs manufactures, aux voluptés ou aux nécessités de la vie. Le Batavia des Phéniciens était la Bétique, d'où l'or coulait dans leurs États [4]. Ils recevaient de l'Égypte le lin, le blé, et les richesses de l'Inde et de l'Arabie [5] : les côtes occidentales de l'Europe leur fournissaient l'étain, le fer et le plomb [6]. Ils achetaient aux marchés d'Athènes l'huile, le bois de construction et les balles de livres [7]; à ceux de Corinthe, les vases, les ouvrages en bronze [8]. Les îles de la mer Égée leur donnaient les vins et les fruits [9]; la Sicile, le fromage [10]; la Phrygie, les tapis [11]; le Pont-Euxin, les esclaves, le miel, la cire, les cuirs [12]; la Thrace et la Macédoine, les bois et les poissons secs [13].

---

[1] SANCHONIAT., apud EUSEB., *Præpar. Evangel.* Si je ne suis pas ici l'opinion commune, qui fait de Tyr une colonie de Sidon, c'est qu'il me paraît qu'on doit plutôt en croire un historien phénicien que des auteurs étrangers. (*Voyez* JUST., lib. XVIII, cap. III.) — [2] Il faut en excepter Carthage chez les anciens, et Florence chez les modernes. — [3] SANCHONIAT., apud EUSEB., *Præpar. Evang.* — [4] DIOD., lib. V, pag. 312. — [5] Les Tyriens faisaient eux-mêmes le commerce de l'Inde, s'étant emparés de plusieurs ports dans le golfe Arabique. De là les marchandises étaient portées par terre à Rhinocolure, sur la Méditerranée, et frétées de nouveau pour Tyr. (ROBERTSON'S *Disquis. on the Anc. Ind.*, sect. I, pag. 9.) — [6] HEROD., lib. III, cap. CXXIV. — [7] PLUT., *in Solon.*; XENOPH., *Exped. Cyr.*, lib. VII. pag. 412. — [8] CICER., *Tuscul.*, lib. IV, cap. XIV. — [9] ATHEN., lib. I, cap. XXI, LII; *id.*, lib. III. — [10] ARISTOPH., *in Vesp.* — [11] *Id.*, *in Av.* — [12] POLYB., lib. IV, pag. 306; DEMOSTH., *in Leptin.*, pag. 545. — [13] THUCYD., lib. IV, cap. CVIII.

Ces marchands avides reportaient ensuite ces denrées chez les différents peuples; et Tyr, ainsi qu'Amsterdam, était devenu l'entrepôt général des nations.

La constitution de Phénicie paraît avoir été monarchique [1]; mais il est probable que l'oligarchie régnait dans le gouvernement. La richesse des Tyriens, que les Écritures comparent aux princes de la terre [2], donne lieu à cette conjecture.

Dans les contrées où les hommes s'occupent exclusivement du commerce, les belles-lettres sont ordinairement négligées; l'esprit mercantile rétrécit l'âme; le commis qui sait tenir un livre de compte ouvre rarement celui du philosophe. Cependant la Phénicie fournit quelques noms célèbres. On y trouve Moschus et Sanchoniathon. Le premier est l'auteur du système des atomes, qui, d'abord reçu par Pythagore, fut ensuite adopté et étendu par Épicure [3]. Le second écrivit l'histoire de Phénicie, dont j'ai déjà cité plusieurs fragments, et de laquelle je vais extraire encore quelques nouveaux passages.

Et alors Hypsuranius habita à Tyr, et il inventa la manière de bâtir des huttes de roseaux. Et une grande inimitié s'éleva entre lui et son frère Usoüs, qui, le premier, avait couvert sa nudité de la peau des bêtes sauvages. Et une violente tempête de vent et de pluie ayant frotté les branches les unes contre les autres, elles s'enflammèrent. Et la forêt fut consumée à Tyr. Et Usoüs prenant un arbre, après en avoir rompu les branches, fut le premier assez hardi pour s'aventurer sur les flots. . . . .
Ils engendrèrent Agrus (un champ) et Agrotes (laboureur). La statue de celui-ci était particulièrement honorée; une ou plusieurs couples de bœufs promenaient son temple par toute la Phénicie. Et il est nommé dans les livres le plus grand des dieux [4].

Indépendamment des origines curieuses de la navigation et de l'agriculture que l'on trouve dans ce passage, la simplicité antique du récit, si bien en harmonie avec les mœurs qu'il rappelle, a quelque chose d'aimable. La Hollande se glorifie d'avoir produit Érasme, Grotius et une foule de savants, connus par leurs recherches laborieuses.

CHAPITRE LIV.

(Suite.)

La Phénicie avait éprouvé de grandes révolutions. De même que la Hollande, elle eut à soutenir des guerres mémorables, et les différents

---

[1] Nous trouvons des princes de Tyr et de Sidon dans l'histoire. Les Écritures sont notre guide à ce sujet. Mais les anciens entendaient les mots *princes* et *rois* si différemment des peuples modernes, qu'il ne faut pas se hâter d'en conclure la forme d'un gouvernement. — [2] ISAÏE, XXIII, 8. — [3] STOB., *Ecl. Phys.*, lib. 1, cap, XIII. — [4] SANCHONIAT., apud EUSEB., *Præpar. Evang.*, lib. 1, cap. X.

siéges de sa capitale reportent à la mémoire ceux de Harlem [a] et d'Anvers [1] au temps de Philippe II. Vers le milieu du sixième siècle avant notre ère, Tyr, après une résistance de treize années, fut prise et détruite de fond en comble par un roi d'Assyrie [2]. Les habitants, échappés à la ruine de leur patrie, bâtirent une nouvelle Tyr sur une île, non loin du continent où la première avait fleuri. Cette cité passa tour à tour sous le joug des Mèdes et des Perses [3], et resta débile et obscure jusqu'au temps de Darius, qui la rétablit dans ses anciens priviléges. Ce fut durant cette époque de calamité que Carthage s'était élevée sur ses débris.

A l'époque de la guerre Médique, la Phénicie fut contrainte par ses maîtres à entrer dans la ligue générale contre la Grèce. Sans opinion à elle, elle prêta ses vaisseaux au grand roi [4], comme elle les aurait joints aux républiques si celles-ci eussent été d'abord les plus fortes. Vaincue à la bataille de Salamine [5], le commerce ferma bientôt cette plaie, et l'influence immédiate de la révolution grecque se borna, pour les Tyriens, à ce malheur passager, quoiqu'elle s'étendît sur eux par la suite, et que Tyr tombât comme le reste de l'Orient devant Alexandre. Les froids négociants continuèrent à importer et exporter de pays en pays le superflu des nations, sans s'embarrasser des vains systèmes qui tourmentaient ces peuples. Tout leur génie était dans leurs balles d'étoffes, et on les voyait, comme les Bataves, colporter les livres des beaux esprits du temps sans en avoir jamais ouvert un seul. Peut-être aussi l'habitant de Tyr trafiquait-il de ses principes politiques; car dans les temps de révolutions les opinions sont les seules marchandises dont on trouve la défaite [b].

[a] Tyr et Harlem! Le lecteur ne remarquerait peut-être pas que je daigne à peine citer les livres saints en parlant de Tyr, mais que je fais un grand cas de Sanchoniathon. Quel esprit fort! Il y a pourtant des recherches dans ces divers chapitres, et c'est ce qui en rend la lecture supportable. (N. Éd.)

[1] BENTIVOGL., *Istor. del Guer. di Fiand.* Bentivoglio a raconté au long, avec toute son afféterie ordinaire, les travaux de ces deux siéges. Le premier fut levé miraculeusement, les Hollandais ayant envahi le camp des Espagnols en bateau, à la marée de l'équinoxe d'automne. Le second passa pour le chef-d'œuvre du grand Farnèse; il ressembla en quelque sorte à celui de Tyr par Alexandre. Anvers fut prise par la jetée d'une digue. — [2] JOSEPH., *Antiq.*, lib. XVIII, cap. XI. — [3] Elle suivit les révolutions des royaumes d'Orient auxquels elle était désormais sujette. — [4] Ce furent les Phéniciens et les Égyptiens qui construisirent le pont de bateaux sur lequel Xerxès passa son armée. (*Vid.* HERODOT.) — [5] Les galères phéniciennes formaient l'aile gauche de l'escadre persane à la bataille de Salamine. Elles avaient en tête les Athéniens, et étaient commandées par un frère de Xerxès. Elles combattirent avec beaucoup de valeur. (*Vid.* HEROD., lib. VIII, cap. LXXXIX.)

[b] Si je n'avais fait cette remarque il y a une trentaine d'années, ne la prendrait-on pas pour une allusion aux choses du jour? (N. Éd.)

CHAPITRE LV.

La Perse.

Nous montons enfin sur le grand théâtre. Après avoir considéré en détail les États par rapport à l'établissement des républiques en Grèce, et, réciproquement, cet établissement par rapport à ces divers États nous allons maintenant contempler tous ces peuples se mouvant en masse sous l'influence générale de cette révolution, et ne faisant plus qu'un seul corps. Nous allons les voir se lever ensemble pour renverser des principes et un gouvernement qu'ils ne feront que consolider; et les efforts de ces alliés viendront, mal dirigés, tièdes et partiels, se perdre contre une communauté peu nombreuse, mais unie; peu riche, mais libre.

Je passe sous silence les Éthiopiens, les Juifs, les Chaldéens, les Indiens, quoique à l'époque de la révolution grecque ils eussent déjà fait des progrès considérables dans les sciences. La somme de leur philosophie et de leurs lumières se réduisait généralement à la foi dans un Être suprême, à la connaissance des astres et des secrets de la nature. Ils étaient, comme le reste du monde oriental, gouvernés par des rois et des sectes de prêtres qui, de même que leurs frères d'Égypte, se conduisaient d'après le système du mystère, afin de dompter les peuples, par l'ignorance, au joug de la tyrannie civile et religieuse. En Éthiopie, les membres de cette caste sacrée portaient le nom de *Gymnosophistes*[1]; en Judée, celui de *Lévites*[2]; dans la Chaldée, celui de *Prêtres*[3]; en Arabie, celui de *Zabiens*[4]; aux Indes, celui de *Brahmanes*[5]. Chaque pays comptait aussi ses grands hommes : les Éthiopiens reconnaissaient *Atlas*[6]; les Arabes, *Lokman*[7]; les Juifs, *Moïse*[8]; les Chaldéens, *Zoroastre*[9]; l'Inde, *Bouddha*[10][a]. Les uns avaient écrit de la nature, les autres de l'histoire, plusieurs de la morale[11]. De tous ces ouvrages, les fables de Lokman et l'histoire de Moïse sont les seuls qui nous soient parvenus. Les livres qu'on attribue à Zoroastre[12] ne sont pas originaux.

---

[1] Diod., lib. xi. — [2] *La Bible.* — [3] Diod., lib. xi. — [4] Hyde, *Rel. Pers.*, cap. iii. — [5] Strab., lib. xv, pag. 822. Aussi gymnosophistes. — [6] Virg., *Æn.*, lib. iv, v. 480; lib. iv. 745. — [7] Lokm., *Fab.*; Epern. édit. — [8] *Genèse.* — [9] Justin., lib. i, cap. ii. — [10] Ce que nous savons de Bouddha est très-incertain. Les partisans de l'ancienne religion, au moment de l'établissement du christianisme, opposaient Bouddha à Jésus-Christ, disant que le premier avait aussi été tiré du sein d'une vierge. (*Vid.* Saint Jérôme, *Contra Jovin.*)

[a] Me voilà mêlant *très-philosophiquement* les Juifs aux autres peuples, les lévites aux brahmanes, Moïse à Bouddha! (N. Éd.)

[11] Vid. *loc. cit.* — [12] Zoroastre l'ancien, ou le Chaldéen. Je parlerai de ceux du second Zoroastre.

La plupart de ces différentes contrées étant ou soumises à la cour de Suse ou ignorées des Grecs, il serait inutile de nous y arrêter : revenons aux vastes États de Cyrus.

L'empire des Perses et des Mèdes, au moment de la chute d'Hippias, s'étendait depuis le fleuve Indus, à l'est, jusqu'à la Méditerranée à l'occident ; et depuis les frontières de l'Éthiopie et de Carthage, au midi, jusqu'à celles des Scythes au nord ; comprenant un espace de quarante degrés en latitude et de plus de seize en longitude [1].

Formé par degrés des débris de plusieurs États, peu d'années s'étaient écoulées depuis que cet énorme colosse pesait sur la terre. L'empire des Assyriens, qui en composait d'abord la plus grande partie, fut conquis par les Mèdes vers le sixième siècle avant notre ère [2]. Le célèbre Cyrus, ayant réuni sur sa tête les couronnes de Perse et de Médie, renversa le trône de Lydie, qui florissait sous Crésus dans l'Asie Mineure, vers le règne de Pisistrate à Athènes [3]. Cambyse, successeur de Cyrus, ajouta l'Égypte à ses possessions [4] ; et Darius, fils d'Hystaspe, sous lequel commence la guerre mémorable des Perses et des Grecs, réunit à ses immenses domaines quelques régions de la Thrace et des Indes [5].

CHAPITRE LVI.

Tableau de la Perse au moment de l'abolition de la monarchie en Grèce. — Gouvernement. — Finances. — Armées. — Religion.

Principem dat Deus [a], maxime qui conduisit Charles Ier à l'échafaud, formait tout le droit politique de la Perse [6]. De là nous pouvons concevoir le gouvernement.

Cependant l'autorité du grand-roi n'était pas aussi absolue que celle des sultans de Constantinople de nos jours ; il la partageait avec un conseil qui composait une partie du souverain [7].

Au civil, les lois étaient pures, et la justice scrupuleusement administrée par des juges tirés de la classe des vieillards [8]. Dans les cas graves, la cause était portée devant le roi [9].

[1] Huit cents lieues en latitude, et trois cents en longitude, estimant les degrés de longitude à environ dix-huit lieues les uns dans les autres sous ces parallèles. — [2] HÉROD., lib. I, cap. XCV. — [3] XÉNOPH., *Cyrop.*, lib. I, pag. 2 ; lib. VII, pag. 180, etc. — [4] HÉROD., lib. III, cap. VII. — [5] *Id.*, lib. IV, cap. XLIV-CXXVII.

[a] Le principe du droit divin pour les princes, et celui de la souveraineté du peuple pour les nations, ne doivent jamais être controversés par des esprits sages. Il faut jouir du pouvoir et de la liberté sans en rechercher la source ; c'est de leur mélange que se compose la société, et leur origine est à la fois mystérieuse et sacrée. (N. ÉD.)

[6] PLUT., *in Themist.*, pag. 125. — [7] HÉROD., lib. III, cap. LXXXVIII. — [8] XÉNOPH., *Cyrop.* — [9] HÉROD., lib. I, cap. CXXXVII ; lib. VII, cap. DCXCIV.

Au criminel, la procédure se faisait publiquement. On confrontait l'accusateur à l'accusé, et celui-ci obtenait tous les moyens de défense qu'il pouvait croire favorables à son innocence, ou à l'excuse de son crime [1].

Cette admirable coutume, que nous retrouvons en Angleterre, était remplacée en France par l'exécrable loi des interrogations secrètes [a].

Au moment de l'abolition de la monarchie en Grèce, la société avait peut-être fait plus de progrès en Perse vers la civilisation qu'en aucune autre partie du globe. Un cours régulier d'administration mouvait en harmonie tous les ressorts de l'empire. Les provinces se gouvernaient par des satrapes ou commandants délégués de la couronne [2].

Les armées et les finances étaient réduites en système [3]; et, ce qui n'existait alors chez aucun peuple, des postes, établies par Cyrus sur le principe de celles des nations modernes, liaient les membres épars de ce vaste corps [4]. Cet institut, après la découverte de l'imprimerie, tient le second rang parmi les inventions qui ont changé pour ainsi dire la race humaine; et il n'entre pas pour peu dans les causes de l'influence rapide que la révolution grecque eut sur la Perse. Il ne faudrait que l'usage des courriers employés aux relations communes de la vie, pour renverser tous les trônes d'Orient aujourd'hui [b]. Chez les Mèdes, ils étaient réservés aux affaires d'État.

Les Perses différaient en religion du reste de la terre alors connue. Ils adoraient l'astre dont la flamme productive semble l'âme de l'univers [5]. Ils n'avaient ni les solennités de la Grèce, ni des monuments élevés à leurs dieux [6]. Le désert était leur temple; une montagne [7], leur autel; et la pompe de leurs sacrifices, le soleil levant suspendu

---

[1] Diod., lib. xv.

[a] Toujours la haine de l'arbitraire et de l'oppression. Qui me l'inspirait alors, moi pauvre émigré, moi fidèle serviteur du roi, sorti de la France avec lui pour la cause de la légitimité et de l'ancienne monarchie? Avais-je attendu la violence ou la corruption des systèmes administratifs sous la restauration, pour m'élever contre l'injustice? en un mot, mon opposition à tout ce qui comprime les sentiments généreux est-elle née de mon ambition politique, ou la portai-je en moi dès les premiers jours de ma jeunesse, sans qu'elle se soit démentie un seul moment? (N. Éd.)

[2] Xenoph., Cyrop., lib. viii. — [3] Herod., lib. iii, cap. lxxxix-xci-xcv; lib. i, cap. cxcii; Strab., lib. ii-xv; Xenoph., Cyrop., lib. ix, Diod., lib. ii, pag. 24. Le revenu en argent se montait à peu près à 90 millions de notre monnaie, en le reconnaissant en talents euboïques. Les provinces fournissaient la maison du roi et les armées en nature. Quant aux armées, elles étaient composées comme les nôtres, de troupes régulières, en garnison dans les provinces, et de milices obligées de marcher au premier ordre. — [4] Xenoph., Cyrop., lib. viii; Herod., lib. viii, cap. xcviii.

[b] Cela est hasardé, mais il y a quelque vérité dans la remarque. (N. Éd.)

[5] Xenoph., Cyrop., lib. i, cap. cxxxi; Strab., lib. xv. — [6] Herod., lib. i. Ceci n'est vrai que de la religion primitive des Perses. Par la suite ils eurent des temples. — [7] Id., ibid., cap. cxxxi.

aux portes de l'est, et jetant un premier regard sur les forêts, les cataractes et les vallées [1] [a].

CHAPITRE LVII.

Tableau de l'Allemagne au moment de la révolution française.

A l'époque de la chute de la royauté en France, l'Allemagne, de
même que la Perse d'autrefois, présentait un corps composé de diverses parties réunies sous un chef commun. Bien que Léopold n'eût
pas, de droit, le même pouvoir sur les cercles que Darius sur les satrapies, il l'avait néanmoins de fait. Le même abus prévalait à l'égard de
la dignité suprême; l'empire germanique, quoique électif, pouvant être
regardé comme héréditaire [b].

Le système militaire de Joseph II jouissait parmi nous de la même
réputation que celui de Cyrus chez les anciens. Ces deux princes
firent consister leurs principales forces en cavalerie [2], mais le second
mettait la sûreté de ses États dans les places fortifiées [3]; le premier
crut devoir les détruire.

Les anabaptistes, les hernutes, les protestants, les catholiques, se
partageaient les opinions du moderne empire d'Occident, de même que
les adorateurs de Mithra [4], de Jéhovah [5], de Jupiter [6], de Brahma [7],
d'Apis [8], occupaient l'antique puissance orientale.

Le régime féodal écrasait le laboureur germanique, à peu près de la
même manière que l'esclavage persan abattait le sujet du grand-roi.
Cependant une différence considérable se fait sentir entre ces hommes
malheureux. Elle consiste dans les mœurs. Celles du premier sont
justes et pures, par la grande raison de son indigence. Il ne faut pas
en conclure que l'Allemagne manque de lumières. J'ai trouvé plus
d'instruction, de bons sens chez les paysans de cette contrée [9] que

[1] HEROD., lib. I, cap. CXXXI. Il est probable que le nom de *Mithra*, sous lequel les Perses
adoraient le soleil, était dans l'origine celui de quelque héros. On le trouve représenté sur d'anciens monuments, monté sur un taureau, armé d'une épée, la tiare en tête. Quelques-uns de ces
attributs conviennent à l'Apollon des Grecs.

[a] Mettez les fleuves au lieu des cataractes, et le tableau sera plus vrai. (N. ÉD.) — [b] Je suis tellement choqué de ces comparaisons, que, toujours promettant de n'en plus parler, je ne puis m'en
taire. Quel insigne parallèle veux-je établir entre l'Allemagne et la Perse antique, entre les Perses
et les Allemands, entre Léopold et Darius? Pour m'infliger la seule peine que ces parallèles méritent, il suffit de rapprocher les noms. (N. ÉD.)

[2] XÉNOPH., *Cyrop.* — [3] *Id., ibid.* — [4] Les Perses. — [5] Les Juifs. — [6] Les Ioniens. — [7] Les peuples de l'Indus. — [8] Les Égyptiens. — [9] En entrant, il y a quelques années dans un mauvais caba-
ret, sur la route de Mayence à Francfort, j'aperçus un vieux paysan en guêtres, un bonnet sur
la tête et un chapeau par-dessus son bonnet, tenant un bâton sous son bras, déliant le cordon d'une
bourse de cuir, pleine d'or, dont il payait son écot. Je lui marquai mon étonnement qu'il osât

chez toute autre nation européenne, sans en excepter l'Angleterre, où le peuple est plein de préjugés. Une des principales causes qui sert à maintenir la morale parmi les Allemands vient de la vertu de leur clergé. J'en parlerai ailleurs *a*.

CHAPITRE LVIII.

(Suite.) — Les arts en Perse et en Allemagne. — Poésie. — Kreeshna. — Klopstock. — Fragment du poëme Mahabarat, tiré du sanscrit. — Fragments du Messie. — Sacontala. — Évandre.

Les jardins suspendus de Babylone, les vastes palais des rois, décorés de peintures et de statues, attestent le règne des beaux-arts dans l'empire de Cyrus. Ses immenses États, formés de mille peuples divers, devaient fournir une mine inépuisable de poésie, différente dans ses coloris, selon les mœurs et la nature dont elle réfléchissait les teintes. Efféminée dans l'Ionie, superbe sous la pourpre du Mède, simple et agreste sur les montagnes de la Perse, voluptueuse dans les Indes, elle chantait, avec l'Arabe, le patriarche, au milieu de ses troupeaux et de sa famille, assis sous le palmier du désert [1][b].

Je vais faire connaître aux lecteurs quelques morceaux précieux de littérature orientale. Je les tire du sanscrit [2], dont j'ai eu déjà occasion

voyager avec une somme aussi considérable par des chemins remplis de Tyroliens et de Pandours. « C'est l'argent de mes bestiaux et de mes meubles, dit-il ; et je vais en Souabe avec ma femme et mes enfants. J'ai vu la guerre : au moins les pauvres laboureurs étaient épargnés ; mais ceci n'est pas une guerre, c'est un brigandage : amis, ennemis, tous nous pillent. » Le paysan apercevant l'ancien uniforme de l'infanterie française sous ma redingote, ajouta : « Monsieur, excusez. — Vous vous trompez, ami, repris-je ; j'étais du métier, mais je n'en suis plus ; je ne suis rien qu'un malheureux réfugié comme vous. — Tant pis ! » fut sa seule réponse. Alors retroussant sous son chapeau quelques cheveux blancs qui passaient sous son bonnet, prenant d'une main son bâton, et de l'autre un verre à moitié vide de vin du Rhin, il me dit : « Mon officier, Dieu vous bénisse! » Il partit après. Je ne sais pourquoi le TANT PIS et le DIEU VOUS BÉNISSE de ce bonhomme me sont restés dans la mémoire.

a Je vais donc louer un clergé dans cet ouvrage philosophique! J'avais un terrible besoin d'impartialité. (N. ÉD.)

[1] JOB.

b L'*Essai historique*, comme *les Natchez*, est la mine d'où j'ai tiré la plupart des matériaux employés dans mes autres écrits ; mais au moins les lecteurs ne verront *les Natchez* que dégagés de leur alliage. (N. ÉD.)

[2] Une note sur le sanscrit peut faire plaisir à plusieurs lecteurs *. Le hanscrit, mieux le sanscrit, est, comme on le sait, la langue sacrée dans laquelle les livres des Brahmines sont écrits, langue

* Cette note sur le sanscrit était assez curieuse dans son temps ; aujourd'hui le sanscrit est si connu que mes citations n'ont plus d'intérêt. Comme je triomphais dans ces quatre *jogues* qui renfermaient tant de millions d'années! Quel bon démenti donné à la chronologie de Moïse! Hélas! il est arrivé qu'une connaissance plus approfondie de la langue savante de l'Inde a fait rentrer ces siècles innombrables dans le cercle étroit des traditions de la Bible. Bien m'en a pris d'être redevenu croyant, avant d'avoir éprouvé cette mortification. (N. ÉD.)

de parler plusieurs fois. J'y suis d'ailleurs autorisé, puisque l'empire persan s'étendait sur une partie considérable des Indes.

Le premier fragment est extrait du *Mahabarat*, poëme épique, d'environ quatre cent mille vers, composé par le brahmane Kreeshna Dioypayen Veïas, trois mille ans avant notre ère. De ce poëme, l'épisode appelé *Baghvat-Geeta* était le seul morceau publié par le traducteur anglais, M. Wilkins, en 1785.

Le sujet de cet ancien monument du génie indien est une guerre civile entre deux branches de la maison royale de Bhaurat.

Les deux armées, rangées en bataille, se disposent à en venir aux mains, lorsque le dieu Kreeshna, qui accompagne Arjoon, l'un des deux rois, comme Minerve Télémaque, invite son élève à faire avancer son char entre les combattants. Arjoon regarde : il n'aperçoit de part et d'autre que des pères, des fils, des frères, des amis prêts à s'égorger ; saisi de pitié et de douleur, il s'écrie :

qui n'est plus connue que d'eux seuls. Cette langue était autrefois si universelle dans l'Orient, que, selon M. Halhed, le premier Anglais qui soit parvenu à l'entendre, on la parlait depuis le golfe Persique jusqu'aux mers de la Chine. Les preuves qu'il en apporte sont tirées des inscriptions des différents coins de ce pays *, et de la ressemblance entre les noms collectifs et les noms de nombre des langues vulgaires de ces contrées, et les noms collectifs et les noms de nombre du sanscrit ; il étend même ceci au grec et au latin **. Le sanscrit n'était parlé que dans les rangs élevés de la société : il y avait deux langues vulgaires pour le peuple. Cette singularité est mise hors de doute par les drames écrits dans ces trois dialectes. Les différents ouvrages traduits du sanscrit en anglais sont le *Mahabarat* et *Sacontala*, dont je cite des passages ; *Heeto-Pades*, ou l'ouvrage original dont sont empruntées les fables d'Ésope et de Pilpay ; les *Cinq Diamants*, ou les stances de cinq poëtes ; une ode traduite de *Wulli*, et une partie du *Shaster*. Outre ces ouvrages d'agrément, le sanscrit en a fourni plusieurs de sciences, entre autres le fameux *Surya-Siddhânta*. Ce sont des tables astronomiques de la plus haute antiquité, et calculées sur des théorèmes de trigonométrie d'une vérité rigoureuse. La chronologie des Indiens se divisait en quatre âges : 1° Le Suttee Jogue, ou l'âge de pureté. Sa durée fut de trois millions deux cent mille ans. Les hommes vivaient cent mille ans. 2° Le Tirtah Jogue (le tiers du monde corrompu). Sa période fut de deux millions quatre cent mille ans. La vie de l'homme était de dix mille ans. 3° Le Davapar Jogue (la moitié de la race humaine vicieuse) dura un million seize cent mille ans. L'homme ne vécut plus que mille ans. 4° Le Colle Jogue (tous les hommes dépravés) est l'âge actuel, qui durera quatre cent mille ans, dont cinq mille sont déjà écoulés. Il est incroyable que ces traductions, qui nous paraissent si extravagantes, soient supportées par les calculs les plus certains d'astronomie. Mon autorité dans tout ceci est *Robertson's Historical Disquisitions.*

* Ceci n'est pas une raison probante, car l'alphabet sanscrit peut être gravé sur des monnaies persanes, indiennes, etc., sans qu'il en résulte qu'on parlât la même langue dans ces divers pays. On sait qu'actuellement les Chinois et les Tartares s'entendent en s'écrivant, quoique leurs idiomes soient aussi différents l'un de l'autre que le turc l'est du français. Les lettres chinoises ne sont que des caractères généraux, comme les chiffres arabes. Elles sont les signes de certaines idées, et chacun les traduit ensuite dans sa langue. — ** Je suis assez tenté de croire qu'il y a eu autrefois une langue universelle. La ressemblance des anciens caractères grecs et romains avec les caractères arabes ; les étymologies multipliées entre le sanscrit, les langues orientales, le grec, le latin, le celte, les dialectes de la mer du Sud et de l'Amérique, et beaucoup d'autres raisons qui ne sont pas de mon sujet, semblent venir à l'appui de cette conjecture. (*Vidend.*, DANET, *Diction. d'Antiquit.* ; COOK's *Voyages* ; HALHED's *Grammar of the Bengal language* ; SAVARY, *Voyage d'Égypte* ; BRIGAND, *sur les langues* ; HARRIS, HERMÈS.)

O Kreeshna! en voyant ainsi mes amis impatients du signal de la bataille, mes membres m'abandonnent, mon teint pâlit, le poil de ma chair se hérisse, tout mon corps tremble d'horreur; Gandew même, mon arc, échappe à ma main, et ma peau, collée à mes os, se dessèche. Lorsque j'aurai donné la mort à ces chers parents, demanderai-je encore le bonheur? Je n'ambitionne point la victoire, ô Kreeshna! Qu'ai-je besoin de plaisir ou de puissance? Qu'importent les empires, les joies, la vie même, lorsque ceux-là ne seront plus, ceux-là qui donnaient seuls quelque prix à ces empires, à ces joies, à cette vie? Pères, ancêtres, fils, petits-fils, oncles, neveux, cousins, parents et amis, vous voudriez ma mort, et cependant je ne souhaite pas la vôtre; non! pas même pour l'empire des trois régions de l'univers, encore bien moins pour cette petite terre [1]!

La simplicité et le pathétique de ce fragment sont d'une beauté vraie; on s'étonne surtout de n'y point trouver cette imagination déréglée, ce luxe de coloris, caractère dominant de la poésie orientale. Tout y est dans le ton d'Homère; mais, après cette apostrophe d'Arjoon, Kreeshna, pour lui prouver qu'il doit combattre, s'étend sur les devoirs d'un prince, s'engage avec son élève dans une longue controverse théologique et morale. Ici le mauvais goût et le prêtre se décèlent. Nous choisirons pour pendant à l'épique indien l'épique de la Germanie. La Muse allemande, nourrie de la méditation des Écritures, a souvent toute la majesté, toute la simple magnificence hébraïque : et l'on retrouve dans les froides régions de l'Empire l'enthousiasme et la chaleur du génie des poëtes d'Israël.

Klopstock, dans son poëme immortel, a peint la conjuration de l'enfer contre le Messie. Le sacrifice est prêt à s'accomplir ; les prêtres triomphent, et le Fils de l'Homme est condamné. Suivi de sa mère, de ses disciples, des gardes romaines et de toute la Judée, il s'avance, chargé de sa croix, au lieu du supplice : il arrive sur le Golgotha. Alors Éloa, envoyé par l'Éternel, distribue les anges de la terre autour de la montagne. Les uns s'assemblent sur des nuages, les autres planent dans les airs.

Gabriel va chercher les âmes des patriarches, et les place sur la montagne des Oliviers, pour être témoins du grand sacrifice; Uriel en même temps amène toutes celles des races à naître. Le globe immense qu'elles habitaient reçoit l'ordre de voler vers le soleil et d'intercepter sa lumière. Satan, et tout l'enfer caché dans la mer Morte sous les ruines de Gomorrhe, contemplent la Rédemption. Les innombrables esprits célestes qui peuplent les étoiles et les soleils, ceux qui environnent Jéhovah, ont l'œil attaché sur le Sauveur ; et le Saint des saints, retiré dans sa profondeur incompréhensible, compte les heures du grand mystère... Alors

Les bourreaux s'approchent de Jésus. Dans ce moment tous les mondes, avec un bruit qui retentissait au loin, parvinrent au point de leur course, d'où ils devaient annoncer la réconciliation.

---

[1] *Baghvat-Geeta*, pag. 34.

Ils s'arrêtent; insensiblement le mouvement des pôles se ralentit, et cessa tout à coup. Un vaste silence régnait dans toute l'étendue de la création. La marche de tous les globes suspendue annonçait dans les cieux les heures du sacrifice..... Les anges, interdits, étaient attentifs à ce qui allait se passer. Jéhovah jeta un coup d'œil sur la terre, la vit prête à s'abîmer et la retint. Jéhovah, le dieu Jéhovah, avait ses regards fixés sur Jésus-Christ... et les bourreaux le crucifièrent! . . . . A ce spectacle terrible, les anges et les patriarches restaient dans un morne silence. Le calme effrayant qui régnait dans toute la nature était l'image de la mort. On aurait dit qu'elle venait d'en détruire tous les habitants, et que rien d'animé n'existait plus dans aucun monde.....

Bientôt l'obscurité couvrit la terre, où régnait un profond silence, et ce silence morne augmentait avec les ténèbres et l'inquiétude. Les oiseaux, devenus muets, s'envolèrent au fond des forêts; les animaux cherchèrent un asile dans les cavernes et les fentes des rochers; la nature entière était ensevelie dans un calme sinistre. Les hommes, respirant avec peine un air qui n'avait plus de ressort, levaient les yeux vers le ciel, où ils cherchaient en vain la lumière. L'obscurité augmentait de plus en plus; elle devint universelle et effrayante, lorsque l'astre [1] eut entièrement occupé le disque du soleil; toutes les plaines de la terre furent enveloppées dans les horreurs d'une nuit épouvantable.....

Les couleurs de la vie reparurent sur le front du Messie, mais elles s'éteignirent rapidement et ne revinrent plus. Ses joues livides se flétrirent davantage, et sa tête, succombant sous le poids du jugement du monde, se pencha sur sa poitrine. Il fit des efforts pour la relever vers le ciel, mais elle tomba de nouveau. Les nuages suspendus s'étendirent autour du Golgotha, d'une manière lente et pleine d'horreur, comme les voûtes funèbres des tombeaux sur les cadavres que la pourriture dévore. Un nuage plus noir que les autres s'arrêta au haut de la croix. Le silence, le calme affreux de la mort semblait distiller de son sein. Les immortels en frissonnèrent. Un bruit inattendu, et qui n'avait été précédé d'aucun autre bruit, sortit tout à coup des entrailles de la terre : les ossements des morts en tremblèrent, et le temple en fut ébranlé jusqu'au faîte.

Cependant le silence était rétabli sur la terre, et les hommes vivants, les morts, et ceux qui devaient naître, avaient les regards fixés sur le Rédempteur. En proie à toutes les douleurs, Ève regardait son fils, qui succombait insensiblement sous une mort lente et pénible. Ses yeux ne s'arrachaient de ce triste spectacle que pour se porter sur une mortelle qui se tenait chancelante au pied de la croix, la tête penchée, le visage pâle, et dans un silence semblable au silence de la mort. Ses yeux ne pouvaient verser de larmes : elle était sans mouvement. . . . . « Ah! dit en elle-même la mère du genre humain, c'est la Mère du plus grand des hommes; l'excès de sa douleur ne l'annonce que trop. Oui, c'est l'auguste Marie; elle éprouve dans ce moment ce que je sentis moi-même lorsque je vis Abel auprès de l'autel, nageant dans les flots de son sang. Oui, c'est la Mère du Sauveur expirant. » Elle fut tirée de ces pensées par l'arrivée de deux anges de la mort, qui venaient du côté de l'Orient. Ils planaient dans les airs d'un vol mesuré et majestueux, et gardaient un profond silence. Leurs vêtements étaient plus sombres que la nuit; leurs yeux, plus étincelants que la flamme : leur air annonçait la destruction. Ils s'avançaient lentement vers la colline de la croix, où le Juge suprême les avait envoyés; les âmes des patriarches, épouvantées, tombèrent sur la poussière de la terre, et sentirent l'impression de la mort et les horreurs du tombeau, autant que peuvent les sentir des substances indestructibles. Les deux génies redoutables, parvenus à la croix, contemplent le Mourant, prennent leur vol, l'un à droite et l'autre à gauche; et, d'un air morne et présageant sa mort, ils volent sept fois autour de la croix. Deux ailes couvraient leurs pieds, deux ailes tremblantes couvraient leur face, et deux autres les soutenaient dans les airs, dont l'agitation produisait un mugissement semblable aux accents lamentables de la mort. C'est ce bruit qui tonne aux oreilles d'un ami de l'humanité, lorsque des milliers de morts et de mourants nagent dans leur sang sur le champ de bataille, et qu'il fuit en détournant les yeux. Les terreurs de Dieu étaient répandues sur les ailes des deux anges, et retentissaient vers la terre; ils volaient pour la septième fois, lorsque le Sauveur, accablé, releva sa tête appesantie, et vit ces ministres de la mort. Il tourna ses yeux obscurcis vers le ciel, et s'écria d'une voix qu'il tira du fond de ses entrailles, et qui ne put se faire entendre : Cessez d'effrayer le Fils de l'Homme, je vous reconnais au bruit de vos ailes... il m'annonce la mort... Cesse, Juge des mondes... ces... » En disant ces mots, son sang sortit à gros bouillons... Alors les anges de la mort tournèrent leur vol

[1] L'astre occupé par les âmes à naître dont j'ai parlé.

bruyant vers le ciel, et laissèrent les spectateurs dans une surprise muette, et des réflexions plus in-
quiétantes et plus confuses sur ce qui se passait à leurs yeux… et l'Éternel laissait toujours sur le
mystère un voile impénétrable [1]…

Les enfers, les cieux, les hommes, les générations écoulées et les
générations à naître, les globes arrêtés dans leurs révolutions, le cours
de l'univers suspendu, la nature couverte d'un voile, un Dieu expirant, quel tableau ! Sa sublimité fera excuser la longueur de la citation.

Le second fragment qui me reste à donner du sanscrit est d'un genre
totalement opposé au premier. On a découvert parmi les Indiens une
foule de pièces de théâtre écrites dans la langue sacrée, régulières dans
leur marche, et intéressantes dans leurs sujets. S'il était possible de
douter de la haute civilisation des anciennes Indes, cette particularité
seule suffirait pour la prouver, en même temps qu'elle dépouille les
Grecs de l'honneur d'avoir été les inventeurs du genre dramatique.

La scène indienne non-seulement admet le masque et le cothurne,
mais elle emprunte encore la houlette. Elle se plaît à représenter les
mœurs champêtres, et ne craint point de s'abaisser en peignant les
tableaux de la nature. Sacontala, princesse d'une naissance illustre,
avait été élevée par un ermite dans un bocage sacré, où les premières
années de sa vie s'étaient écoulées au milieu des soins rustiques et de
l'innocence pastorale. Prête à quitter sa retraite chérie pour se rendre
à la cour d'un grand monarque auquel elle était promise, les compagnes de sa jeunesse déplorent ainsi leur perte et font des vœux pour
le bonheur de Sacontala :

Écoutez, ô vous, arbres de cette forêt sacrée ! écoutez, et pleurez le départ de Sacontala pour le
palais de l'époux! Sacontala! celle qui ne buvait point l'onde pure avant d'avoir arrosé vos tiges;
celle qui, par tendresse pour vous, ne détacha jamais une seule feuille de votre aimable verdure,
quoique ses beaux cheveux en demandassent une guirlande ; celle qui mettait le plus grand de tous
ses plaisirs dans cette saison qui entremêle de fleurs vos rameaux flexibles.

CHŒUR DES NYMPHES DES BOIS.

Puissent toutes les prospérités accompagner ses pas! puissent des brises légères disperser, pour
ses délices, la poussière odorante des riches fleurs ! Puissent les lacs d'une eau claire et verdoyante,
sous les feuilles du lotos, la rafraîchir dans sa marche! Puissent des branches ombreuses la défendre
des rayons brûlants du soleil !

Sacontala sortant du bois et demandant à Cana, l'ermite, la permission de dire adieu à la liane Madhavi, *dont les fleurs rouges en-
flamment le bocage*, après avoir baisé *la plus radieuse de toutes les
fleurs*, et l'avoir priée de lui *rendre ses embrassements, avec ses bras
amoureux*, s'écrie :

Ah! qui tire ainsi les plis de ma robe?

_____

[1] *Messie*, chant VIII.

CANA.

C'est ton fils adoptif, le petit chevreau dont tu as si souvent humecté la bouche avec l'huile balsamique de l'ingoudi, lorsque les pointes du cusa l'avaient déchirée. Lui, que tu as tant de fois nourri dans ta main des graines du synmaka. Il ne veut pas quitter les pas de sa bienfaitrice.

SACONTALA.

Pourquoi pleures-tu, tendre chevreau? Je suis forcée d'abandonner notre commune demeure. Lorsque tu perdis ta mère, peu de temps après ta naissance, je te pris sous ma garde. Mon père Cana veillera sur toi lorsque je ne serai plus ici. Retourne, pauvre chevreau; retourne, il faut nous séparer. (*Elle pleure.*)

CANA.

Les larmes, mon enfant, conviennent peu à ta situation. Nous nous reverrons; rappelle tes forces. Si la grosse larme se montre sous tes belles paupières, que ton courage la retienne lorsqu'elle cherche à s'échapper. Dans notre passage sur terre, où la route tantôt plonge dans la vallée, tantôt gravit la montagne, et où le vrai sentier est difficile à distinguer, tes pas doivent être nécessairement inégaux; mais suis la vertu, elle te montrera le droit chemin [1].

Si ce dialogue n'est pas dans nos mœurs, du moins il respire le calme et la fraîcheur de l'idylle.

La dernière leçon de Cana, dans le style de l'apologue oriental, quoique venant inapropos, est pleine d'une aimable philosophie. Le Théocrite des Alpes va nous fournir pour l'Allemagne le parallèle de ce morceau.

Pyrrhus, prince de Krissa, et Arates, ami de Pyrrhus, ont envoyé, par ordre des dieux, le premier, son fils Évandre, le second, sa fille Alcimne, afin d'être élevés secrètement chez des bergers. L'amour touche le cœur d'Évandre et d'Alcimne, ils s'aiment sans connaître leur rang illustre. Les princes arrivent, révèlent le secret, les amants s'unissent. L'*Évandre* de Gessner n'est pas son meilleur ouvrage, mais il est curieux à cause de sa ressemblance avec *Sacontala*. Il y a quelque chose qui ouvre un vaste champ de pensées philosophiques à trouver l'esprit humain reproduisant les mêmes sujets, à cinq mille ans d'intervalle, d'un bout du globe à l'autre. Lorsque l'auteur de *Sacontala* florissait sous le beau ciel de l'Inde, qu'était la barbare Helvétie?

Alcimne a appris sa naissance; elle est entourée de suivantes qui lui parlent des mœurs de la cour. Elle regrette, comme la princesse indienne, ses bois, ses moutons, sa houlette, et surtout ses amours.

LA DEUXIÈME SUIVANTE.

Permettez-moi de vous dire qu'il faut que vous renonciez aux mœurs de la campagne, pour suivre celles de la cour. Une grande dame doit savoir tenir son rang. Nous avons ordre de ne point vous quitter et de vous donner des leçons.

ALCIMNE.

J'aime mieux nos mœurs; elles sont simples, naturelles, et s'apprennent toutes seules. Parmi nous on ne voit personne en donner des leçons; on s'en moquerait comme de quelqu'un qui voudrait apprendre à un oiseau un autre chant que le sien. Mais dites-moi quelque chose de la manière dont on vit à la ville. Je crains fort de ne pas le trouver de mon goût.

[1] *Sacont.*, acte IV, pag. 47, etc.

LA DEUXIÈME SUIVANTE.

Le matin, quand vous vous éveillez, ce qui n'est qu'à midi, car les dames du grand monde ne s'éveillent pas à l'heure des artisans...

ALCIMNE.

A midi! Je n'entendrais donc plus, le matin, le chant des oiseaux; je ne verrais donc plus le lever du soleil? cela ne m'accommoderait pas.

LA PREMIÈRE SUIVANTE.

Votre beauté ne manquera pas de vous faire beaucoup d'amants. Il faudra vous étudier à plaire à tous, et ne donner à chacun que peu d'espérance.

ALCIMNE.

Tous nos seigneurs m'ennuieront en me parlant d'amour, parce que je n'aimerai jamais que celui que j'aime déjà.

LA DEUXIÈME SUIVANTE.

Quoi! vous aimez déjà?

ALCIMNE.

Oui, sans doute; je ne rougis pas d'en convenir. J'aime un berger de tout mon cœur, et lui, il m'aime de tout le sien. Il est beau comme le soleil levant, charmant comme le printemps; le rossignol ne chante peut-être pas si bien que lui... Oui, mon bien-aimé, tu seras le seul que j'aimerai toujours. Ces arbres verts mourront, le soleil cessera d'éclairer ces belles prairies avant que ton Alcimne te soit infidèle. Oui, mon bien-aimé, je fais le serment...

LA DEUXIÈME SUIVANTE.

Ne le faites pas; votre père ne vous laissera point avilir jusque-là votre illustre naissance.

ALCIMNE, *avec colère.*

Que voulez-vous dire, mon illustre naissance! Eh quoi! peut-il y en avoir qui ne soit noble et honorable? Oh! je n'entends rien à toutes vos leçons. Il faut y mettre moins d'esprit et plus de naturel. Non, je ne le comprendrai jamais. Mon père est raisonnable, j'en suis sûre. Il ne voudra pas que j'abandonne ce que j'aime le mieux au monde, et que j'aime ce que je hais le plus. Je ne vous quitterai qu'à regret, charmantes retraites, ombrages frais, occupations innocentes : je vous préférerai toujours au fracas de la ville; mais il faut que je vous quitte pour suivre un père que je chéris. Il ne sera pas venu me chercher ici pour me rendre malheureuse : oui, je serais malheureuse, plus que je ne puis dire, s'il voulait me séparer de celui que j'aime plus que moi-même. Oh! ne me donnez pas ces inquiétudes, mes amies! N'est-il pas vrai que j'aurais tort de les avoir [1] [a] ?

---

[1] *Évandre*, acte III, scène V.

[a] La littérature allemande a réellement quelque ressemblance avec la littérature orientale; mais il est évident qu'à l'époque où j'analysais Klopstock, je connaissais peu la première; car, comment n'aurais-je pas cité Wieland, Goëthe, etc.? J'ignorais les différentes révolutions que les auteurs de la langue germanique avaient rapidement éprouvées; j'en étais encore à Klopstock et à Gessner. Je ne puis aujourd'hui trouver sublime ce que je regardais comme tel, dans la composition du *Messie*. Toutes les fois que l'on sort de la peinture des passions, et que l'on se jette dans les inventions gigantesques, rien n'est plus facile que de remuer l'univers : il n'est pas besoin d'avoir du génie. Qu'on arrête les globes dans l'espace, qu'on fasse arriver des comètes, qu'on place dans des mondes divers les morts et les vivants, le passé et l'avenir, tout cela n'est qu'une stérile grandeur sans sublimité, une débauche d'imagination qui pourrait être le rêve d'un enfant, un conte de fées. Le morceau de Klopstock que j'ai cité n'offre pas un trait à retenir : l'auteur passe souvent auprès d'une beauté sans l'apercevoir. Quand les deux anges de la mort s'approchent du Christ, qui ne s'attend, par exemple, à quelque chose d'extraordinaire? Tout se réduit à des lieux communs sur la mort, et le poëte est si embarrassé de ses anges, qu'il se hâte de les renvoyer on ne sait où.

(N. Éd.)

CHAPITRE LIX.

Philosophie. — Les deux Zoroastres. — Politique.

Le nom du célèbre Zoroastre[1] rappelle le fondateur de la philosophie persane et celui de l'ordre des mages. De même que sa morale, ses dogmes étaient sublimes. Il enseignait l'existence des deux principes, l'un bon, l'autre méchant, qui se disputaient l'empire de la nature[2]. La durée du premier embrassait tous les temps écoulés et à venir ; l'existence du second devait passer avec le monde.

Cet ancien sage fut suivi, vers le temps de Darius, fils d'Hystaspe, d'un autre philosophe du même nom, qui altéra quelque chose à la doctrine de son prédécesseur. Tel que le premier Zoroastre, il admettait les deux natures ; mais il les dérivait d'un être primitif, dont les regards immenses ne tombaient jamais sur la race imperceptible des hommes[3]. Il disait que ces pouvoirs subordonnés régneraient tour à tour sur la terre, chacun durant une période de six mille années ; que le méchant génie serait à la fin subjugué par le bon, et qu'alors les habitants d'ici-bas, dépouillés de leur enveloppe grossière, sans besoins et dans un parfait état de bonheur, erreraient parmi des bois enchantés, comme des ombres légères[4].

Les écrits du premier Zoroastre ont péri dans la révolution des empires ; quelques-uns de ceux du second ont été sauvés. Le plus considérable d'entre eux est le *Zend*[5], qui existe encore parmi les anciens Persans dispersés sur les frontières des Indes. Ce livre sacré se divise en deux parties : l'une traite des cérémonies religieuses, l'autre renferme des préceptes moraux.

Nous possédons en outre les fragments d'un autre ouvrage du même philosophe, sous le titre des *Oracles de Zoroastre*[6].

La théorie des gouvernements semble aussi avoir été familière aux sages de la Perse. Quelques auteurs représentent Zoroastre l'ancien sous les traits d'un législateur ; et Hérodote introduit ailleurs les seigneurs persans, après l'assassinat du mage, délibérant sur le mode de

---

[1] Ce premier Zoroastre est le Zoroastre chaldéen, dont j'ai déjà parlé. Aristote le place six mille ans avant la prise de Troie. — [2] Hyde raconte quelque chose de curieux au sujet du méchant pouvoir. Les Persans en écrivaient le nom en lettres inverties ; il s'appelait Arimane, et le bon, Ormuzd. — [3] LAERT., lib. § 6-9. — [4] PLUT., *Isis et Osiris*, t. II, pag. 155. — [5] Les mages ont formé un épitome de ce livre, sous le nom de *Sadder*, qu'ils lisent au peuple les jours de fêtes. — [6] Patricius en publia trois cent vingt-trois vers à la suite de sa *Nova Philosophia de Universis*, imprimée à Ferrare en 1591. Je n'ai pu me procurer cet ouvrage assez tôt pour l'impression de cet article. Si je puis le découvrir, je donnerai la traduction de ces vers à la fin du volume.

gouvernement à adopter pour l'empire. Othanès propose la démocratie. « Le tyran, dit-il, τὰ μὲν γὰρ, ὕβρει κεκορημένος, ἔρδει πολλὰ καὶ ἀτάσθαλα· τὰ δὲ φθόνῳ, tantôt gonflé de haine, tantôt d'orgueil, commet des actions horribles. » Mégabyze opine à l'oligarchie, et représente les fureurs du peuple. Darius parle en faveur de la royauté, et l'emporte [1].

Les mages et les autres prêtres soumis aux Perses excellaient dans les études de la nature. On peut juger de leurs connaissances en astronomie par une série d'observations de dix-neuf cent trois années, que Callisthènes, philosophe grec attaché à la suite d'Alexandre, trouva à Babylone [2]. N'oublions pas la science mystérieuse appelée du nom de la secte qui la pratiqua [3]. La magie prouve deux choses : l'ignorance des peuples de l'Orient, et les malheurs des hommes d'autrefois. On ne cherche à sonder l'avenir que lorsqu'on souffre au présent.

Il est impossible de supposer que tant de lumières pesassent dans un des bassins de la balance sans un contre-poids égal de corruption [a]. Aussi trouvons-nous qu'un affreux despotisme s'étendait sur l'empire de Cyrus; que les satrapes, devenus autant de petits tyrans dans leurs provinces, écrasaient les peuples prosternés à leurs pieds, et qu'un virus de luxe et de misère dévorait et les grands et les petits [4]. Il résulte de ce tableau moral et politique de l'Orient, considéré au moment de l'établissement des républiques en Grèce, qu'il était arrivé à ce point de maturité où les révolutions sont inévitables, ou du moins à ce degré de connaissances et de vices qui rend une nation plus susceptible d'être ébranlée par la commotion des troubles politiques des États qui l'environnent. Favorisée par ces causes internes, l'influence de la révolution républicaine de la Grèce sur la Perse fut directe, prompte et

---

[1] HÉROD., lib. III, cap. LXXX. — [2] SIMPL., lib. II, de Cœlo. — [3] DIOD. SIC., lib. XI, p. 83; NAUDÆI Apol. pro Vir. Mag., Magiæ Suspect., cap. VIII.

[a] En lisant avec attention l'*Essai*, on découvre sous le rapport politique que mon dessein est de prouver, sans admettre et sans rejeter le gouvernement républicain en théorie, que la république ne pourrait s'établir en France, parce que les mœurs n'y sont plus assez innocentes. Je faisais même de cette observation un principe général; en donnant pour contre-poids la corruption aux lumières, je ne supposais pas la république possible chez un vieux peuple civilisé. Ce système, né chez moi de l'étude des républiques anciennes; comme je l'ai déjà dit, était faux, et même dangereux, en tant qu'appliqué à la société moderne; car il suivrait de là qu'aucune liberté ne pourrait exister chez une nation policée, et que la civilisation nous condamnerait à un éternel esclavage. Heureusement il n'en est pas ainsi : les lumières, quand elles sont descendues, comme aujourd'hui, dans toutes les classes sociales, composent une sorte de raison publique qui rend impossible l'établissement du despotisme, et qui produit pour la liberté le même effet que l'innocence des mœurs. Seulement, dans cet âge avancé du monde, la liberté est plus aimable sous la forme monarchique que sous la forme républicaine, parce que le pouvoir exécutif, placé dans une famille souveraine, exclut les ambitions individuelles, toujours plus vives dans l'absence des mœurs. (N. ÉD.)

[4] PLUT., in Apophthegm., pag. 213; PLAT., lib. III, de Leg., pag. 697; Cyrop., lib. VIII, pag. 239.

terrible, parce qu'elle se trouva déterminée vers les armes, en conséquence des événements que je vais décrire.

Remarquons encore que le principal effet de la révolution française sur l'Allemagne s'est aussi dirigé par la voie militaire. Mais cet empire, étant dans une autre position morale que celui de Cyrus, ne peut ni n'a à craindre les mêmes maux [a]. Voulez-vous prédire l'avenir, considérez le passé. C'est une donnée sûre qui ne trompera jamais, si vous partez du principe : les mœurs.

Avant d'entrer dans le détail de la guerre Médique et de la guerre présente, il faut dire un mot de la situation politique de la Perse et de l'Allemagne, vues quelques moments avant ces grandes calamités.

CHAPITRE LX.

Situation politique de la Perse à l'instant de la guerre Médique. — De l'Allemagne à l'instant de la guerre républicaine [1]. — Darius, Joseph, Léopold.

Ce fut sous le règne de Darius, fils d'Hystaspe, qu'éclata la fameuse guerre Médique [2] dont nous allons retracer l'histoire. Ce monarque semble avoir réuni dans sa personne les différentes qualités des empereurs d'Allemagne, Joseph et Léopold. Réformateur et guerrier [3] comme le premier, législateur [4] comme le second, il eut à combattre à peu près la même fortune que celle des deux princes germaniques.

Le roi des Perses, en parvenant à la couronne, opéra une grande révolution religieuse. Les mages, jusqu'alors maîtres de l'opinion, et qui s'étaient même emparés du pouvoir suprême [5], reçurent de la main de Darius un coup mortel [6]. Non content de les avoir précipités d'un trône usurpé, il les attaqua à la source de leur puissance, et, substi-

---

[a] Ces prédictions sont très-peu certaines : le passage des Français en Allemagne, la réunion pendant plusieurs années de diverses provinces de cet empire à l'empire français, et surtout les principes de la révolution, ont laissé dans les populations germaniques un ébranlement considérable. La révolution française n'est pas d'ailleurs un fait isolé : le monde civilisé a marché, et continue de marcher vers un nouvel ordre de choses. La France, qui va toujours plus vite que les autres nations, les a devancées : par le mouvement de ses opinions et de ses armes, elle a sans doute pressé le pas de la foule autour d'elle, mais elle a trouvé partout les chemins préparés. La France n'a pas fait ce qui est, elle a seulement hâté la maturité d'un fruit qui tombera au jour marqué. (N. Éd.)

[1] Je me servirai désormais de cette expression pour faire entendre la guerre présente, afin d'éviter les périphrases. — [2] Les Grecs ne comptaient la guerre Médique que depuis l'invasion de Xerxès jusqu'à la défaite de Mardonius à Platée. Moi je comprendrai sous ce nom toute la période entre la bataille de Marathon sous Darius, et la paix générale sous Artaxerxès. J'avertis que, parlant désormais de la Perse et de l'Allemagne ensemble, pour sauver les longueurs et les tours traînants, j'indiquerai seulement le changement d'un empire à l'autre par ce signe —. — [3] HEROD., lib. v, cap. LXXXIX ; lib. IV, cap. I; PLAT., de Leg., lib. III. — [4] PLAT., ibid.; DIOD., lib. I, pag. 85. — [5] HEROD., lib. III, cap. LXXX. — [6] Id., ibid.

tuant superstition à superstition, le culte des étoiles [1] à l'ancienne adoration du soleil, il les supplanta adroitement dans le cœur du peuple.

Ce fait, qui, si l'on considère la circonstance des troubles de la Grèce,
devient extrêmement remarquable, et qui par lui-même est un très-
grand événement [a], à à peine été recueilli des écrivains. Cependant les
conséquences durent en être vivement senties. Si la science des hommes demeure en tout temps la même, et qu'il soit permis de raisonner
de l'effet des passions, d'après la connaissance de ces passions, on peut
hardiment conjecturer que l'insurrection de la Babylonie [2], peut-être
même celle de l'Ionie, par des causes maintenant impossibles à découvrir,
provinrent de ces innovations [3]. Qui sait jusqu'à quel degré elles n'influè-
rent point sur le sort des armes dans la guerre Médique, et par conséquent sur la destinée des Perses? Ces réformes sacerdotales de Darius et
de Joseph dans leurs États, presque au moment de l'abolition de la
monarchie en Grèce et en France, présentent un des rapports les plus
intéressants de l'histoire.

Ce dernier prince n'eut pas plus tôt touché aux hochets sacrés, que
les prêtres, alarmant les villes des Pays-Bas, leur persuadèrent qu'on
en voulait à leur liberté, lorsqu'il ne s'agissait que de quelques couvents de moines inutiles. La révolte du Brabant a eu les suites les
plus funestes. Le peuple, dompté seulement par la force des armes,
froid dans la cause de ses maîtres, qu'il regardait comme ses tyrans,
loin d'épouser la querelle des alliés, à présenté aux Français une proie
facile. Observons encore la réaction de la justice générale : le clergé
flamand soulève les Brabançons contre leurs souverains légitimes, pour
sauver quelques parties de ses immenses richesses; les républicains
arrivent et s'emparent de tout [b].

[1] On croit que ce fut le second Zoroastre qui rétablit l'ancien culte du soleil. Or, ce Zoroastre
vivait sous Darius même. Ainsi les innovations de celui-ci n'auraient servi qu'à troubler ses États
sans avoir obtenu le but qu'il s'était proposé. (HYDE, *Rel. Pers.*, pag. 311; BAY., *Let. Z. Zor.*,
PRIDEAUX, pag. 210; SUID., *in Zor.*)

[a] De tous les rapprochements présentés dans l'*Essai*, voilà le plus curieux et le fait historique le
moins observé. (N. ÉD.)

[2] HÉROD., lib. III, cap. CLX, CLXI. — [3] Il est impossible qu'un ordre religieux de la plus haute
antiquité, et qui gouvernait le peuple à son gré, se laissât massacrer, proscrire, sans mettre en
usage toutes les ressources de sa puissance. Et puisque Lucien nous apprend que de son temps les
mages existaient dans tout leur éclat en Perse, il faut en conclure qu'ils obtinrent la victoire sur
Darius. D'ailleurs, Pline et Arrien parlent des mages tout-puissants sous Xerxès, et de ce prince lui-
même comme d'un grand sectaire du second Zoroastre.

[b] Il y a quelque chose d'assez bien jugé dans ces remarques, c'est dommage qu'elles soient gâtées
par la manifestation d'un esprit antireligieux. Qu'il y ait eu des moines inutiles, tout le monde en
convient : on peut être encore un bon catholique en convenant avec Fleury, et tant d'autres saints
prêtres, que des abus s'étaient glissés dans le clergé; mais je ne veux point avoir recours à cette
défense, et j'aime mieux dire ce qui est vrai : c'est que dans le paragraphe qui fait le sujet de cette
note, l'écrivain était imbu des principes de son siècle. (N. ÉD.)

Une guerre malheureuse venait de désoler la Perse, — de ruiner l'Allemagne. Darius, dans son expédition de Scythie, avait perdu une armée florissante [1]. — Les États de Joseph s'étaient épuisés pour seconder son entreprise contre la Porte. Mais ici se trouve une différence locale essentielle. Les troupes persanes, en se rendant par la Thrace aux bords de l'Ister, se rapprochèrent de la Grèce. — L'armée autrichienne, en se jetant sur la Turquie, s'éloignait au contraire des frontières de France. Cette chance de position a décidé en partie du succès de la guerre présente; car, ou les empereurs se fussent déclarés plus tôt contre la république, et l'eussent trouvée moins préparée; ou les Français eux-mêmes n'auraient su pénétrer dans le Brabant. Autres données, autres effets.

Joseph étant mort à Vienne, son frère Léopold, grand-duc de Toscane, lui succéda. Celui-ci, accoutumé, dans une position moins élevée, à un horizon peu étendu, ne put saisir l'immensité de la perspective, lorsqu'il eut atteint à de hautes régions. La nature l'avait doué de cette vue microscopique qui distingue les parties de l'infiniment petit, et ne saurait embrasser les dimensions plus nobles du grand. Il porta cependant avec Darius quelques traits de ressemblance : l'amour de la justice et la connaissance des lois. Mais le prince persan considéra ces sujets du regard du monarque qui dirige les hommes [2], et le prince germanique, de l'œil du maître qui surveille un troupeau. L'un possédait la chaleur et la libéralité du chef qui donne [3]; l'autre, la froideur et l'économie du dépositaire qui compte [4].

Tels étaient les monarques et l'état des deux empires, lorsque la révolution républicaine de la Grèce, et celle de la France, firent éclater la guerre Médique dans l'ancien monde, — la guerre présente dans le monde moderne. Nous allons essayer d'en développer les causes [a].

---

[1] STRAB, lib. VII, pag. 305; HEROD., lib. IV, cap. MCCCXLI. — [2] PLUT., *Apophth.*, tom. II, pag. 173. — [3] HEROD., lib. III, cap. CXXXII, etc.; lib. VI, cap. CXX. — [4] Je juge ici d'après le livre des *Institutions toscanes* de Léopold, imprimé en italien, et que j'ai eu quelque temps entre les mains; en outre, sur ce que j'ai appris en Allemagne touchant cet empereur, dans plusieurs conversations avec des Florentins; enfin par l'histoire générale de l'Europe à cette époque. La justice cependant m'oblige de dire que j'ai trouvé des Allemands grands admirateurs des vertus de Léopold.

[a] Me voilà à la fin de ce qui forme dans cette édition (celle de 1826) le premier volume de l'*Essai*. Jamais coupable ne s'est imposé pénitence plus rude. Il ne faut pas croire que je n'aie pas souffert en me traitant comme je viens de le faire. Je défie la critique la plus malveillante d'aller au delà de la mienne, car je n'ai pas plus ménagé mon amour-propre que mes principes; je m'épargnerai encore moins dans les notes du second volume. Néanmoins qu'il me soit permis à présent de demander au lecteur ce qu'il pense de ce qu'il vient de lire? Est-ce là ce livre qui devait révéler en moi un homme tout autre que l'homme connu du public? Que voit-on dans l'*Essai*? est-ce un impie, un révolutionnaire, un factieux ou un jeune homme accessible à tous les sentiments honnêtes, impartial avec ses ennemis, juste contre lui-même, et auquel, dans le cours d'un long ouvrage, il n'échappe pas un seul mot qui décèle une bassesse de cœur? L'*Essai* est certes un très-

CHAPITRE LXI.

Influence de la révolution républicaine de la Grèce sur la Perse, — et de la révolution républicaine de la France sur l'Allemagne. — Causes immédiates de la guerre Médique, — de la guerre républicaine. — L'Ionie[1]. — Le Brabant.

Les différentes colonies que les Grecs avaient fondées sur les côtes de l'Asie Mineure étaient tombées peu à peu sous la puissance des rois de Lydie[2]. Celle-ci ayant été à son tour renversée par Cyrus, les villes d'Ionie passèrent alors sous le joug de la Perse[3].

Elles ne connurent cependant que le nom de l'esclavage. Leurs maîtres leur laissèrent leur ancien gouvernement populaire, et n'exigeaient d'elles qu'un léger tribut[4], mais les habitants de ces cités, incapables de modération, ne connaissaient pas de plus grand tourment que le repos. Amollis dans le luxe et les voluptés, ils n'avaient conservé de la pureté de leurs mœurs primitives qu'une inquiétude toujours prête à les plonger dans les malheurs des révolutions, sans qu'ils fussent jamais assez vertueux pour en recueillir les fruits[5].

Les colonies grecques-asiatiques formaient un corps de républiques qui se gouvernaient par leurs propres lois, sous la protection de la cour de Suse[6], de même que les États fédératifs des Pays-Bas sous la puissance des empereurs d'Allemagne. Plusieurs fois les premières avaient cherché à se soustraire à la domination de la Perse[7] sans avoir pu y parvenir. Dans la dix-neuvième année du règne de Darius, les peuples de l'Ionie se soulevèrent à la fois[8]. Le motif général de l'insurrection était ces plaintes vagues de tyrannie, le grand texte des factieux, et qui ne veut dire autre chose, sinon qu'on a besoin d'expressions figurées pour éviter d'employer au sens propre, haine, envie, vengeance, et tous ces mots qui composent le vrai dictionnaire des révolutions.

— Le Brabant, autrefois partie du duché de Bourgogne, étant passé,

---

méchant livre; mais si l'on ne veut, si l'on ne doit accorder aucune louange à l'auteur, peut-on lui refuser de l'estime? Littérairement parlant, l'*Essai* touche à tout, attaque tous les sujets, soulève une multitude de questions, remue un monde d'idées, et mêle toutes les formes de style. J'ignore si mon nom parviendra à l'avenir; je ne sais si la postérité entendra parler de mes ouvrages; mais si l'*Essai* échappait à l'oubli, tel qu'il est en lui-même cet *Essai*, et tel qu'il est surtout avec les *Notes critiques*, ce serait un des plus singuliers monuments de ma vie. (N. ÉD.)

[1] Je comprends sous le nom général de l'*Ionie*, l'Ionie proprement dite, l'Éolide et la Doride. — [2] HEROD., lib. I, cap. VI. — [3] *Id., ibid*, cap. CXLI; THUCYD., lib. I, cap. XVI. — [4] HEROD., lib. VI, cap. XLII, XLIII. — [5] ATHEN., lib. XII, pag. 526; HEROD., lib. IX, cap. CIV; THUCYD., lib. VI, cap. LXVII, LXXVII; XENOPH., *Instit. Cyr.*, pag. 158; DIOD., lib. XIV; PAUSAN., lib. III. — [6] HEROD., lib. I, cap. CXLIII; STRAB., lib. VIII, cap. CCCLXXXIV. — [7] HEROD., lib. I, cap. VI. — [8] *Id.*, lib. V, cap. XCVIII.

après plusieurs successions, à la maison d'Autriche, demeura en possession de ses priviléges politiques, formant une espèce de république soumise à un grand empire.

La caractère des Flamands, considéré au civil, présentait encore des analogies frappantes avec celui des Grecs-Asiatiques. Indomptables dans leur humeur, les habitants des Pays-Bas tendaient sans cesse à s'insurger, sans autre raison qu'une impossibilité d'être paisibles. La république du brasseur Artevelle[1], le bannissement de plusieurs de leurs comtes[2], les révoltes sous Charles le Téméraire[3], les grands troubles sous Philippe II[4], ne prouvent que trop cette vérité. Les innovations de Joseph étaient plus que suffisantes pour soulever un peuple impatient et superstitieux. Dans un instant les Pays-Bas furent en armes; et l'empereur germanique s'aperçut trop tard qu'il avait méconnu le génie des hommes[5][a].

CHAPITRE LXII.

Déclaration de la guerre Médique, l'an 1er de la 69e olympiade (505 ans avant J.-C.) — Déclaration de la guerre présente, 1792. — Premières hostilités.

Durant que ceci se passait en Ionie et dans le Brabant[b], de grandes scènes s'étaient ouvertes en Grèce et en France. Soulevées au nom de la liberté, ces deux contrées avaient chassé leurs princes et changé la forme de leur gouvernement. Dans le moment le plus chaud de cet enthousiasme, les Athéniens voient tout à coup arriver les ambassadeurs de l'Ionie révoltée, qui les supplient de secourir leurs concitoyens dans la cause commune de l'indépendance[6]. — Les députés du Brabant en insurrection font à Paris la même prière à l'Assemblée nationale.

L'impétuosité attique et française aurait bien désiré se précipiter dans la mesure proposée, mais l'heure n'était pas venue. On ne comptait encore que des préparations peu avancées : un reste de crainte retenait; d'ailleurs il était impossible, sans renoncer à toute pudeur,

---

[1] FROISSARD, chap. XXXIV; DAN., tom. III, pag. 418, etc. — [2] FROISSARD, chap. XXIV, HUME's Hist. of Engl., t. II, pag. 395. — [3] PHILIPP. DE COMMIN. — [4] BENTIV., Guer. di Fiand., lib. I, pag. 10, etc.; lib. II; CAMDEN, in Elizab. — [5] Test. Pol. de Joseph.

[a] Je n'ai aucune remarque à faire sur ce chapitre : c'est toujours la suite de ces comparaisons dont j'ai montré si souvent l'impertinence dans les notes précédentes. Comparer les voluptueux habitants de la molle Ionie, sous leur ciel enchanté, au milieu des arts, dans la patrie d'Homère et d'Aspasie; les comparer, dis-je, aux Brabançons, c'est une singulière débauche d'imagination, une merveilleuse faculté de voir tout ce qu'on veut. (N. ÉD.) — [b] L'Ionie et le Brabant! je parle de tout cela couramment. (N. ÉD.)

[6] HEROD., lib. V, cap. LV.

de rompre la paix avec la Perse, — avec l'Allemagne, dont on n'avait aucun sujet de plainte. On renvoya donc les députés avec des paroles obligeantes, se contentant de fomenter sous main des troubles auxquels on ne pouvait encore prendre de part ouverte[1] [a].

Le prétexte ne tarda pas à se présenter. Hippias, dernier roi d'Athènes, s'était retiré à la cour d'Artapherne[2], frère de Darius et satrape de Lydie. — Les frères princes de Louis XVI avaient cherché un refuge à la cour de Coblentz. — Aussitôt les Athéniens disent que Darius favorise le tyran; que celui-ci intrigue pour susciter des ennemis à sa patrie[3]. On députe vers Artapherne; on lui signifie qu'il ait à cesser de protéger la cause d'Hippias[4]. — Les Français exigent de Léopold qu'il défende les rassemblements d'émigrés dans ses États, et abandonne les princes fugitifs. — Artapherne répond ouvertement que, si les Athéniens désirent se concilier la faveur du grand roi, il faut qu'ils rétablissent le fils de Pisistrate sur le trône[5]. — L'empereur germanique semble obéir aux ordres de l'Assemblée nationale, en même temps qu'il tient secrètement une conduite opposée[b].

D'un autre côté, Darius se plaignait de ce que les Grecs entretenaient la révolte des villes d'Ionie, et s'arrogeaient le droit de se mêler du gouvernement intérieur de ses provinces[6], à peu près de même que les princes allemands réclamaient contre les décrets de l'Assemblée nationale, qui s'étendaient sur leur territoire.

Il était impossible qu'au milieu de ces reproches mutuels, les esprits conservassent longtemps la modération dont ils affectaient encore de se parer. Les partis, protestant toujours le désir de la paix, se préparaient secrètement à la guerre[7]. On s'aigrissait de plus en plus. Hippias, à la

---

[1] On est forcé de concevoir ainsi la chose d'après le récit d'Hérodote, qui se contredit avec les faits qu'il rapporte lui-même. Il représente Aristagore à Athènes, vers le commencement de la seconde année de la révolte de l'Ionie, et il ajoute qu'il obtint le but de sa négociation; et cependant les Athéniens ne joignirent leur flotte aux Grecs-Asiatiques que l'année suivante. D'ailleurs, Plutarque, dans plusieurs endroits de ses ouvrages, et Platon, dans le troisième livre des Lois, confirment ce que j'avance ici. (HÉROD., lib. v, cap. LV-XCVI, XCVII-XCIX-CIII; PLUT., in Themist.; Id., de Glor. Athen.; PLAT., de Leg., lib. III.)

[a] Ceci est grave: je mets mes conjectures à la place de l'histoire; j'accuse et je n'apporte aucune preuve à l'appui de mon accusation. Le gouvernement français essaya sans doute de propager les principes révolutionnaires, de soulever les peuples contre les rois; mais ce fut plus tard, sous le règne de la Terreur, au milieu du désordre révolutionnaire; et, dans ce passage, il n'est encore question que de l'époque de l'Assemblée constituante. Je calomnie donc, sans m'en apercevoir, par une confusion de temps et par un anachronisme né de la préoccupation de mon système. (N. ÉD.)

[2] HÉROD., lib v, cap. XCVI. — [3] Id., lib. VI, cap. CII. — [4] Id., lib. v, cap. XCVI — [5] Id., ibid.

[b] Ce que je dis des Athéniens est appuyé d'une autorité historique; mais je n'offre, au soutien de ce que je dis de l'Allemagne, que mon propre récit: ce n'est pas assez. Remarquons en passant qu'on ne doit pas dire en bon français l'empereur germanique; c'est là du style de réfugié. (N. ÉD.)

[6] HÉROD., lib. IV, cap. CV. — [7] Id., lib. v, cap. LV.

cour de Suse, représentait les Grecs comme des factieux ennemis de l'ordre et des rois[1]. — Les émigrés invoquaient l'Europe contre les régicides qui avaient juré haine éternelle à tous les trônes. — Les Grecs et les Français disaient qu'on devait se lever contre les tyrans qui menaçaient la liberté des peuples[2]. Les uns crient au républicanisme[3]; les autres à l'esclavage[4]; on s'insulte; on vole aux armes. Les Athéniens et les patriotes de France, gagnant de vitesse le flegme oriental et allemand, se hâtent d'attaquer la Perse[5], — la Germanie. L'an 1er de la 69e olympiade, et l'année 1792 de notre ère, virent les premières hostilités de ces guerres trop mémorables. Les Athéniens se précipitèrent sur l'Asie Mineure, où ils brûlèrent Sardes[6]; — les Français sur le Brabant, où ils se signalèrent de même par des incendies. Les uns et les autres, bientôt forcés à une fuite honteuse[7], se retirèrent, laissant après eux des flammes que des torrents de sang pouvaient seuls éteindre[a].

CHAPITRE LXIII.

Premières campagnes. — An 3 de la 72e olympiade[8]. — 1792. — Portrait de Miltiade. — Portrait de Dumouriez. — Bataille de Marathon. — Bataille de Jemmapes. — Accusation de Miltiade. — de Dumouriez.

Les Perses, ainsi que les Autrichiens, se déterminèrent à tirer de leurs ennemis une vengeance éclatante. Les premiers firent partir Datis à la tête de cent dix mille hommes, ayant sous lui le prince athénien Hippias[9]. — Les seconds s'avancèrent sous le roi de Prusse conduisant les frères de Louis XVI. L'armée asiatique, après s'être emparée de quelques îles voisines de l'Attique, descendit victorieusement à Marathon[10]. — Les troupes coalisées contre la France, s'étant saisies de plusieurs places frontières, se déployèrent dans les plaines de la Champagne.

La plus extrême confusion se répandit alors en Grèce[11], — en France. Les uns, partisans de la royauté, se réjouissaient en secret de l'ap-

---

[1] HÉROD., lib. v, cap. XCI. — [2] Id., ibid., cap. CII.— [3] Id., ibid., cap. XCVI.— [4] Id., cap. XCVI. — [5] Je commence la guerre Médique au moment où les Athéniens prirent une part active dans la révolte des Ioniens. Il n'y eut alors aucune déclaration formelle de guerre; elle n'eut lieu que lors de l'invasion de Xerxès. — [6] HÉROD., lib. v, cap. CII. — [7] Id., ibid., cap. CIII.

[a] Il faut bien me laisser faire des tableaux, puisque mon système le veut ainsi. Mais je dois remarquer, pour la vérité historique, que je torture ici quelques passages d'Hérodote, et que je ne suis pas même exact dans le récit des premières hostilités des Français en 1792. (N. ÉD.)

[8] 490 ans avant J.-C. — [9] HÉROD., lib. vi, cap. XCIV-CII; PLAT., de Leg., lib. III; CORN. NEP., in Mill., cap. v. — [10] HÉROD., lib. vi, cap. CI; CORN. NEP., in Mill. — [11] PLAT., de Leg., lib. III.

proche des légions étrangères[1]; d'autres, dont les opinions varient avec les événements, commençaient de s'excuser de leur patriotisme passé[2]; enfin, les amants de la liberté, exaltés par le danger des circonstances, sentaient leur courage s'augmenter en proportion des malheurs de la patrie[3], et je ne sais quoi de sublime qui tourmentait leurs âmes .

Au nom de Miltiade, on frissonne d'un saint respect, non que l'éclat de ses victoires nous éblouisse, mais parce qu'il arracha son pays à la servitude[b]. Les qualités guerrières de cet homme fameux furent l'activité et le jugement[4]. Connaissant le caractère de ses compatriotes, il ne balança pas à les précipiter sur les Perses, à Marathon[5], certain que la réflexion était dangereuse à ces bouillants courages. Les traits du général athénien brillaient de ses vertus, dirai-je de ses vices? Un front large, un nez un peu aquilin, une bouche ferme et compressée, une vigueur de génie répandue sur tout son visage, montraient le redoutable ennemi des tyrans, mais peut-être l'homme un peu enclin lui-même à la tyrannie[6c]. Le poignard d'un Brutus peut être aisément forgé dans le sceptre de fer d'un César; et les âmes énergiques, comme les volcans, jettent de grandes lumières et de grandes ténèbres.

De petites formes, de petits traits, un air remuant et impertinent, cachent cependant dans M. Dumouriez des talents peu ordinaires. On lui a fait un crime de la versatilité[d] de ses principes; supposé que ce reproche fût vrai, aurait-il été plus coupable que le reste de son siècle? Nous autres Romains de cet âge de vertu, tous tant que nous sommes, nous tenons en réserve nos costumes politiques pour le moment de la pièce; et, moyennant un demi-écu qu'on donne à la porte, chacun

---

[1] Herod., lib. vi. — [2] Id., ibid., cap. xliii. — [3] Id., ibid.

[a] Si l'on me demandait ce que j'ai voulu dire par cette phrase, je ne saurais trop que répondre; mais telle qu'elle est, cette phrase, elle ne me déplaît pas, et je crois, sinon la comprendre, du moins la sentir. (N. Éd.) — [b] C'est un émigré qui écrit cela. (N. Éd.)

[4] Herod., lib. vi, cap. cxvi-cxx; Corn. Nep., in Milt.; Plut., in Arist. — [5] Herod., lib. vi, cap. cix; Plut., in Arist., pag. 321; Corn. Nep., in Milt., cap. v. — [6] Voyez les différentes têtes de Miltiade en gemme. J'ai dessiné celle dont je me sers d'après une excellente collection d'estampes antiques, gravées à Rome, en 1666, sur les originaux, et que le Rév. B. S. a bien voulu me communiquer.

[c] Portrait à la manière d'une mauvaise école. Je me montre plus rigoureux ici que les Athéniens, car à la seule inspection des traits d'un grand homme, plus ou moins bien reproduits par la gravure, je déclare Miltiade un peu enclin à la tyrannie. Cela prouve que j'aurais fait pendre les tyrans sur la mine. (N. Éd.) — [d] Cette facilité de confronter les hommes d'un jour avec les hommes des siècles, de comparer des personnages vivants, dont le nom est à peine connu, à des personnages qui reposent depuis des milliers d'années dans la tombe, et dont le temps a sanctionné la gloire; cette facilité est un prodigieux exemple de la folie de l'esprit de système. Qu'il y a déjà loin du jugement que l'on prononçait sur Dumouriez en 1794, à celui que l'on porte de ce général aujourd'hui! (N. Éd.)

peut se procurer le plaisir de nous faire jouer avec la toge ou la livrée, tour à tour, un Cassius ou un valet *a*.

Rassurés par la noble confiance de Miltiade, les Athéniens volèrent au combat. — Les Français, conduits par Dumouriez, cherchèrent l'armée combinée. Les Perses et les Prussiens, par la plus incroyable des inactions, semblaient paralysés dans leurs camps [1]. Bientôt les derniers furent contraints de se replier, en abandonnant leurs conquêtes, et les républicains marchèrent aussitôt en Flandre. Marathon et Jemmapes [2] ont appris au monde que l'homme qui défend ses foyers, et l'enthousiaste qui se bat au nom de la liberté, sont des ennemis formidables.

Un calme de peu de durée succéda à ces premières tempêtes. Les Athéniens et les Français le remplirent de leur ingratitude. Miltiade et Dumouriez, ayant éprouvé quelques revers [3], furent accusés de royalisme [4], et de s'être laissé corrompre par l'or de la Perse [5] et de l'Autriche. Le premier expira dans les fers des blessures qu'il avait reçues à la défense de la patrie [6] ; le second n'échappa à la mort que par la fuite [7].

---

[a] La satire historique n'est pas l'histoire; la satire historique juge la société générale par les exceptions; on sacrifie une vérité à une phrase brillante. Il arrive cependant que des hommes remplis d'indulgence et de philanthropie ont quelquefois du penchant à la satire, mais alors elle n'est chez eux qu'une arme défensive, tandis que cette arme est offensive entre les mains des véritables satiriques. Si je ne m'étais fait une loi de ne rien changer au texte de l'*Essai*, j'aurais effacé dans ces passages les incorrections d'un écrivain jeune et peu exercé. Par exemple, il fallait écrire ici : « Pour un peu d'argent qu'on donne à la porte, chacun peut se procurer le plaisir de nous faire « jouer en toge ou en livrée le rôle d'un Cassius ou celui d'un valet. » (N. Éd.)

[1] Il y avait dix généraux dans l'armée athénienne qui devaient commander chacun à leur tour, mais ils cédèrent cet honneur à Miltiade. Celui-ci cependant attendit que le jour où il commandait de droit fût arrivé pour donner la bataille. D'ici il résulte que la petite poignée de Grecs, se montant à dix mille Athéniens et mille Platéens, restèrent plusieurs jours en présence des cent dix mille Perses, sans que ceux-ci songeassent à les attaquer. Quant au roi de Prusse, il se donna le plaisir pieux de réinstaller l'évêque de Verdun dans son siége épiscopal, et d'entendre les chanoines chanter la messe, à la grande satisfaction de tous les assistants. — [2] Ces deux batailles, si semblables dans leurs effets pour la Grèce et pour la France, diffèrent totalement quant aux circonstances. Dix mille Athéniens défirent cent dix mille Perses, et cinquante mille Français eurent bien de la peine à forcer dix mille Autrichiens. La retraite de Clerfayt, après la bataille, a passé pour un chef-d'œuvre d'art militaire. Les Perses perdirent six mille quatre cents hommes, les Grecs cent quatre-vingt-douze. J'ai vu deux prisonniers patriotes qui s'étaient trouvés à Jemmapes, et qui m'ont assuré que les Français y laissèrent de douze à quinze mille tués. — La bataille de Marathon se donna le 29 septembre, 490 avant J.-C. — Celle de Jemmapes, le 8 novembre 1792. — [3] HEROD., lib. VI, cap. CXXXII; CORN. NEP., *in Milt.*, cap. VII. — [4] CORN. NEP., *in Milt.*, cap. VIII. — [5] HEROD., lib. VI, cap. CXXXVI. — [6] *Id.*, *ibid.*; CORN. NEP., *in Milt.*, cap. VIII. — [7] *Mémoires du général Dumouriez.*

CHAPITRE LXIV.

Xerxès. — François. — Ligue générale contre la Grèce, — contre la France. — Révolte des provinces.

Cependant l'empire d'Orient et celui d'Allemagne avaient changé de maîtres. Darius et Léopold [1] n'étaient plus. A ces monarques, savants dans la connaissance des hommes et dans l'art de gouverner, succédèrent leurs fils, Xerxès et François [a]. Ces jeunes princes, placés au timon de deux grands États dans des circonstances orageuses, égaux en fortune, se montrèrent différents en génie. Le roi des Perses, élevé dans la mollesse, était aussi pusillanime [2] que l'empereur germanique, nourri dans les camps de Joseph, est courageux [3]. Ils semblent seulement avoir partagé en commun l'obstination de caractère [4]. Ils eurent aussi le malheur d'être trompés par leurs ennemis, qui s'introduisirent jusque dans leurs conseils [5].

Résolu de poursuivre vigoureusement la guerre que son père lui avait laissée avec la couronne [6] Xerxès assemble son conseil; il y montre la nécessité de rétablir dans tout son lustre l'honneur de la Perse, terni aux champs de Marathon. « J'irai, dit-il, je traverserai les mers, je raserai la ville coupable, et j'emmènerai les citoyens captifs dans les fers [7]. » Les alliés ont aussi tenu à peu près le même langage.

Après un tel discours, on ne songea plus qu'aux immenses préparatifs de l'expédition projetée. Des courriers, chargés des ordres de la cour de Suse, se rendent dans les provinces pour hâter la marche des troupes [8]. En même temps une ligue générale de tous les États de

---

[1] Léopold ne vit pas la première campagne, puisqu'il mourut à Vienne, le jour même que la guerre fut déclarée à Paris. Mais comme cette déclaration se fit en son nom, j'ai négligé de parler plus tôt de cet événement, qui ne change rien à la vérité des faits, et pouvait nuire à l'ensemble du tableau.

[a] Le lecteur doit être accoutumé à ces rapprochements. Ne semble-t-il pas que je connaisse Xerxès aussi bien que le respectable empereur d'Autriche, qui vit encore? Je fais le dénombrement des deux armées des Perses et des Allemands, à peu près comme le noble chevalier de la Manche nommait les généraux des deux grandes armées de moutons : « Ce chevalier, disait-il, qui porte « trois couronnes en champ d'azur, est le redoutable Micocolembo, grand duc de Quirocie, etc. »
(N. ÉD.)

[2] PLAT., de Leg., lib. III, pag. 698. — [3] François a donné les plus grandes marques de bravoure dans la guerre des Turcs, particulièrement un jour que, s'étant emporté fort loin à la poursuite des ennemis, il revint seul au camp, où on était dans les plus vives alarmes sur son compte. Je tiens ce fait du colonel des hussards de la garde du roi de Prusse. — [4] PLAT., de Leg., lib. III, pag. 698. — [5] Thémistocle fit plusieurs fois donner des avis à Xerxès en particulier, l'un avant, l'autre après la bataille de Salamine. — On dit que le cabinet de l'empereur est composé de gens entièrement vendus à la France. — [6] Entre la première invasion de la Grèce par les Perses sous Darius, et la seconde sous Xerxès, il se trouve un intervalle de dix ans, presque tout employé en préparatifs de guerre. — [7] HEROD., lib. VII, pag. 382. — [8] Id., ibid., cap. XX.

l'Asie, de l'Afrique et de l'Europe se forme contre le petit pays de la Grèce. Les Carthaginois, prenant à leur solde des Gaulois, des Italiens, des Ibériens, se déclarent et signent un traité d'alliance offensive avec le grand roi [1]. La Phénicie et l'Égypte équipent leurs vaisseaux pour la coalition [2]. La Macédoine y joint ses forces [3]. De ses États proprement dits, la Médie et la Perse, Xerxès tire des troupes aguerries [4]. La Babylonie, l'Arabie, la Lydie, la Thrace et les diverses satrapies, fournissent leur contingent à la ligue [5], et une armée de trois millions de combattants s'assemble dans la plaine de Doriscus [6].

Au bruit de ces préparatifs formidables, des provinces de la Grèce, soit par lâcheté, soit par opinion, se rangent du parti des étrangers [7]. Et l'on vit bientôt la Béotie, l'Argolide, la Thessalie, et plusieurs îles de la mer Égée [8], joindre leurs efforts à ceux des tyrans.

François, de son côté, faisait des préparatifs immenses. Ses États de Hongrie, de Bohême, de Lombardie, etc., lui donnent d'excellents soldats ; la Prusse le soutient de tout son pouvoir ; les cercles de l'empire mettent sur pied leurs légions ; l'Angleterre, la Hollande, l'Espagne, la Sicile, la Sardaigne, la Russie, se combinent dans la ligue générale, et de nombreuses armées s'avancent sur toutes les frontières de la France. Aussitôt la Vendée, le Lyonnais, le Languedoc, s'insurgent ; et la république naissante, attaquée au dedans et au dehors, se voit menacée d'une ruine prochaine.

Un très-petit nombre de peuples restèrent tranquilles spectateurs de ces grandes scènes. Dans le monde ancien on ne compta que ceux de la Crète [9], de l'Italie [10], de la Scythie. — Le Danemark, la Suède, la Suisse, et quelques autres petites républiques, demeurèrent neutres dans le monde moderne. Ni les Grecs, ni les Français, n'eurent d'alliés au commencement de la guerre. Leurs armes leur en firent par la suite [11].

Afin que le lecteur puisse parcourir d'un coup d'œil ce tableau intéressant, je vais joindre ici une carte, où l'on a rangé les alliés de la guerre Médique et de la guerre républicaine sur deux colonnes, les peuples qui se correspondent opposés les uns aux autres, les provinces soulevées, les dates des batailles, des paix partielles, etc., etc. *.

[1] Diod., lib. II, pag. 1, 2, etc. — [2] Herod., lib. VII, cap. LXXXIX-XCIX. — [3] Id., ibid., cap. CLXXXV. — [4] Id., ibid., cap. LX-LXXXVII. — [5] Id., ibid. — [6] Id., ibid.; Isocrat., Panath., pag. 305; Just., lib. II, cap. X; Plut., in Themist. — [7] Herod, lib. VII, cap. XXXII; Diod., lib II. — [8] Herod., lib. VII, cap. CLXXXV; lib. VIII, cap. V; lib. IX, cap. XII. — [9] Id., lib. VII, cap. CLXXI. — [10] Encore l'Italie avait-elle des troupes à la solde de Carthage. — [11] Plut., in Cim.; Thucyd., lib. I, p. 66; Diod., lib. II, pag. 47.

* Que de soins, que de recherches perdus ! Les faits n'en sont pas moins curieux. (N. Éd.)

TABLEAU DES PEUPLES

COALISÉS

CONTRE LA GRÈCE

Dans la guerre Médique.

PUISSANCES CONTINENTALES.	BATAILLES, PAIX, DIVERSES CONQUÊTES, PAIX GÉNÉRALE.
La Perse.	Avant J. C. Années.
ÉTATS PROPREMENT DITS DU ROI DES PERSES.	Les Grecs ravagent la Lydie, et sont repoussés.......... 504
La Perse.	Bataille de Marathon,
La Médie.	29 septembre...... 490
La Babylonie.	Coalition générale..., 485 et suivantes.
SATRAPIES DE LA PERSE.	Invasion des Perses... 460
La Lydie.	Combat des Thermopyles, août......... 4C0
L'Arménie.	Bataille de Salamine,
La Pamphylie, etc.	20 octobre......... 480
ALLIÉS.	Carthage fait la paix... —
	Bataille de Platée et de
Divers peuples arabes.	Mycale, 19 septembre.............. 479
Divers rois de Thrace.	La Béotie saccagée par
La Macédoine.	les Grecs.......... —
PUISSANCES MARITIMES.	La Macédoine et diverses îles de la mer
Carthage.	Égée concluent la
Tyr.	paix avec les Grecs. 479
L'Égypte.	et suivantes.
L'Ionie.	Conquêtes, déprédations, tyrannie des
	Grecs........... —
PROVINCES RÉVOLTÉES.	La Lycie, la Carie, forcées par eux à se
La Béotie.	déclarer contre les
L'Argolide.	Perses......... 470
Plusieurs îles de la mer Égée.	La Thrace subjuguée. 469 et suivantes.
GRECS ÉMIGRÉS.	Invasion de l'Égypte par les Grecs...... 462
Hippias, prince d'Athènes, etc.	Ils y périssent........ 462 et suivantes.
NATIONS NEUTRES.	Paix générale........ 449
Les Scythes.	
Les peuples d'Italie.	
Les Thessaliens.	
Les Crétois.	
Et quelques autres.	
Les Grecs n'eurent aucun allié dans le commencement de la guerre.	Autant qu'on peut en juger par les différents relevés des batailles, il périt environ dix millions d'hommes par les armes dans la guerre des Perses et des Grecs.

TABLEAU DES PEUPLES

COALISÉS

CONTRE LA FRANCE

Dans la guerre républicaine.

PUISSANCES CONTINENTALES.	BATAILLES, PAIX, DIVERSES CONQUÊTES.
L'Allemagne.	De notre ère. Années.
ÉTATS PROPREMENT DITS DE L'EMPEREUR.	Les Français tentent l'invasion du Brabant, et sont repoussés, le 29 avril..... 1792
La Hongrie.	Bataille de Jemmapes,
La Bohême.	7 novembre........ —
L'Autriche.	Coalition générale, fév.
Le Brabant.	et mars............ 1793
La Lombardie, etc.	Invasion des Autrichiens, avril...... —
CERCLES DE L'EMPIRE.	Bataille de Maubeuge,
	17 octobre......... —
La Bavière.	La Vendée ravagée par
La Saxe.	les Français, octobre. —
Les électorats de Trèves, de Hanovre, etc.	Bataille de Fleurus, 29 juin............. 1794
ALLIÉS.	Conquêtes, déprédations, tyrannie des
	Français, 7 octobre. —
La Russie.	Le roi de Prusse fait la
Les princes d'Italie.	paix, 5 avril....... 1795
L'Espagne.	Le roi d'Espagne et
La Prusse.	celui de Sardaigne contraints de traiter,
PUISSANCES MARITIMES.	28 juin et suiv...... —
	Le premier, environ un an après la pacification, forcé de se déclarer contre les alliés...... —
L'Angleterre.	Invasion de l'Italie par
La Hollande.	les Français....... 1796
PROVINCES RÉVOLTÉES.	Invasion de l'Allemagne, juin...... —
La Vendée.	Les Français y sont détruits, septembre.. —
Le Morbihan.	Ouverture de paix générale, décembre... —
Le Lyonnais.	
La Provence.	
Et quelques autres départements.	
ÉMIGRÉS FRANÇAIS.	
Les Bourbons, etc.	
NATIONS NEUTRES.	
Les Suisses.	Environ un million d'hommes ont péri par les armes aux frontières, dans la Vendée et ailleurs. Je fais ce calcul, qui peut paraître modéré, sur l'addition des tués dans les différentes batailles, et d'après les *Mémoires sur la Vendée*, par le général Turreau.
Le Danemark.	
La Suède.	
Les villes anséatiques.	
Les États-Unis d'Amérique.	
Les Français n'eurent aucun allié dans le commencement de la guerre.	

Ballin del. et sc.

CATHELINEAU

Imprimé par Gihaut et Dupont r. de la Calandre 19 Paris   Publié par DUFOUR, MULAT et BOULANGE

CHAPITRE LXV.

Campagne de la 4ᵉ année de la 74ᵉ olympiade [1] (480 ans avant J.-C.). — Campagne de 1793. — Consternation à Athènes et à Paris. — Bataille de Salamine. — Bataille de Maubenge.

Tout étant disposé pour l'invasion préméditée, Xerxès lève son camp et s'avance vers l'Attique, suivi de ses innombrables cohortes [2]. — Cobourg, généralissime des forces combinées, marche de même sur la France. Dans les armées florissantes de la Perse et de l'Autriche on voyait briller également une foule de princes [a]. Les Alexandre, les Artémise, les rois de Cilicie, de Tyr, de Sidon [3]; — les York, les Orange, les Saxe. Bien différentes étaient les troupes opposées. Des citoyens obscurs, dont les noms même avaient été jusqu'alors ignorés, commandaient d'autres citoyens pauvres et leurs égaux [b]. Je ne ferai point le portrait de Thémistocle et d'Aristide, qui sauvèrent alors la Grèce. Si j'avais eu des hommes à leur opposer dans mon siècle, je n'eusse pas écrit cet *Essai*.

Tout céda à la première impulsion des forces combinées. Les Thermopyles, Thèbes, Platée, Thespies, tombèrent devant les Perses [4]; — Valenciennes, Condé, le Quesnoy, devant les Autrichiens. Pour les premiers, il ne restait plus qu'à marcher sur l'Attique; — pour les seconds, qu'à se jeter dans l'intérieur de la France.

Le trouble, la consternation, le désespoir qui régnaient alors à Athènes et à Paris ne sauraient se peindre. Les frontières forcées, les étrangers prêts à pénétrer dans le cœur de l'État, des soulèvements dans plusieurs provinces, tout paraissait inévitablement perdu. Pour comble de maux, une division fatale d'opinions parmi les patriotes, achevait d'éteindre jusqu'au moindre rayon d'espérance. La mort d'Hippias à Marathon [5], — la prise de Valenciennes, au nom de l'empereur, ne laissait plus aux royalistes de la Grèce et de la France les moyens de douter des intentions des puissances coalisées. Tous les citoyens

---

[1] Les jeux olympiques se célébrant dans l'été, il en résultait qu'une campagne occupait chez les Grecs la fin d'une année civile et le commencement de l'autre; par exemple, les trois derniers mois de la 4ᵉ année de la 74ᵉ olympiade et les trois premiers de la 75ᵉ, ainsi de suite. Je n'en marque qu'une pour abréger. — [2] Il avait passé l'Hellespont au commencement du printemps de l'an 480 avant J.-C. Il séjourna un peu plus d'un mois à Doriscus. Ainsi il put recommencer sa marche vers la fin de mai.

[a] Je poursuis toujours mon dénombrement avec un sang-froid imperturbable; je découvrirai bientôt l'*invincible Timonel, de Carcassonne,* etc. (N. ÉD.)

[3] HEROD., lib. VIII, cap. LXVIII.

[b] Bien : hors de mon système je retrouve la raison. (N. ÉD.)

[4] HEROD., lib. VII, lib. VIII, cap L. — [5] *Id*, lib. VI, cap. CXIV.

tombaient donc d'accord de la défense, mais personne ne s'entendait
sur le mode. Les Lacédémoniens opinaient à se renfermer dans le Péloponèse [1]; un parti des Athéniens voulait qu'on défendît la cité [2], un
autre qu'on mît toutes ses forces dans la marine [3]. L'ambition des particuliers venait à la traverse. Des hommes sans talents prétendaient à
des places auxquelles les plus grands génies suffisaient à peine [4][a]; Thémistocle écarta ses rivaux, détermina les citoyens à se porter sur leurs
galères [5], et la patrie fut sauvée. — En France les avis étaient encore
plus partagés. Chaque tête enfantait un projet et s'efforçait de le faire
adopter aux autres. Ceux-ci ne voyaient de salut que dans les places
fortifiées; ceux-là parlaient de se retirer dans l'intérieur. Un plus grand
nombre voulait que la république se précipitât en masse sur les alliés.
Ce dernier plan parut le meilleur, et son adoption ramena la victoire.

Cependant les diversités de sentiments, non moins fatales à leur
cause, frappaient les armées conquérantes d'imbécillité et de faiblesse.
Xerxès, épouvanté du combat des Thermopyles, flottait incertain de la
conduite qu'il devait tenir [6]. Il apprenait qu'une partie de la Grèce était
assise tranquillement aux jeux olympiques [7], tandis qu'il ravageait
leur contrée, et il ne savait qu'en croire [8]. Dans son conseil, le roi de
Sidon se déclarait en faveur d'une attaque immédiate sur les galères
athéniennes [9]. Artémise, au contraire, représentait qu'en tirant la
guerre en longueur, les ennemis étaient infailliblement perdus [10]. —
Parmi les Autrichiens et leurs alliés, plusieurs maintenaient qu'il fallait
s'emparer des villes frontières; le duc d'York se rangeait de l'avis de
marcher sur la capitale. Le sentiment de la reine d'Halicarnasse [11], —
celui du prince anglais, furent rejetés et les opinions contraires adoptées. Ainsi, par cette destinée qui dispose des empires, des diverses
mesures en délibération, les Grecs et les Français choisirent celles qui
pouvaient seules les sauver; les Perses et les Autrichiens celles qui devaient nécessairement les perdre [b].

Aussitôt Xerxès se prépare à la célèbre action de Salamine. — Co-

---

[1] HEROD., lib. VIII. cap. XL; ISOCRAT., pag. 166. — [2] HEROD., lib. VII, cap. CXLIII; PLUT., *in Cim.*
— [3] HEROD., lib. VII; PLUT., *in Themist.* — [4] PLUT., *in Themist.*

[a] C'est ce qui arrive dans tous les temps, jusqu'au moment où le génie qui doit tout dominer paraisse. (N. ÉD.)

[5] PLUT., *in Themist.* — [6] HEROD., lib. VII, cap. CCX. — [7] Comme les Français aux fêtes de leur
capitale, tandis que le prince de Cobourg prenait Valenciennes. Ceci ne détruit point ce que j'ai dit
plus haut, et est fondé sur la vérité de l'histoire. C'était le caractère des Grecs (comme c'est celui
des Français) : plongés le matin dans le plus grand trouble, à six heures du soir à la foire, et déses-
pérés de nouveau en en sortant. — [8] HEROD., lib. VIII, cap. XXVI. — [9] *Id., ibid.*, cap. LXVIII. —
[10] *Id., ibid.* — [11] *Id., ibid.*

[b] Malgré le duc d'York et la reine d'Halicarnasse, la réflexion n'est pas indigne de l'histoire.
(N. ÉD.)

bourg divise ses forces, bloque Maubeuge, et envoie les Anglais attaquer Dunkerque. Il se passait alors sur la flotte réunie des Grecs, de
ces grandes choses qui peignent les siècles, et qu'on ne retrouve qu'à
des intervalles considérables dans l'histoire. La division s'était mise
entre les généraux. Les Spartiates, toujours obstinés dans leurs projets, voulaient abandonner le détroit de Salamine, et se retirer sur les
côtes du Péloponèse [1]. A cette mesure, qui eût perdu la patrie, Thémistocle s'opposait de tous ses efforts. Le général s'emportant lève la
canne sur l'Athénien : « Frappe, mais écoute, » lui crie le grand
homme [2], et sa magnanimité ramène Eurybiade à son opinion.

C'était la veille de la bataille de Salamine [a]. La nuit était obscure.
Les cœurs, sur la petite flotte des Grecs, agités par tout ce qu'il y a
de cher aux hommes, la liberté, l'amour, l'amitié, la patrie, palpitaient
sous un poids d'inquiétudes, de désirs, de craintes, d'espérances. Aucun œil ne se ferma dans cette nuit critique, et chacun veillait en silence les feux des galères ennemies. Tout à coup on entend le sillage
d'un vaisseau qui se glisse dans le calme des ténèbres. Il aborde à
Salamine; un homme se présente à Thémistocle : « Savez-vous, lui
dit-il, que vous êtes enveloppés, et que les Perses font le tour de l'île

[1] Hérod., lib. viii, cap. lvi. — [2] Plut., in Themist.

[a] Je ne puis dire aujourd'hui de Salamine ce que je disais en 1796 de Lexington : *J'ai vu les*
champs de Salamine. Qu'on me pardonne de citer ici un passage de l'*Itinéraire* : « Vers les cinq
heures du soir, nous arrivâmes à une plaine environnée de montagnes au nord, au couchant et au
levant. Un bras de mer long et étroit baigne cette plaine au midi, et forme comme la corde de l'arc
des montagnes; l'autre côté de ce bras de mer est bordé par les rivages d'une île élevée; l'extrémité
orientale de cette île s'approche d'un des promontoires du continent : on remarque entre ces deux
points un étroit passage. Je résolus de m'arrêter à un village bâti sur une colline qui terminait au
couchant, près de la mer, le cercle des montagnes dont j'ai parlé. On distinguait dans la plaine les
restes d'un aqueduc, et beaucoup de débris épars au milieu du chaume d'une moisson nouvellement coupée; nous descendîmes de cheval au pied du monticule, et nous grimpâmes à la cabane la
plus voisine : on nous y donna l'hospitalité. Tandis que j'étais à la porte, recommandant je ne sais
quoi à Joseph, je vis venir un Grec qui me salua en italien. Il me conta tout de suite son histoire :
il était d'Athènes, il s'occupait à faire du goudron avec les pins des monts Géraniens; il était l'ami
de M. Fauvel, et certainement je verrais M. Fauvel. Je répondis que je portais des lettres à M. Fauvel. Je fus charmé de rencontrer cet homme, dans l'espoir de tirer de lui quelques renseignements
sur les ruines dont j'étais environné, et sur les lieux où je me trouvais. Je savais bien quels étaient
ces lieux; mais un Athénien qui connaissait M. Fauvel devait être un excellent cicerone. Je le priai
donc de m'expliquer un peu ce que je voyais, et de m'orienter dans le pays. Il mit la main sur son
cœur, à la façon des Turcs, et s'inclina humblement : « J'ai entendu souvent, me répondit-il,
« M. Fauvel expliquer tout cela; mais moi, je ne suis qu'un ignorant, et je ne sais pas si tout cela
« est bien vrai. Vous voyez d'abord au levant, par-dessus le promontoire, la cime d'une montagne
« toute jaune : c'est le Telo-Vouni (le Petit-Hymette); l'île de l'autre côté de ce bras de mer, c'est
« Colouri; M. Fauvel l'appelle *Salamine*, etc. » Le Grec aujourd'hui ne fait plus de goudron, à
moins que ce ne soit pour les vaisseaux de Miaulis ou de Canaris. Colouri a repris pour lui le nom
de Salamine. Il connaît maintenant les monuments de sa race. Devenu antiquaire dans sa patrie, il
a fouillé le champ de ses aïeux, déterré leur renommée, et retrouvé la statue de la Gloire. Pour
creuser cette terre féconde, il n'a eu besoin que du fer d'une lance. (N. Éd.)

pour vous fermer le passage? » — « Je le sais, répond le général athénien; cela s'exécute par mon avis [1]. » Aristide admira Thémistocle :
celui-ci avait reconnu le plus juste des Grecs.

— La veille de l'attaque du camp des Autrichiens, par Jourdan, devant Maubeuge, fut un jour de crainte et d'anxiété. Jusque-là, les
alliés victorieux n'avaient trouvé aucun obstacle, et les troupes françaises découragées ne rendaient presque plus de combat; cependant le
salut de la France tenait à celui de la forteresse assiégée. Cette place
tombée entraînait la prise de plusieurs autres; et les alliés, réunissant
les forces qu'ils avaient eu l'imprudence de diviser, pénétraient sans
opposition dans l'intérieur du pays. Il fallait donc saisir le moment, et
faire un dernier effort pour arracher la patrie des mains des étrangers,
ou s'ensevelir sous ses ruines.

Jourdan, le général français chargé de cette importante expédition,
est un froid militaire dont les talents, moins brillants que solides, n'ont
été couronnés de succès que dans cette action importante et à Fleurus.
Ayant tout disposé pour l'attaque, le soldat passa la nuit sous les
armes, attendant, avec plus de crainte que d'espérance, le résultat de
cette grande journée.

Du côté des alliés, tout était joie et certitude. — Xerxès, assis sur
un trône élevé pour contempler sa gloire, fait placer des soldats dans
des îles adjacentes, afin qu'aucun Grec sauvé de la ruine de ses vaisseaux ne puisse échapper à sa vengeance. — On comptait tellement sur
la victoire parmi les nations coalisées contre la France, qu'à chaque
instant on annonçait la prise de Dunkerque et de Maubeuge.

— Entre la côte orientale de l'île de Salamine [2] et le rivage occiden-
tal de l'Attique, se forme un détroit en spirale, d'environ 40 stades [3]
de long, et de 8 [4] de large. L'extrémité du détroit se trouve presque
fermée par le promontoire Trophée de l'île, qui se jette à travers les
flots dans la forme d'une lance. La première ligne des galères grecques
s'étendait depuis cette pointe au port Phoron, qui lui correspond sur
la côte du continent opposé. La seconde ligne, parallèle à la première,
se plaçait immédiatement derrière, et ainsi successivement des autres,
en remontant dans l'intérieur du détroit.

La première ligne des galères persanes, faisant face à celle des Grecs,

---

[1] PLUT., in Themist., in Arist. Les Grecs étant prêts à se retirer, Thémistocle en fit donner avis
à Xerxès, qui s'empressa de bloquer les passages par où la flotte ennemie eût pu s'échapper. Ainsi
les Grecs se virent obligés de combattre dans ce lieu favorable, ce qui leur procura la victoire. Aristide, en passant à Salamine, s'aperçut du mouvement que faisaient les galères persanes pour enve-
lopper celles d'Eurybiade, et, ignorant le stratagème de Thémistocle, il donna avis du danger à celui-ci. — [2] C'est ici que le défaut de cartes se fait particulièrement sentir. — [3] Environ deux lieues,
— [4] Un peu plus d'un tiers de lieue.

se formait en demi-lune, depuis la même pointe Trophée jusqu'au port Phoron ; et les autres se rangeaient derrière, en dehors du détroit. Non-seulement, par cette disposition, les Perses perdaient l'avantage du nombre [1], mais encore leur ordre de bataille se trouvait coupé [2] par la petite île Psyttalie, qui gît un peu au-dessous et en avant de l'embouchure du canal.

A l'aile gauche de l'armée navale des Perses étaient placés les Phéniciens, ayant en tête les Athéniens [3] ; à l'aile droite les Ioniens, qui devaient combattre les Lacédémoniens, les Mégariens, les Éginètes [4]. Ariabignès [5] avait le commandement général des galères médiques ; Eurybiade [6], celui des vaisseaux des Grecs.

— Les Autrichiens, après avoir pris Valenciennes, s'avancèrent sur Maubeuge, dont ils formèrent aussitôt le blocus. Le prince de Cobourg, avec une armée d'observation, couvrait les troupes qui se préparaient à assiéger la forteresse.

— Xerxès ayant donné le signal de la bataille, les Athéniens attaquèrent avec impétuosité les Phéniciens qui leur étaient opposés. Le combat fut opiniâtre, et soutenu longtemps avec une égale valeur. Mais enfin l'amiral persan, Ariabignès, s'étant élancé sur une galère ennemie, y demeura percé de coups [7]. Alors la confusion, augmentée par la multitude des vaisseaux que la position locale rendait inutile, devint générale chez les Mèdes [8]. Tout fuit devant les Grecs victorieux ; et la flotte innombrable du grand roi, qui, un moment auparavant, obscurcissait la mer, disparut devant le génie d'un peuple libre.

— A Maubeuge, les Français recouvrèrent ce brillant courage qu'ils avaient perdu depuis Jemmapes. Ils se précipitèrent sur les lignes ennemies, avec cette volubilité [a] qui distingue leur première charge de celles de tous les autres peuples. Fossés, canons, baïonnettes, montagnes, fleuves, marais, rien ne les arrête. Ils se trouvent en mille lieux à la fois. Ils se multiplient comme les soldats de la terre. Ils grimpent, ils sautent, ils courent. Vous les avez vus dans la plaine, et ils sont au haut du retranchement emporté [b].

Les Autrichiens soutinrent le choc avec leur valeur accoutumée. Ces braves soldats, qu'aucun revers ne peut désespérer, qui seraient battus vingt ans de suite, et qui se battraient la vingtième année

[1] Herod., lib. viii, cap. lxi. — [2] Diod., lib. ii, pag. 15. — [3] Herod., lib. ii, cap. lxxxiii. — [4] Id., ibid., cap. xv. — [5] Il ne paraît pas, d'après Hérodote et Diodore, que la flotte persane eût un amiral en chef. Mais Ariabignès, frère de Xerxès, semble avoir eu le commandement principal. — [6] Plut., in Themist. — [7] Herod., lib. viii, cap. lxxx. — [8] Diod., lib. ii.

[a] Lisez vivacité, à moins que je n'aie voulu dire que l'attaque des Français est rapide comme la parole. (N. Éd.) — [b] J'ai transporté quelque chose de cette peinture dans le combat des Francs dans les Martyrs. (N. Éd.)

comme la première, repoussèrent partout leurs nombreux assaillants. Mais le prince de Cobourg, jugeant une plus longue résistance inutile, abandonna sa position, et Maubeuge fut délivré. Bientôt une colonne, commandée par Houchard, obligea les Anglais à lever le siège de Dunkerque; et les espérances de conquêtes s'évanouirent pour cette année.

C'est ainsi que la flotte persane, composée de diverses nations; — l'armée autrichienne, formée de même de différents peuples; ces coalisés, les uns traîtres [1], les autres pusillanimes [2], ceux-ci craignant des succès qui refléteraient trop de gloire sur tel ou tel général [3], telle ou telle nation; toute cette masse indigeste d'alliés fut brisée à Salamine et à Maubeuge. — Le grand roi repassa, dans une petite barque, en fugitif, cette même mer à laquelle il avait donné des chaînes [4]; — Cobourg mit ses troupes en quartier d'hiver, et tous les partis, en attendant les événements futurs d'une nouvelle campagne, eurent le temps de méditer sur l'inconstance de la fortune, et de déplorer leur folie.

CHAPITRE LXVI.

Préparation à une nouvelle campagne. — Portraits des chefs : — Mardonius, — Cobourg ; — Pausanias, — Pichegru. — Alexandre, roi de Macédoine.

Il s'en fallait beaucoup que le danger fût passé pour la Grèce et pour la France. Xerxès, en laissant après lui une armée de trois cent mille hommes choisis, avait plus fait pour sa cause qu'en y traînant trois millions d'esclaves. — L'échec que les alliés avaient reçu devant les places assiégées n'était qu'un léger revers, qui pouvait même tourner à leur profit, en leur enseignant une leçon utile. Ainsi on n'attendait que le retour de la nouvelle année pour recommencer de toutes parts les hostilités : avant d'entrer dans le détail de cette campagne, nous dirons un mot des chefs qui s'y distinguèrent.

Mardonius, qui commandait les troupes persanes demeurées en Grèce, était un satrape d'un rang élevé, et allié au sang de ses maîtres [5]. Son ambition [6], trop immense pour son génie, en faisait un de ces êtres disproportionnés qui paraissent grands parce qu'ils sont difformes. Vain, impatient, orgueilleux [7], il ne possédait que le courage brutal du grenadier qui donne la mort sans pitié, et la reçoit sans crainte [8] [a].

---

[1] HEROD., lib. VIII, cap. LXXXIV. — [2] Id., ibid., cap. LXVIII. — [3] Id., lib. IX, cap. LXVI, LXVII, LXVIII. — [4] Id., lib. VIII, cap. CXV. — [5] Id., lib. XVI, cap. XLIII. — [6] Id., ibid., cap. V. — [7] Id., lib. IX, cap. VI. — [8] Id., ibid., cap. LXXI.

[a] En parlant de Mardonius, il fallait dire du soldat, et non du grenadier. Au reste, cette disproportion entre la capacité et l'ambition est une chose extrêmement commune, et une des plaies

— Placé à la tête des troupes alliées de l'Autriche, le prince de Cobourg, d'une naissance encore plus illustre que Mardonius, le surpassait de même en qualités personnelles. A la fois brave et prudent, il réunissait les talents et les vertus militaires, l'art du général et la loyauté du soldat *a*.

Pausanias, de la famille royale de Lacédémone, généralissime des armées combinées des Grecs, était un homme plein de jactance et de paroles magnifiques; toujours prêt à faire valoir ses grands services et à trahir son pays [1]. Il sauva la patrie aux champs de Platée, et la vendit quelques mois après au tyran de Suse [2].

— Pichegru, dont le nom plébéien, l'humble fortune et la modestie contrastent avec l'éclat de sa renommée, conduisait les Français aux combats. Cet homme extraordinaire, enfanté par la révolution, sut s'élever, de l'obscurité d'une classe inférieure, à la place la plus brillante de son pays, et redescendre, avec non moins de grandeur, à l'ombre de sa condition première *b*.

Enfin, dans l'armée des Perses on remarquait un homme appelé Alexandre, roi de Macédoine, qui, traître aux deux partis qu'il savait ménager, trafiquait de son honneur et de sa conscience avec le plus riche ou le plus fort. Avant le combat des Thermopyles il donna avis aux Grecs du danger de leur position à la vallée de Tempé [3], et marcha avec Xerxès à Salamine. Après la défaite du monarque de l'Orient, il se dit l'ami des Athéniens, et les invita, par humanité, à se soumettre au tyran de l'Asie [4]. Aux champs de Platée, accompagnant Mardonius, il trahit ce général, pour se ménager une ressource en cas de revers; et avertit en personne Pausanias qu'il serait attaqué le lendemain par les Mèdes [5]. Les Grecs, malgré leur haine des rois, respectèrent Alexandre par mépris *c*. Ils daignèrent peser sur les ressorts du mannequin vénal, tandis qu'il pouvait leur être bon à quelque chose.

Je ne parlerai point du roi de Prusse.

---

de la société; mais elle ne produit pas toujours une sorte de grandeur comme dans Mardonius : l'ambition est souvent placée dans des hommes si inférieurs sous tous les rapports, qu'ils n'ont pas même la force d'en porter le poids, et qu'ils en sont écrasés. (N. Éd.)

a C'est fort bien de faire des portraits, mais encore faut-il qu'ils ressemblent. Les talents du prince de Cobourg étaient au-dessous de ses autres qualités. (N. Éd.)

[1] Corn. Nep., *in Pausan.*; Thucyd., lib. i. — [2] Thucyd., lib. i, cap. cxxxiv. Étant condamné à mort à Sparte, il se retira dans un temple. On en mura les portes, et le roi lacédémonien y périt.

b Ce portrait est tracé par un émigré en 1795 et 1796, avant que Pichegru eût embrassé la cause de la monarchie légitime, et plusieurs années avant la mort tragique de ce grand et infortuné général. L'impartialité du royaliste était ici une espèce de pressentiment. (N. Éd.)

[3] Herod., lib. vii, cap. clxxii. — [4] Id., ibid., cap. cxl. — [5] Plut., *in Arist.*, pag. 328.

Il fallait s'arrêter à ce trait, et supprimer la mauvaise phrase qui termine ce chapitre. (N. Éd.)

CHAPITRE LXVII.

Campagne de l'an 479 avant notre ère, 1re année de la 75e olympiade. — Campagne de 1794. — Bataille de Platée ; — Bataille de Fleurus. — Succès et vices des Grecs, — des Français. — Différentes paix. — Paix générale.

Tels étaient les généraux qui commandaient dans les campagnes mémorables dont nous retraçons l'histoire. Au retour de la saison favorable aux armes, les Perses et les Autrichiens reprirent le champ avec une nouvelle vigueur. Mardonius ravagea une seconde fois l'Attique [1] ; — de son côté, le prince de Cobourg emporta Landrecies, et obtint plusieurs avantages. Mais bientôt la fortune changea de face. Pausanias, évitant de combattre dans la plaine, attira enfin les ennemis sur un terrain qui leur était défavorable. — Pichegru, en envahissant la Flandre maritime, obligea les alliés à abandonner leurs conquêtes. Après des marches et des actions multipliées, les grandes armées grecques et persanes, — françaises et autrichiennes, se rencontrèrent au lieu marqué par la destinée.

La cause ordinaire des guerres est si méprisable, que le récit d'une bataille, où vingt mille bêtes féroces se déchirent pour les passions d'un homme, dégoûte et fatigue. Mais des citoyens s'ébranlant au moment de la charge contre une horde de conquérants ; d'un côté, des fers, ou un anéantissement politique par un démembrement ; de l'autre, la liberté et la patrie : si jamais quelque chose de grand a mérité d'attirer les yeux des hommes, c'est sans doute un pareil spectacle. On le retrouve à Platée et à Fleurus, mais en des degrés d'intérêt fort différents. Les Français, sans mœurs, ayant signalé leur révolution par les crimes les plus énormes, n'offrent pas le touchant tableau des Grecs innocents et pauvres, d'ailleurs infiniment plus exposés que les premiers. Athènes n'existait plus ; un camp sacré renfermait tout ce qui restait des fils, des pères, des dieux, de la patrie ; desséchée par le souffle stérile de la servitude, une terre indépendante ne promettait plus de subsistance en cas de revers. Mais les héros de Platée s'embarrassaient peu de l'avenir : prêts à faire un dernier sacrifice de sang à Jupiter Libérateur, qu'avaient-ils besoin de s'enquérir s'ils auraient pu vivre demain esclaves, lorsqu'ils étaient sûrs de mourir aujourd'hui libres [a] ?..

[1] HEROD., lib. IX, cap. III.

[a] On ne dira pas, j'espère, en lisant cette page, que les émigrés détestaient la liberté ; qu'ils aimaient les étrangers, et qu'ils désiraient le démembrement de la France. Ici, plus de don-quichottisme par système, l'impartialité de l'historien est complète ; le sentiment de la patrie même ne l'aveugle pas ; et, tout en désirant le succès des Français, tout en applaudissant à ce succès, il représente leur cause comme moins touchante que celle des Grecs ; ce qui était la vérité. Quand je

Au midi de la ville de Thèbes, en Béotie, s'étend une grande plaine, traversée dans son extrémité méridionale par l'Asopus, dont le cours se dirige d'occident en orient, déclinant un degré nord. De l'autre côté du fleuve, la plaine continue, et va se terminer au pied du mont Cithéron, formant ainsi, entre la rivière et la montagne, une étroite lisière d'environ douze stades [1] dans sa plus grande largeur.

Les Perses, occupant la rive gauche de l'Asopus avec trois cent cinquante mille hommes, déployaient leur nombreuse cavalerie dans la plaine, ayant des retranchements sur leur front, Thèbes et un pays libre sur leur derrière [2]. Les troupes combinées des Lacédémoniens, des Athéniens et des autres alliés, consistant en cent dix mille hommes d'infanterie, campaient sur le penchant du Cithéron. A peu près sur la même ligne on apercevait à l'ouest les ruines de la petite ville de Platée, et entre cette ville et le camp des Grecs se trouvait à moitié chemin la fontaine Gargaphie : de sorte que l'Asopus divisait les deux armées ennemies.

Il s'y fit deux mouvements avant l'action générale.

Pausanias, manquant d'eau dans son premier emplacement, fit défiler ses troupes par la lisière dont j'ai parlé, et prit une nouvelle position aux environs de la fontaine Gargaphie [3]. Les Perses exécutèrent une marche parallèle sur le bord opposé du fleuve [4]. Le général lacédémonien, inquiété par l'ennemi, leva une seconde fois son camp, dans le dessein de se saisir d'une île formée à l'occident par deux branches de l'Asopus [5]; mais à peine avait-il atteint Platée, que Mardonius, ayant traversé la rivière, vint fondre sur lui avec toute sa cavalerie [6]. Il fallut se former à la hâte [7]. Les Lacédémoniens, composant l'aile droite, se trouvèrent opposés aux Perses et aux Saces. Les Athéniens, à l'aile gauche, eurent en tête les Grecs alliés de Xerxès. Le centre de l'armée, se trouvant rompu par des collines, n'avait pu se développer.

—Charleroi venait d'être emporté par les Français; mais on ignorait encore cette nouvelle dans le camp autrichien. Le prince de Cobourg, déterminé à secourir la place, et ayant reçu la veille un renfort de vingt mille Prussiens, s'avança le 26 juin (8 messidor), à trois heures du matin, sur la Sambre. Son armée se montait à cent mille hommes. La droite se trouvait commandée par le prince d'Orange, la gauche, composée de Hollandais et d'émigrés, par Beaulieu; le prince de Lam-

---

parle aujourd'hui avec amour des libertés publiques, avec horreur de la servitude, j'en ai acquis le droit par ces pages écrites dans ma première jeunesse : mes doctrines politiques ne se démentent pas un seul moment. (N. Éd.)

[1] Environ onze cents toises. — [2] HEROD., lib. IX, cap. XV; PLUT., in Aristid. — [3] HEROD., lib. IX, cap. XXII; DIOD., lib. II. — [4] HEROD., lib. IX, cap. XXXII. — [5] Id., ibid., cap. LI. — [6] Id., ibid., cap. LVIII. — [7] Id., ibid., cap. LVII.

besc était à la tête de la cavalerie. L'armée française se formait de la réunion de l'armée de la Moselle, des Ardennes et du Nord. Jourdan avait le commandement en chef [1].

Enfin, le 3 de boédromion [2], 2ᵉ année de la 75ᵉ olympiade, et le 12 messidor de l'an III de la république [3] se levèrent : jours destinés par celui qui dispose des empires à renverser les projets de l'ambition et à étonner les hommes.

Les combats muets des anciens, où de longs hurlements [4] s'élevaient par intervalles du milieu du silence de la mort, étaient peut-être aussi formidables que nos batailles rugissantes des détonations de la foudre. Le paysan du Cithéron, et celui des rives de la Sambre, purent en contempler les diverses horreurs, et bénir en même temps le sort qui les fit naître sous le chaume. Platée et Fleurus brillèrent de toutes les vertus guerrières. Là, le Perse, exposé sous un frêle bouclier aux armes des Lacédémoniens, brise de ses mains, avec le courage le plus intré-pide, la pique dont il est percé [5]. — Ici le grenadier hongrois assomme avec la crosse de son mousquet les Français qui se multiplient autour de lui [6]. — Ailleurs les Athéniens peuvent à peine surmonter leurs com-patriotes qui combattent dans les rangs ennemis [7]. — Les émigrés op-posent aux soldats de Robespierre une valeur indomptée. La fortune enfin se déclare, Mardonius tombe au premier rang [8]. Ses troupes plient, sont enfoncées, poursuivies dans leur camp, où on les égorge [9]. — Le prince de Cobourg, se reformant sous le feu de l'ennemi, se dispose à retourner à la charge, lorsqu'il apprend que Charleroi a capitulé, et il fait sonner la retraite. Deux cent mille [10] Perses tombèrent à Platée, — une multitude d'Autrichiens et de Français, à Fleurus ; et les Grecs et les Français perdent leurs vertus sur le même champ où ils obtien-nent la victoire.

Depuis ce moment, l'ambition des conquêtes et la soif de l'or rem-placèrent l'enthousiasme de la liberté. Les Grecs, conduits par d'autres

---

[1] *Moniteur* du 12 messidor (30 juin). — [2] 19 septembre 479 avant J.-C. — [3] 20 juin 1794. Je me sers des formes révolutionnaires pour conserver la vérité des couleurs. — [4] DIOD., lib. II ; PLUT., in Arist.; HEROD., lib. IX, cap. LXII. — [5] PLUT., in Arist., pag. 329. — [6] Ce trait de la bataille de Fleurus, que des officiers présents m'ont conté, s'est renouvelé plusieurs fois dans la guerre pré-sente, entre autres à Jemmapes, où les grenadiers hongrois, manquant de cartouches, assommaient avec une espèce de rage les Français qui fourmillaient dans les retranchements. — [7] HEROD., lib. IX, cap. LXVII. — [8] *Id.*, *ibid.*, cap. LXX. — [9] *Id.*, *ibid.*, cap. LXVII ; DIOD., lib. II, pag. 25. — [10] JUS-TIN., lib. II, cap. XIV. Artabaze emmena quarante mille hommes : des cinquante mille Grecs auxi-liaires, qui tinrent peu, excepté les Béotiens, je suppose que quarante mille échappèrent ; tout le reste de l'armée, à l'exception de trois mille soldats, périt, disent les historiens. Or, cette armée était originairement de trois cent cinquante mille hommes, et même de six cent mille hommes, si nous en croyons Diodore. Ainsi mon calcul est modéré. Il est certain que les batailles étaient infi-niment plus meurtrières avant l'invention de la poudre.

généraux, non moins célèbres que les premiers[1], parcoururent les rivages de l'Asie, de l'Afrique, de l'Europe, brûlant, pillant, détruisant tout sur leur passage, levant des contributions forcées, et faisant vivre leurs armées à discrétion chez les nations vaincues. — Je n'ai pas besoin de rappeler au lecteur l'incendie de l'Italie, les réquisitions, les spoliations des temples ; les ravages des Français dans le Brabant, en Allemagne, en Hollande, etc. J'ai dit ailleurs quelle fut la conséquence d'une telle conduite pour la Grèce. Le peuple d'Athènes, volage et cruel, qui s'était le plus distingué dans ses coupables excès, s'attira d'abord la guerre des alliés, et finit par succomber dans celle du Péloponèse.

Depuis la bataille de Platée jusqu'à la pacification générale, il s'écoula trente années. Mais, dans cet intervalle, les différents coalisés avaient traité partiellement avec le vainqueur. Les Carthaginois commencèrent[2], la Macédoine suivit ; ensuite[3] les îles voisines, et différents États. Les uns se rachetèrent à force d'argent[4], d'autres furent contraints de se déclarer contre les Perses[5]. Ceci nous retrace la Prusse, l'Espagne, les petits princes d'Italie et d'Allemagne. Enfin, Artaxerxès[6], fatigué d'une guerre inutile, s'abaissa à demander la paix en suppliant. Voici les conditions qu'on daigna lui dicter : 1° Que ses galères armées ne pourraient naviguer dans les mers de la Grèce ; 2° que ses troupes ne s'approcheraient jamais à plus de trois jours de marche des côtes de l'Asie Mineure ; 3° qu'enfin, les villes Ioniennes seraient déclarées indépendantes[7]. Puisque les Perses avaient eu la folie d'entreprendre la guerre, ils devaient la soutenir noblement, n'eût-ce été que pour obtenir des conditions moins honteuses. Ce traité d'Artaxerxès fut le coup mortel qui livra l'empire de Cyrus à Alexandre. Il en arriva au grand roi comme à plusieurs souverains de l'Europe actuelle : il conclut, par lassitude, une paix ignominieuse au moment où il aurait pu en commander une en vainqueur. On ne parlait plus à Athènes que de la conquête de l'Égypte, de Carthage, de la Sicile : agrandir la république, amener toutes les puissances enchaînées à ses pieds, était la seule idée qui demeurât en possession des esprits[8]. — Ainsi, nous avons vu les Français ne savoir plus où fixer les limites de leur empire. Le Rhin, durant un moment, leur offrait une frontière trop resserrée.

---

[1] Ce paragraphe n'étant qu'une espèce de répétition de ce que j'ai dit ailleurs, je le laisse sans citation. Les autres généraux dont il est parlé ici sont Cimon, qui conquit la presqu'île de Thrace ; et Myronidès, qui s'empara de la Phocide et de la Béotie, etc. — [2] An 480 avant J.-C. — [3] Probablement après la bataille de Platée et la défaite complète des Perses, an 479 avant J.-C. — [4] Tels que Thasos, Scyros, etc. — [5] Les villes de Carie et de Lycie (*Vid.* PLUT., *in Cim.*; THUCYD., lib. I; DIOD., lib. II. — [6] Il avait succédé à Xerxès, assassiné. — [7] DIOD., lib. XII, pag. 74. — [8] ISOCR., *de Pœ.*, pag. 402; PLUT., *in Péricl.*

Lorsque Athènes se flatta de conquérir le monde, le jour qui devait la livrer à Lysander était venu [a].

Ainsi passa ce fléau terrible, né de la révolution républicaine de la Grèce. Depuis la première invasion des Perses [1], sous Darius, l'an 490 avant notre ère, jusqu'à l'époque du traité de paix sous Artaxerxès, l'an 449, même chronologie, il étendit ses ravages dans une période de quarante et une années. Jamais guerre (de même que la présente) ne commença avec de plus flatteuses espérances de succès, et ne finit par de plus grands revers.

CHAPITRE LXVIII.

Différence générale entre notre siècle et celui où s'opéra la révolution républicaine de la Grèce.

Après avoir examiné les rapports qui se trouvent entre la révolution républicaine de la Grèce et celle de la France, on ne peut, sans partialité, s'empêcher de considérer aussi leurs différences. Nous ne cherchons point à surprendre la foi de nos lecteurs, et à diriger leur opinion. Notre désir est d'éloigner de cet ouvrage tout esprit de système, en exposant avec candeur la vérité [b]. Non que nous croyions qu'en cas que nous eussions le bonheur d'en approcher, elle nous valût autre chose que la haine des partis; mais il n'y a qu'une règle certaine de conduite: faire, autant qu'il est en nous, du bien aux hommes, et mépriser leurs clameurs.

Il en est des corps politiques comme des corps célestes; ils agissent et réagissent les uns sur les autres, en raison de leur distance et de leur gravité. Si le moindre accident venait à déranger le plus petit des satellites, l'harmonie se romprait en même temps partout; les corps se précipiteraient les uns sur les autres; un chaos remplacerait un univers, jusqu'au moment où toutes ces masses, après mille chocs et mille destructions, recommenceraient à décrire des courbes régulières dans un nouveau système.

En Grèce, une petite ville exile un tyran, et la commotion se fait sentir aussitôt aux extrémités de l'Europe et de l'Asie : mille peuples brisent leurs fers ou tombent dans l'esclavage, le trône de Cyrus est

---

[a] Les tableaux et les rapprochements contenus dans ce chapitre me paraissent moins défectueux et plus intéressants que les autres ; ils finissent par un trait qui semblait prédire Buonaparte et le résultat final de ses conquêtes. (N. Éd.)

[1] J'appelle la première invasion ce qui n'était effectivement que la seconde, Mardonius en ayant tenté une première sans succès avant Datis.

[b] J'ai déjà signalé cette prétention de tous les hommes à système de n'avoir pas de système. Au surplus, presque tout ce chapitre est raisonnable : je ne dirais pas autrement et je n'écrirais pas autrement aujourd'hui. (N. Éd.)

ébranlé, et le germe de tous les événements, de tous les troubles futurs
se déploie. Chaque révolution est à la fois la conséquence et le principe d'une autre; en sorte qu'il serait vrai à la rigueur de dire que la
première révolution du globe a produit de nos jours celle de France.

Veut-on se convaincre de cette fatalité qui règle tout, qui se trouve
en raison dernière de tout, et qui fait que si vous retranchiez un pied
à l'insecte qui rampe dans la poussière, vous renverseriez des mondes [a]?
Supposez, pour un moment, que l'événement le plus frivole se fût passé
autrement à Athènes qu'il n'est réellement arrivé; qu'il y eût existé un
homme de moins, ou que cet homme n'eût pas occupé la même place;
par exemple, Épycide l'emportant sur Thémistocle : Xerxès réduisait la
Grèce en servitude; c'en était fait des Socrate, des Platon, des Aristote;
le rusé Philippe vieillissait sous le fouet de son maître, Alexandre mourait sur le cothurne, ou brigand sur la croix tyrienne; d'autres chances
se développaient, d'autres États se levaient sur la scène; les Romains
rencontraient d'autres obstacles à combattre; l'univers était changé.

Lorsqu'on vient à jeter les yeux sur l'état des hommes lors de l'établissement des gouvernements populaires à Sparte et à Athènes, et sur
la position des peuples à l'instant de l'abolition de la royauté en France,
on est d'abord frappé d'une différence considérable. Au moment de la
révolution de la Grèce, tout, ou presque tout, se trouvait république;
— tout, ou presque tout, monarchie, à l'époque de la révolution française. Dans le premier cas, c'étaient des gouvernements populaires qui
devaient agir sur des gouvernements populaires; dans le second, une
constitution républicaine heurtait des constitutions royales. Or, plus
les corps en collision sont de matière hétérogène, plus l'inflammation
est rapide. Il faut donc s'attendre que l'effet des mouvements actuels
de la France surpasse infiniment celui des troubles de la Grèce [b]. N'a-
vançons rien sans preuve.

Où la plus grande secousse se fit-elle sentir à l'époque des troubles
de ce dernier pays? En Perse. Pourquoi? Parce que ce fut là que les
principes politiques se choquèrent avec le plus de violence. Mais ceci
nous découvre une seconde disparité.

---

[a] La fatalité vient mal à propos : le pied retranché à l'insecte dérangerait un ordre de choses
physiques pour établir un autre ordre de choses physiques, mais n'agirait point sur un événement
de l'ordre moral. Quoi qu'il en soit, les idées me semblent avoir trouvé leur juste expression. Le
rusé Philippe, qui *aurait vieilli sous le fouet de son maître*; Alexandre, qui aurait été un *acteur tragique*, ou un *voleur de grands chemins*, si *Épycide l'eût emporté sur Thémistocle*,
sont de ces espèces de remarques dont chaque événement dérangé peut offrir une longue série. (N. Éd.)
— [b] L'expérience a prouvé la justesse de la réflexion; mais en montrant si bien à présent l'énorme
différence qui existe entre la révolution française et la révolution républicaine de la Grèce, je bats
en ruine mon propre système. (N. Éd.)

Le serf persan devint la proie du citoyen de la Grèce. Comment les républiques anciennes subsistaient-elles? Par des esclaves. Comment nos pères barbares vivaient-ils si libres? Par des esclaves. Il est même impossible de comprendre sur quel principe une vraie démocratie pourrait s'établir sans esclaves. Ainsi nos systèmes modernes excluent de fait toute république parmi nous[a]. Je m'étonne que les Français, imitateurs des anciens, n'aient pas réduit les peuples conquis en servitude. C'est le seul moyen de retrouver ce qu'on appelle la liberté civile[b].

Voilà donc deux différences fondamentales dans les siècles : l'une de gouvernement, l'autre de mœurs. N'y a-t-il point, dans le concours fortuit des choses, des circonstances qui déterminent, éloignent, hâtent, ou ralentissent l'effet de tel ou tel événement? C'est ce qu'il faut maintenant examiner.

La plupart des États contemporains des Athéniens et des Spartiates étaient éloignés de ces peuples célèbres. Par quel canal les lumières de ce petit coin du monde se seraient-elles répandues sur le globe? Les Grecs mêmes se souciaient-ils de les communiquer, ces lumières? Les anciens, attachés à la patrie, vivant et mourant sur le sol qu'ils savaient cultiver et défendre avec des mains libres, entretenaient à peine quelques liaisons les uns avec les autres. Parlant divers dialectes, sans le secours des postes, des grands chemins, de l'imprimerie, les nations vivaient comme isolées. De là une découverte en morale, en politique, ou en toute autre science, périssait aux lieux qui l'avaient vue naître, ou devenait la proie d'un petit nombre d'hommes, qui n'avaient souvent que trop d'intérêt à la cacher au reste de la foule. Les peuples d'ailleurs, par leurs préjugés nationaux, et par amour de la patrie, renfermaient soigneusement dans leur sein leurs connaissances et leur bonheur. Je doute que cette fraternité universelle des républicains du jour soit du bon coin de la grande antiquité[c].

Ici, la dissemblance des temps se fait sentir dans toute sa force. Nos courriers, nos voies publiques, notre imprimerie, ont rendu presque tous les Européens citoyens du même pays. Une idée nouvelle, une dé-

---

[a] Oui, toute république à la manière des anciens, toute république fondée sur les mœurs (lesquelles à leur tour produisaient et maintenaient la liberté), mais non pas cette république qui vient des progrès de la civilisation, de l'infiltration des lumières dans tous les esprits, si j'ose m'exprimer de la sorte, et d'où il résulte une autre espèce de liberté. Les peuples éclairés ne veulent plus servilement obéir, et les gouvernements, éclairés à leur tour, ne se soucient plus du despotisme. J'ai déjà remarqué, dans une note de l'*Essai*, qu'à l'époque où j'écrivais cet ouvrage, je ne comprenais bien que la liberté, fille des mœurs; je n'avais pas encore signalé cette autre liberté, résultat d'une civilisation perfectionnée. (N. Éd.) — [b] C'est *politique* qu'il fallait dire. (N. Éd.) — [c] Voilà encore une page qui renverse de fond en comble mon système, et j'ai déjà fait précédemment une note précisément dans le même esprit, en réfutation de ce système. (N. Éd.)

couverte intéressante a-t-elle pris naissance à Londres, à Paris? quelques semaines après elle parvient au paysan du Danube, à l'habitant de Rome, au sujet de Pétersbourg, à l'esclave de Constantinople, qui se l'approprient, la commentent, et en font leur profit en bien ou en mal. Les anciens visitèrent rarement les contrées étrangères, parce que les difficultés du déplacement étaient presque insurmontables. De nos jours, un voyage en Russie, en Allemagne, en Italie, en France, en Angleterre, que dis-je! autour du globe, n'est qu'une affaire de quelques semaines, de quelques mois, de quelques années calculées à une minute près. Il en est résulté, que la diversité des langues, qui offrait dans l'antiquité un autre obstacle à la propagation des connaissances, n'en est plus un chez les modernes, les idiomes étrangers étant réciproquement entendus de tous les peuples.

Ainsi, lorsqu'une révolution arrivait dans l'ancien monde, les livres rares, les monuments des arts disparaissaient; la barbarie submergeait une autre fois la terre, et les hommes qui survivaient à ce déluge étaient obligés, comme les premiers habitants du globe, de recommencer une nouvelle carrière, de repasser lentement par tous les degrés de leurs prédécesseurs. Le flambeau expiré des sciences ne trouvait plus de dépôt de lumières où reprendre la vie. Il fallait attendre que le génie de quelque grand homme vînt y communiquer le feu de nouveau, comme la lampe sacrée de Vesta, qu'on ne pouvait rallumer qu'à la flamme du soleil, lorsqu'elle venait à s'éteindre. Il n'en est pas de même pour nous; il serait impossible de calculer jusqu'à quelle hauteur la société peut atteindre, à présent que rien ne se perd, que rien ne saurait se perdre: ceci nous jette dans l'infini.

Je semble donc détruire dans ce chapitre ce que j'ai avancé dans le précédent[a], car je montre une telle différence de siècle, qu'on ne saurait conclure de l'un pour l'autre? sans doute, pour plusieurs lecteurs que le système de perfection éblouit. Si c'était ici le lieu d'entrer dans cette discussion intéressante, je pourrais prouver aisément que notre position est réellement la même, quant aux résultats, que celle des anciens peuples; que nous avons perdu en mœurs ce que nous avons gagné en lumières. Celles-ci semblent tellement disposées par la nature, que les unes se corrompent toujours, en proportion de l'agrandissement des autres : comme si cette balance était destinée à prévenir la perfection parmi les hommes. Or il est certain que les lumières ne donnent pas la vertu; qu'un grand moraliste peut être un malhon-

---

[a] Sans doute, et très-bien même. La manière subtile dont je cherche ensuite à me raccrocher à mon système n'est pas admissible. Mon bon sens et mon amour de la vérité l'emportaient sur les rêves de mon esprit. (N. Éd.)

nête homme. La question du bonheur reste donc la même pour les peuples modernes et pour les anciens, puisqu'elle ne peut se trouver que dans la pureté de l'âme. Nous revenons donc à la même donnée, quant aux conséquences heureuses qu'on peut espérer de la révolution présente, quelles que soient d'ailleurs nos lumières, l'esprit n'agissant point sur le cœur. Et qui vous dira le secret de changer par des mots et des sciences la nature de l'âme? de déraciner les chagrins de ce sol défriché pour eux? Si l'homme, en dépit de la philosophie, est condamné à vivre avec ses désirs, il sera à jamais esclave, à jamais l'homme des temps d'adversité qui furent, l'homme de l'heure douloureuse où je vous parle, et des nouveaux siècles de misère qui s'avancent. Lorsque l'Être puissant qui tient dans sa main le cœur des hommes a voulu, dans les voies profondes de sa sagesse, resserrer cet organe de leur félicité, qu'importe que, pour les confondre, il ait élevé leurs têtes gigantesques au-dessus des sphères roulantes? Si le cœur ne peut se perfectionner, si la morale reste corrompue malgré les lumières, république universelle, fraternité des nations, paix générale, fantôme brillant d'un bonheur durable sur la terre, adieu [a]!

Si l'influence immédiate de la révolution républicaine de la Grèce fut retardée par toutes les causes que nous venons d'assigner, il est à croire que la révolution française, dégagée de ces obstacles, aura un effet encore plus rapide en cas qu'il ne se trouve point d'autres forces d'amortissement plus puissantes que la vélocité de son action. Ce n'est pas ici le lieu d'entrer dans cet examen. Mais on peut douter que l'extinction de la royauté, en France, produise, pour le genre humain, des effets éloignés plus grands, plus durables que ceux qui résultèrent de l'abolition de la monarchie en Grèce. L'Attique, rendue à la liberté, se couvrit de tous les monuments des arts. Les Praxitèle, les Phidias, les Zeuxis, les Apelles, unirent les efforts de leur génie à ceux des Sophocle, des Euripide. Les lumières, disséminées dans les différentes parties du monde, vinrent se concentrer dans ce foyer commun, d'où les divers peuples les ont empruntées par la suite. Sans la Grèce, Rome demeurait barbare : l'éloquence d'un Démosthènes contenait le germe de celle d'un Cicéron ; il fallait le sublime d'un Homère, la simplicité d'un Hésiode, et les grâces d'un Théocrite, pour former le triple génie d'un Virgile; les loups de Phèdre n'eussent point parlé comme les

[a] Il y a du vrai dans tout cela. Les personnes qui ont lu mes ouvrages pourront remarquer que l'*Essai* est la mine brute où j'ai puisé une partie des idées que j'ai répandues dans mes autres écrits. Mais si l'homme est infini par la tête, ce qui est la vérité, rien ne peut empêcher l'ordre intellectuel d'aller toujours en se perfectionnant. La science politique, qui est de l'ordre intellectuel chez les vieux peuples, comme elle est de l'ordre moral chez les jeunes peuples, ne peut donc être arrêtée dans ses progrès par une corruption qui n'a pas de prise sur elle. (N. Éd.)

hommes, si ceux d'Ésope avaient été muets; enfin, nous autres Celtes grossiers, sortis des forêts, nous ne compterions ni les Racine, ni les Boileau, ni les Montesquieu, ni les Pope, ni les Dryden, ni les Sidney, ni les Bacon, et mille autres; et nous serions encore, comme nos pères, soumis à des druides ou à des tyrans.

Heureux si les Grecs, en acquérant des lumières, n'eussent pas perdu la pureté des mœurs! Heureux s'ils n'eussent échangé les vertus qui les sauvèrent de Xerxès contre les vices qui les livrèrent à Philippe! Nous allons maintenant commencer cette seconde révolution, et nous terminerons ici la première partie du premier livre, après un dernier chapitre de réflexions. Nous passerons souvent ainsi, dans le cours de cet ouvrage, des lumières aux ténèbres, et du bonheur du genre humain à sa misère. Et pourquoi nous en plaindrions-nous? Il est à croire que notre félicité a été calculée sur l'inconstance de nos désirs : la dose du bonheur nous a été mesurée, parce que notre cœur est insatiable. La nature nous traite comme des enfants malades, dont on refuse de satisfaire les appétits, mais dont on apaise les pleurs par des illusions et des espérances. Elle fait danser autour de nous une multitude de fantômes, vers lesquels nous tendons les mains sans pouvoir les atteindre; et elle a poussé si loin l'art de la perspective, qu'elle a peint des Élysées jusque dans le fond de la tombe ⍺.

CHAPITRE LXIX.

Récapitulation.

Ainsi j'ai montré l'action immédiate de la révolution républicaine de l'Attique sur la Perse. Elle fit insurger les peuples soumis à cet empire par le ressort des opinions, l'enveloppa dans une guerre funeste qui coûta la vie à des millions d'hommes, sans que les nations y gagnassent beaucoup de bonheur ou beaucoup de liberté. Il est vrai que la cour de Suse fut humiliée; mais la Grèce en fut-elle plus heureuse? Ses succès ne la corrompirent-ils pas? et le résultat de ces actions, si glorieuses en apparence, ne fut-il pas des vices et des fers?

Quant à l'effet éloigné produit sur l'empire de Cyrus par la chute de la royauté à Athènes, il n'est personne qui ignore la conquête de l'Asie et le nom d'Alexandre.

Tâchons de récapituler en peu de mots les différentes influences que l'établissement du gouvernement populaire en Grèce eut sur les nations

---

⍺ C'est toujours l'homme qui croit et qui veut douter. Par une faiblesse toute paternelle, j'ai été au moment de me faire grâce pour ces phrases. (N. ÉD.)

contemporaines. De la somme de ces données doivent naître les vérités qui forment le but de nos recherches dans cet *Essai*.

La révolution républicaine de la Grèce agit :

Sur l'Égypte,

par la voie des armes. Elle y causa quelques malheurs passagers. Elle ne put avoir de prise sur les opinions, la subdivision des classes de la société et le système théocratique lui opposant des obstacles insurmontables.

Sur Carthage,

encore au militaire. La position locale, l'excellence du gouvernement punique, sauvèrent celui-ci du danger des innovations et de l'exemple.

Dans l'Ibérie,

la réaction des troubles de l'Attique ne causa que des malheurs. Vraisemblablement l'esclave au fond de ses mines paya la liberté d'Athènes par des larmes et des sueurs.

Chez les Celtes,

elle apporta des lumières, et partant de la corruption[a]. Elle devint aussi la cause éloignée de la servitude de ces peuples, en facilitant les conquêtes des Romains.

En Italie,

l'influence de l'établissement des républiques grecques se dirigea vers la politique; il n'est pas même impossible qu'elle n'y eût produit la révolution de Brutus, par la circonstance du voyage de ce grand homme à Delphes presque au moment de l'assassinat d'Hipparque par Harmodius. Ceux qui savent comment les grandes conceptions naissent souvent des causes les plus triviales[1] ne mépriseront pas cette conjecture.

Dans la Grande-Grèce,

la révolution dont nous recherchons les effets agit au moral. Elle y occasionna quelques réformes utiles, mais passagères.

En Sicile,

elle produisit la guerre et la monarchie : l'une ne fut qu'un fléau d'un moment; l'autre coûta longtemps des pleurs et du sang à Syracuse.

En Scythie,

son influence agit philosophiquement dans le sens vicieux ; les pasteurs pauvres et vertueux de l'Ister se laissèrent corrompre par l'attrait des sciences, et finirent par se livrer à celui de l'or.

---

[a] Voilà le disciple de Rousseau. (N. ÉD.)

[1] La chute d'une pomme a dévoilé à Newton le système de l'univers.

Dans la Thrace,

elle ne causa que quelques ravages ; heureusement la barbarie des peuples les mit à couvert des effets politiques et moraux de la révolution républicaine de la Grèce.

Tyr, enfin,

n'échappa pas aux armes de cette révolution ; mais elle en évita la séduction par l'esprit commerçant et occupé de ses citoyens[a].

Nous avons parlé de la Perse au commencement de ce chapitre.

Le lecteur, sans doute, en parcourant cette échelle, a déjà trouvé avec étonnement la vérité qui résulte de ses parties. Cette révolution si vantée, cette révolution qui mérite de l'être, cette révolution toute vertu, toute vraie liberté, n'a donc produit, en exceptant Rome et la Grande-Grèce, que des maux chez tous les autres peuples ? Quoi ! lorsqu'une nation devient indépendante, n'est-ce qu'aux dépens du reste des hommes ? La réaction du bien serait-elle le mal ? L'histoire ne s'offre-t-elle pas ici sous une perspective nouvelle ? Un rayon de lumière ne pénètre-t-il pas dans le système obscur des choses, et n'entrevoit-on pas comment les nations sont respectivement ordonnées les unes aux autres ? Si les Grecs du temps d'Aristide, en brisant leurs chaînes, n'ont apporté que des maux au genre humain, que peut-on raisonnablement espérer (système de perfection à part) de l'influence de la révolution française ? Croirons-nous que tout va devenir vertueux et libre, parce qu'il a plu aux Français corrompus d'échanger un roi contre cinq maîtres[b] ? Ici l'avenir s'entr'ouvre. Je laisse le lecteur à l'abîme de réflexions pénibles, de conjectures, de doutes, où ceci conduit.

CHAPITRE LXX.

Sujets et réflexions détachés.

Après avoir parcouru un ouvrage, il nous reste ordinairement une multitude de pensées confuses et de réflexions incohérentes ; les unes immédiatement liées au sujet du livre, les autres s'étendant au delà, et seulement formées par association. Je vais présenter ici cet effet naturel d'une première lecture, en rapportant mes idées détachées, telles

---

[a] Cette récapitulation des influences de la révolution populaire de la Grèce paraît assez raisonnable quand on la voit dépouillée du cortège des comparaisons entre les temps et les hommes. (N. ÉD.) — [b] Il y a un côté vrai à ces réflexions ; mais lorsqu'on place la révolution particulière de la France dans le mouvement de l'ordre social, dans la révolution générale qui s'opère visiblement parmi l'espèce humaine, ce n'est voir ni d'assez haut, ni d'assez loin, que de réduire la révolution française au seul fait du sacrifice d'un roi légitime et de l'établissement d'une usurpation. (N. ÉD.)

que je les jetai sans ordre sur le papier, après avoir revu moi-même l'esquisse de mon travail. Je n'y ajouterai que ces nuances nécessaires pour diviser des couleurs trop heurtées. Il n'y a point d'ailleurs de perception si brusque dont on ne découvre la connexion intermédiaire avec une précédente, en y réfléchissant un peu ; et c'est quelquefois une étude très-instructive, de rechercher les passages secrets par où on arrive tout à coup d'une idée à une autre totalement opposée.

Lorsque, pour la première fois, je conçus le plan de ce livre, je revis les classiques qui m'introduisaient aux révolutions de la Grèce. A chaque page une mer de réflexions, de rapports nouveaux, s'ouvrait devant moi. Étant parvenu à crayonner l'ébauche de la révolution décrite dans ce premier livre de l'*Essai*, je commençai à voir les objets un peu moins troubles, surtout lorsque j'eus examiné le côté de l'influence de cette révolution : partie toute nouvelle dans l'histoire et à laquelle je ne sache pas que personne ait encore songé. Élaguant une multitude de pensées secondes, je jetai sur le papier les notes suivantes, qui forment une espèce de résultat des vérités générales qu'on peut tirer de la révolution républicaine de la Grèce.

Est-il une liberté civile ? J'en doute. Les Grecs furent-ils plus heureux, furent-ils meilleurs après leur révolution ? Non. Leurs maux changèrent de valeur nominale, la valeur intrinsèque resta la même.

Malgré mille efforts pour pénétrer dans les causes des troubles des États, on sent quelque chose qui échappe ; un je ne sais quoi, caché je ne sais où, et ce je ne sais quoi paraît être la raison efficiente de toutes les révolutions. Cette raison secrète est d'autant plus inquiétante, qu'on ne peut l'apercevoir dans l'homme de la société. Mais l'homme de la société n'a-t-il pas commencé par être l'homme de la nature ? C'est donc celui-ci qu'il faut interroger. Ce principe inconnu ne naît-il point de cette vague inquiétude, particulière à notre cœur, qui nous fait nous dégoûter également du bonheur et du malheur, et nous précipitera de révolution en révolution jusqu'au dernier siècle ? Et cette inquiétude, d'où vient-elle à son tour ? Je n'en sais rien : peut-être de la conscience d'une autre vie ; peut-être d'une aspiration secrète vers la Divinité. Quelle que soit son origine, elle existe chez tous les peuples. On la rencontre chez le Sauvage et dans nos sociétés. Elle s'augmente surtout par les mauvaises mœurs, et bouleverse les empires.

J'en trouve une preuve bien frappante dans les causes de notre révolution. Ces causes ont différé totalement de celles des troubles politiques de la Grèce, au siècle de Solon. On ne voit pas que les Athéniens fussent très-malheureux, ou très-corrompus alors. Mais nous, qu'étions-nous au moral dans l'année 1789 ? Pouvions-nous espérer échap-

per à une destruction épouvantable? Je ne parlerai point du gouvernement : je remarque seulement que, partout où un petit nombre
d'hommes réunit, pendant de longues années, le pouvoir et les richesses, quels que soient d'ailleurs la naissance de ces gouvernants,
plébéienne ou patricienne, le manteau dont ils se couvrent, républicain ou monarchique, ils doivent nécessairement se corrompre, dans
la même progression qu'ils s'éloignent du premier terme de leur institution. Chaque homme alors a ses vices, plus les vices de ceux qui
l'ont précédé : la cour de France avait treize cents ans d'antiquité.

Un monarque faible et amateur de son peuple était aisément trompé
par des ministres incapables ou méchants. L'intrigue faisait et défaisait
chaque jour des hommes d'État; et ces ministres éphémères, qui apportaient dans le gouvernement leur ineptie et leurs cœurs, y apportaient
encore la haine de ceux qui les avaient précédés. De là ce changement
continuel de systèmes, de projets, de vues : ces nains politiques étaient
suivis d'une nuée famélique de commis, de laquais, de flatteurs, de
comédiens, de maîtresses. Tous ces êtres d'un moment se hâtaient de
sucer le sang du misérable, et s'abîmaient bientôt devant une autre
génération d'insectes, aussi fugitive et dévorante que la première.

Tandis que les folies et les imbécillités du gouvernement exaspé-
raient l'esprit du peuple, les désordres de l'ordre moral étaient montés
à leur comble, et commençaient à attaquer l'ordre social d'une manière
effrayante. Les célibataires avaient augmenté dans une proportion dé-
mesurée, et étaient devenus communs, même parmi les dernières
classes. Ces hommes isolés, et par conséquent égoïstes, cherchaient à
remplir le vide de leur vie en troublant les familles des autres. Malheur
à un État où les citoyens cherchent leur félicité hors de la morale et
des plus doux sentiments de la nature! Si, d'un côté, les célibataires
se multipliaient, de l'autre les gens mariés avaient adopté des idées
pour le moins aussi destructives de la société. Le principe du petit
nombre d'enfants était presque généralement reçu dans les villes en
France; chez quelques-uns par misère, chez le plus grand nombre par
mauvaises mœurs. Un père et une mère ne voulaient pas sacrifier les
aisances de la vie à l'éducation d'une nombreuse famille, et l'on couvrait cet amour de soi des apparences de la philosophie. Pourquoi créer
des êtres malheureux? disaient les uns : pourquoi faire des gueux?
s'écriaient les autres. Je jette un voile sur d'autres motifs secrets de
cette dépravation. Je ne dirai rien des femmes : meilleures que nous,
elles n'ont que la faiblesse d'être ce que nous voulons qu'elles soient;
la faute est à nous.

Si ces mœurs affectaient la société en général, elles influaient encore davantage sur chacun de ses membres en particulier. L'homme qui ne trouvait plus son bonheur dans l'union d'une famille, qui souvent se défiait même du doux nom de père, s'accoutumait à se former une félicité indépendante des autres. Rejeté du sein de la nature par les mœurs de son siècle, il se renfermait dans un dur égoïsme, qui flétrit jusqu'à la racine de la vertu. Pour comble de maux, en perdant le bonheur sur la terre, des bourreaux philosophes lui avaient enlevé l'espérance d'une meilleure vie. Dans cette situation, se trouvant seul au milieu de l'univers, n'ayant à dévorer qu'un cœur vide et solitaire, qui n'avait jamais senti un autre cœur battre contre lui, faut-il s'étonner que le Français fût prêt à embrasser le premier fantôme qui lui montrait un univers nouveau ?

On s'écriera qu'il est absurde de représenter le peuple de la France comme isolé et malheureux; qu'il était nombreux, florissant, etc. La population qui semble détruire mon assertion est une preuve pour elle, car elle n'était réelle que dans les campagnes, parce qu'il y existait encore des mœurs; or, on sait assez que ce ne sont pas les paysans qui ont fait la révolution. Quant à la seconde objection, il n'est pas question de ce que la nation semblait être, mais de ce qu'elle était réellement. Ceux qui ne voient dans un État que des voitures, des grandes villes, des troupes, de l'éclat et du bruit, ont raison de penser que la France était heureuse. Mais ceux qui croient que la grande question du bonheur est le plus près possible de la nature; que plus on s'en écarte, plus on tombe dans l'infortune; qu'alors on a beau avoir le sourire sur les lèvres devant les hommes, le cœur, en dépit des plaisirs factices, est agité, triste, consumé dans le secret de la vie : dans ce cas, on ne peut disconvenir que ce mécontentement général de soi-même, qui augmente l'inquiétude secrète dont j'ai parlé; que ce sentiment de malaise que chaque individu porte avec soi, ne soient, dans un peuple, l'état le plus propre à une révolution.

Eh bien! c'était au moment que le corps politique, tout maculé des taches de la corruption, tombait en une dissolution générale, qu'une race d'hommes, se levant tout à coup, se met, dans son vertige, à sonner l'heure de Sparte et d'Athènes. Au même moment, un cri de liberté se fait entendre; le vieux Jupiter, réveillé d'un sommeil de quinze cents ans, dans la poussière d'Olympie, s'étonne de se trouver à Sainte-Geneviève; on coiffe la tête du badaud de Paris du bonnet du citoyen de la Laconie; et tout corrompu, tout vicieux qu'il est, poussant de force le petit Français dans les grandes vertus lacédémoniennes, on le contraint à jouer le Pantalon aux yeux de l'Europe, dans cette mascarade d'Arlequin.

O grands politiques, qui, prenant la raison inverse de Lycurgue, prétendez établir la démocratie chez un peuple, à l'époque même où toutes les nations retournent par la nature des choses à la monarchie, je veux dire à l'époque de la corruption! O fameux philosophes, qui croyez que la liberté existe au civil, qui préférez le nombre cinq à l'unité, et qui pensez qu'on est plus heureux sous la canaille du faubourg Saint-Antoine que sous celle des bureaux de Versailles ! — Mais que fallait-il donc faire? Je l'ignore. Tout ce que je sais, c'est que, puisque vous aviez la fureur de détruire, il fallait au moins rebâtir un édifice propre à loger des Français, et surtout vous garder de l'enthousiasme des institutions étrangères. Le danger de l'imitation est terrible. Ce qui est bon pour un peuple est rarement bon pour un autre. Et moi aussi je voudrais passer mes jours sous une démocratie telle que je l'ai souvent rêvée, comme le plus sublime des gouvernements en théorie; et moi aussi j'ai vécu citoyen de l'Italie et de la Grèce; peut-être mes opinions actuelles ne sont-elles que le triomphe de ma raison sur mon penchant. Mais prétendre former des républiques partout, et en dépit de tous les obstacles, c'est une absurdité dans la bouche de plusieurs, une méchanceté dans celle de quelques-uns.

J'ai réfléchi longtemps sur ce sujet : je ne hais point une constitution plus qu'une autre, considérée abstraitement. Prise en ce qui me regarde comme individu, elles me sont toutes parfaitement indifférentes : mes mœurs sont de la solitude et non des hommes. Eh ! malheureux, nous nous tourmentons pour un gouvernement parfait, et nous sommes vicieux! bon, et nous sommes méchants! Nous nous agitons aujourd'hui pour un vain système, et nous ne serons plus demain! Des soixante années que le ciel peut-être nous destine à traîner sur ce globe, nous en dépenserons vingt à naître, et vingt à mourir, et la moitié des vingt autres s'évanouira dans le sommeil. Craignons-nous que les misères inhérentes à notre nature d'homme ne remplissent pas assez ce court espace, sans y ajouter des maux d'opinion? Est-ce un instinct indéterminé, un vide intérieur que nous ne saurions remplir, qui nous tourmente? Je l'ai aussi sentie, cette soif vague de quelque chose. Elle m'a traîné dans les solitudes muettes de l'Amérique, et dans les villes bruyantes de l'Europe; je me suis enfoncé pour la satisfaire dans l'épaisseur des forêts du Canada, et dans la foule qui inonde nos jardins et nos temples. Que de fois elle m'a contraint de sortir des spectacles de nos cités, pour aller voir le soleil se coucher au loin sur quelque site sauvage; que de fois, échappé à la société des hommes, je me suis tenu immobile sur une grève solitaire à contempler durant des heures, avec cette même inquiétude, le tableau philosophique de la mer! Elle m'a fait suivre autour de leurs palais, dans leurs chasses pompeuses, ces rois qui laissent après eux une longue renommée; et j'ai aimé, avec elle encore, à m'asseoir en silence à la porte de la hutte hospitalière, près du Sauvage qui passe inconnu dans la vie, comme les fleuves sans nom de ses déserts. Homme, si c'est ta destinée de porter partout un cœur miné d'un désir inconnu; si c'est là ta maladie, une ressource te reste. Que les sciences, ces filles du ciel, viennent remplir le vide fatal qui te conduira tôt ou tard à ta perte. Le calme des nuits t'appelle. Vois ces millions d'astres étincelants, suspendus de toutes parts sur ta tête; cherche, sur les pas de Newton, les lois cachées qui promènent magnifiquement ces globes de feu à travers l'azur céleste; ou si la Divinité touche ton âme, médite en l'adorant sur cet Être incompréhensible qui remplit de son immensité ces espaces sans bornes. Ces études sont-elles trop sublimes pour ton génie, ou serais-tu assez misérable pour ne point espérer dans ce Père des affligés qui consolera ceux qui pleurent? Il est d'autres occupations aussi aimables et moins profondes. Au lieu de t'entretenir des haines sociales, observe les paisibles générations, les douces sympathies, et les amours du règne le plus charmant de la nature. Alors tu ne connaîtras que des plaisirs. Tu auras du moins cet avantage, que chaque matin tu retrouveras tes plantes chéries; dans le monde, que d'amis ont pressé le soir un ami sur leur cœur, et ne l'ont plus trouvé à leur réveil! Nous sommes ici-bas comme au spectacle : si nous détournons un moment la tête, le coup de sifflet part, les palais enchantés s'évanouissent; et lorsque nous ramenons les yeux sur la scène, nous n'apercevons plus que des déserts et des acteurs inconnus.

Mais quelles que puissent être nos occupations, soit que nous vieillissions dans l'atelier du manœuvre, ou dans le cabinet du philosophe, rappelons-nous que c'est en vain que nous prétendons être politiquement libres. Indépendance individuelle, voilà le cri intérieur qui nous poursuit. Écoutons la voix de la conscience. Que nous dit-elle, selon la nature? « Sois libre. » Selon la société : « Règne. » Que si on le nie, on ment. Ne rougissons point, parce que j'arrache d'une main hardie le voile dont nous cherchions à nous couvrir à nos propres yeux. La liberté civile n'est qu'un songe, un sentiment factice que nous n'avons point, qui n'habite point dans notre sein : apprenons à nous élever à la hauteur de la vérité, et à mépriser les sentences de l'étroite sagesse des hommes. On nous insultera peut-être, parce qu'on ne nous entendra pas; les gens de bien nous accuseront de principes dangereux, parce que nous aurons été les chercher jusqu'au fond de leur âme, où ils se croyaient en sûreté, et que nous saurons exposer à la vue toute la petite machine de leur cœur. Rions des clameurs de la foule, contents de savoir que, tandis que nous ne retournerons pas à la vie du Sauvage, nous dépendrons toujours d'un homme. Et qu'importe alors que nous soyons dévorés par une cour, par un directoire ou par une assemblée du peuple?

Nous nous apercevons continuellement que nous nous trompons; que l'heure qui succède accuse presque toujours l'heure passée d'erreur; et nous irions déchirer et nous-mêmes et nos semblables, pour l'opinion fugitive du matin, avec laquelle le soir ne nous retrouvera plus! Tout gouvernement est un mal, tout gouvernement est un joug : mais n'allons pas en conclure qu'il faille le briser. Puisque c'est notre sort que d'être esclaves, supportons notre chaîne sans nous plaindre; sachons en composer les anneaux de rois ou de tribuns selon les temps et surtout selon nos mœurs. Et soyons sûrs, quoi qu'on en publie, qu'il vaut mieux obéir à un de nos compatriotes riche et éclairé, qu'à une multitude ignorante qui nous accablera de tous les maux.

Et vous, ô mes concitoyens! vous, qui gouvernez cette patrie toujours si chère à mon cœur, réfléchissez ; voyez s'il est dans toute l'Europe une nation digne de la démocratie! Rendez le bonheur à la France, en la rendant à la monarchie, où la force des choses vous entraîne. Mais si vous persistez dans vos chimères, ne vous abusez pas. Vous ne réussirez jamais par le modérantisme. Allons, exécrables bourreaux, en horreur à vos compatriotes, en horreur à toute la terre, reprenez le système des Jacobins, tirez de leurs loges vos guillotines sanglantes; et, faisant rouler les têtes autour de vous, essayez d'établir, dans la France déserte, votre affreuse république, comme la Patience de Shakspeare, « assise sur un monument, et souriant à la Douleur [a] ! »

---

[a] Voilà, certes, un des plus étranges chapitres de tout l'ouvrage, et peut-être un des morceaux les plus extraordinaires qui soient jamais échappés à la plume d'un écrivain : c'est une sorte d'orgie noire d'un cœur blessé, d'un esprit malade, d'une imagination qui reproduit les fantômes dont elle est obsédée; c'est du Rousseau, c'est du René, c'est du dégoût de tout, de l'ennui de tout. L'auteur s'y montre royaliste par désespoir de ne pouvoir être républicain, jugeant la république impossible ; il déduit hardiment les causes d'une révolution devenue, selon lui, *inévitable*; et il attaque en même temps avec la même hardiesse cette révolution. Ne trouvant rien ni dans le passé ni dans le présent qui puisse le satisfaire, il en conclut qu'un gouvernement quelconque est un mal; que la liberté *civile* (il veut dire *politique*) n'existe point ; que tout se réduit à l'indépendance individuelle, d'où il part pour vous proposer de vous faire Sauvage. Il ne sait comment exprimer ce qu'il sent; il crée une langue nouvelle, il invente les mots les plus barbares, et détourne d'autres mots de leur acception naturelle. Assis sur le trépied, il est tourmenté par un mauvais génie : une seule chose lui reste au milieu de ce délire, le sentiment religieux. J'avais entrepris de réfuter phrase à phrase ce chapitre, mais la plume m'est bientôt tombée des mains. Il m'a été impossible de me suivre moi-même à travers ce chaos : la folie des idées, la contradiction des sentiments, la fausseté des raisonnements, le néologisme, réduisaient tout mon commentaire à des exclamations de douleur ou de pitié. J'ai donc pensé qu'il valait mieux me condamner tout à la fois à la fin de ce chapitre, et faire, la corde au cou, amende honorable au bon sens. Mais, cette exécution ache-

LIVRE PREMIER.

SECONDE PARTIE.

CHAPITRE PREMIER.

Seconde révolution. — Philippe et Alexandre.

Le théâtre change; de la ressemblance des événements nous passons à celle des hommes. Jusqu'ici les tableaux se sont rapprochés par les sites, mais presque toujours les personnages ont différé. Maintenant, au contraire, les similitudes se montreront dans les groupes, les oppositions dans les fonds. Plus nous avancerons vers les temps de corruption, de lumières et de despotisme, plus nous retrouverons nos temps et nos mœurs. Souvent nous nous croirons transportés dans nos sociétés, au milieu des grandes femmes et des petits hommes, des philosophes et des tyrans; des gens rongés de vice pousseront de grands cris de vertu; de beaux livres sur la science de la liberté conduiront les peuples à l'esclavage : enfin nous allons nous revoir parmi les deux tiers et demi de sots et le demi-tiers de fripons, dont nous sommes sans cesse entourés ͣ.

Périclès avait pris le vrai sentier pour arriver au bonheur. Traitant le monde selon sa portée, lorsque la nécessité le forçait d'y paraître, il s'y présentait avec des idées communes et un cœur de glace. Mais le soir, renfermé secrètement avec Aspasie et un petit nombre d'amis choisis, il leur découvrait ses opinions cachées, et un cœur de feu. Les sots s'aperçurent de son mépris pour eux, car les sots ont un tact singulier sur cet article, et rien ne les chagrine tant que l'indifférence du mépris. Ils accusèrent donc la tendre amie de Périclès; celui-ci parvint à peine à la sauver par ses larmes. Et qui cependant devait prétendre plus que lui à la gratitude de ses concitoyens? Il y comptait peu, ayant étudié les hommes. La reconnaissance est nulle chez le très-nécessiteux, parce que le sentiment du premier besoin ab-

vée, je dois dire aussi, avec la même impartialité, qu'il y a dans ce chapitre insensé une inspiration, de quelque nature qu'elle soit, qu'on ne retrouve dans aucune autre partie de mes ouvrages. (N. ÉD.)

ͣ Voilà mon siècle bien arrangé. (N. ÉD.)

sorbe tous les autres ; elle existe quelquefois comme vertu chez le mé-
canique pauvre, mais non indigent; elle se change en haine dans l'individu placé immédiatement un rang au-dessous du bienfaiteur; elle pèse
aux philosophes; les courtisans l'oublient. Il suit de là qu'il faut faire
du bien au petit peuple par devoir, obliger l'artiste par satisfaction de
cœur, n'avoir qu'une extrême politesse avec les classes mitoyennes,
prêter seulement aux gens de lettres ce qu'ils peuvent exactement vous
rendre, et ne donner aux grands que ce qu'on compte jeter par la fenêtre ª.

A ces petites caricatures de nos sociétés se mêleront aussi nos grandes
scènes tragiques : la tyrannie, les proscriptions, les rois jugés et massacrés par les peuples, d'autres tombés du trône et réduits à gagner
leur vie du travail de leurs mains; enfin nos hideuses révolutions, en-
tourées du cortége de nos vices.

Expliquons le plan de cette partie.

On sent qu'il est impossible de suivre maintenant le cours régulier
de l'histoire, ni même de s'attacher à de grands détails. Ce qui nous
reste à peindre des Grecs consiste en cette partie qui s'étend depuis
l'époque que nous avons traitée jusqu'au règne de Philippe et d'Alexandre, où Athènes et Lacédémone perdirent leur liberté, non de nom,
mais de fait.

Dans cette période, qui, à la compter de l'année de la paix avec les
Perses jusqu'à la bataille de Chéronée, renferme un espace de cent
onze ans, nous saisirons seulement trois traits caractéristiques : le renversement de la constitution et le règne des trente Tyrans à Athènes,
la chute de Denys le Jeune à Syracuse, et, par extension, la condamnation d'Agis à Sparte. Nous verrons ainsi l'âge de corruption dans les
trois principales villes grecques de l'ancien monde. Quant à la révolution même de Philippe, nous ne ferons que l'indiquer, parce qu'elle ne
va pas directement au but de cet ouvrage ; mais, en même temps, nous
nous étendrons sur le siècle d'Alexandre, dont les rapports avec le nôtre
ont été si grands, considérés sous le jour philosophique. Au reste, nous
avons donné, pour abréger, à cette seconde partie le nom général de
Révolution de Philippe et d'Alexandre; elle forme la seconde de cet
Essai.

ª Singulier train d'idées ! Cette inclination à la satire se manifeste continuellement dans l'*Essai.*
Il est visible, dans tous ces passages, que ce n'est qu'avec de grands efforts sur moi-même que je
parviens à étouffer ce penchant au dédain et à l'ironie. On s'aperçoit, au reste, que je commençais
déjà à écrire moins mal. Sous le rapport de l'art, l'*Essai* va se trouver à peu près de niveau avec
mes ouvrages subséquents; il y restera cependant, toujours avec des idiotismes étrangers, quelque
chose de fougueux et de déclamatoire. (N. Éd.)

CHAPITRE II.

Athènes. — Les Quatre-Cents [1].

Déjà vingt années de guerre ont désolé l'Attique [2]; une peste, non moins destructive, en a enlevé la plus grande partie des habitants, et plongé le reste dans tous les vices; Périclès n'est plus; et Alcibiade, fugitif depuis la malheureuse expédition de Sicile, après avoir dirigé quelque temps la ligue du Péloponèse contre son pays, est maintenant retiré auprès de Tissapherne, satrape de Lydie.

Là, touché des malheurs dont il fut en partie l'instrument, il commence à tourner les yeux vers sa patrie. De leur côté, les citoyens d'Athènes, accablés sous le poids de leurs calamités, ayant à lutter à la fois contre toutes les forces du Péloponèse et de l'Asie, ne voyaient de ressource que dans le génie de leur illustre compatriote. On entama donc des négociations avec Alcibiade; mais celui-ci, banni par le peuple, refusa de retourner à Athènes, à moins qu'on ne changeât la forme du gouvernement, en substituant l'oligarchie à la constitution démocratique. Le tyran voulait faire sa couche avant de s'y reposer.

Une prompte réconciliation, à quelque prix de ce fût, était devenue d'une nécessité absolue. Agis, avec les forces lacédémoniennes, bloquait Athènes par terre et occupait les campagnes voisines, dont les habitants s'étaient réfugiés dans la capitale. D'un autre côté, l'armée athénienne tenait l'île de Samos, qu'elle venait d'emporter. De manière que les habitants de l'Attique se trouvaient divisés en deux parties : l'une servant aux expéditions du dehors, l'autre demeurée à la défense de la ville.

La proposition d'Alcibiade, malgré ces circonstances calamiteuses, ne passa pas sans une forte opposition de la part du peuple et des soldats : mais, comme il ne restait que ce seul moyen d'échapper à une ruine presque inévitable, il fallut enfin se soumettre et consentir à l'abolition de la démocratie.

Alors commencèrent à Athènes les scènes tragiques qui se renouvelèrent bientôt après sous les Trente Tyrans. On ne saurait se figurer une position plus affreuse que celle de cette malheureuse cité, ni qui ressemblât davantage à l'état de la France durant le règne de la Convention. Attaquée au dehors par mille ennemis, et prête à succomber

---

[1] Je suis ici exactement le VIIe livre de THUCYDIDE; j'en préviens, afin de ne pas être obligé à chaque ligne de multiplier les *idem* et les *ibid.* — [2] Il y avait eu une trêve qui devait durer cinquante ans, et qui fut rompue au bout de six ans et dix mois.

sous des armes étrangères, une aristocratie dévorante vint consumer au dedans le reste de ses habitants. D'abord il fut décrété qu'il n'y aurait plus que les soldats et cinq mille citoyens à prendre part aux affaires de la république ; et, pour faire perdre à jamais l'envie de s'opposer aux mesures des conjurés, on se hâta de dépêcher tous ceux qui passaient pour être attachés à l'ancienne constitution. Le peuple et le sénat s'assemblaient encore, mais si quelqu'un osait délivrer *a* une opinion contraire à la faction, il était immédiatement assassiné. Environnés d'espions et de traîtres, les citoyens craignaient de se communiquer ; le frère redoutait le frère, l'ami se taisait devant l'ami, et le silence de la terreur régnait sur la ville désolée.

Ayant établi cette tyrannie provisoire, les conspirateurs procédèrent à l'achèvement d'une constitution. On nomma un comité des Dix, chargé de faire incessamment un rapport à ce sujet. Celui-ci, à l'époque fixée, donna son plan, qui consistait à établir un conseil de quatre cents avec un pouvoir absolu, et le droit de convoquer les Cinq-Mille à sa volonté.

On jugea par le premier acte du nouveau gouvernement ce qu'on devait attendre de sa justice. Les Quatre-Cents, armés de poignards et suivis de leurs satellites, entrèrent au sénat dont ils chassèrent les membres. Ils renversèrent ensuite les anciens établissements, firent massacrer ou exilèrent les ennemis de leur despotisme ; mais ils ne rappelèrent aucun des anciens bannis dont ils avaient d'abord embrassé la cause, soit dans la crainte d'Alcibiade, soit pour jouir des biens de ces infortunés. Je me figure le monde comme un grand bois, où les hommes s'entr'attendent pour se dévaliser *b*.

Cependant l'armée, en apprenant les troubles d'Athènes, se déclara contre la nouvelle constitution. Alcibiade, que les tyrans avaient négligé, qui ne se souciait ni de la démocratie ni de l'aristocratie, et n'entretenait pour les hommes qu'un profond mépris, ne se trouva pas plus disposé à favoriser les conspirateurs. Les soldats, de même que les troupes françaises, fiers de leurs exploits, remarquaient que, loin d'être payés par la république, c'étaient eux au contraire qui la faisaient subsister de leurs conquêtes, et qu'il était temps de mettre fin à tant de calamités, en marchant à la ville coupable.

Tandis que ces pensées agitaient les esprits, arrive un transfuge d'Athènes. On s'empresse autour de lui ; les nouvelles les plus sinistres sortent de sa bouche. Il rapporte que le crime est à son comble ; que les tyrans ravissent les épouses, égorgent les citoyens, et jettent dans

a Anglicisme. (N. ÉD.) — *b* J'avais là une idée bien peu gracieuse du monde. Cette allure d'un esprit qui se permet tout est assez ...nte. (N. ÉD.)

les cachots les familles unies aux soldats par les liens du sang[1]. A ces mots, un cri d'indignation et de fureur s'élève du milieu de l'armée; elle jure d'exterminer les scélérats, chasse ses officiers, partisans de la faction aristocratique, en nomme de plus populaires, et rappelle à l'instant Alcibiade.

Tout annonçait la chute des Quatre-Cents. Il se trouvait parmi eux des hommes d'un talent extraordinaire : Antiphon, parlant peu, mais réviseur des discours de ses collègues; Phrynique, d'un esprit audacieux et entreprenant; Théramènes, plein d'éloquence et de génie. La discorde ne tarda pas à se mettre parmi eux. Les hommes ressemblent peu à ces animaux justes dont parlent les voyageurs, qui, après avoir chassé en commun, divisent également le fruit de leurs fatigues : les factieux s'entendent sur la proie, presque jamais sur la dépouille. Théramènes, sentant que le pouvoir leur échappait, revenait peu à peu à l'ancienne constitution, et se rangeait du côté du peuple. Phrynique, par des motifs d'ambition, soutenait le nouvel ordre de choses; et, pour se ménager des ressources, il députa secrètement à Sparte, et se mit à bâtir une forteresse au Pirée, afin d'y recevoir les ennemis et de s'y retirer lui-même en cas d'événement. Sur ces entrefaites, on apprend tout à coup qu'il vient d'être assassiné sur la place publique, comme Marat au milieu de ses triomphes. Théramènes, maintenant à la tête du parti populaire, insurge les citoyens, et se saisit du général de la faction opposée. Les Quatre-Cents courent aux armes pour leur défense. A l'instant même la flotte lacédémonienne se montre à l'entrée du Pirée; le tumulte est à son comble. Théramènes vole au port; il parle aux soldats; il leur représente que le fort a été élevé par les tyrans, non pour la sûreté de la place, mais pour y introduire l'ennemi de la patrie, dont les vaisseaux sont déjà en vue. La rage s'empare des troupes; le fort, rasé jusqu'aux fondements, disparaît sous la main empressée d'une multitude furieuse; l'abolition du tribunal des Quatre-Cents est prononcée par acclamation; les conjurés, épouvantés, s'échappent de la ville, et la constitution populaire se rétablit au milieu des bénédictions et des cris de joie de la foule.

Tels furent ces troubles passagers, où nous retrouvons si bien le caractère de ceux de la France. On y sent le même fond d'immoralité et de vice intérieur. Nous apercevons un gouvernement flattant la soldatesque, et s'entourant du militaire, signe certain de ruine et de tyrannie. On y découvre un je ne sais quoi d'étroit en choses et en idées, qui fait qu'on s'imagine lire l'histoire de notre propre temps.

[1] Ce rapport était exagéré.

Ce ne sont plus les Thémistocle, les Aristide, les Cimon : ce sont les Robespierre, les Couthon, les Barrère. Au reste, cette révolution d'Athènes tient à un principe politique que nous allons examiner avant de passer aux Trente Tyrans [a].

CHAPITRE III.

Examen d'un grand principe en politique.

Par un principe généralement adopté des publicistes, les nations ont le droit de se choisir un gouvernement, et par un autre principe aussi fameux, « que tout pouvoir vient du peuple, » elles peuvent reprendre leurs droits et changer leur constitution. C'est ce que firent les Athéniens qui consentirent à l'abolition de la démocratie, et la rétablirent ensuite. Voyons où ces principes nous mènent.

Des trois partis qui composent la foule, les uns adoptent absolument ces propositions et disent : Une nation a le droit de se choisir un gouvernement, parce que celle-ci était avant celui-là ; que la première est un corps réel, existant dans la nature, dont l'autre n'est qu'une modification, qu'une pensée. La loi ne peut être en ascension de l'effet à la cause, mais descendante du principe à la conséquence. Tout pouvoir découle ainsi du peuple, et il ne saurait aliéner sa liberté, car le contrat est nul entre celui qui donne tout et celui qui n'engage rien ; entre tel qui ne saurait acheter et tel qui n'a pas droit de vendre.

Les autres nient le tout, et les modérateurs jettent un voile religieux sur cet axiome.

Je ne puis penser de même ; cet air secret fait beaucoup de mal. Le peuple est un enfant : présentez-lui un hochet dont il sorte des sons, si vous ne lui en expliquez la cause, il le brisera pour voir ce qui les produit. Pour moi, j'avoue hautement ce que je crois, et suis persuadé qu'en toute occasion la vérité, bien expliquée, est bonne à dire. Je reçois donc les deux principes, inattaquables dans leur base, et indisputables dans le raisonnement ; mais en adoptant la majeure avec les républicains, voyons si nous admettrons le corollaire.

Conclurai-je que ce qui est rigoureusement vrai en logique soit nécessairement salutaire dans l'application? Il y a des vérités abstraites qui seraient absurdes si on voulait les réduire en vérités de pratique. Il y a des vérités négatives et des vérités de maux, que le titre de

[a] Ce ne sont plus des comparaisons directes, mais quelques rapprochements généraux de faits et de personnages : le système devient supportable. (N. Éd.)

vérités ne rend pas pour cela meilleures. J'ai la fièvre, c'est une vérité; est-ce une bonne chose que d'avoir la fièvre? Le chaos où les deux propositions nous plongent est évident de soi. Le peuple a le pouvoir de se choisir un gouvernement, mais il a aussi celui de changer ce gouvernement, puisque toute souveraineté émane de lui. Ainsi, hier une république, aujourd'hui une monarchie, et demain encore une république. Par le premier droit, dira-t-on, une nation courrait les risques de tomber dans l'esclavage, comme à Athènes, si elle n'avait le second pour se sauver. D'accord. Mais cette seconde faculté ne la livre-t-elle pas à la merci des factieux sans nombre, qui ne vivent que dans les orages? des factieux qui, connaissant trop le penchant inquiet de la multitude, lui persuaderont incessamment que sa constitution du moment est la pire de toutes, par cela même qu'elle en jouit; et un éternel carnage et une éternelle révolution règneront parmi les hommes. Est-il d'ailleurs quelque puissance qui puisse rompre le soir les serments solennels que vous avez faits le matin? L'honneur, les engagements les plus sacrés, que dis-je! la morale même ne sont qu'une folie si j'ai le droit incontestable de les violer, et si par cette violation je crois mériter, non des reproches, mais des louanges. Quoi! le manque de foi que vous puniriez dans l'individu, vous le récompenserez dans le corps collectif? Y a-t-il donc deux vertus, l'une de l'homme et l'autre des nations? O vertu! peux-tu être autre qu'une? Que si tu es double, tu es triple, quadruple, ou plutôt tu n'es rien qu'un être de raison qui nivelle le scélérat et l'honnête homme, qu'un vain fantôme omniforme, modifié selon les cœurs et variant au souffle de l'opinion. Que deviendra l'univers?

Tel est l'abîme où nous font accourir ceux qui tiennent de loin devant nous ces lumières funestes, comme ces phares trompeurs que les brigands allument la nuit sur des écueils pour attirer les vaisseaux au naufrage. Voulez-vous encore vous convaincre davantage de l'illusion de ces préceptes? examinez les contradictions où est tombée la Convention en voulant les faire servir à l'économie politique. C'était un crime digne de mort en France, à une certaine époque, d'oser soutenir qu'une nation n'eût pas le droit de se constituer. L'anarchie est venue, et les révolutionnaires n'ont point eu honte de nier la proposition au soutien de laquelle ils avaient versé tant de sang. Ainsi ils sont réduits à abandonner la base de leur propre édifice, tandis qu'ils continuent d'en suspendre en l'air la coupole. Est-ce supériorité de talent ou foi menteuse? Pour moi, qui, simple d'esprit et de cœur, tire tout mon génie de ma conscience, j'avoue que je crois en théorie au principe de la souveraineté du peuple; mais j'ajoute aussi que, si on le met rigoureusement en pratique, il vaut beaucoup mieux, pour le genre humain, redevenir sauvage, et s'enfuir tout nu dans les bois[a].

CHAPITRE IV.

Les Trente Tyrans. — Critias, Marat. — Théramènes, Siéyès [b].

Quelques années après la révolution des Quatre-Cents, Athènes fut prise par les Lacédémoniens. Lysander, ayant fait abattre les murailles de la ville, y abolit la démocratie, et y nomma trente citoyens qui devaient s'occuper du soin de faire une nouvelle constitution[1]. Ces hommes pervers s'emparèrent bientôt de l'autorité remise entre leurs mains. Faisons connaître les principaux acteurs de cette scène sanglante.

A la tête des trente Tyrans paraissait Critias, philosophe et bel esprit de l'école de Socrate. Ce despote avait tous les vices de ceux qui désolèrent si longtemps la France. Athée par principe, sanguinaire par plaisir, tyran par inclination[2], il reniait, comme Marat, Dieu et les hommes.

Théramènes, son collègue, avec plus de talents, avait aussi plus de souplesse. De même que Siéyès, amateur de la démocratie, il consentit

---

[a] L'audace de ce chapitre est inconcevable; certes, je n'aurais pas aujourd'hui le courage de couper ainsi le nœud gordien. Aurais-je réellement trouvé dans ma jeunesse la manière la plus sûre de toucher à cette question de la souveraineté du peuple? Je me débarrasse de tous les raisonnements en faveur de cette souveraineté en la *reconnaissant*, et j'en évite tous les périls en la déclarant *impraticable :* je la tiens comme une vérité de la nature de la peste; la peste est aussi une vérité. Au surplus, et je l'ai déjà dit dans ces *notes,* le droit divin pour le prince, la souveraineté pour le peuple, sont des mystères qu'aucun raisonnable ne doit essayer de sonder. Il est tout aussi aisé, après tout, de nier la souveraineté du peuple que de l'admettre. Ce principe, que le peuple existait avant le gouvernement, n'a aucune solidité; on répond fort bien que c'est, au contraire, le gouvernement qui, constituant les hommes en société, fait le peuple : supposez le gouvernement absent, il y a des individus, il n'y a point de nation. Le principe de la souveraineté du peuple n'est d'ailleurs d'aucun intérêt pour la liberté : il y aurait même un danger réel à faire sortir la liberté du droit politique, car le droit politique est toujours contestable, susceptible d'interprétations et de modifications. La liberté a une origine plus assurée, elle sort du droit de nature : l'homme est né libre. Ce n'est point par sa réunion avec les autres hommes qu'il acquiert sa liberté; il la perd plus souvent qu'il ne la trouve dans les agrégations politiques; mais l'homme apporte dans la société son droit imprescriptible à la liberté. Dieu n'a soumis ce droit qu'à l'ordre, et n'a exposé ce droit à périr que par la violence des passions. Il résulte de là que la liberté ne doit et ne peut supporter que le joug de la règle ou de la loi; qu'aucun souverain n'a d'autorité politique sur elle; que plus cette liberté est éclairée, moins elle est exposée à se perdre par les passions; qu'elle a pour ennemi principal le vice, pour sauvegarde naturelle, la vertu. (N. Éd.) — [b] Oubliez le rapprochement des noms, Critias et Marat, Théramènes et Siéyès, et il y a quelque intérêt historique dans ces chapitres. (N. Éd.)

[1] Xenoph., *Hist. Græc.*, lib. ii; Diod. Sic., lib. iii. — [2] Xenoph., *Hist. Græc.*, lib. ii; Isocr., *Areop.*, tom. i, pag. 330; Bayle, *Crit.*

cependant à devenir l'un des Quatre-Cents [1], renversa bientôt après leur autorité [2], et fut choisi de nouveau l'un des Trente, après la reddition d'Athènes [3].

La première opération de ces misérables fut de s'associer trois mille brigands et de tirer une garde de Lacédémone, prête à exécuter leurs ordres [4]. Lorsqu'ils se crurent assez forts, ils désarmèrent la cité, ainsi que la Convention les sections de Paris, excepté les Trois-Mille, qui conservèrent les droits des citoyens [5]. C'est encore de cette manière que les conjurés de France avaient fait des Jacobins les seuls citoyens actifs de la république, tandis que le reste du peuple, plongé dans la nullité et la terreur, tremblait sous un gouvernement révolutionnaire.

Désormais certains de leur empire, les Trente lâchèrent la main au crime. Tous les Athéniens soupçonnés d'attachement à l'ancienne liberté, tous ceux qui possédaient quelque fortune, furent enveloppés dans la proscription générale [6]. Critias disait, comme Marat, qu'il fallait, à tout hasard, faire tomber les principales têtes de la ville [7]. Les monstres en vinrent au point de choisir tour à tour un riche habitant qu'ils condamnaient à mort, afin de payer de la confiscation de ses biens les satellites de leur tyrannie [8]. Et comme si tout, dans cette tragédie, devait ressembler à celle de Robespierre et de la Convention en France, les corps des citoyens massacrés étaient privés des honneurs funèbres [9].

Cependant Athènes n'était plus qu'un vaste tombeau habité par la terreur et le silence. Le geste, le coup d'œil, la pensée même, devenaient funestes aux malheureux citoyens. On étudiait le front des victimes; et sur ce bel organe de vérité, les scélérats cherchaient la candeur et la vertu, comme un juge tâche d'y découvrir le crime caché du coupable [10]. Les moins infortunés des Athéniens furent ceux qui, s'échappant dans les ténèbres de la nuit, allaient, dépouillés de tout, traîner le fardeau de leur vie chez les nations étrangères [11].

L'énormité de cette conduite ouvrit enfin les yeux à quelques-uns des tyrans. Théramènes, quoique facile, avait au fond du courage et du penchant à bien faire. Ces atrocités le firent frémir. Il s'y opposa avec magnanimité, et sa perte fut résolue. [12]. Tallien, de même, détesté de Robespierre, se vit sur le point de succomber sous une dénonciation; mais, plus heureux ou plus adroit que l'Athénien, il détourna le

---

[1] THUCYD., lib. VIII. — [2] Id., ibid. — [3] XENOPH., Hst. Græc., lib. II. — [4] Id., ibid. — [5] Id., ibid. — [6] Id., ibid. — [7] Id., ibid. — [8] Id., ibid. — [9] ISOCRAT., Areopag., tom. 1, pag. 445 ; DEMOSTH., in Tim. ; ÆSCHIN., in Ctesiph. Selon les derniers auteurs cités, il y eut à peu près de douze à quinze cents citoyens massacrés; mais, d'après Xénophon, le nombre paraîtrait avoir été bien plus considérable, comme j'aurai occasion de le faire remarquer ailleurs. — [10] XENOPH., Hist. Græc., lib. II. — [11] XENOPH., Hist. Græc., lib. II ; DIOD., lib. XIV. — [12] XENOPH., Hist. Græc., lib. II.

poignard contre l'accusateur même. C'est ainsi que les chances disposent de la vie des hommes. Je vais rapporter l'une auprès de l'autre ces deux accusations célèbres; nous y verrons que les factions ont toujours parlé le même langage, cherché à s'accuser par les mêmes raisons, et à s'excuser sur les mêmes principes. Je ne puis donner une meilleure leçon aux ambitieux, aux partisans des révolutions, que de leur montrer que, dans tous les siècles, elles n'ont eu qu'une issue pour ceux qui s'y sont engagés, la tombe *.

CHAPITRE V.

Accusation de Théramènes; son discours et celui de Critias. — Accusation de Robespierre.

En abolissant les autorités constituées à Athènes, les Trente avaient laissé subsister le sénat, qui, subjugué par la terreur, ne pouvait leur faire d'ombrage. Ce fut devant ce tribunal que Critias dénonça Théramènes. Le peuple, dans un morne silence, assistait en tremblant au jugement de son dernier défenseur, tandis que les émissaires des tyrans, cachant des poignards sous leurs robes, occupaient les avenues et entouraient les juges [1].

Les parties étant arrivées, Critias prit ainsi la parole :

« Sénateurs, on accuse notre gouvernement de sévérité, et on ne considère pas que c'est une malheureuse nécessité qui suit la réforme de tout État. Mais Théramènes, lui, membre de ce gouvernement, n'est-il pas, en nous faisant ce reproche, plus coupable qu'un autre? Ah! il n'a pas appris aujourd'hui à conspirer! Se disant l'ami du peuple, il établit le pouvoir des Quatre-Cents. Jugeant que ceux-ci finiraient par succomber, il les abandonna bientôt et se rangea du parti contraire, d'où il en acquit le surnom de *Cothurne*. Sénateurs, celui qui trahit sa foi par intérêt serait-il digne de vivre? Otez, par sa mort, un chef aux factieux, dont il entretient les espérances par son audace [2]. »

Alors Théramènes :

« Qui de Critias ou de moi, sénateurs, est réellement votre ennemi? Je vous en fais juges. J'ai été de son avis lorsqu'il fit punir les délateurs; mais je me suis opposé à ce qu'on proscrivît les honnêtes gens : un Léon de Salamine, un Nicias, dont la mort épouvante les proprié-

---

* Ami des libertés publiques, ennemi des révolutions, voilà comme je me montre partout et à toutes les époques de ma vie. Je suis convaincu qu'avec de la constance et de la raison on peut produire, dans l'ordre politique, les réformes nécessaires, sans bouleverser la société, sans acheter la liberté par des injustices ou des crimes. (N. Éd.)

[1] Xenoph., lib. ii. — [2] *Ib.*, *ibid.*

taires ; un Antiphon[1], dont la condamnation fait encore frémir tous ceux qui ont bien mérité de la patrie. J'ai réprouvé la confiscation des biens comme injuste, le désarmement des citoyens comme tendant à affaiblir l'État ; j'ai opiné contre les gardes étrangères comme tyranniques, contre le bannissement des Athéniens comme dangereux à la sûreté de l'État. Ceux qui s'emparent de la fortune des autres, condamnent les innocents au supplice, ne ruinent-ils pas en effet votre autorité, sénateurs? On m'accuse de versatilité. Est-ce à Critias à me faire ce reproche? Ennemi du peuple dans la démocratie, ennemi des hommes vertueux dans le gouvernement du petit nombre, il ne veut de la constitution populaire qu'avec la canaille, de la constitution aristocratique qu'avec la tyrannie [2]. »

Critias, s'apercevant que ce discours faisait impression sur le sénat, appela ses satellites : « Voilà, dit-il, des patriotes qui ne sont pas disposés à laisser échapper le coupable. En vertu de ma souveraineté, j'efface Théramènes du rôle des citoyens et le condamne à mort. — Et moi, s'écrie celui-ci, s'élançant sur l'autel, je demande que mon procès me soit fait selon la loi. Ne voyez-vous pas, Athéniens, qu'il est aussi aisé d'effacer votre nom du rôle des citoyens que celui de Théramènes [3]? » Critias ordonne aux assassins de s'avancer; on arrache Théramènes de l'autel [4]; le sénat, sous le coup du poignard, est obligé de garder le silence [5]; Socrate seul s'oppose courageusement, mais en vain, à l'infâme décret [6]. Le malheureux collègue de Critias, entraîné par les gardes, cherchait, en passant à travers la foule, à attendrir le peuple [7]; mais le peuple se souvient-il des bienfaits [8]? Arrivé aux ca-

---

[1] Antiphon, proscrit par les Trente, avait entretenu à ses frais deux galères au service de la patrie durant la guerre du Péloponèse. (*Vid.* XENOPH., *loc. cit.*) — [2] XENOPH., *Hist. Græc.*, lib. II. — [3] *Id., ibid.* — [4] *Id., ibid.* — [5] *Id., ibid.* — [6] DIOD. SIC., lib. XIV; XENOPH., *Memor.* — [7] XENOPH., *Hist. Græc.*, lib. II. — [8] Cela me rappelle la réflexion touchante de Velleius Paterculus sur Pompée, qui, croyant trouver un asile chez un roi comblé de ses bienfaits n'y trouva que la mort. — *Sed quis*, dit l'historien, *beneficiorum servat memoriam? Aut quis ullam calamitosis deberi putat gratiam? Aut quando fortuna non mutat fidem?* Les fastueuses pyramides d'Égypte, bâties par les efforts réunis de tout un peuple ; l'humble tombeau de sable du grand Pompée, élevé furtivement sur le même rivage par la piété d'un vieux soldat, durent offrir à César deux monuments bien extraordinaires de la vanité des choses humaines. Les peintres devraient chercher dans l'histoire des sujets de tableaux qui réuniraient à la fois la majesté de la morale et la grandeur de la nature. Le tombeau du rival de César pourrait offrir cette double pompe. Une mer agitée, les ruines de Carthage à moitié ensevelies dans le sable et sous le jonc marin, Marius contemplant l'orage, appuyé dans une attitude pensive sur le tronçon d'une colonne, ou l'on distingue peut-être, en caractères puniques, les premières lettres brisées du nom d'*Annibal* : voilà le sujet d'un second tableau non moins sublime que le premier. L'histoire des Suisses en fournit un troisième. Le peintre représenterait les trois grands libérateurs de l'Helvétie, vêtus de leurs simples habits de paysans, assemblés secrètement, dans un lieu désert, au bord d'un lac solitaire, et délibérant de la liberté de leur patrie, au milieu des montagnes, des torrents, des forêts ; le silence de la nature les environne, et ils n'ont pour témoin de cette sainte union que le Dieu qui entassa ces Alpes glacées, et déroula ce firmament sur leurs têtes.

chots des Trente, Théramènes but avec intrépidité la ciguë, et en jetant en l'air les dernières gouttes comme à un festin : « Voilà, dit-il, « pour le beau Critias [1]. »

N'est-ce pas là la Convention? N'est-ce pas ainsi que ses membres se sont tant de fois traînés dans la boue, qu'ils se sont couverts d'accusations infâmes, tandis que l'opinion était enchaînée par des tribunes pleines d'assassins? Le philosophe y voit plus : il y remarque que partout où les révolutions ont été durables, jamais de pareilles scènes ne les déshonorèrent. Que conclut-il de cette observation?

Une des époques les plus mémorables de notre révolution est sans doute celle de la chute de Robespierre. Ce tyran, auquel il ne restait plus qu'un degré à franchir pour s'asseoir sur le trône, résolut d'abattre la tête du modéré Tallien, de même que Critias s'était défait de Théramènes. Il reparut à la Convention après une longue absence. On aurait dit que le froid de la tombe collait déjà la langue du misérable à son palais : obscur, embarrassé, confus, il sembla parler du fond d'un sépulcre. Une autre circonstance non moins remarquable, c'est que son discours, dont on avait ordonné l'impression par la plus indigne des flatteries, n'était pas encore sorti de la presse, que déjà l'homme tout-puissant qui l'avait prononcé avait péri du dernier supplice. *O Altitudo!*

Enfin le jour des vengeances arriva. On conçoit à peine comment Robespierre, qui devait connaître le cœur humain, fit dénoncer aux Jacobins les députés qu'il voulait perdre; c'était les réduire au désespoir, et les rendre par cela même formidables. Ils allèrent donc à la Convention, résolus de périr ou de renverser le despote. Celui-ci exerçait encore un tel empire sur ses lâches collègues, qu'ils n'osèrent d'abord l'attaquer en face; mais, s'encourageant peu à peu les uns les autres, l'accusation prit enfin un caractère menaçant. Robespierre veut parler, les cris de : *A bas le tyran!* retentissent de toutes parts. Tallien, sautant à la tribune : « Voici, dit-il, un poignard pour enfoncer dans le sein du tyran, si le décret d'accusation est rejeté. » Il ne le fut pas. Barrère, abandonnant son ami, et se portant lui-même pour délateur, fit pencher la balance contre le malheureux Robespierre. On l'arrête. Délivré par les Jacobins, il se réfugie à l'hôtel de ville, où il essaye vainement d'assembler un parti. Mis hors la loi par un décret de la Convention, déserté de toute la terre, il ne put même échapper à ses ennemis par ce moyen qui nous soustrait à la persécution des hommes, et la fortune le trahit jusqu'à lui refuser un suicide. Arraché par les

[1] XENOPH., *Hist. Græc.*, lib. II.

gardes de derrière une table, où il avait voulu attenter à ses jours, il
fut porté, baigné dans son sang, à la guillotine. Robespierre, sans
doute, n'offrait, par sa mort, qu'une faible expiation de ses forfaits;
mais, quand un scélérat marche à l'échafaud, la pitié alors compte les
souffrances, et non les crimes du coupable*.

CHAPITRE VI.

Guerre des émigrés. — Exécutions à Éleusine. — Massacres du 2 septembre.

Après l'exécution de Théramènes, aucun citoyen, hors le seul Socrate, n'osa s'opposer aux mesures des Trente. Cependant les émigrés,
chassés au dehors par la tyrannie, n'avaient pu trouver un lieu où
reposer leur tête. Lacédémone menaçait de sa puissance quiconque
recevrait ces infortunés[1]. C'est ainsi que la Convention a poursuivi les
Français expatriés, et que plusieurs États ont eu la lâcheté d'obéir.
Thèbes[2] et Mégare seules donnèrent le courageux exemple que l'Angleterre a renouvelé de nos jours, et se firent un devoir d'accueillir
l'humanité souffrante.

Bientôt les fugitifs se réunirent sous Thrasybule, citoyen distingué
par ses vertus. Leur petite troupe, grosse seulement de soixante-dix
héros, s'empara du fort Phylé. Les Trente y accoururent avec leur
cavalerie, furent repoussés avec perte; et, craignant un soulèvement
dans Athènes, se retirèrent à Éleusine[3].

La manière dont ils en usèrent avec les habitants de cette ville (apparemment soupçonnés d'attachement au parti contraire) rappelle une
des scènes les plus tragiques de la révolution française. Ayant fait ériger
leur tribunal sur la place publique, on publia que chaque citoyen eût
à venir inscrire son nom, sous prétexte d'un enrôlement. Lorsque la
victime s'était présentée, on la faisait passer par une petite porte qui
donnait sur la mer, derrière laquelle la cavalerie se trouvait rangée sur
deux haies. Le malheureux était à l'instant saisi et livré au juge cri-

---

* Il faut encore que je fasse remarquer pour la centième fois que l'*Essai* est l'ouvrage d'un
émigré. On voit que cet émigré ne savait rien ou presque rien des hommes auxquels la France alors
était assujettie; il prend pour des personnages de vulgaires factieux déjà rentrés dans leur obscurité naturelle. Mais les comparaisons sont ici moins choquantes, parce que Critias et Théramènes sont eux-mêmes des acteurs communs et sans nom. Ce n'étaient pas pourtant des esprits
violents que ces exilés qui éprouvaient de la pitié même pour Robespierre. (N. ÉD.)

[1] Elle ordonna même qu'on les livrât aux Trente, et condamna à cinq talents d'amende quiconque leur donnerait un asile. — [2] Thèbes poussa la générosité jusqu'à faire un édit contre ceux
qui refuseraient de prêter main-forte à un émigré athénien. — [3] XÉNOPH., *Hist. Græc.*, lib. II.

minel pour être exécuté [1]. A quelques différences près, on croit voir les massacres du 2 septembre.

Thrasybule ayant augmenté son parti, s'avança jusqu'au Pirée, dont il se saisit [2]. L'opinion commençait à se tourner vers lui, et l'on se sentait attendrir en voyant cette poignée d'honnêtes citoyens lutter contre une tyrannie puissante. Il n'y eut pas jusqu'à l'orateur Lysias qui n'envoyât cinq cents hommes [3] aux émigrés d'Athènes. Les Trente, avec leur armée, se hâtèrent de venir déloger Thrasybule. Celui-ci rangea aussitôt en bataille ses soldats, infiniment inférieurs en nombre à ceux de Critias, et posant à terre son bouclier : « Allons, mes amis, s'écria-t-il en se montrant à ses compagnons d'infortune; allons, combattons pour arracher par la victoire nos biens, notre famille, notre pays des mains des tyrans. Heureux qui jouira de sa gloire, ou recouvrera la liberté par la mort! Rien de si doux que de mourir pour la patrie [4]! »

Les fugitifs, à ces mots, se précipitèrent sur les troupes ennemies. Le combat était trop inégal pour que le succès fût longtemps douteux. D'un côté, la vengeance et la vertu; de l'autre, le crime et sa conscience. Les tyrans furent renversés : Critias y perdit la vie, et le reste des Trente, épouvanté, se renferma dans Athènes [5].

Après l'action, les soldats des deux partis se parlèrent; ceux qui combattirent sous Critias étaient du nombre des cinq mille habitants qui, comme je l'ai dit, avaient seuls conservé le droit de citoyens. Cléocrite, attaché au parti de Thrasybule, leur fit sentir la folie de se déchirer pour les maîtres. Les Trois-Mille [a], mécontents de leurs anciens tyrans, en élurent dix autres qui ne se conduisirent pas moins criminellement que les premiers. Les Trente et leur faction s'enfuirent à Éleusine [6].

---

[1] Ceci demande une explication. Xénophon, qui rapporte ce fait dans le second livre de son Histoire, ne dit pas expressément *pour être exécuté;* il dit que le général de la cavalerie livra les citoyens au juge criminel; que le lendemain les Trente assemblèrent les troupes, et leur déclarèrent qu'elles devaient prendre part à la *condamnation* des habitants d'Éleusine, puisqu'elles partageaient avec eux (les Trente) la même fortune. N'est-ce pas là un langage assez clair? Quelques auteurs que j'ai déjà cités ont porté le nombre des suppliciés à Athènes à environ quinze cents; mais Xénophon fait dire à Cléocrite, dans un discours, que les Trente ont fait périr plus de citoyens en quelques mois de paix que la guerre du Péloponèse en vingt-sept années de combats. S'il y a ici de l'exagération, il faut aussi qu'il y ait quelque chose de vrai. D'ailleurs il serait peut-être possible de montrer que l'expression grecque renferme le sens que je lui donne, si je voulais ennuyer le lecteur par une dissertation grammaticale. Il est donc, après tout, très-raisonnable de conclure qu'il y eut un massacre à Éleusine. — [2] Xénoph., *Hist. Græc.*, lib. II. — [3] Just., lib. V, cap. IX. — [4] Xénoph, *Hist. Græc.*, lib. II. — [5] *Id., ibid.*

[a] Lisez les Cinq-Mille. (N. Éd.)

[6] Xénoph., *Hist. Græc.*, lib. II.

CHAPITRE VII.

Abolition de la tyrannie. — Rétablissement de l'ancienne constitution.

C'était une maxime du peuple libre de Sparte, de soutenir partout la tyrannie. Si le principe n'est pas généreux, du moins est-il naturel. Nous cherchons à être heureux, mais nous ne pouvons souffrir le bonheur dans nos voisins. Les hommes ressemblent à ces enfants avides qui, non contents de leurs propres hochets, veulent encore saisir ceux des autres [a]. Les Lacédémoniens volèrent au secours des Trente, Lysander bloqua le Pirée [1]; c'en était fait des émigrés athéniens, lorsque les passions humaines vinrent les sauver et rendre la paix à leur patrie.

Pausanias, roi de Sparte, jaloux de la gloire de Lysander, eut l'adresse de se faire envoyer à Athènes avec une armée. Il livra un combat pour la forme à Thrasybule, et en même temps l'invita sous main à députer à Sparte quelques-uns de ses amis.

Ceux-ci y conclurent un traité par lequel la tyrannie fut abolie, et l'ancien gouvernement rétabli dans sa première forme. Cette heureuse nouvelle étant apportée à Athènes, les parties se réconcilièrent; et Thrasybule, après avoir offert un sacrifice à Minerve, termina ainsi le discours qu'il adressait à l'ancienne faction des Trente et des Dix : « Pourquoi voulez-vous nous commander, citoyens? Valez-vous mieux que nous? Avons-nous, quoique pauvres, convoité vos biens? et ne commîtes-vous pas mille crimes pour nous dépouiller des nôtres?... Je ne veux point rappeler le passé, mais apprenez de nous que souvent l'opprimé a plus de foi et de vertu que l'oppresseur. »

Les Trente et les Dix, retirés à Éleusine, voulurent encore lever des troupes pour se rétablir. Un tyran dans l'impuissance est un tigre muselé qui n'en devient que plus féroce. On marcha à ces misérables. Ils furent massacrés dans une entrevue. Ceux qui les avaient suivis firent un accommodement avec les vainqueurs, et une sage amnistie ferma toutes les plaies de l'État [2].

[a] Qui avait pu me donner une idée aussi abominable de la nature humaine? (N. Éd.)
[1] XENOPH. — [2] Id.

CHAPITRE VIII.

Un mot sur les émigrés.

Je me suis fait une question en écrivant le règne des Trente. Pourquoi élève-t-on Thrasybule aux nues? et pourquoi ravale-t-on les émigrés français au plus bas degré? Le cas est rigoureusement le même. Les fugitifs des deux pays, forcés à s'exiler par la persécution, prirent les armes sur des terres étrangères en faveur de l'ancienne constitution de leur patrie. Les mots ne sauraient dénaturer les choses : que les premiers se battissent pour la démocratie, les seconds pour la monarchie, le fait reste le même en soi. Ces différences d'opinions sur des objets semblables naissent de nos passions : nous jugeons le passé selon la justice, le présent selon nos intérêts.

Les émigrés français, comme toute chose en temps de révolution, ont de violents détracteurs et de chauds partisans. Pour les uns, ce sont des scélérats, le rebut et la honte de leur nation; pour les autres, des hommes vertueux et braves, la fleur et l'honneur du peuple français. Cela rappelle le portrait des Chinois et des Nègres : tout bons, ou tout méchants. Si l'on convient qu'un grand seigneur peut être un fripon, qu'un royaliste peut être un malhonnête homme, cela ne suffit pas actuellement : un ci-devant gentilhomme est de nécessité un scélérat. Et pourquoi? Parce qu'un de ses ancêtres, qui vivait du temps du roi Dagobert, pouvait obliger ses vassaux à faire taire les grenouilles de l'étang voisin lorsque sa femme était en couche.

Un bon étranger, au coin de son feu, dans un pays bien tranquille, sûr de se lever le matin comme il s'est couché le soir, en possession de sa fortune, la porte bien fermée, des amis au dedans et la sûreté au dehors, prononce, en buvant un verre de vin, que les émigrés français ont tort, et qu'on ne doit jamais quitter sa patrie : et ce bon étranger raisonne conséquemment. Il est à son aise, personne ne le persécute; il peut se promener où il veut sans crainte d'être insulté, même assassiné : on n'incendie point sa demeure, on ne le chasse point comme une bête féroce, le tout parce qu'il s'appelle Jacques et non pas Pierre, et que son grand-père, qui mourut il y a quarante ans, avait le droit de s'asseoir dans tel banc d'une église, avec deux ou trois arlequins en livrée derrière lui[a]. Certes, dis-je, cet étranger pense qu'on a tort de quitter son pays.

[a] Je ne sais si cette manière de défendre mes compagnons d'infortune leur plaisait beaucoup.
(N. Éd.)

C'est au malheur à juger du malheur. Le cœur grossier de la prospérité ne peut comprendre les sentiments délicats de l'infortune. Nous nous croyons forts au jour de la félicité; nous nous écrions : « Si nous étions dans cette position, nous ferions comme ceci, nous agirions de cette manière. » L'adversité vient-elle, nous sentons bientôt notre faiblesse, et, avec des larmes amères, nous nous rappelons les vaines forfanteries et les paroles frivoles du temps du bonheur.

Si l'on considère sans passion ce que les émigrés ont souffert en France, quel est l'homme, maintenant heureux, qui, mettant la main sur son cœur, ose dire : « Je n'eusse pas fait comme eux? »

La persécution commença en même temps dans toutes les parties de la France; et qu'on ne croie pas que l'opinion en fût la cause. Eussiez-vous été le meilleur patriote, le démocrate le plus extravagant, il suffisait que vous portassiez un nom connu pour être noble, pour être persécuté, brûlé, lanterné : témoin les Lameth et tant d'autres, dont les propriétés furent dévastées, quoique révolutionnaires et de la majorité de l'Assemblée constituante.

Des troupes de sauvages, excitées par d'autres sauvages, sortirent de leur antre. Un malheureux gentilhomme, dans sa maison de campagne, voyait tour à tour accourir les paysans effrayés : « Monsieur, on sonne le tocsin; Monsieur, les voici; Monsieur, ils ont résolu de vous tuer; Monsieur, fuyez, fuyez, ou vous êtes perdu!... » Au milieu de la nuit, réveillé par des cris de feu et de meurtre, si ces infortunés, échappés à travers mille périls de leurs châteaux réduits en cendres, voulaient, avec leurs épouses et leurs enfants à demi nus, se retirer dans les villes voisines, ils étaient reçus avec les cris de mort : « A la lanterne, l'aristocrate! » Aussitôt la municipalité en ruban rouge, et à la tête de la populace, venait, dans une visite solennelle, examiner s'ils n'avaient point d'armes. Que malheureusement un vieux couteau de chasse rouillé, un pistolet sans batterie, se trouvassent en leur possession, les vociférations de *traîtres*, de *conspirateurs*, de *scélérats*, retentissaient de toutes parts. Ici on les traînait à la Maison commune, pour rendre compte de prétendus discours contre le peuple; là, pour avoir entendu la messe, selon la foi de leurs pères; ailleurs, on les surchargeait de taxes arbitraires, par d'infâmes décrets qui les obligeaient de payer sur le pied de leurs anciennes rentes, tandis que d'autres décrets, en abolissant ces rentes mêmes, ne leur avaient quelquefois rien laissé : taxes qui souvent surpassaient le revenu de la terre entière [1], tant ils étaient absurdes et méchants!

[1] Ceci est arrivé à la mère de l'auteur. Pour payer les taxes de 1794, elle fut obligée d'ajouter au revenu de la terre taxée six mille livres de sa poche.

Dans l'abandon général et la persécution attachée à leurs pas, il restait aux gentilshommes une ressource ; la capitale. Là, perdus dans la foule, ils espéraient échapper par leur petitesse, contents de dévorer en paix, dans quelque coin obscur, le triste morceau de pain qui leur restait : il n'en fut pas ainsi.

Il semble que l'on fit tout ce que l'on put pour les forcer à s'expatrier, et plusieurs pensent que c'était un plan de l'Assemblée pour s'emparer de leurs biens. Ces victimes dévouées étaient obligées de quitter Paris dans un certain temps donné. Le matin ils voyaient leur hôtel marqué de rouge ou de noir, signe de meurtre ou d'incendie. Ce fut alors qu'ils se trouvèrent dans une position si horrible, que j'essayerais en vain de la peindre. Où aller? où fuir? où se cacher? Réduits à la plus profonde misère, encore pleins de l'amour de la patrie, on les vit à pied, sur les grands chemins, retourner dans les villes de province, où, plus connus, ils éprouvèrent tout ce qu'une haine raffinée peut faire souffrir. D'autres rentrèrent dans les ruines de leurs châteaux dévastés par la flamme. Ils y furent saisis et assassinés, quelques-uns, rôtis, comme sous le roi Jean, à la vue de leur famille; plusieurs y virent leurs épouses violées avec la plus inhumaine barbarie. En vain les malheureux gentilshommes qui survécurent criaient : Nous sommes patriotes, nous vous cédons nos biens, notre vêtement, notre demeure; on insultait à leurs cris, on redoublait de rage : le déséspoir les prit, et ils émigrèrent.

Voilà une partie des raisons sans réplique de l'émigration. Qui serait assez absurde pour se laisser prendre aux déclamations des révolutionnaires, qui joignent la moquerie à la férocité, en condamnant des misérables sur un principe qu'ils ne leur ont pas permis de suivre? Vous m'assassinez, et vous m'appelez un traître si je crie! Vous mettez le feu à ma maison, et vous me condamnez à mort parce que je me sauve par la fenêtre! Et quel droit avez-vous de me punir comme déserteur? Laissant un moment à part votre barbarie, ne m'avez-vous pas, par des décrets multipliés, rendu incapable de toutes fonctions? Ne m'avez-vous pas condamné à la plus parfaite inactivité sous les peines les plus sévères? Et vous osez dire que la patrie avait besoin de moi! Grand Dieu, quand la pudeur est perdue jusqu'à cet excès, tout raisonnement est inutile. Comme le philosophe dont parle Jean-Jacques, nous nous bouchons les oreilles de peur d'entendre le cri de l'humanité, et nous argumentons.

Mais c'est dans cette conduite même que je découvre la vraie raison qui nous force à calomnier les émigrés. Nous avons été cruels envers eux ; ils sont malheureux, et leur misère nous est à charge. Quand les hommes ont commis, ou veulent commettre une injustice, ils commencent par accuser la victime : lorsqu'on jetait des enfants dans le bûcher, à Carthage, on faisait battre les tambours et sonner les trompettes. Lorsqu'on m'a dit : Tel se plaint violemment de vous, j'en ai toujours conclu que ce tel méditait de me faire quelque mal, ou que je lui avais fait du bien ª.

CHAPITRE IX.

Denys le Jeune.

D'autres scènes nous appellent à Syracuse. Après avoir considéré longtemps des républiques, nous allons examiner des monarchies. Au reste, ce sont les mêmes passions, les mêmes vices, les mêmes vertus que nous retrouverons sous des appellations différentes. Le bandeau royal, celui de la religion, le bonnet de la liberté, peuvent déformer plus ou moins la tête des hommes, mais le cœur reste toujours le même.

Tandis que la tyrannie s'était glissée à Athènes, elle avait aussi levé l'étendard en Sicile. Tranquille possesseur d'une autorité usurpée par la ruse, Denys l'Ancien soutint trente-huit années sa puissance par des vices et des vertus : avec les premiers il extermina ses ennemis; avec les secondes il rendit son joug supportable [1] : en cela, comme Auguste, il proscrivit et régna.

A sa mort, son fils le remplaça sur le trône. Esprit médiocre, il ne se distinguait de la foule que par l'habit qu'il portait et le rang où le sort l'avait fait naître. De même que plusieurs autres princes du monde ancien et du monde moderne, c'était un bon et aimable jeune homme, qui savait caresser une femme, boire du chio, rire agréablement, et qui croyait qu'il suffisait de s'appeler Denys et de ne faire de mal à personne pour être à la tête d'une nation [2].

Denys eût trouvé très-doux de jouer ainsi le roi à Syracuse; et peut-être les peuples l'auraient-ils souffert : car, après tout, il importe peu

---

ª Ces sentiments de misanthropie sont ici plus excusables. Il faut dire, pour être juste, que toute l'émigration ne fut pas produite par la violence, comme je l'avance ici; qu'une grande partie de cette émigration fut volontaire. La noblesse de province surtout, et les officiers de l'armée, émigrèrent par le plus noble sentiment d'honneur, et pour se réunir sous le drapeau blanc qu'avaient emporté leurs princes légitimes. Quel Français fût resté dans ses foyers lorsqu'on lui envoyait une quenouille? En défendant les émigrés, je ne défendais ma cause que sous le rapport de la fidélité et des souffrances, car mes opinions politiques n'étaient point représentées par celles de l'émigration.
(N. ÉD.)

[1] Diod., lib. xi-xv; Plut., in Moral.; id., in Dion. — [2] Diod., lib. xvi, pag. 410; Plut., in Dion., in Timol.; Athen., lib. x, pag. 436; Plat., Epist. vii.

qui nous gouverne *a*. Malheureusement le nouveau prince avait un oncle philosophe [1].

Dion commit une grande erreur : il méconnut le génie de Denys. Amant de la philosophie, il s'imagina que chacun devait en avoir le

---

a Je veux dire que tout gouvernement dans ce bas-monde est une chose détestable, et que la perfection serait de vivre pêle-mêle, sans aucune forme de gouvernement. Ces chapitres sont bien plus difficiles à combattre et à réfuter que les chapitres de la première partie, et ils sont bien plus dangereux que toutes les niaiseries antireligieuses de l'*Essai*. Me croyant près de mourir, ayant pris les hommes en horreur par les crimes révolutionnaires, n'estimant point ce qui avait précédé la révolution, n'aimant point ce qui l'avait suivie, mes opinions intérieures allaient tout droit à l'anarchie et à la destruction de la société. Dans ma verve satirique, je n'épargnais pas plus les morts que les vivants, les anciens que les modernes, et je vais troubler les cendres de Pompée et de César, de Cicéron et de Brutus. (N. Éd.)

[1] Il faut bien se donner de garde, en lisant l'histoire ancienne, de tomber dans l'enthousiasme. Il y a toujours beaucoup à rabattre des idées exaltées que nous nous faisons des Grecs et des Romains. Dion était sans doute un grand homme; mais, au rapport de Platon même, il avait beaucoup de défauts. Voici comme Cicéron parle de Pompée dans ses lettres à Atticus : « Tuus autem ille amicus, nos, ut ostendit, admodum diligit, amplectitur, amat, perte laudat; occulte, sed ita ut perspicuum sit, invidet nihil come, nihil simplex, nihil ἐν τοῖς πολιτικοῖς honestum (in reb. quæ sunt reip.) nihil illustre, nihil forte, nihil liberum. » Et c'est ce même homme pour lequel le même Cicéron a écrit l'oraison *Pro lege Manilia* ! Et ce fameux Brutus, ce vertueux régicide, vraisemblablement assassin de son père, dont Plutarque et tant d'autres nous ont laissé de si magnifiques éloges! Brutus avait prêté de l'argent aux habitants de Salamine, et il veut que Cicéron force ces malheureux citoyens de payer l'intérêt de cette somme à quatre pour cent par mois, tandis que les plus grands usuriers, dit l'orateur romain, qui est justement révolté de la proposition, se contentent d'un pour cent? Brutus met dans ses sollicitations, au sujet de cette affaire, toute la chaleur et l'aigreur d'un malhonnête homme, jusque-là qu'il cherche à faire nommer à la préfecture un misérable qui avait tenu assiégés pour dettes, avec un parti de cavalerie, les sénateurs de Salamine, dont trois cents étaient morts de faim ; et Brutus espère qu'une seconde exécution militaire lui fera obtenir son argent. « Je suis fâché, ajoute Cicéron, de trouver votre ami (Brutus) si différent de ce que je le croyais. » C'est dans ces mêmes lettres de Cicéron à Atticus qu'on lit cette anecdote fort peu connue, et qui mérite bien de l'être. Le trait est d'autant plus odieux, que Brutus réclamait cet argent au nom de deux de ses amis, quoiqu'il lui appartînt réellement. Quant au bon Cicéron lui-même, ses propres ouvrages, et sa vie écrite par Plutarque, nous font assez connaître ses faiblesses. Il est amusant de voir de quel air César lui écrivait au sujet des guerres civiles : « Mon cher Cicéron, lui mande le tyran, restez tranquille; un bon citoyen comme vous ne doit se mêler de rien. » Et le pauvre Cicéron se désole. « Eh! que deviendrais-je, mon cher Atticus, si j'allais être arrêté avec mes licteurs! Ah! grands dieux! on débite les plus mauvaises nouvelles! Si j'étais à ma maison de Tusculum! Mais je veux me retirer dans une île de la Grèce. Antoine ne le voudra pas. Que faire? etc. » Et il écrit une belle lettre à Antoine, qui arrive dans une litière avec trois comédiennes; ensuite il prononce les Philippiques, et Antoine montre la malheureuse lettre Pour ce qui est de César, il ne se cachait point de ses vices. La proclamation de son collègue Bibulus : « Bithynicam reginam, eique regem antea fuisse cordi, nunc esse regnum; » et les vers des soldats :

> Gallias Cæsar subegit, Nicomedes Cæsarem :
> Ecce Cæsar nunc triumphat qui subegit Gallias;
> Nicomedes non triumphat, quæ subegit Cæsarem,

apprennent assez les désordres de la reine de Bithynie. Auguste, après avoir proscrit ses concitoyens dans sa jeunesse, et obligé le père et le fils à mourir de la main l'un de l'autre, se faisait amener dans sa vieillesse les jeunes vierges de ses États. Voilà les grands hommes de Rome. Je ne parle ni des Néron, ni des Tibère. Il paraît cependant singulier que Suétone n'ait pas rapporté ce que Tacite nous apprend du commerce incestueux d'Agrippine et de son fils, lui qui était si curieux de pareilles anecdotes.

goût comme lui. En voulant forcer le tyran de Sicile à s'élever au-dessus des bornes que la nature lui avait prescrites, il ne fit que lui mettre mille idées indigestes dans la tête, et peut-être lui donner des vices dont les semences n'étaient pas dans son cœur. Savoir bien juger d'un homme, du langage qu'il faut lui parler, est un art extrêmement difficile. Un esprit d'un ordre supérieur est trop porté à supposer dans les autres les qualités qu'il se trouve, et va se communiquant sans cesse, sans s'apercevoir qu'il n'est pas entendu. C'est une nécessité absolue pour l'homme de génie de sacrifier à la sottise; quelqu'un me disait qu'il se voyait prodigieusement recherché de la société, parce qu'il était toujours plus nul que son voisin [a].

La réputation de Platon s'étendait alors dans toute la Grèce. Dion persuada à Denys d'attirer le philosophe en Sicile [1]. Celui-ci, après quelques difficultés, consentit à venir donner des leçons au jeune prince [2]. Bientôt la cour se transforma en une académie; Denys, du soir au matin, argumentait du meilleur et du pire des gouvernements [3]; mais il se lassa enfin de déraisonner sur ce qu'il ne comprenait pas. Les courtisans murmurèrent; les soldats ne se souciaient pas beaucoup *du monde d'idées* [4], et la vertu philosophique était trop chaste pour le tyran. Dion fut exilé, et Platon le rejoignit peu de temps après en Grèce [5].

Le moraliste eut à peine quitté Syracuse, que Denys brûla du désir de le revoir. Dans les rois les désirs sont des besoins. Cette fois-ci il fallut que les philosophes de la Grande-Grèce engageassent, pour sûreté, leur parole au vieillard de l'Académie. Il y a je ne sais quoi d'aimable et de touchant dans cet intérêt de tout le corps des sages en un de leurs membres: lorsque Jean-Jacques fuyait de pays en pays [b], peu importait aux savants de la France, de l'Angleterre [6] et de l'Italie.

Platon, de retour auprès du tyran, voulut obtenir de lui le rappel de

[a] Je traite le public comme mon camarade; je le prends par le bras; je lui raconte familièrement ce que *quelqu'un* m'a dit ou ne m'a pas dit. Il est impossible d'être plus à l'aise. (N. ÉD.)

[1] PLUT., *in Dion.* — [2] *Id., ibid.* — [3] PLAT., *Epist.* VII, tom. III. — [4] PLUT., *in Timol.*, pag. 29. — [5] *Id., in Dion.*; PLAT., *Epist.* III.

[b] Les prétendues persécutions éprouvées par Rousseau étaient pour la plus grande partie dans sa tête. Il fut condamné, il est vrai, pour quelques-uns de ses ouvrages; mais plusieurs autres écrivains dans le même cas se moquaient d'une condamnation qui ne faisait qu'accroître leur renommée, et dont la plus grande rigueur se réduisait à prononcer quelques jours d'arrêts au château de Vincennes. Je ne veux pas dire qu'on n'avait pas eu grand tort de décréter Rousseau de prise de corps: j'aime trop la liberté individuelle et la liberté de la pensée pour ne pas en revendiquer les droits; mais je dis qu'il ne faut rien exagérer, et qu'il n'est pas juste de donner le nom de *proscription, d'exil,* à ce qui n'avait dans le fond rien de ce caractère odieux. (N. ÉD.)

[6] Il y aurait de l'injustice à oublier que Hume donna l'hospitalité à Jean-Jacques; qu'il trouva dans le duc de Portland la protection d'un Mécène et les lumières de la philosophie; enfin que S. M. Britannique elle-même accorda une pension honorable à l'illustre réfugié.

Dion [1]. Non-seulement Denys se montra inexorable, mais, sous un prétexte frivole, confisqua les biens de celui-ci, que jusqu'alors il avait respectés [2]. Le philosophe, piqué de l'injustice qu'on faisait à son ami, demanda la permission de se retirer ; il l'obtint avec beaucoup de peine [3]. Le prince, demeuré seul avec ses vices et ses courtisans, se replongea dans les excès du despotisme et de la débauche. La mesure des maux du peuple monta à son comble, et l'heure de la vengeance approchait.

CHAPITRE X.

Expédition de Dion. — Fuite de Denys. — Troubles à Syracuse.

Dion, dépouillé de ses biens, et blessé au cœur par le divorce de son épouse, que Denys avait donnée en mariage à l'un de ses favoris, résolut d'arracher la Sicile à la tyrannie [4]. Il se mit en mer avec deux vaisseaux et huit cents hommes [5] pour attaquer un prince qui possédait des escadres et des armées [6] : mais il comptait sur les vices du

---

[1] Plat., *Epist.* vii. — [2] Plut., *in Dion.* — [3] *Id., ibid.* — [4] Plat., *Epist.* vii; Plut., *in Dion.* — [5] Diod., lib. vi, p. 443. — [6] Mais Denys était alors sans finances, grande cause des révolutions*. On trouvera dans cet *Essai* trois ou quatre chapitres où il y a quelques recherches sur le système comparé des finances des anciens et des modernes. Ce sujet est obscur et m'a donné beaucoup de travail, ayant suivi pas à pas, autant que le sujet me l'a permis, l'état des impôts, des prêts, des opérations fiscales, depuis les premiers temps de l'histoire jusqu'à nos jours. On verra qu'il n'est pas improbable que les lettres de change ne fussent connues des anciens, et qu'en cela, comme en toute autre chose, notre supériorité n'est pas considérable. Quant au papier-monnaie, nous n'avons guère de quoi nous vanter, son usage a toujours été calamiteux. La France en présente un grand exemple ; l'Amérique avait été désolée auparavant par ce fléau. En 1775, le congrès décréta l'émission de bills de crédit pour la somme de deux millions de dollars, qui devaient être retirés graduellement de la circulation par des taxes, le premier retrait étant fixé au 31 novembre 1779. Plusieurs autres émissions suivirent ; et au mois de février 1776, il y avait déjà pour vingt millions de dollars en bills dans les États-Unis. L'enthousiasme du peuple les soutint pendant quelque temps en paix : mais enfin, l'intérêt l'emportant sur le patriotisme, ils commencèrent à perdre. Le congrès continuant à multiplier le papier, la somme totale s'éleva bientôt à deux cents millions de dollars. Outre cette masse énorme, chaque État avait encore ses bills particuliers, comme les départements de France leurs petits assignats. En 1779, les bills perdant vingt-sept et vingt-huit pour un, le congrès voulut avoir recours à un expédient que la Convention a employé depuis dans l'opération de ses mandats : c'était de remplacer l'ancien papier par un nouveau. Le premier devait être brûlé

---

* On a généralement cru, quand j'ai parlé des finances à la tribune, ou quand j'ai mieux fait pour mon pays, quand je me suis tu sur des opérations désastreuses ; on a généralement cru que je commençais, comme tant d'autres, mon éducation financière : on s'est trompé ; cette note de l'*Essai* et plusieurs passages de ce même ouvrage le prouveront. L'étude et la langue des finances me sont familières depuis longtemps ; j'en avais pris le goût en Angleterre. En arrivant aux affaires dans mon pays, je n'étais étranger à aucune partie essentielle des devoirs que j'avais à remplir. Je ne sais si j'aurais été un bon ministre des finances, mais j'aurais pu avoir du moins cette ressemblance avec M. Pitt : l'État eût peut-être été obligé de faire les frais de mon enterrement. La maison de ce grand ministre était dans un complet désordre, tout le monde le volait, et il ne pouvait parvenir à régler les mémoires de sa blanchisseuse : je suis plus fort que tout cela. (N. Éd.)

roi de Syracuse et sur l'inconstance du peuple : il ne s'était pas trompé.

Tout réussit : Denys se trouvait absent, les Syracusains se soule-vèrent. Dion entra dans la cité, et proclama le rétablissement de la république [1]. Le tyran, accouru au bruit de cette nouvelle, hasarda une action où il fut défait. Après plusieurs pourparlers, il se retira en Italie, laissant la citadelle, dont il avait eu le bonheur de s'emparer, entre les mains de son fils [2].

Cependant la division régnait dans la ville. Les uns soutenaient Dion, leur libérateur; les autres s'attachaient à Héraclide, qui proposait des mesures populaires [3]. Celui-ci l'emporte, et Dion, poursuivi par les plus ingrats de tous les hommes, est obligé de se retirer avec un petit nombre d'amis fidèles, au milieu d'une populace furieuse, prête à le déchirer [4].

Ce grand patriote avait à peine abandonné Syracuse, que le parti de Denys, toujours bloqué dans la citadelle, fait une vigoureuse sortie, force les lignes des assiégeants, et les citoyens épouvantés députent humblement vers Dion, qui a la magnanimité de revenir à leur se-cours [5].

Il s'avançait au milieu de la nuit vers la capitale, lorsqu'il reçoit tout à coup des courriers qui lui apportent l'ordre de se retirer de nouveau. Les soldats de Denys étaient rentrés dans la citadelle; le peuple, toujours lâche, avait repris son audace; et le parti d'Héra-clide, s'étant saisi des portes de la ville, comptait en disputer l'entrée à la troupe de Dion [6].

---

progressivement, tandis que le second aurait été émis dans la proportion de vingt à un avec l'autre; en sorte que les deux cents millions de dollars en bills continentals se seraient trouvés rachetés par dix millions. L'opération était trop fallacieuse pour réussir, et le papier continua de tomber de plus en plus. Alors le congrès mit en usage, pour soutenir ses bills, tous les moyens dont se sont servis les révolutionnaires français pour supporter leurs assignats. Il fixa un maximum au prix des den-rées, à celui des journées d'ouvrier. Les dettes contractées en argent furent déclarées payables en papier; d'autres lois forçaient le marchand à recevoir les bills à leur valeur nominale, de vendre au même taux pour du papier que pour de l'argent; les biens des royalistes furent mis à l'encan. L'effet de ces mesures coercitives fut de créer la disette, de ruiner les propriétaires, et de ré-pandre l'immoralité. Il fallut bientôt rappeler ces décrets, et les bills, perdant quatre cents pour un en 1781, cessèrent enfin de circuler. Ainsi s'opéra la banqueroute. C'est une chose extraordi-naire, mais prouvée, que la chute d'un papier-monnaie n'a jamais opéré de grands mouvements dans un État : on en voit plusieurs raisons. A la première émission d'un papier, il a ordinairement toute sa valeur. Celui qui le reçoit alors, loin d'éprouver une perte, assez souvent y fait un gain. Lorsque le discrédit commence, le billet a changé de main; le capitaliste qui l'a reçu à perte le passe à un autre avec cette même perte; et le papier continue ainsi de circuler, pris et rendu au prix du change lors de la négociation; en sorte que la diminution est insensible d'un individu à l'autre. Il n'y a à souffrir considérablement que pour le créancier et celui entre les mains duquel le papier expire. Quant à l'État, les fortunes ayant seulement changé de mains, il s'y trouve la même quantité de propriétaires qu'auparavant, et l'équilibre est conservé.

[1] PLUT., in Dion. — [2] Id., ibid. — [3] Id., ibid. — [4] Id., ibid. — [5] Id., ibid.; DIOD. SIC., lib. XVI. — [6] PLUT., in Dion.

Cependant un bruit sourd vient, roulant de proche en proche. Bientôt des cris affreux se font entendre. Des hurlements confus, des sons aigus, entrecoupés de grands silences, durant lesquels on distingue quelque voix lamentable et solitaire, comme d'un homme égorgé dans une rue écartée; enfin, tout l'effroyable murmure d'une ville en insurrection et en proie à l'ennemi, monte à la fois dans les airs [1].

Un incendie général vient éclairer les horreurs de cette nuit, que le pinceau seul de Virgile [2] pourrait rendre. Les teintes scarlatines et mouvantes du ciel annoncent à Dion, encore loin dans la campagne [3], l'embrasement de la patrie. Un messager arrive à la hâte; il apprend aux soldats du philosophe guerrier que la garnison de la citadelle a fait une seconde sortie; qu'elle égorge femmes, enfants, vieillards; qu'elle a mis le feu à la ville; que le parti même d'Héraclide sollicite Dion de précipiter sa marche, et d'étouffer dans le danger commun tout ressentiment des injures passées [4].

Dion ne balance plus. Il entre dans Syracuse avec sa petite troupe de héros, aux acclamations des citoyens prosternés à ses pieds, qui le regardaient non comme un homme, mais comme un dieu, après leur ingratitude. Le philosophe patriote s'avançait dans les rues à travers mille dangers, sur les cadavres des habitants massacrés, à la réverbération des flammes, entre des murs rouges et crevassés, tantôt plongé dans des tourbillons de fumée et de cendres brûlantes, tantôt exposé à la chute des toits et des charpentes embrasées qui croulaient de toutes parts autour de lui [5].

Il parvint enfin à la citadelle, où les troupes du tyran s'étaient rangées en bataille. Il les attaque, les force de se renfermer dans leur repaire, d'où elles ne sortirent plus que pour remettre la place, par capitulation, entre les mains des citoyens de Syracuse [6].

Dion, ayant rétabli le calme dans sa patrie, ne jouit pas longtemps du fruit de ses travaux [7]. Il périt assassiné [8], après s'être lui-même rendu coupable d'un assassinat. Callippe, le meurtrier, fut à son tour

---

[1] Plut., in Dion. — [2] La description que les historiens nous ont laissée de l'embrasement de Syracuse a tant de traits de ressemblance avec celui de Troie décrit par Virgile qu'il ne me paraît pas impossible que ce poëte, dont on connaît d'ailleurs la vérité, et qui, ayant passé une partie de sa vie à la vue de la Sicile, devait s'en rappeler sans cesse l'histoire, n'ait emprunté plusieurs choses de cet événement pour le second chant de son *Énéide*; à moins qu'on ne suppose que les historiens qui ont écrit après lui n'aient eux-mêmes imité l'épique latin. — [3] A environ deux lieues. — [4] Plut., in Dion. — [5] Id., ibid. — [6] Id., ibid. — [7] Dion avait entrepris avec les philosophes platoniciens d'établir en Sicile une de ces républiques idéales qui font tant de mal aux hommes. C'est peut-être la seule fois qu'on ait tenté de former le gouvernement d'un peuple sur des principes purement abstraits. Les Français ont voulu faire la même chose de notre temps. Ni Dion ni les théoristes de France n'ont réussi, parce que le vice était dans les mœurs des nations. Il est presque incroyable combien l'âge philosophique d'Alexandre ressemble au nôtre. — [8] Plut. in Dion.

chassé par le frère de Denys, et Denys lui-même, sortant de sa retraite après dix ans d'interrègne, remonta sur le trône [1].

Platon connut mieux que Dion les hommes de son siècle. Il lui prédit qu'il ne causerait que des maux, sans réussir [2]. C'est une grande folie que de vouloir donner la liberté républicaine à un peuple qui n'a plus de vertu. Vous le traînez de malheur en malheur, de tyran en tyran, sans lui procurer l'indépendance. Il me semble qu'il existe un gouvernement particulier, pour ainsi dire naturel à chaque âge d'une nation : la liberté entière aux Sauvages, la république royale aux pasteurs, la démocratie dans l'âge des vertus sociales, l'aristocratie dans le relâchement des mœurs, la monarchie dans l'âge du luxe, le despotisme dans la corruption. Il suit de là que, lorsque vous voulez donner à un peuple la constitution qui ne lui est pas propre, vous l'agitez sans parvenir à votre but, et il retourne tôt ou tard au régime qui lui convient, par la seule force des choses [a]. Voilà pourquoi tant de prétendues républiques se transforment tout à coup en monarchies sans qu'on en sache bien la raison : de tel principe, telle conséquence; de telles mœurs, tels gouvernements. Si des hommes vicieux bouleversent un État, quels que soient d'ailleurs leurs prétextes, il en résulte le despotisme : les tyrans sont les remords des révolutions des méchants.

CHAPITRE XI.

Nouveaux troubles à Syracuse. — Timoléon. — Retraite de Denys.

Denys ne resta que deux années en possession de son trône. Les intraitables Syracusains se soulevèrent de nouveau. Ils appelèrent à leur secours un tyran voisin, nommé Icétas [3]. Celui-ci, loin de combattre pour la liberté de la Sicile, ne cherchant qu'à se substituer à Denys, traita sous main avec les Carthaginois. Bientôt la flotte punique parut à la vue du port. L'ancien tyran était alors renfermé dans la citadelle, où il se défendait contre le nouveau maître de la ville. Dans

---

[1] Diod., lib. xvi, pag. 532. — [2] Plut., *Epist.* vii.

[a] Je combats ici avec avantage cette fureur de donner à des peuples des constitutions uniformes sans s'embarrasser du degré de civilisation où ces peuples sont parvenus. J'ai tenu le même langage à la tribune depuis dix ans, soit comme membre de l'opposition, soit comme ministre, souhaitant à toutes les nations une liberté mesurée sur l'étendue de leurs lumières. C'est le seul moyen d'élever les hommes à la liberté complète : autrement on échoue dans tout ce que l'on prétend faire pour cette liberté. Ma vieille raison approuve donc aujourd'hui ce que ma jeune raison disait dans cette page il y a trente années; je ferai seulement observer que, raisonnant toujours ici d'après le système des républiques anciennes, et fondant la liberté uniquement sur les mœurs, j'oublie cette autre liberté qu'amènent les progrès de la civilisation. (N. Éd.)

[3] Diod., lib. xvi, pag. 457-470; Plut., *in Timol.*

cette conjoncture, les citoyens opprimés envoyèrent demander du secours à Corinthe, leur mère patrie, et contre Denys, et contre Icétas
et ses alliés [1]. Les Corinthiens, touchés des malheurs de leur ancienne
colonie, firent partir Timoléon avec dix vaisseaux [2]. Le grand homme
aborda en Sicile et remporta un avantage sur Icétas. Denys, voyant
s'évanouir ses espérances, se rendit au général corinthien, qui fit passer en Grèce, sur une seule galère, sans suite, avec une petite somme
d'argent, celui qui avait possédé des flottes, des trésors, des palais,
des esclaves, et un des plus beaux royaumes de l'antiquité.

Peu de temps après Timoléon se trouva maître de Syracuse, battit
les Carthaginois, et, appelant le peuple à la liberté, fit publier qu'on
eût à démolir les citadelles des tyrans [3]. Les Syracusains se précipitent
sur ces monuments de servitude; il les nivellent à terre; et fouillant
jusque dans les sépulcres des despotes, dispersent leurs os dans les
campagnes, comme on suspend dans les moissons la carcasse des bêtes
de proie pour épouvanter leurs semblables [a]. On érigea des tribunaux
de justice nationale sur l'emplacement même de cette forteresse, d'où
émanaient les ordres arbitraires des rois. Leurs statues furent publiquement jugées et condamnées à être vendues. Une seule, celle de
Gélon, fut acquittée par le peuple [4]. Le bon, le patriote Henri IV, qui
n'était pas comme Gélon un usurpateur, n'a pas échappé aux républicains de la France. Les anciens respectaient la vertu, même dans leurs
ennemis; et ceux qui accordèrent les honneurs de la sépulture à l'étranger Mardonius n'auraient pas laissé les cendres d'un Turenne, leur
compatriote, au milieu d'une ostéologie de singes. Nous avons beau
nous élever sur la pointe des pieds pour imiter les géants de la Grèce,
nous ne serons jamais que de petits hommes [b].

---

[1] Diod., lib. xvi, pag. 467-470; Plut., in Timol. — [2] Plut., in Timol.; Diod., lib. xvi, pag. 462.
— [3] Plut., in Timol.

[a] L'image n'est que trop juste; mais il ne faut pas pousser la haine de la tyrannie jusqu'à ap-
prouver la violation des tombeaux. (N. Éd.)

[4] Diod., lib. xvi, pag. 462; Plut., in Timol.

[b] C'est beaucoup d'humeur avec quelque vérité. Le sentiment d'indépendance qui respire dans
toutes ces pages ne nuisait point, comme on le voit, à mon attachement pour la famille de mes rois
légitimes. On ne peut condamner plus sincèrement les excès révolutionnaires et aimer plus franchement la liberté. (N. Éd.)

FIN DU PREMIER VOLUME DES RÉVOLUTIONS ANCIENNES.

TABLE DES MATIÈRES

EN VENTE CHEZ LES MÊMES ÉDITEURS

Œuvres de M. de Chateaubriand, ancienne édition, 16 vol. grand in-8°, illustrés de 64 gravures sur acier.

Œuvres littéraires de M. A. de Lamartine, 5 vol. grand in-8°, 30 gravures.

Œuvres de Buffon, 10 demi-vol. in-8°, 100 gravures sur acier coloriées à la main, et le portrait de l'auteur.

Histoire de France, 6 beaux vol., 34 gravures.

Histoire de Paris depuis les premiers temps historiques, par J.-A. Dulaure, continuée jusqu'à nos jours par C. Leynadier, 8 vol., 150 gravures dont 50 coloriées à la main.

Histoire maritime de France, par M. Léon Guérin, historien titulaire de la marine, 7 vol. grand in-8°, 50 gravures sur acier ou plans.
  Les trois derniers volumes, qui comprennent les événements maritimes depuis 1789 jusqu'en 1857, se vendent à part.

Histoire de Napoléon III et de la Dynastie napoléonienne, par Paul Lacroix (Bibliophile Jacob), 4 vol. illustrés de 40 gravures inédites sur acier.

La Collection de l'Écho des Feuilletons, 17 vol., 180 gravures sur acier, et 540 gravures sur bois.

Louis XIV et son siècle, par A. Dumas, 60 gravures, 240 vignettes, 2 vol. grand in-8°.

Histoire de Louis XVI et de Marie-Antoinette, par A. Dumas, 3 vol., 40 gravures.

Monte-Cristo, par A. Dumas, 2 vol. grand in-8°, 30 gravures sur acier.

Les Mousquetaires, par A. Dumas, 1 vol. grand in-8°, 33 gravures.

Vingt ans après, par le même, 1 vol., 37 gravures.

Le Vicomte de Bragelonne, par A. Dumas, 2 très-beaux vol. grand in-8°, 60 gravures.

Mémoires d'un Médecin, par A. Dumas, comprenant : *Joseph Balsamo, le Collier de la Reine, Ange Pitou* et *la Comtesse de Charny,* 6 volumes divisés en 12 tomes ornés de 200 gravures inédites sur papier teinté chine.

EN COURS DE PUBLICATION

Œuvres de Chateaubriand, nouvelle et riche édition, 20 vol. grand in-8° jésus, ornés de 100 gravures inédites sur acier.

Géographie universelle de Malte-Brun, revue, rectifiée et complétement mise au niveau de l'état actuel des connaissances géographiques, par M. **Cortambert,** membre et ancien secrétaire général de la Société de Géographie, 8 forts tomes divisés en 16 vol., illustrés de 80 gravures et types coloriés; plus, de 8 cartes inédites.

Les Héros du Christianisme à travers les Ages, magnifique ouvrage illustré de 48 splendides gravures sur acier. 4 parties de 2 vol. chaque.

Histoire de France, nouvelle et riche édition, comprenant la guerre d'Orient, illustrée de 60 gravures sur acier, 4 cartes et plans, 12 vol. grand in-8° ou 6 forts tomes.

Nouvelles Œuvres illustrées de A. Dumas, comprenant : *El Salteador, Maître Adam le Calabrais, Aventures de John Davys, un Page du duc de Savoie, les Mohicans de Paris, Salvator-le Commissionnaire, Journal de madame Giovanni,* etc., etc., etc.

LAGNY. — Imprimerie de VIALAT.

www.ingramcontent.com/pod-product-compliance
Lightning Source LLC
Chambersburg PA
CBHW050152030726
47505CB00005B/1339